행정소송법(Verwaltungsprozessrecht)

Verwaltungsprozessrecht

유민총서

05

행정소송법
(Verwaltungsprozessrecht)

볼프 뤼디거 쉔케(Wolf-Rüdiger Schenke) 지음 | 강현호 옮김

홍진기법률연구재단

한국의 독자들에게

　강현호 교수가 저의 행정소송법을 한국어로 번역하기 위하여 커다란 수고를 하였다는 것이 저에게는 커다란 기쁨과 영광입니다. 몇 년 전에 이미 저의 경찰질서법의 한국어로의 번역이 이루어진 후에, 이제 저의 행정소송법이 한국어로 번역되어져서 저의 행정소송법이 한국의 독자들에게도 읽혀질 수 있는 것에 대해서 무엇보다도 특별하게 기쁩니다. 강교수는 탁월한 독일 행정법과 행정소송법에 대해서 잘 알고 있는 자로서 번역을 위해서 대단히 적격이라고 생각합니다. 그는 쾰른에서 독일과 한국의 도시계획에 대한 행정소송적 권리보호에 대한 박사학위를 취득한 이래로, 독일 국가법과 행정법학 및 그 발전에 대해서 커다란 관심을 가지고 연구를 지속하였습니다. 수년 전부터 그를 포함하여 다른 한국 공법학 교수들과 독일 공법학 교수들이 정기적인 학술대회를 통하여 열띤 학문적 교류를 하고 있습니다. 학술대회는 석종현 교수님과 저의 주도로 십수년 전부터 시작되었으며, 교대로 한국과 독일에서 개최되고 있습니다. 학술대회에서는 행정법과 행정소송법 영역에서 시사적이고 중요한 주제들을 다루었습니다.

　이러한 학문적 교류는 우리들의 법질서의 상호간 이해에 도움이 되었고, 동시에 각국의 고유의 법질서를 풍성하게 하는데 이바지 하였습니다. 우리들의 공동의 학술대회는 그 동안에 이미 확고한 제도로서 정착되었습니다. 독일과 한국의 행정소송법 사이에 존재하는 많은 차이에도 불구하고, 양국 사이에는 공통점도 존재하고 있습니다. 독일 행정소송법 뿐만 아니라 한국 행정소송법도, 국가의 고권적 조치에 대하여 국민에게 효과적인 권리보호를 보장하고 법치국가적인 주요 사안에 대해서 적절하게 대응하기 위하여 노력하고 있습니다. 독일법이 행정법적 그리고 헌법적 권리보호의 구성에 있어서 한국법보다 부분적으로 앞서 간 것은, 독일의 나찌시대의 고통스러운 경험과 1945년 후에 이로부터 도출된 결과에 기인합니다. 그 중요한 결과가 기본법 제19조 제4항의 헌법적 권리보호의 보장에서 표현되고 있습니다. "법률형태의 불법"의 독일식 경험은 무엇보다도 입법에 대하여 보호하는 기본권을 긍정하는 것과 이것을 기본법 제19조 제4항과 제93조 제1항 제4a호에서 재판적으로 보장하는 것에 이바지합니다. 기본법 제19조 제4항이 직접적으로 적용가능한 법으로서 행정재판권의 법률적 구성을 위한 원동력으로서 역할을 하였습니다. 행정재판권은 1960년에 이루어진 연방법적 행정소송법의 제정에서 반영되었고, 동시에 고권조치에 대하여 법률적 권리보호가 공백이 있는 곳에서 법원을 통한 기본법 제19조 제4항에 직접적인 적용하에 제거되어질 수 있었습니다.

바라옵기는 이 책이 독일과 한국의 행정소송법학에 있어서 상호간 풍부한 교류를 이끌고 한국의 독자들이 독일 행정소송법을 이해하는데 작은 기여를 하게 되기를 바라마지 않습니다.

만하임, 2018년 12월

볼프-뤼디거 쉔케(Wolf-Rüdiger Schenke)

Es ist mir eine ganz besondere Freude und Ehre, dass Herr Professor Dr. Hyun-Ho Kang die große Mühe auf sich genommen hat, mein Verwaltungsprozessrecht zu übersetzen. Nachdem bereits vor etlichen Jahren mein Polizei- und Ordnungsrechts in das Koreanische übersetzt wurde, freue ich mich nun außerordentlich darüber, dass jetzt auch mein Verwaltungsprozessrecht den koreanischen Lesern zugänglich ist.

Herr Professor Dr. Kang ist als ein Kenner des deutschen Verwaltungs- und Verwaltungsprozessrechts in hervorragender Weise ausgewiesen. Er hat seit seiner Promotion in Köln intensiven Kontakt zur Deutschen Staats- und Verwaltungsrechtslehre gehalten und deren Entwicklung auch in den folgenden Jahren mit großem Interesse und großer Anteilnahme verfolgt. Seit vielen Jahren befinde ich mich mit ihm und anderen koreanischen Professoren des öffentlichen Rechts in einem regen wissenschaftlichen Austausch, der vor allem im Rahmen der in regelmäßigen Abständen stattfindenden wissenschaftlichen Tagungen koreanischer und deutscher Professoren des Staats- und Verwaltungsrechts erfolgt. In diesen Tagungen, die abwechselnd in Korea und Deutschland abgehalten werden und die auf eine schon viele Jahre zurückliegende Initiative von Herrn Professor Dr. Dr. Jong Hyun Seok und mir zurückgehen, werden besonders aktuelle und bedeutsame Themen vornehmlich aus dem Bereich des Verwaltungs- und Verwaltungsprozessrechts behandelt. Der wissenschaftliche Austausch hat viel zum gegenseitigen Verständnis unserer Rechtsordnungen beigetragen und zugleich für die eigene Rechtsordnung befruchtend gewirkt. Unsere gemeinsamen Symposien sind inzwischen schon zu einer festen Institution geworden.

Trotz mancher Unterschiede zwischen dem deutschen und koreanischen Verwaltungsprozessrecht bestehen zwischen Beiden auch viele Gemeinsamkeiten. Sowohl das deutsche wie auch das koreanische Verwaltungsprozessrecht sind von dem Bestreben getragen, dem Bürger einen effektiven Rechtsschutz gegenüber staatlichen Hoheitsakten zu gewährleisten und damit einem zentralen rechtsstaatlichen Anliegen gerecht zu werden. Dass das deutsche Recht beim Ausbau des verwaltungsgerichtlichen und verfassungsgerichtlichen Rechtsschutzes dabei teilweise noch weitergeht als das koreanische Recht, beruht zu einem wesentlichen Teil auf den in der Zeit des Nationalsozialismus gemachten leidvollen deutschen Erfahrungen und den hieraus nach 1945 gezogenen Schlussfolgerungen, wie sie u. a. in der verfassungsrechtlichen Rechtsschutzgarantie des Art. 19 Abs. 4 GG ihren Ausdruck gefunden haben. Die gemachte deutsche Erfahrung eines „Unrechts in Gesetzesform" hat vor allem dazu beigetragen, auch vor der Gesetzgebung schützende Grundrechte anzuerkennen und diese in Art. 19 Abs. 4 GG und in Art. 93 Abs. 1 Nr. 4a GG gerichtlich abzusichern. Art. 19 Abs. 4 GG als unmittelbar anwendbares Recht hat sich zudem als ein Motor für den gesetzlichen Ausbau der Verwaltungsgerichtsbarkeit ausgewirkt, der in dem im Jahr 1960 erfolgten Erlass der bundesrechtlichen Verwaltungsgerichtsordnung kulminierte und zugleich dazu geführt hat, dass dort, wo der einfachgesetzliche Rechtsschutz gegen Hoheitsakte noch Lücken aufweist, diese durch die Rechtsprechung unter unmittelbarem Rückgriff auf Art. 19 Abs. 4 GG beseitigt werden konnten.

Ich hoffe, dass das Buch einen kleinen Beitrag zu dem so fruchtbaren Dialog zwischen der deutschen und koreanischen Verwaltungsprozessrechtslehre zu liefern vermag und bei den koreanischen Lesern zum Verständnis des deutschen Verwaltungsprozessrechts beiträgt.

Mannheim, im Dezember 2018

Wolf-Rüdiger Schenke

초판 서문

　본 저서는 행정소송법을 본질적으로 행정소송상 문제의 개별적 시험단계에 기초하여 저술하고 있다. 이 때 시험과 관련하여 중요한 행정소송상 문제점들을 보다 심도 깊게 언급하고, 실무와 시험에서 보다 덜 중요한 분야에 대해서는 - 예를 들면, 상소제도와 같이 - 간단하게만 기술하였다. 저자에게 특별한 주안점은, 독자들에게 행정소송법과 실체적 행정법 사이의 곳곳에 존재하는 연결(連結)점들을 분명하게 하도록 하는 것이었다.

　원고의 집필에 있어서 커다란 수고를 아끼지 아니한 나의 조교들, Dr. Guttenberg, Hartmann, Kleinschroth, Lapp, Dr. Mann, Melchior, Ruthig, Baumeister 그리고 LL.M. Roth에게 심심한 감사를 표한다. 그들은 저서의 다양한 부분에 대하여 비판적으로 읽고 저자와 토론을 하였으며 여러 귀중한 개선방안들을 제시하였다. Ruthig는 특히 본 저서의 간결화에 있어서 대단히 중요한 도움을 주었다. 최종본에 대해서 마지막까지 통독하면서 도움을 준 나의 아들 Ralf Schenke와 학생들 Reimann, Schieferdecker 그리고 Streit에게도 감사를 표한다. 저자의 비서(秘書) Frau Kohl, Frau Spagerer도 커다란 인내로 본 저서의 다양한 부분을 기술하였고, 대단히 감사를 표하는 바이다.

　특별한 감사를 본 저서를 집필하도록 많은 것을 포기한 나의 아내, Dr. Marlene Schenke에게 돌린다. 나의 아내에게 이 책을 바친다.

1993년 7월 Mannheim에서
Wolf-Rüdiger Schenke

제15판 서문(Vorwort)

본 저서의 14판부터 유럽공동체법의 영향으로 저서에 반영을 하여야 할 중요한 법적 변경이 - 무엇보다도 환경보호에 이바지하는 소송에 있어서 원고적격과 연관하여 - 일어났다. 그 밖에 본 저서의 전반적인 개정이 필요하였다. 무엇보다도 제26절에서 다루어진 행정소송법 제47조의 밖에 놓여 있는 규범적 불법에 있어서 권리보호의 문제였다. 제26절은 완전히 새로이 작성되었고, 법률하위의 규범과 관련하여 지금까지 관련된 관점이 본질적으로 수정되었다. 행정행위의 완료(完了)에 대한 서술도 상당히 변경되고 보완되었다.

개정을 위한 일반적인 방침은 여전히 행정소송상 소송절차와 신청절차의 허용성과 이유유무의 심사에 있어서 언급되어져야 할 다양한 문제들에 대한 행정소송상 시험답안의 구성에 지향하였다. 특별히 시험관련 문제들에 대해서는 통상적으로 보다 심도 깊게 다루었다. 게다가 소송법과 관련하여 제기되는 그리고 그와 맞물려 돌아가는 실체법적인 문제들도, 특히 행정행위의 개념, 보호되는 실질적 주관적 공권, 재량과 판단수권, 하자있는 고권적 행위의 치유, 그리고 집행 후에 등장한 사실적 그리고 법적 상황의 변경의 실체법적 평가를 위한 의미 등에 대해서 보다 심도 깊게 다루었다.

저자에게 귀중한 토론상대방으로 나의 아들 Würzburg 대학의 Prof. Dr. Ralf Peter Schenke에게 감사를 드린다. 그는 행정소송법 주석서도 함께 집필하였다. 교정 작업을 위해서 수고한 예전의 조교였던 Jochen Schuff 판사에게도 감사드린다.

아주 아주 특별한 감사를, 요구할 권리가 있음에도 나의 작업을 위해서 많은 것들을 포기하고 이해를 해 준, 나의 아내 Dr. Marlene Schenke에게 돌린다.

저자는 다음의 이메일 주소 내지 우편주소로 독자들의 변함없는 격려와 비평에 대해서 항상 감사를 드린다: wolf.schenke@gmail.com.

Prof. Dr. Wolf-Rüdiger Schenke, Fakultät für Rechtswissenschaft und Volkswirtschaftslehre, Universität Mannheim, 68131 Mannheim.

2017년 3월 Mannheim에서

Wolf-Rüdiger Schenke

볼프 뤼디거 쉔케 교수님은 대단히 존경받는 행정소송법의 대가(大家)여서 이 분의 저술을 번역하는 것은 역자에게 개인적으로 큰 행운이라고 할 수 있다. 쉔케 교수님에게는 가정적으로도 쉔케 교수님의 아들이 뷔어츠부르크 대학의 공법학 교수로 봉직하게 되는 큰 행운이 이루어졌다.

우리의 행정소송법은 독일 행정소송법에 비하면 아직까지 미발달 분야 내지 미개척 분야들이 많이 남아 있다고 할 것이다. 독일 행정소송법이 우리나라의 행정법과 행정소송법에 있어서, 보다 풍부한 논의의 장으로 인도할 수 있게 된 것 같아서 번역하면서도 대단히 감사하게 생각하였다.

쉔케 교수님을 개인적으로 알게 된 것은 한독행정법학술대회를 통해서인데, 매년 한국과 독일을 오가면서 행정법 영역의 중요한 테마를 중심으로 학술대회를 가졌다. 동 학술대회에서는 가능한 한 독일어(獨逸語)로만 진행되도록 하여 독일의 논의를 그 뉘앙스까지 포함하여 있는 그대로 받아들이고자 하는 점에서 커다란 의의가 있었다.

번역 작업은 여러 가지 측면에서 많은 어려움을 야기하고 있는 것이 현실이다. 행정소송법을 번역하면서, 번역은 또 다른 저술(著述)이라는 말이 실감이 났다. 법률용어의 적절한 우리말로의 번역이 쉽지는 아니하였다. 독일어로는 다양한 단어들이 사용되는데, 우리 말로는 동일하게 번역될 수밖에 없는 어려움도 있었다. 역자가 제대로 이해를 하지 못하여 번역을 하였지만 그 뜻을 제대로 이해하기 어려운 경우도 있을 것이고, 또 번역 그 자체가 잘못된 경우도 있을 수 있을 것이다. 또한 번역은 어렵기는 하지만, 연구 업적의 측면에서는 그 투자되는 노력에 비해서 평가는 너무나 박(薄)한 점도 있다.

사실 행정소송법의 번역에 대해서는 이미 오래 전에 말이 나오기는 하였으나, 차일피일 미루다가 진행하지 못하고 있었다. 그럼에도 불구하고 쉔케 교수님과 석종현 교수님의 부단한 격려와 배려 덕택으로 조금씩 조금씩 진행되게 되었다. 다만, 역자가 번역을 하면서 지나치게 세부적인 내용이나, 아직까지 번역하기에 어려운 부분에 대해서는 번역을 하지 아니한 점을 유의하기 바란다. 이 부분에 대해서는 다음 기회에 번역을 추가하기로 한다. 무엇보다도 홍진기법률연구재단의 지원을 받게 되어서 이처럼 어느 정도 성과를 거두게 되었다. 이 자리를 빌어서 홍진기법률연구재단과 홍석조 이사장님을 포함하여 여러 관계자분들에게 심심한 사의를 표한다. 또한 번역을 흔쾌히 허락하신 쉔케 교수님과 번역 기회를 가질 수 있도록 도움을 아끼지 아니한 석종현 교수님께도 깊이 감사를 드린다. 소송법과 관련하여 토론을 통해서 번역에 도움을 준 문영화 교수님에게도 고마움을 표시한다. 출간과 관련하여 수고를 아끼지 아니하신 경인문화사 김환기 이사님을 비롯한 관계자들에게도 깊이 감사를 드린다. 특히, 번역을 위해서 많은 시간을 허락하여 준 나의 사랑하는 아내에게 특별한 감사를 돌린다.

번역하고 보니 오류가 많을 것이라는 두려움이 없지 않지만, 이 작은 번역이 하나의 작은 불씨가 되어서 독일 행정소송법과 우리나라 행정소송법을 비교(比較)하면서 살펴보고 또 같은 점과 다른 점들을 발견하면서 행정소송법의 발전에 자그마한 이바지가 되기를 바라마지 않는다. 아무쪼록 번역서와 원문들을 대조하면서 오류에 대해서는 다음의 이메일 주소로 기탄없는 지적을 기대한다: gnadegottes@gmail.com; kanghh@skku.edu

2018. 6. 30. 명륜동 연구실에서

역자(譯者) 心貧[1] 康鉉浩

---

1) 심빈(心貧)이란 마음이 가난한 자라는 뜻으로서, 역자가 성경의 마태복음 제5장 제3절 "심령이 가난한 자는 복이 있나니 천국이 그들의 것임이요"로부터 유추하여 작성하였으며, 항상 심령을 가난하게 하고자 하는 동기로부터 유래한다. 심령이 가난하다는 의미는 하나님 앞에서 자신이 여러 모로 부족하고 죄인 됨을 깊이 깨닫는 상태를 의미한다.

차 례

제1절 서설

I. 행정작용의 통제를 위한 수단으로서 권리구제

[1][2] 독일 기본법 제20조 제3항에 뿌리를 둔 행정의 법률적합성의 원칙을 효과적으로 보장하기 위하여, 행정의 통제(統制)가 요청된다. 법적 통제의 도입은 국가 스스로를 통하여 - 특히 감독관청을 통하여 - 이루어질 수 있다. 법적 통제는 또한 다른 주체에 의하여 제기된 권리구제(Rechtsbehelf)를 통하여 야기되기도 한다. 권리구제는 법주체에게 어떤 절차에서 국가작용의 심사를 가져오는 법질서로부터 부여된 권능을 의미한다. 이 경우에 비정형적(非定型的: formlos) 권리구제와 정형적(定型的: förmlich) 권리구제로 구분된다.

---

2) [1]은 독일어로는 Randnummer 라고 하는데, 직역하면 테두리번호 내지 옆번호라고 할 수 있을 것이다. 그런데 우리 말로는 [문단번호] 내지 [문번]이라고 번역하는 것이 타당할 것이다. 문번(文番)은 문헌의 인용에 있어서 대단히 편리성을 제공한다. 왜냐하면, 저서의 판(版)이 바뀌어도 문번은 거의 변치 않기 때문이다. 우리의 경우에는 교재들이 대단히 빈번하게 개정되어서 저술에의 인용(引用)이 무척이나 귀찮고 비효율적이다. 학생들에게도 저자들의 최신판을 인용하라고 요구하기에도 너무나 많은 단순노동을 요구하게 되어서, 지도교수의 입장에서도 내키지 않는다. 앞으로 우리도 인용의 편의를 위해서 문번 시스템을 도입해 보면 어떨까 질문을 던져본다.

1. 비정형적 권리구제

[2] 비정형적 권리구제는 특정의 형식적 요건에 얽매이지 않는다. 그것은 원칙적으로 모든 자에 의하여 형식과 기한 없이 제기될 수 있다. 그것은 실질적 이의제기를 전제로 하지 않으며, 반복해서 제기될 수도 있다. 국민이 행정부의 행정내부적 통제를 부추기기도 하는 비정형적 권리구제는 이의제기(Gegenvorstellung)3), 감독청 이의제기(Aufsichtsbeschwerde)4), 그리고 직무감찰 이의제기(Dienstaufsichtsbeschwerde)5) 등이 있다.

[3] 이의제기는 당해 행정청을 상대로 그의 행정작용에 이의제기자가 동의(同意)하지 않는 경우 제기한다. 그의 행정작용(Verhalten)의 변경을 노력한다.

[4] 감독청 이의제기는 그에 반하여 감독관청에 제기한다. 피감 하급 행정청의 행정작용을 내용적으로 심사하고, 경우에 따라서는 행정작용의 교정을 목적으로 한다. 감독관청의 결정에 대해서는, 다시금 상급의 감독청에 이의제기할 수 있다. 그에 대해서는 보다 더 상급의 감독관청이 결정한다.

[5] 직무감찰 이의제기는 공직자의 개인적 오류(誤謬)를 지적한다. 감독청 이의제기와는 달리 직무상급자에게 제기된다(예: 인격모독적 발언, 불친절한 자세). 행정작용의 결과에 대한 심사는 아니다. 직무감찰 이의제기를 통해서 경우에 따라서는, 직무상급자가 당해 공직자에 대해서 징계를 할 수도 있다.

[6] 비정형적 권리구제는 국민에게 행정청의 행정작용의 심사에 대한 권리를 부여하지는 않는다. 국민은 단지 그의 권리구제신청이 받아들여지고,

---

3) 비정형적 권리구제로서 독일에서는 당해행정청에 대하여 당해 행정작용의 적법성과 합목적성을 다시 심사하여 주도록 요청하는 것이다.
4) 비정형적 권리구제로서 당해 행정작용의 감독관청에게 행정작용의 적법성과 합목적성의 심사를 요청하는 것이다.
5) 비정형적 권리구제로서 공직자의 직무의무 위반에 대하여 이의제기를 할 수 있다.

처리 결과에 대해서 통지 받을 (기본법 제17조의 요건이 구비된 경우에는 그렇지만 헌법적으로 보장된) 권리를 가진다(응답을 받을 권리). 감독청 이의제기의 대상이 된 행정청의 행정작용이 위법하다손 치더라도 이의제기자에게, 상급감독청이 감독권한을 행사하여 하급행정청이 그 오류를 교정하도록 할, 권리는 없다.

2. 정형적 권리구제

[7] 정형적 권리구제는 이에 반하여 원칙적으로 특정한 형식과 기한에 기속되고, 실질적인 이의제기를 전제로 한다. 이는 행정의 법률적합성원칙의 보장과 더불어, 주관적 권리보호에도 이바지한다. 정형적 권리구제에서는 응답 받을 권리뿐만 아니라, 허용요건의 충족시, 본안(本案)에 대한 결정을 구할 권리도 국민에게 부여된다. 그 유형에 따라서 행정부 또는 법원이 결정을 내린다. 행정부에 제기된 정형적인 권리구제의 예는 행정심판이다(문번 639 이하). 정형적 권리구제는 법원도 관여하는데, 행정소송과 신청이다(예: 행정소송법 제47조에 따른 규범통제신청). 정형적인 권리구제의 하나로서 법원의 행위의 통제로서 행정소송법적 상소(上訴: Rechtsmittel)를 들 수 있는데, 상소는 상소심법원을 통해서 행정에 대하여 간접적 심사를 한다.

[7a]

행정부의 고권적 조치에 대한 권리구제				
비정형적 권리구제			정형적 권리구제	
당해 행정청에 이의제기	감독청에게 감독관청 이의제기	상급자에게 직무감찰 이의제기	행정부에 제기 (특히 행정심판)	행정법원에 제기 소송, 신청, 상소

Ⅱ. 행정재판권의 기능과 구성

1. 행정재판권의 기초, 기능 및 경향

[8] 행정소송의 절차는 행정소송법(VwGO)에 의하며, 보충적으로 주(州) 법상의 집행적 법률들이 적용된다. 오늘날 행정재판권의 선두주자는 19세기로 거슬러 올라간다. 바덴주가 1863년 행정재판권을 창설하였으며, 프로이센에서는 1872년에 행정재판권(Verwaltungsgerichtsbarkeit)이 설치되었다. 루돌프 폰 그나이스트에 의하여 각인된 프로이센 행정재판권은, 단지 수단만이 다른, 행정의 속행(續行: Fortsetzung)으로 이해되었다. 행정재판권은 통상재판권(민·형사)에 비하여 본질적으로 조직적 체계에서 구별되었다. 목록에 열거된 관할권(열거주의: Enumerationsprinzip)에 기초한 행정재판권은, 특정 행정행위의 객관법적 통제를 목적으로 한다.6)

[9] 이에 반하여 행정소송법에 따른 행정재판권은 행정소송법7)의 일반조항(제40조8))에 근거하여 진정한 재판권을 의미한다(법 제1조). 이것은 기본

---

6) 독일에는 크게 5개의 재판권이 존재한다고 볼 수 있다. 통상재판권, 행정재판권, 사회재판권, 재정재판권, 노동재판권이 그것이다. 그리고 그 외에 특별한 재판권으로서 헌법재판권이 존재한다. 이에 반하여 우리나라는 1개의 재판권만이 존재한다고 볼 수 있다. 행정재판권이 존재한다고 볼 수도 있으나, 재판권이란 해당 사물관할에 대해서 최종심까지 독립된 법원이 판단할 수 있어야 한다는 점에서 아직 행정고등법원 내지 행정대법원이 부재하므로 행정재판권의 존재를 말하기는 이르다고 사료된다. 물론 우리나라에도 특별재판권으로서 헌법재판권이 존재한다.

7) 이하에서 '법'은 행정소송법을 의미하며, 조문 앞에 아무런 법명이 없는 경우에는 행정소송법을 의미함.

8) VwGO § 40 (1) Der Verwaltungsrechtsweg ist in allen öffentlich-rechtlichen Streitigkeiten nichtverfassungsrechtlicher Art gegeben, soweit die Streitigkeiten nicht durch Bundesgesetz einem anderen Gericht ausdrücklich zugewiesen sind. Öffentlich-rechtliche Streitigkeiten auf dem Gebiet des Landesrechts können einem anderen Gericht auch durch Landesgesetz zugewiesen werden(행정소송상 권리구제의 길은, 분쟁이 연방법률을 통해서 다른 법원에 명시적으로 할당되어지지 아니한 한, 비헌법적 유

법 제19조 제4항에 따라서 우선적으로 주관적 권리를 보호한다. 기본법 제19조 제4항의 헌법적 권리보호는 효율적인 일차적 권리를 보장하고, 그와 동시에 피해자가 - 참고 보상을 받으라(Dulde und liquidiere)는 모토에 따라서 - 손실보상이나 손해배상청구권을 통한 이차적인 권리보호로만 만족하게 하여서는 아니된다는 것을 명백하게 한다. 법 제40조의 행정소송 일반조항의 확장해석 및 그 결과 법률하위의 규범의 효력도 - 법 제47조를 넘어서 - 행정법적 계쟁(係爭)의 대상이 될 수 있음을 통하여, 행정재판권에게 추가적 기능이 부여되었다(문번 131 및 1073 이하). 행정재판권의 의미 강화는 행정소송의 일반조항으로부터 만이 아니라, 또한 상당 부분 실체법의 변화에 기인한다. 이와 관련하여 기본법 제1조 제3항에 따라서 모든 국가권력을 기속하는 기본권에 특별한 의미가 부여된다. 기본권은 오늘날 진정한 주관적 권리로 이해되고, 전통적인 명령 또는 강제와 결부된 기본권 침해로 부터만이 아니라, 오히려 일정한 범위에서는 사실적 기본권침해에 대해서도 보호한다. 무엇보다도 기본권은 이전에는 단지 객관법적 의미만 부

형의 모든 공법적인 분쟁에 있어서 주어진다. 주법의 영역에서의 공법적인 분쟁은 주법률을 통해서 다른 법원에 할당될 수 있다).

(2) Für vermögensrechtliche Ansprüche aus Aufopferung für das gemeine Wohl und aus öffentlich-rechtlicher Verwahrung sowie für Schadensersatzansprüche aus der Verletzung öffentlich-rechtlicher Pflichten, die nicht auf einem öffentlich-rechtlichen Vertrag beruhen, ist der ordentliche Rechtsweg gegeben; dies gilt nicht für Streitigkeiten über das Bestehen und die Höhe eines Ausgleichsanspruchs im Rahmen des Artikels 14 Abs. 1 Satz 2 des Grundgesetzes. Die besonderen Vorschriften des Beamtenrechts sowie über den Rechtsweg bei Ausgleich von Vermögensnachteilen wegen Rücknahme rechtswidriger Verwaltungsakte bleiben unberührt(공공복리를 위한 희생과 공법적인 임치로부터 도출되는 재산법적 청구권들과, 공법상 계약에 기초하지 아니하는 공법적인 의무의 침해로부터 도출되는 손해배상청구권들은 통상적인 권리구제의 길이 주어진다; 이것은 기본법 제14조 제1항 제2문의 범주에서 조절적 보상청구권의 존재와 액수에 대한 분쟁에 대해서는 적용되지 아니한다. 공무원법의 특별한 규정들과 위법한 행정행위의 취소로 인한 재산상 손해의 조정에 있어서 권리구제에 대한 특별한 규정들은 무관하다).

여되었던 단순법률적 규정들의 주관화를 표지(標識)한다. 주관적 권리의 확장의 맥락에서 또한 공동체법이 기여한다. 그 결과 이전에는 순수하게 객관법적으로 보호된 이해들이, 종종 주관적 권리로 평가된다. 환경법과 자연보호법의 영역에서 공동체법은 개개인의 이익보호가 아니라 공익 보호가 전면에 있는 곳에서도 행정소송법적 통제를 규정한다. 이와 관련하여 단체소송의 법적 정착이 커다란 의미를 지닌다(문번 525). 이 모든 것이 행정재판권에게 새로운 지평을 열어주는 방향으로 영향을 미치고, 행정작용에 대한 법원의 통제가 헌법의 존재 이전의 법적 상태와 비교하여 새로운 훨씬 강력한 차원을 나타낸다. 이러한 현상은 행정소송판결의 효력이 - 원고 개인을 넘어서는 - 공익 및 다양한 이익들에게 영향을 미치는 것을 통하여 강화된다.

예: 대규모 사업허가처분의 취소에 있어서 보여진다.

[10] 객관법적 규정들의 주관화는 국가의 다른 법적 주체에 대한 외부적 관계에 한정되지 않으며, 행정법적 내부관계에서도 멈추지 않는다. 지방자치법적 분쟁의 인정처럼 공법인(公法人) 조직의 법적 지위의 주관화를 통해서 행정재판권에게 추가적으로 영역확대를 가져오고, 이는 공법인 활동의 내부적 협력에 이바지 한다.

[11] 특히 헌법을 포함하여 상위법의 기준에 따라 행정작용을 근거지우는 규범의 해석과 심사가 행정법원들에게 다양한 관할의 범주에서 귀속된다. 그러한 범위에서 행정법원들에게, 헌법적 규범의 실효화(實效化: Effek-tuierung)라는 중요한 기능이 부여된다. 헌법규범의 헌법하위법으로의 통합을 통해서, 행정법원은 법질서의 통일을 보장하는데 중요한 기여를 한다. 이와 관련하여 현대 법률에서 빈번하게 사용되는 평가에 의존하는 불확정법개념(문번 748 이하)과 관련하여, 행정법원에게 부여된 구체화(具體化) 기능이 특히 강조된다. 구체화의 실시는 법원을 통해서 행정실무에 전달되어지는 헌법적인 가치판단과 원칙들에 의하여 이루어진다. 과학기술법 영

역에서 불확정법개념은 거기에다가 새로운 기술의 발전과 인식에 탄력성 있는 적응을 가능하게 한다.

[12] 행정법원에게 속한 법률적 규범의 구체화(具體化)는 - 근대의 방법론이 보여주었듯이 - 더 이상 형식논리적 포섭행위만이 아니라, 법적 공백을 채우는 중요한 법원의 지위를 부여한다. 동시에 구체화는 법적 생활의 안정과 평온에 이바지한다. 동시에 변화된 사회적·법적 소여(所與: Gegebenheiten)에의 부합을 통하여, 법의 지속적인 발전에 있어서 규범의 구체화에게는 더욱 중요한 가치가 부여된다.

[12a] 1991년부터 행정소송상 권리보호에 있어서 후퇴과정(Erosionsprozess)이 두드러지고 있다. 후퇴과정들이 아직까지는 부분적으로 독립적으로 보아서 크게 다투어지지는 않지만, 종합적으로 보면 질적인 변화를 가져온다. 다수의 개별 법률들에서 행정소송법 체계를 위협하는 파편(破片)화, 단독심 원칙을 통한 점증하는 합의심 원칙의 후퇴, 판결의 권리구제효력의 제한, 집행정지효의 법률적 제한 등을 언급할 수 있다. 제6차 행정소송법 개정법률은 여러 곳에서 법정치적으로 또한 헌법적으로 문제가 많은 완화(緩和)(예를 들면 규범통제의 기한, 행정절차 하자의 치유에 대한 법관의 영향 가능성, 항소 및 이의제기에 있어서 허가에의 기속) 등을 가져왔으며, 추후에 행정소송에 있어서 상소제도의 수정법으로 이러한 변경이 다소 완화되기는 하였으나, 이러한 변화는 지속(持續)되고 있다. 무엇보다 문제는 행정절차의 의미감소, 절차 하자의 치유가능성의 사실심변론종결시까지의 확장 및 (물론 공동체법을 통하여 한계가 있기는 하지만) 부분적으로 결여된 권리침해에 대한 제재를 들 수 있다. 새롭게 많이 선전되어진 (문제가 없지 아니한) 경영학적 조직구조와 작업방법론에 기대어 새로운 조종모델을 통하여 경제적이고 효율적인 사법(司法)에 도달하려는 시도가 있으며, 사법(司法)의 양적 팽창은 질적 부담으로 작용한다.

[12b] 독립적인 제3자(조정자)가 갈등상황에서 당사자들을 그들의 동의

(同意) 하에 문제를 해결하는 조정(調停: Mediation)을 통해서 행정소송절차
가 부담을 덜 수 있는지 여부와 어느 범위에서 부담을 덜 수 있는지에 대
해서 최근에 많이 논의되고 있다. 조정절차의 도입과 확장의 배경은 갈등
의 신속한 해결과 비용절약의 이유뿐만 아니라, 이전의 전통적이고 권위적
이고 법관을 통하여 결정되어지는 것보다 더 강력하게 갈등의 해결에 참여
하는 변화된 국민의 지위에도 있다. 통상적으로 승자와 패자만을 아는 판
결에서 보다, 조정절차에서 이루어지는 합의적 해결이 보다 큰 수용성(受
容性)을 보장한다. 「조정촉진과 기타 재판외적 갈등참가절차 촉진법」은
2008/52/EG 지침의 이행에 이바지한다. 행정소송법 제173조 제1문은 민사
소송법 제278조 제5항과 새롭게 신설된 제278a조가 행정소송에 적용된다는
것을 규정한다. 민사소송법 제278조 제5항에 의하면 법원은 당사자들을 조
정행위(Güteverhandlung) 및 기타 조정시도(Güteversuch)를 위해서, 이를 위
해 특정된 다만 결정권한은 없는 조정법관(調停法官: Güterichter)에게 이송
할 수 있다. 조정법관은 조정을 포함하여 모든 갈등해결수단들을 동원할
수 있다. 행정소송법 제173조 제1문은 민사소송법에서처럼 행정법원에서도
조정행위가 가능한가에 대한 오랜 논란에 대해서, 조정행위를 긍정한다. 민
사소송법 제278a조 제1항에 의하면, 법원은 당사자들에게 조정 또는 기타
재판외적 갈등해결절차의 실시를 제안할 수 있다. 제173조 제1문에서 입법
자는 행정법적 분쟁에 대해서는 조정절차를 규정하지 아니하는 유럽법의
기준들을 넘어서고 있다.

  당사자가 상응하는 제안을 따르기로 결정한다면, 법원은 절차의 정지(停
止)를 명한다. 민사소송법 제278a조 제1항은 조정의 실시와 관련하여, 조정
법(調停法)을 준용한다. 조정법 제1조 이하에서는 조정을 위한 특정의 절
차, 예를 들면 조정자의 선택과 그의 임무, 공개의무(Offenbarungspflicht)와
활동제한 및 비밀엄수의무 등을 규정한다. 어떠한 분쟁이 법관의 조정에
속하는지에 대해서는 규정되지 아니하였다. 여기서 (당사자자치의 원칙에

각인된 민사법과 달리) - 특히 법관의 조정에 있어서 - 기본법 제20조 제3
항으로부터 도출되는 법률무관적 이익조정(einen gesetzesunabhängigen Inter-
essenausgleich)을 금하는 제한이 있다. 이러한 우려는 재량여지, 판단여지
및 기타 형성의 가능성의 형태로 행정의 행동여지가 존재한다면 또는 재판
외적 또는 재판적 화해를 위한 구성요건이 존재한다면 불식될 수 있다(문
번 1102).

2. 행정재판권의 구성

[13] 일반적인 행정재판권은 3단계의 심급을 통해서 이루어진다. 최하급
심은 행정지방법원이고, 중간심급은 행정고등법원(Oberverwaltungsgerichte)
이다. 바덴-뷔템베르크, 바이에른 그리고 헤센주에서는 행정고등법원을 독
일어표기로 상기(上記)와는 다르게 "Verwaltungsgerichtshof"라 표시한다(제
184조). 행정지방법원 및 행정고등법원은 주(州)법원(Landesgerichte)이다.
최고심급은, 라이프찌히에 위치하고 최고연방법원의 지위를 점하는(기본법
제95조 제1항) 연방행정법원이다.

[14] 심급에 대한 개요

행정
지방법원
	• 결정기관
	- 단독심(제6조)
	- 합의부(제5조 제3항)(3명의 직업법관과
	  2명의 명예법관으로 구성)
		• 기본원칙(제45조): 제1심
		- 행정상 권리구제가 열려 있는 모든
		  분쟁

행정
고등법원
	• 결정기관
	- 부(제9조 제2항, 제3항)(3명의 직업법
	  관, 예외 제9조 제3항)
	- 대합의부(제12조)
		• 기본원칙(제46조): 항소심
		- 행정지방법원의 판결에 대한 항소의 허
		  가 후
		- 그 밖의 결정들에 대한 항고
		• 예외: 제1심(제47조, 제48조)
		- 규범통제(제47조)
		- 대규모사업(제48조)
		- 행정지방법원 및 행정고등법원에 절차

		가 과도하게 장기인 경우의 소송(제173조 제2문)
연방 행정법원	● 결정기관: - 부(제10조)(5명의 법관, 구두변론 외의 결정에서는 3명의 법관) - 대합의부(제11조)	● 기본원칙(제49조): 상고심(제2심, 또는 제3심) - 행정고등법원의 판결에 대한 상고(제132조) - 행정지방법원의 판결에 대한 상고(제134조 이하)(제2심) - 제49조 제3호에 따른 특수한 경우 ● 예외(제50조): 제1심과 상고심 ● 항고심 아님(제146조, 예외 제49조 제3호)

[15] 행정지방법원에는 합의부가 있는데, 합의부는 3명의 법관과 2명의 명예법관이 결정한다. 통상적으로는 단독심에서 결정한다. 행정고등법원은 상소심일 뿐만 아니라 제1심도 되는데, 부(部)로 구성되고 부에는 3명의 직업법관이 결정한다. 주(州)법(Landesgesetzgebung)은 부(部)가 5명의 법관으로 결정하도록 규정할 수 있으며, 그 중 2명은 명예법관일 수 있다.

[16] 연방행정법원은 우선적으로 상고심 및 항고심이다. 제50조에 열거된 사안들에 있어서는 제1심이자 최종심으로 활동한다. 연방행정법원에는 5명의 법관이 결정하는 부(Senate)가 설치되어 있다. 구두변론 외의 결정에서는 3명의 법관으로 구성된다. 법적 문제에서 개개의 부(部: Senat) 사이에 의견 차이를 해결하기 위하여 그리고 적용될 법과 관련하여 통일적인 판례를 형성하기 위하여, 연방행정법원과 행정고등법원에는(제11조, 제12조) 각각 법원장과 6명의 법관으로 구성되는 대합의부(Großer Senat)가 있다.

[17] 연방행정법원에는 공익을 보장하기 위하여, 원칙적으로 연방행정법원에 계속되는 모든 절차에 참가할 수 있는 연방이익의 대리인(代理人: Vertreter)이 임용된다(제35조, 제63조 제4호). 행정고등법원과 행정지방법원에는 주(州)정부의 법규명령에 따라서 공익의 대리인이 지명될 수 있다(제36조).

Ⅲ. 행정소송절차의 기본원칙

[18] 행정소송절차에 있어서 처분권주의, 직권심리주의 그리고 자유심증주의, 법원중심 및 집중심리주의 및 재판상 청문주의, 나아가 구술심리주의, 직접심리주의, 공개심리주의와 같은 기본원칙들이 적용된다. 기본법 제19조 제4항의 결과, 권리보호는 적정한 기한 내에 이루어져야 한다.

1. 처분권주의

[19] 모든 소송절차에서 누가 그 시작과 계속과 그 대상을 특정할 것인가라는 문제가 제기된다. 처분권주의(處分權主義: Dispositionsmaxime)에 따르면, 이것은 절차의 당사자가 결정한다. 이에 반하여 직권주의(Offizial-prinzip)에 따르면, 법원 또는 이를 위하여 설치된 다른 국가기관이 결정한다(예: 검찰청). 형사소송에서는 직권주의가 기본인 반면에, 행정소송상 분쟁에서는 처분권주의가 적용되므로, 법 제63조에 언급된 행정소송절차의 당사자(원고, 피고, 참가인 및 연방이익의 대리인 또는 공익의 대리인)에게 절차의 지배권이 주어진다. 원고(原告)만이(신청인) 절차를 개시할 것인지 여부와 개시한다면 어느 범위에서 할 것인지를 결정한다. 법원은 그의 신청을 벗어날 수 없고(제88조), 당사자들이 절차를 본안판단이 없이 종결하는 것을 방해할 수도 없다. 당사자가 상소 및 그의 포기 또는 취하 여부도 처분권주의에 의한다. 처분권의 대상이 당사자에게 속하고, 인용과 결부된 법적 결과가 기속적 실체법과 반하지 않는다면, 처분권주의에 따라서 행정소송에서도 민사소송법 제306조 이하와 연관하여 제173조에 의한 청구의 인낙판결(Anerkenntnisurteil)과 포기판결(Verzichtsurteil)이 원칙적으로 가능하다.

2. 직권심리주의와 자유심증주의

가. 직권심리주의의 의미와 한계

[20] 행정소송절차에서 직권심리주의(=직권탐지주의: Untersuchungsgrund-satz)가 적용된다. 그에 의하여 법원은 직권(職權)으로 사실관계를 조사한다. 법원은 당사자의 주장이나 증거에 기속되지 않는다. 직권탐지주의는 통상적으로 민사소송에서 적용되는 변론주의(辯論主義: Verhandlungsgrund-satz)와는 구별되어야 한다. 후자는 소송상 사적자치에 상응하고, 당사자는 스스로 법원에게 결정에 중요한 사실관계를 현출(顯出)하여야만 한다.

[21] 일반적으로 말하자면, 직권탐지주의는 행정소송절차 및 또한 무엇보다도 형사소송절차 외에도, 그 대상이 특별하게 공익과 관련이 있는 모든 절차에서 적용된다. 직권탐지주의는 여러 이유로 고권적으로 활동하는 국가에 대해서 약자(弱者)의 지위에 있는 국민의 특별한 보호필요성을 고려한다. 행정소송에서 직권탐지주의는 기본법 제19조 제4항의 권리보호조항 및 기본법 제20조 제3항의 합법성의 원칙에 의하여 요청된다.

[22] 직권심리주의원칙에 따라서 법원은 처분권주의에 의하여 특정된 소송상 청구의 범위 내에서 당사자가 주장하지 아니한 관점에서도 사실관계를 석명(釋明)할 의무를 부담한다. 행정법원은 여기서 사실관계에 대하여 당사자와는 다른 사실상 평가에 도달할 수 있다. 직권심리주의의 결과는, 행정소송법이 원칙적으로 당사자의 주장부담(Behauptungslast) 내지 증명부담(Beweisführungslast)을 알지 못한다는 것이다.

[23] 행정소송에서 정상적인 사실관계의 석명에도 불구하고 잔존하는 불확정사실이 누구의 이익 또는 불이익으로 실체법적으로 영향을 미치는지가 문제된다(소위 객관적 또는 실질적 입증책임). 지배적 견해에 따르면, 민사소송에 타당하는 기본원칙과 결부하여, 사실의 입증불가능성은 통상적

으로 이러한 사실로부터 자기에게 유리한 법적 결과를 도출하는 자의 불이익으로 귀결된다. 권리를 근거지우는 권리근거사실과 관련하여 청구권자에게 입증책임이 있고, 권리저지사실, 권리소멸사실 및 권리장애사실과 관련하여서는 그와 반대로 청구의 상대방에게 입증책임이 있다. 무엇이 권리근거-, 권리방해-, 권리장애- 또는 권리소멸사실인가는 실체법에 따른다. 원고 또는 피고로서의 소송상 입장은, 이와 관련하여 아무런 역할을 수행하지 않는다. 실체법의 형성에 있어서 공법상의 분쟁에서는 - 민사소송에서와는 달리 - 대등한 당사자가 다투는 것이 아니라 국민에 비하여 국가권력이 우위에 있다는 사실을 고려하여야만 한다. 여기에 존재하는 권력(權力) 차이가 입증책임의 형태에 있어서 균형적 보상을 권면하며, 이는 기본법적인 결정을 통해서도 영향을 받는다.

[24] 직권탐지주의는 당사자가 사실관계의 탐구에 있어서 부닥치는 협력의무로 인해서 약화된다(법 제86조 제1항 제1문). 그러나, 법원의 석명의무는 - 사물의 본질상 - 당사자가 결정에 중요한 상황을 알고서도, 법원은 그 상황을 주의 깊은 탐구에 있어서도 알 수 없었던 경우, 협력을 해태하는 경우에 종료된다. (원고에게 부여된 기한의 경과 후) 석명과 증명수단이 기간의 도과로 기각될 수 있다는, 그 밖의 - 직권탐지주의의 헌법적 정착의 관점에서 문제가 많은 - 제한이 법 제87b조로부터 도출된다.

나. 자유심증주의

[25] 법 제96조 제1항에 따라서 가장 중요한 증거자료는 목격(Augenschein), 증인심문, 감정, 당사자 및 문서의 제출이다. 그 밖에, 예를 들면 관청의 안내와 같은, 다른 인식수단들도 제출될 수 있다. 법 제108조 제1항 제1문에 의하여 행정소송절차에 자유심증주의가 적용된다. 이에 따르면 법원이 그의 자유롭고 절차의 전체적 결과에 기초하여 얻은 확신 - 경직된

증거규칙에 매이지 않고(예외: 민사소송법 제314조, 제415조와 관련하여 법 제173조) - 증명되어야 할 사실을, 단지 개연성이 있다는 것이 아니라, 진실 되다고 간주할 때, 그 사실은 증명된 것이다. 이 때 자연과학적인 확실성이 요구되지는 않을 수 있다. 오히려 법원에게 합리적인 의심의 여지가 더 이상 가능하지 않을 정도의 고도의 개연성(蓋然性)이면 족하다.

3. 법원중심 및 집중심리주의

[26] 소송의 진행, 특히 결정 및 소환(召喚)의 송달은, 법원의 손에 달려 있거나(법원중심) 또는 당사자의 손에 달려 있다(당사자중심). 행정소송법 은 법원 중심(中心)으로부터 출발한다. 그에 따라서 기한의 도과가 결정되 는 명령과 결정의 송달 및 기일결정과 소환은 원칙적으로 직권으로 이루어 진다(법 제56조 제1항, 제102조 제116조 제1항 제2문). 법원중심은 행정소 송절차에 적용되는 직권탐지주의의 중요한 보완이다.

[27] 집중심리주의는 법적 분쟁을 가능한 한 한 번(番)의 구술심리로 해 결하는 것을 목표로 한다. 법 제87조에 규정된 준비가능성과 제86조 제3항 과 제4항에 규율된 재판장 또는 주심(主審)의 절차인도적 권능이 이러한 집중심리주의에 이바지한다. 집중심리주의는 시간적 요소가 중요한 행정소 송법적 권리구제의 효율화를 위한 중요한 수단이다. 행정청의 조치의 적법 성이 20개보다 많은 절차의 대상이 된다면, 대량의 절차(Massenverfahren) (예: 제56a조, 제67a조) 및 법 제93a조의 표준절차(Musterverfahren)를 위한 일련의 특별규정들이 재판절차의 신속화에 이바지한다.

4. 재판상 청문주의

[28] 재판상 청문(聽聞)주의는 모든 재판의 그리고 행정소송절차의 중요한 법치국가적 구성요소를 표상(表象)한다. 이는 기본권 유사의 절차적 권리로서(지배적 견해에 따르면 법인(法人)도 주장할 수 있는), 이미 기본법 제103조 제1항에 헌법적 차원으로 정착되었고, 행정소송에 있어서도 법 제108조 제2항을 통해서 판결은 당사자가 그에 대하여 의견을 표명할 수 있었던 사실과 증거결과에 의하여 근거 지워져야 한다라고 구체화 되었다. 재판상 청문주의로부터 지금까지 심리의 대상이 아니었지만 법원의 견해에 따르면 결정에 중요한 그러한 관점에 대해서 당사자에게 알릴 법원의 의무가 도출된다.

[29] 기본법 제103조 제1항을 통하여 보호되는 재판상 청문이라는 기본권의 침해에 대해서는 (원칙적으로 권리구제를 소진한 후) 헌법재판소법 제90조 이하에 의거하여 헌법소원을 제기할 수 있다. 재판적 결정에 대해서 법적 구제수단 또는 다른 법적 구제가 없다면, 결정을 통하여 피해를 입은 자는 2004년 새롭게 제정된 법 제152a조의 보다 상세한 기준에 따라서 재판상 청문의 침해를 주장하면서 기한의 기속을 받는 청문이의(Anhö-rungsrüge)를 제기할 수 있다. 법 제152a조는 연방헌법재판소의 입법촉구의 이행으로서 이루어졌다. 청문이의는 재판적 기본권을 통하여 명령된 법관의 행위에 대한 권리보호를 보장하는 것 및 연방헌법재판소의 부담경감에도 이바지한다. 그들의 청문이의의 제기가 성공하지 못하는 것이 재판상 청문의 침해에 근거한 헌법소원의 허용성을 위한 전제이다. 이러한 이의(異議: Rüge)는, 이전(以前)에 헌법소원의 허용성의 요건으로서 이행되어야 하는 다른 특별한 권리구제 및 법관법으로 발전된 특별한 형식의 이의제기(Gegenvorstellung) 또는 특별한 이의제기(Beschwerde)를 배제하고, 다른 절차기본권의 침해에도 준용(準用)될 수 있다.

5. 구술심리주의, 직접심리주의 공개심리주의

[30] 행정소송절차에서는 구술심리주의가 적용되며, 법원은, 다른 규정이 없다면, 구술심리에 근거하여 결정한다(제101조 제1항).[9) 도화 및 음성전송의 방식으로 심리를 할 수 있는 가능성도 존재한다(제102a조). 당사자의 동의 하에 결정은 구술심리가 없이도 이루어질 수 있다(제101조 제2항). 판결이 아닌 법원의 결정(決定)은, 다른 규정이 없는 한, 구술심리 없이 이루어질 수 있다. 제84조 제1항에 따라서 사실상 또는 법적인 성질에서 사안이 특별한 어려움이 없고 사실관계가 밝혀진 경우에는 구술심리 없이도 법원결정(Gerichtsbescheid)으로서 결정될 수 있다.

[31] 구술심리주의와 밀접하게 결부되는 것이 절차의 직접심리주의이다. 제96조 제1항에 의거하여 증거조사(Beweisaufnahme)는 수소법원(erkennendes Gericht)에서 구술심리를 통하여 이루어져야만 한다(제한: 96조 제2항).

[32] 이러한 기본원칙들에 공개심리주의가 함께 동반한다. 공개심리주의는 절차에 참여하는 자(者)가, 지역적 및 공간적 형편이 허용하는 한, 심리장소에 자유롭게 출입하는 것을 요청한다. 특정의 절차 또는 법정질서를 이유로 공개심리주의를 배제하는 것은 법원조직법 제171a조 이하에 의한다. 수명법관(beauftrager Richter oder ersuchter Richter) 앞에서의 심리는 비공개한다(제96조 제2항). 여기에는 소위 당사자 공개주의 즉, 당사자가 증거기일에 대하여 통지를 받고 증거조사에 참가할 수 있다(제97조).

6. 적기의 권리보호

[32a] 기본법 제19조 제4항 및 유럽인권조약 제6조 제1항, 제13항의 권리

---

9) 법명이 없는 조문은 행정소송법(VwGO)을 의미함.

구제보장에 따라서 재판상 권리보호는 적절(適切)한 시간 내에 이루어져야 하며, 비적절한 지체(遲滯)에 대하여 권리보호의 가능성이 존재하여야 한다. 2011년 12월 3일에 발효된 「과다하게 장기의 재판절차와 형사법적 조사절차에 있어서 권리보호에 대한 법률(ÜVerfBesG)」 제8조를 통하여 2011년 11월 24일에 행정소송법 제173조에 제2문이 새롭게 추가되었다. 동(同) 문장은 새롭게 창설된 법원조직법 제198조와 제200조 이하 조항들을 행정소송법에 부합되게 적용하는 것을 통하여, 행정소송에서도 과도하게 장기의 재판절차에서의 권리구제를 보장하여야 한다. 독일 입법자들은 - 좀 지체되었더라도 - 2010년 9월 2일자 유럽인권법원의 "파일럿결정(Pilotentscheidung)"을 따랐다. 동(同) 결정은 유럽인권조약 제6조 제1항 및 제13항을 통하여 명령된 방식으로 적기의 권리구제의 요청을 고려하는 권리보호를 규정하도록 독일 입법자들을 의무 지운다. 법원조직법 제198조 제1항 제1문의 의미에서 비적절한 절차 장기화(長期化)가 존재하는지 여부에 대한 판단은, 비록 여러 심급에 걸쳐서 또는 다양한 법원에서 진행되더라도, 원칙적으로 전체절차(Gesamtverfahren)에 달려 있다. 법원조직법 제198조 제3항에 규정된 절차지체이의는 예방적 기능을 가지며, 그 절차지체이의의 제기는 원칙적으로 보상청구권을 주장하기 위한 전제가 된다. 손해의 발생 시 법원조직법 제198조 제1항과 제2항에 따라 존재하는 보상청구권은 억제적 재판적 권리보호에 이바지하며, 물질적 및 비물질적 손실보상을 대상으로 하고 희생보상관념에 기초한다. 손실보상청구권은 절차소요기간의 비적절성의 확인으로 성립한다(법원조직법 제198조 제4항). 그러한 확인의 소는, 다툼이 있는 견해이긴 하지만, 독립적으로 제기될 수 있으며, 소의 관할은 행정지방법원과 행정고등법원을 통한 지체의 경우에는 행정고등법원, 연방행정법원을 통한 지체의 경우에는 연방행정법원에 있다.

Ⅳ. 소송행위

[33] 소송행위에는 재판절차의 당사자의 또는 법원의 소송절차를 구성하거나 특정하는 모든 활동으로 이해된다. 소송행위가 절차의 당사자에 의하여 행해지는지 또는 법원에 의하여 행해지는지에 따라서 현저하게 법적으로 차이가 존재한다는 것은 자명하다.

1. 당사자행위

[34] 당사자의 소송절차를 구성하는 또는 특정하는 행위를 당사자행위라고 한다. 당사자행위는 재판절차의 진행에 있어서 당사자행위에 부여되는 의미를 통하여 특별한 각인(刻印)을 경험한다. 당사자행위에는 실체법적 법률행위에서 적용되는 것과는 다른 규칙들이 적용되어야 한다. 예외적인 법적 규정을 제외하면, 당사자행위는 구술심리 외에는 원칙적으로 문서(文書)로서 행해져야 한다. 당사자행위의 법적인 요건 또한 법적 결과의 관점에서 존재하는 차이들은, 하나의 법적 행위에서 소송행위와 실체법적 법률행위의 이중적 성격을 도출하는 것을 원칙적으로 금지한다(다만, 소송상화해에서는 다르다). 당사자행위에 - 소송법을 넘어서 - 실체법적인 의미가 부여될 수 있다는 것이 당사자행위의 인정에 장애가 되지는 않는다.

[35] 예: 이행의 소(訴) 및 의무이행의 소(訴)에서 행정소송의 제기를 통하여 야기된 소송계속이 민법 제291조에 상응하는 이자청구권 및 민법 제204조 제1항 제1호에 따른 소멸시효의 중단을 가져온다.

[36] 취소소송 및 거부대항소송(Versagungsgegenklage)의 제기 전에 거쳐야 할 사전절차로서 이의신청절차(Widerspruchsverfahren=행정심판절차)와 재판상 절차 사이에 존재하는 밀접한 기능적 관련성의 관점에서, 그 밖에

또한 행정심판절차에서의 행위들도 그의 전치(前置)가 동시에 재판상 결정의 허용요건이라면 당사자행위로 평가할 수 있다.[10]

[37] 예: 침해적 행정행위에 대한 행정심판의 취하가 의사결여로 인하여 다투어질 수 있는지의 문제는, 사인(Privater)의 공법적인 의견표명에 대한 다툼에 대한 규정에 의해서가 아니라, 도리어 소송행위에 적용하는 기본원칙에 의하여 판단된다.

[38] 다른 소송규정에서와 마찬가지로 행정소송법에서도 대부분 일방적(一方的) 행위로 규정된 당사자행위에 대한 보다 상세한 규정들을 발견할 수 없다. 당사자행위의 개시 권한과 관련하여 참가능력, 소송능력, 소송대리 및 변론능력을 위한 일반적 기본원칙이 적용된다. 그러나, 이러한 기본원칙과 관련된 하자(瑕疵)들은 때로는 치유될 수 있다(예: 당사자의 하자 있는 대리가 그의 명시적 또는 묵시적 승인으로 치유: 법 제138조 제4호)

[39] 소송을 형성하고 특정하는 행위로서의 당사자행위는 법적 안정성의 관점에서 그 성질상 원칙적으로 조건(條件)과는 친숙하지 않다. 그에 따라 소송행위의 효력은 소송외적 사건에 의존될 수는 없다. 그와 반대로 소송행위의 효력이 소송내적 조건(條件) 즉, 성공적인 이행 또는 당사자 자신이나 다른 당사자에 의하여 수행된 당사자행위의 불성공에 의존되는 것은 허용되어질 수 있다.

[40] 법원에 있어서 소송상 법률관계의 근거는 항상 조건 없이 이루어져야 한다. 그 때문에 소송의 조건적 제기는, 설령 소송내적 조건에 의존된다고 할지라도, 허용되지 않는다.

[41] 예: 피고가 주장된 청구를 법원에 대하여 승인하지 않는다는 조건 하에서 소의 제기가 이루어진다면 허용되지 않는다.

[42] 유효한 당사자행위는 - 특별법의 규정이 없다면 - 철회(撤回)할 수 없는 것이 소송행위의 본질에 부합된다. 만약 이를 통하여 다른 절차당사

---

10) BVerwGE 57, 342, 345 ff.

자의 이익이 침해되지 않는다면 가능하다. 당사자행위에는 의사표시의 하자로 인한 취소(取消)를 규율하는 민법 제119조 이하는 원칙적으로 적용될 수 없다. 그러나 당사자행위가 형벌을 받을 수 있는 행위로 야기되었고 그 때문에 민소법 제580조 제4호와 연계하여 법 제173조에 따라서 재심사유(Restituionsgrund)가 존재한다면, 당사자행위로부터 철회를 통하여 해방되는 가능성이 열려 있음에 틀림없다. 적법하게 제기된 상소(Rechtsmittel)도, 취하(Rücknahme)가 하자있는 법관의 고지(Belehrung)를 통해서 야기되었다면, 철회가 가능하다. 형식적 권리구제의 제기는, 이미 명시적으로 규정되어 있지 아니한 한(제92조에 의한 소취하), 원칙적으로 결정 때까지는 철회될 수 있다.

[42a] 당사자행위의 해석에 있어서 민법 제133조, 제157조의 원칙들이 준용된다. 원고에 의하여 선택된 문구가 아니라, 당사자행위로 추구하는 인식 가능한 목적이 기준이 된다; 권리보호의 효율성이라는 헌법적 명령의 관점에서, 당사자행위는 의심이 있는 경우 국민에게 최대한의 권리보호를 보장하는 방식으로 해석되어져야 한다.

예: 행정청이 행정절차법 제48조에 따라서 보조금결정을 취소하고 반환결정에서 행정절차법 제49a조 제1항에 따라서 보조금수령자에게 지급된 보조금의 반환을 요구한다. 반환의 취소는, 여기서 의심의 경우에, 단지 반환결정뿐만 아니라 또한 취소결정까지도 공격되는 것으로 해석되어져야 한다.[11]

당사자행위로 추구하는 목적이 그의 원작자에 의하여 지정된 방식이 아니라 다른 방식으로 도달할 수 있다면, 민법 제140조의 유추에 따른 전환(Umdeutung)이 문제된다. 이 문제는 원고의 설명에 따른 사실상의 의사의 탐구의 문제가 아니라, 가정적 의사의 문제이다.

당사자행위의 해석과 전환 사이의 한계는, 법 제88조의 결과로 유동적이

---

11) BVerwG, NVwZ-RR 1992, S. 423.

다(fließend). 소송에서 법원은 불명확한 신청에 있어서 그 신청에 대한 설
명과 경우에 따라서는 사안에 부합하는(sachdienlich) 신청의 제기를 유도한
다(법 제86조 제3항).

당사자행위를 전자적 통신의 방식으로 실시할 수 있는 가능성에 대해서
는 법 제55a조, 제55c조 및 문번 71과 652를 보라.

2. 법원의 소송행위

가. 개관

[43] 가장 중요한 법원의 소송행위는, 재판적 결정과 (무엇보다도 소송지
휘적) 조치들이다. 재판적 결정은 판결들(Urteile), 법원재정들(Gerichtsbes-
cheide)12)과 결정(Beschlüsse)들로 구분된다.

[44] 소송에 대해서는, 제107조에 따라서 원칙적으로 제108조 이하의 보
다 상세한 기준에 따라 판결로 결정된다. 판결의 선고와 송달에 대해서 제
116조, 형식과 내용에 대해서는 제117조가 보다 자세한 규정들을 포함하고
있다. 판결에 대한 불복에는 항소(Berufung)와 상고(Revision)가 있다.

[45] 사안이 사실상 혹은 법률상 특별한 어려움이 없고 사실관계가 충분
히 석명되었다면, 법 제84조 제1항 제1문에 따라서 절차의 간소화를 위하
여 원칙적으로 구두변론에 근거하여서만 내려질 수 있는 판결 대신 그러한
구두변론 없이 법원재정(Gerichtsbescheide)으로 결정될 수 있다. 법원재정은
판결의 효력을 지닌다. 법원재정의 송달일로부터 일개월 이내에 구두변론

---

12) 법원재정은 행정소송, 재정법원 및 사회법원절차에서 판결을 대체한다. 법원재정은 명예
   법관의 참여가 없이 직업법관에 의해서 발급되며, 발급 전에 소송당사자들을 청문하여야
   만 한다. 사실관계에서 특별한 어려움이 없고 설명이 충분한 경우에만 판결을 대체하여
   발급된다.

을 신청할 수 있다(법 제84조 제2항 제5호).

[46] 명시적으로 법적으로 규정된 경우에 한하여, 법원은 결정(Beschluss)으로 재판한다. 예를 들면, 잠정적 권리보호의 범주에서 내려지는 결정들이다(제80조 제7항, 제123조 제4항). 판결에 대한 선고, 송달 및 형식과 내용에 대한 규정들이 결정에 있어서도 준용된다. 결정에 대한 불복은 항고(抗告: Beschwerde)이다(제146조).

[47] 조치는 법원이 아니라 재판장이나 주심에 의하여 발급된다(법 제82조 제2항, 제87조 제1항 제1문). 조치는 특히 구두변론의 준비에 있어서 또는 소송지휘에 있어서 의미가 있다. 조치는 특별한 형식이 규정되어 있지 않으며, 법 제146조 제2항에 따라서 재판상 다툴 수 없다.

나. 판결의 종류

(1) 형성판결, 이행판결 및 확인판결

[48] 판결의 내용에 따라서 형성-, 이행- 및 확인판결로 구분될 수 있다. 형성판결을 통해서 법원은 법적 상황을 직접적으로 변경한다. 예로는 법 제113조 제1항 제1문에 따라서 취소소송에 있어서 내려진 취소판결을 들 수 있다. 형성판결은 비용의 관점에서만 집행가능하다.

이행판결을 통해서 행정법원은 피고에게 이행의 실행을 의무 지운다. 행정법원의 실무에 있어서 가장 의미 있는 사례는 법 제113조 제5항에 따른 행정행위의 발급을 지향하는 의무이행판결이다. 이행판결은 제167조 이하의 보다 자세한 규정에 따라서 집행될 수 있다.

[49] 확인판결에서 재판적 확인이 이루어지는데, 당연하게도 그 자체로서는 집행가능하지 않다. 법률관계의 존재 내지 부존재 또는 행정행위의 무효를 확인하는 법 제43조에 따른 행정법원의 확인판결이 특히 의미가 있

다. 제113조 제1항 제4문에 따른 확인판결은 그 결정내용상 확인판결이지만, 체계적으로는 제113조 제1항 제1문에 의거하여 취소의 소에 대해서 내려지는 결정과 밀접한 관련이 있다(문번 325).

(2) 소송판결과 본안판결

[50] 법원이 소를 본안판단요건의 결여로 허용되지 않는다고 각하한다면, 이는 소송판결이고, 그에 반하여 본안에 있어 결정을 내린다면 본안판결(Sachurteil)이다.

(3) 종국판결과 중간판결, 전부판결과 일부판결

[51] 종국판결과 중간판결의 구분은 행정법원이 소송물에 대해서 (또는 최소한 소송물의 부분에 대해서) 종국적 결정을 내리는 지 또는 단지 소송물의 전제가 되는 개별적 계쟁사항에 대하여 결정하는 지에 달려 있다. 전체적으로 소의 허용성에 대하여만 또는 개별적 허용요건에 대해서만 결정되고 이것이 긍정된다면 (허용성이 부정된다면 종국판결을 내려야만 한다) 중간(中間)판결에 해당된다. 중간판결의 특별한 경우는 이행소송의 범주에서 사전에 청구의 원인에 대해서 결정되어질 수 있는 원인판결(Grundurteil)이다(제111조).

[52] 종국판결은 각 심급을 위한 절차 또는 불복이 허용되지 않는다면 전체적으로 절차를 종결시킨다. 전체적인 소송물 또는 단지 소송물의 일부에 대해서만 결정되는 지에 따라 전부판결 또는 부분판결로 구분된다.

[53] 예: 원고가 상당한 금전지급을 소구하였고, 제기된 청구의 존재에 대해서 결정하는 것은 전부판결이다. 법원이 주장된 청구의 일부에 대해서만 결정하고, 그 밖의 청구의 존재에 대해서 결정하지 않는 것은 부분판결

이다.

[54] 중간판결은 독립적 중간판결과 비독립적 중간판결로 구분된다. 독립적 중간판결은 소의 허용성에 대한 판결 및 청구의 원인에 대한 판결로서, 비독립적 중간판결과는 반대로, 불복수단을 통하여 독립적으로 다툴 수 있다(법 제124조 제1항 및 제141조).

[55] 독립적 중간판결이 성공적으로 제기된 불복절차에 근거하여 폐지되지 않는 한, 이는 결정한 법원 및 모든 다른 법원들을 기속한다(법 제173조). 종국판결의 효력은 독립적 중간판결에 의하여 제한되는데, 후자가 불복에 근거하여 상소법원(Rechtsmittelgericht)에 의하여 폐기된다면, 이에 기초하여 내려진 종국판결의 효력도 당연히 제거된다. 비독립적 중간판결은, 판결을 한 법원만 기속한다.

(4) 기타 판결유형

[56] 민사소송법 제302조와 연관하여 행정소송법 제173조에 의하여 허용되는 유보판결(Vorbehaltsurteile)은 중간판결과 유사하다. 피고가 반소(反訴)로서 소에서 주장되어진 청구와 법적인 관련성이 없는 상계를 주장하였고, 단지 소송상 청구에 대한 심리만이 결정을 위해 성숙되었다면, 이에 대한 결정은 상계에 대한 결정유보 하에 내려질 수 있다. 이러한 유보판결은 상소 및 강제집행과 관련하여 종국판결로 간주된다.

[57] 민사소송과는 달리 행정재판절차에서 타당한 직권심리주의의 관점에서 볼 때, 결석판결(缺席判決: Versäumnisurteil)은 허용되지 아니한다. 그에 반하여 포기판결(Verzichtsurteil) 및 인낙판결(Anerkenntnisurteil)은 일반적으로 배제되는 것은 아니다.

다. 판결의 형식, 내용 및 구성

[57a] 법 제117조는 판결의 형식, 내용 및 구성에 대해서 중요한 규정들을 포함한다. 동조 제2항은 판결의 부분들로서 판결서 표제(Rubrum), 주문(Tenor), 사실관계(Tatbestand), 결정이유 및 불복절차로 구분하고 있다.

[57b] 판결서 표제(Rubrum)에는 판결주문(Urteilsformel, Tenor)을 포함한다. 사안개요는 법원의 결정을 포함한다. 법원의 결정은 통상적으로 본안판단과(예: 피고의 2007. 4. 2.자 금지처분과 재결청의 재결은 취소한다) 비용, 가집행(die vorläufige Vollstreckbarkeit) 및 경우에 따라서는 불복의 허용여부에 대한 부수적 결정으로 구성된다.

주문은 원칙적으로 그 자체로부터 및 판결의 다른 내용과 무관하게 이해할 수 있어야 한다. 이것은 소송을 허가하는 판결에도 타당하다. 기각판결의 효력은 이에 반하여 이유의 도움 하에서 추론된다. 의심의 여지가 없는 해석이 가능하지 않는 불명확성은 판결의 무효를 가져온다.

[57c] 판결서 표제(Rubrum)의 표준(제42조 제1항에 의거한 취소소송)

사건번호: 5K 0815/09
행정법원 칼스루에

국민의 이름으로(Im Namen des Volkes)
판결(Urteil)

행정사건에 있어서(In der Verwaltungsrechtssache)

회사 Schlampig & 합자회사(KG)
맑트슈트라세 10-16, 76555 무스터도르프   - 원고 -
소송대리인:
변호사 Kühn

슈테른슈트라세 12. 칼스루에

대하여(gegen)

무스터도르프 시
시장을 통한 대리
76555 무스터도르프   - 피고 -
소송대리인:
변호사 X 외 1인
무스터도르프 1, 칼스루에

때문에(wegen)

영업법상 금지처분
  칼스루에 행정법원 제5부는 행정법원 재판장 판사 A, 법관 B와 C 및 명예법관 D와
E에 의한 2009. 1. 8.자 구두변론에 기초하여
2009. 1. 8.에
적법하다고(für Recht) 선고한다.

[57d] 주문에 포함되는 사실관계는 제117조 제3항에 따라서 사실- 및 계쟁대상 즉 "사실관계(Sachverhalt)"의 압축적 묘사이다. 사실관계의 구성은 - 판결에서 다른 형식적 기준과 동일하게 - 법률을 통해서는 제한적 범위로만 규정되어 있으므로, 실무에서는 형식 및 구성과 관련하여 지역적 차이가 존재한다. 대부분 절차의 대상을 대충 요약하는 도입문장을 권고한다. 이 문장은 무엇 때문에 다투는 지가 드러나야 한다. 다음으로 당사자의 진술, 서류 및 법원의 조사로부터 수집되는 사실관계의 다툼이 없는 부분이 따른다. 이러한 묘사는 현재형으로 이루어진다. 행정절차에 대한 보고가 과거형으로 뒤따른다. 행정결정의 중요한 이유가 - 간단하게 - 언급된다. 후

속으로 현재완료시제로 소송경과(소제기, 계쟁상태의 설명, 원고와 피고의 진술, 증거조사, 참가 등)가 서술된다. 마지막으로 사실관계는 통상적으로 당사자의 첨부된 문서와 서류의 내용에 대한 언급을 포함한다.

[57e] 사실관계 후에 오는 결정이유는, 제108조 제1항 제2문에 따라서 법관의 확신을 가져온 이유들을 적시하여야만 한다. 구성에 있어서 여기에 사용된 판결스타일은 먼저 결과가 선언되고 이유가 뒤따르는 점에서, 제1차 국가시험에서 표준이 되는 감정서스타일과 본질적으로 구별된다. 이유의 내용과 구성에 대하여 일반적으로 타당한 기재는 거의 하지 않고, 다만 결정이유는 결정에 있어서 중요한 모든 사실적 및 법률적 문제들을 다루어야만 한다는 것을 환기할 수 있다. 당사자의 법적 진술에 대해서 고려하는 것은 친절 명령보다 더 큰 의미가 있다. 이러한 방식으로만 법원은 진술을 인지하였다는 것을 분명하게 할 수 있다.

[57f] 판결은 불복절차설명과 법관의 서명날인으로 종료된다.

V. 행정소송상 문서의 구성

1. 본안판단요건의 의미

[58] 원고 내지 신청인에 의하여 주장된 소송상 청구에 대한 결정을 위한 전제조건이 본안판단요건들(Sachentscheidungsvoraussetzungen)의 존재이다. 이것은 허용요건, 본안판결요건 또는 소송요건이라고도 하지만, 후자의 두 개념들은 부정확하다. 소송상 청구는 항상 판결의 선고를 지향하는 것은 아니고, 소송요건의 결여에도 본안에 있어서 판단을 하지 아니하고서만 종결되는 소송이 있다. 법원이 허용심사(= 요건심사)에서 모든 허용요건들이 긍정되어야 비로소 이유유무에 대한 결정(본안판단)을 내릴 수 있다.

[59] 예: 주민이 그를 부담지우는 행정행위의 폐지(廢止: Aufhebung)를 구하고, 행정법원은, 행정상 권리구제가 제40조에 의하여 열려 있고, 행정법원이 법적 분쟁에 대한 결정에 대하여 사물적 및 지역적으로 관할권이 있고, 모든 다른 본안판단요건들이 존재하는 경우에만, 그에 대하여 결정할 수 있다. 그 때 비로소 행정법원은 원고의 권리를 침해하는 행정행위를 폐지할 수 있다(제113조 제1항 제1문).

[60] 허용요건의 존재는 행정법원을 통하여 직권으로 심사되어야만 한다. 허용요건의 확정에 있어서 행정법원은 당사자의 사실상의 주장이나 그의 법적 견해에 기속되지 아니한다. 허용성은 결정을 위하여 기준이 되는 시점 즉 행정법원에서의 최종구두변론시(der letzten mündlichen Verhandlung vor dem Verwaltungsgericht), 최종구두변론이 개시되지 않는다면 서면 또는 전자적 결정의 발급시에 구비되어 있어야 한다. 그 시점까지는 결여된 허용요건이 통상적으로 추완(追完)되어질 수 있다.

[61] 예: 원고가 제68조 이하에서 요구되는 행정심판절차를 거치지 아니하고서 취소소송을 제기하였고, 그러한 절차가 행정법원에서의 최종구두변론시까지 실행되어 종결되었다면, 취소소송은 이제 허용되고 본안에 대하여 결정되어질 수 있다.

[61a] 특정한 허용요건들은 이미 소제기시 내지 신청시에 존재하여야만 한다. 이는 입장요건(Zugangsvoraussetzungen)으로도 표현된다.

[62] 허용요건이 결여되면 소(내지 신청)는 원칙적으로 소송판결을 통해서 각하된다. 예외적으로 행정법적 구제가 허용되지 않거나 행정법원이 사물적 또는 지역적 관할이 없다면, 법원은 단지 상응하는 허용요건의 결여를 선언하고 법적 분쟁을 직권으로 허용되는 권리구제의 관할법원으로 이송(移送)한다. 이러한 특별한 형태의 선고는 - 그 범위에서 다른 허용요건들과 일치되게 - 행정법원의 본안판단이 이루어지지 않는다는 것에는 변함이 없다. 다른 허용요건과 동일성의 관점에서 행정법적 권리구제를 구조적

으로 다른 허용요건과 분리하여 3단계의 구조를 찬성하는 것은 그다지 의미가 있어 보이지는 않는다. 행정법원이 특정의 사법(司法)심사가 불가능한 통치행위 내지 행정법적 권리구제가 헌법적 권리구제의 우선으로 배제되는 경우에도 이송하지 않고 오히려 소를 (허용되지 않는 것으로) 각하하는 것도, 여기서 주장되는 2단계 구조를 지지한다. 그 밖에 고려하여야 할 사항으로 기왕의 권리구제의 허용성 내지 소가 제기된 행정법원의 관할이 소송계속 후 관할을 근거지우는 상황이 변경되더라도 더 이상 없어지지 않는다는 것이다.

[63] 소가 허용요건의 결여로 각하된다면, 하자의 제거 후에 새로운 소를 제기할 수 있다.

[64] 본안판단요건에 있어서 종종 일반요건과 특별요건이 구분되는데, 전자는 성질상 모든 행정재판절차에서 요청되고(예: 관할, 당사자능력(Beteiligungsfähigkeit), 권리보호필요), 이에 반하여 후자는 특별한 절차유형에만 적용된다(예: 사전절차의 이행과 원고적격). 이러한 차이점과 관련하여 허용요건의 심사에 있어서 원칙적으로 먼저 일반요건을 서술하고, 이어서 해당되는 절차유형의 규정에 따라서 그의 특별한 본안판단요건을 서술하는 것이 요청된다. 이러한 구조도식이 시종일관되게 지켜지지는 않는데, 왜냐하면 부분적으로 소위 일반적 허용요건들이 그의 구체화 모습에 있어서는 절차유형에 의존되고 이러한 의미에서 일반적이지 않기 때문이다. 거꾸로 소위 특별 본안판단요건들은 부분적으로 법령에 의거하여 또는 유추적용에 근거하여 이와 관련되어 언급된 절차유형과는 다른 절차유형에서도 심사된다.

상당한 범위에서 본안판단요건이 언급되어지는 순서는 전적으로 합목적성의 문제이다. 그러나 특별한 본안판단요건 외에 부분적으로 일반적인 본안판단요건 예를 들면 행정법원의 관할, 참가능력, (소극적) 소송수행권 및 권리보호필요 등도 해당되는 절차유형의 해결 후에 비로소 심사될 수 있다는 것이 - 개별적 구성도식들을 충분하게 고려하지 않는 것 - 논리적으로 전제된다. 특정의 절차유형의 개시가능성은 (이전에 통용된 열거주의와는 달리) 행정재판적 일반조항에 근거하여 그리고 기본법 제19조 제4항의 헌법적 권리보호의 보장이라는 관점에서 원칙적으로 허용요건이 더 이상 아니다. 그렇지만, 특정의 절차유형의 개시가능성을 통하여 개별적 (일반적 및 특별적) 본안판단요건이 결정되기 때문에 개시가능성(Statthaftigkeit)은 반드시 허용성 심사에 포함되어야 한다.

　허용성 심사의 도식(圖式)이 합목적성의 고려를 통하여 향도될지라도, 이것이 불확실한 허용성 요건에 대한 심사를 포기하는 것과 소송상 청구를 즉시 이유없다고 기각하는 것을 근본적으로 정당화하지는 않는다. 그러한 진행방식은 사법(司法: Rechtsprechung)의 합법성의 원칙에 위반된다. 왜냐하면 법률은 본안판단을 통상적으로 모든 본안판단요건이 존재하는 경우에만 비로소 허용하기 때문이다. 동일한 이유로, 연방행정법원의 견해에 반하여, 소의 기각을 중첩적으로 그의 불허용성과 이유없음에 기초하는 것은 금지된다. 그렇지만 소의 허용성 및 이유유무가 특정 상황의 존재에 의존되는 경우에 (예: 단체가 그의 해산에 대항하는 소에 있어서) 있어서, 소는 허용되는 것으로 취급되어서 이유유무의 범주에서 비로소 이러한 상황이 존재하는지 여부가 심사될 수 있는 경우에는 (소위 이중적 중요사실) 인정된다. 좁게 이해되어지는 권리보호필요성의 목적으로부터 도출되듯이 (불필요한 소송상 비용을 방지하는 것), 소의 이유유무가 명백하다면 그의 상세한 심사는 적절하지 않다고 보인다.

2. 허용요건 관련 심사공식

[65]

> 허용요건심사에 있어서, 교재의 구성도 그에 따르는데, 다음의 순서를 추천한다.
>
> 1. 적법한 소제기 내지 신청(제81조 이하)
> 2. 독일의 재판권(제173조)
> 3. 행정소송법적 권리구제의 허용성(제40조)
> 4. 절차유형의 개시가능성(취소-, 의무이행-, 이행-, 형성- 또는 확인의 소 및 규범통제 신청과 임시의 권리구제의 신청)
> 5. 사물적, 지역적, 그리고 심급상 관할(제45조 이하)
> 6. 참가능력(제61조)
> 7. 소송능력, 소송대리 그리고 변론능력(Postulationsfähigkeit)(제62조와 제67조)
> 8. 원고적격(제42조 제2항 또는 그의 유추) 내지 신청적격
> 9. (소극적) 소송수행권(제78조)
> 10. 권리보호필요(권리보호이익), 소의 실효의 결여 내지 소의 취하의 결여
> 11. 소송계속의 결여 및 확정판결의 결여
> 12. 사전절차(제68조 이하)
> 13. 제소기간(제74조 이하)

[66] 위에 제시된 도식(圖式)에 있어서 시험이나 숙제의 범주에서 모든 허용요건에 대해서 언급할 필요는 없다는 것을 주목하여야 한다. 일련의 허용요건들은 이것과 관련하여 의문이 존재하는 경우에만 언급을 요하고, 문제가 되지 않거나 명백하게 주어진 허용요건과 관련하여서는 법적인 서술이 오히려 답안의 가치를 떨어뜨릴 수 있다. 예를 들면, 외국과 전혀 무관한 법적 분쟁에서 독일의 재판권의 존재를 주제로 삼는다면 사안의 문제들에 대하여 부족한 파악(把握: Gespür)의 징표이다. 사실관계에서 자연인이 행정행위의 폐지를 지향하는 소를 제기하였다면, 적법한 소제기의 존재

를 토론할 유인은 존재하지 않는다. 그렇지만 행정법적 권리구제, 절차유형 (내지 경우에 따라서는 특별하게 적용되는 본안판단요건, 사전절차 또는 원고적격) 및 참가능력, 소송능력 그리고 소극적 소송수행권은 항상 언급되어져야 한다. 특별한 문제가 없는 한, 간단하게 서술하여야 한다.

[67] 예: 경찰상 금지에 대항하는 소(訴)에 있어서 공법과 사법(私法)13)의 구별을 위하여 발전된 학설(종속설, 이익설 및 신주체설)의 하나에 의하여 행정법적 권리구제에 해당되는 공법상 분쟁이 존재한다는 언급만으로 족하다. 시험의 사실관계가 원고로서 등장하는 자연인의 나이에 대해서 아무런 언급이 없다면, 단지 제61조 제1호로부터 참가능력, 제62조 제1항 제1호로부터 소송능력이 도출된다는 것만 언급하면 족하다.

[68] 훌륭한 답안은 사례풀이에서 특히 쟁점(爭點)을 올바르게 제시하는 것에 있다. 소송상의 청구가 본안판단요건의 결여로 허용되지 않고, 사안은 다른 허용요건의 관점에서도 문제를 가진다면, 이와 함께 사안의 실체법적 문제에 대해서 소위 보조감정서(Hilfsgutachten)의 형태로 접근될 수 있다.

---

13) 이하에서 사법이란 원칙적으로 사법(私法)을 의미하고, 사법이 사법(司法)을 의미하는 경우에는 한자어를 병기하기로 한다.

제2절 적법한 소제기

[69] 사례: B는 두 개의 건축신청의 거부에 대항하여, 동일한 토지 위에 하나는 보다 큰 건축신청이고 다른 하나는 약간 수정된 작은 건축신청과 관련된 것인데, 제68조 이하에 의한 전심절차(Vorverfahren: 행정심판절차)에서 성공하지 못하였다. 소장에서 B는 피고 행정청 X가 큰 건축계획을 위한 건축허가를 발급하거나 또는 법원이 그 큰 범위에 대해서 우려를 가진다면 적어도 작은 건축계획의 허가를 발급하도록 판결하여 달라고 신청하였다(문번 81).

[70] 처분권주의에 의하여 행정법원에서의 절차는 원칙적으로 제소(提訴)를 통해서만 시작되고, 예외적으로 소 대신에 신청이 등장하는데, 특히 규범통제절차 및 임시의 권리구제절차에서 그러하다.

I. 소장의 형식과 내용

[71] 법 제81조 제1항 제1문에 따라서 소(신청에 대해서도 준용된다)는 원고 또는 그의 대리인을 통하여 문서로 제기하여야 한다(전자적 소제기에 대해서는 아래를 참조하라). 텔레팍스 내지 컴퓨터 팩스, 컴퓨터에 의하여 팩스기계로의 문서데이타의 전송도 족하다. 문서성이 충족되었는지 여부는

민법 제126조 제1항에 의하지 아니하는데, 왜냐하면 민법은 단지 민사법적인 법률관계에 적용되고 소송행위에는 적용되지 않기 때문이다. 민법 제126조 제1항의 유추적용조차 금지된다. 소장(訴狀)이 민법 제126조 제1항에 언급된 요청들을 충족하고, 또한 제81조 제1항 제1문의 의미에서 문서성으로부터 도출되더라도 금지된다. 제81조 제1항 제1문을 통하여 제시되는 문서성에 대한 요청은, 민법 제126조 제1항에서처럼 그렇게 광범하게 미치는 것은 아니다. 제81조 제1항 제1문에서 요청되는 문서형식의 의미는, 판례에 따르면(BVerwGE 77, 38 이하), 단지 발송인의 동일성을 확인하는 것과 동시에 초안이 아니라 의도적인 소송상 의사표시라는 것에 있다. 그러므로 판례에 의하면 소장으로부터 또는 소장의 첨부서류로부터 명확하고 그에 대한 증명되어질 필요가 없이 원고의 소가 그의 의지에 따라 법원에 도달하였다는 것이 도출된다면(제소의지) 충분하다. 소장이 들어있는 편지봉투의 발신인이 원고에 의하여 자필로 작성되었다면, 그것만으로도 제81조 제1항 제1문을 충족한다. 컴퓨터팩스에 있어서 스캐너에 의하여 읽혀진 서명의 전달도 충분하다. 제55a조 제1항에 의하면 연방정부 또는 주(州)정부의 법규명령을 통하여 각 관할영역에 대하여 허용되는 경우에 소(訴)는 전자적 서류의 전달로도 제기될 수 있다(제58조에 따라서 권리구제설명에서 이에 대하여 알려주어야만 하는 지는 다투어진다. 참조: 문번 673). 연방은 연방행정법원에 대해서, 그리고 대다수의 주(州)들은 그들의 행정지방법원과 행정고등법원에 대해서 이를 허용하고 있다. 당해 규정들은 제55a조 제1항 제3문의 집행에서 전자적으로 전달된 문서는 「서명법」 제2조 제3호에 따라서 인증된 전자서명으로 날인할 수 있다고 규정한다(행정심판의 전자적 제기: 문번 674). 행정고등법원과 연방행정법원과는 달리, 행정지방법원에서는 소를 법원사무과의 문서담당공무원의 작성으로도 제기될 수 있다(법 제81조 제1항 제2문). 소장을 피고에게 송달하는 것은 소의 제기에 속하지 아니한다.

[72] 소장의 내용은 제82조 규정되어 있고, 필수적 기재사항과 임의적 기재사항으로 구분된다. 제82조 제1항 제1문에 따라서 소는 원고, 피고 그리고 청구의 대상을 기재하여야만 한다. 피고의 표시에는 제78조 제1항 제1호의 직접 또는 유추적용으로 행정청(行政廳: Behörde)을 기입하는 것으로 족하다. 원고 또는 피고의 잘못된 표시는 소로부터 누가 당사자인지가 명백하게 드러난다면 문제가 되지 않는다. 소장은, 민사소송법 제253조 제4항, 제130조 제1호와 함께 법 제173조를 통하여 도출되듯이, 원고의 송달가능한(ladungsfähig) 주소를 포함하여야 한다. 우편사서함(Postfach)의 기재로는 충분하지 않다. 기재가 불가능하거나(예: 노숙자) 또는 수인하기 어려운 경우에는 그렇지 않다(예: 보호가치 있는 비밀엄수이익, 연방행정법원, NJW 2012, 1527). 청구취지(Klagebegehren)의 명확성과 관련하여, 법 제88조에 따르면 청구취지를 해석 또는 전환(Umdeutung)을 통하여 파악할 수 있으면 족하다. 이것이 불가능하다면, 소는 불명확성 때문에 허용되지 않는다. 제82조 제1항 제2문에 따라서 소는 명확한 신청을 포함하여야 한다. 이것은 늦어도 구두변론에서 이루어져야 한다. 소의 이유있음에 이바지하는 사실관계와 증명수단이 제시되고, 계쟁처분과 재결서 원본 또는 사본(寫本: Abschrift)이 첨부되어져야 한다고 규정하는 제82조 제1항 제3문은, 질서규정이어서 그 불준수는 소의 각하(Unzulässigkeit)를 가져오지는 않는다. 여하튼 사실관계의 조사는 직권탐지주의원칙에 의하여 법원이 직권으로 수행한다.

II. 소의 객관적 병합과 주관적 병합

[73] 소송상 청구들이 동일한 피고에 대한 것이고 상호간 관련성이 있으며 동일한 법원의 관할에 속한다면, 법 제44조에 따라서 원고는 그의 재량

으로 하나의 소에서 여러 개의 소송상 청구(請求)를 주장할 수 있다. 이것은 소의 객관적 병합으로서 법원은 원칙적으로 모든 주장된 소송상 청구들을 같이 처리하고 결정할 수 있다. 소의 객관적 병합(Objektive Klagehäufung)은 민소법 제59조와 연관하여 법 제64조에서 규정된 소의 주관적 병합과 구별된다. 소의 주관적 병합(Subjektive Klagehäufung)에서는 원고측 또는 피고측에 여러 사람(공동분쟁자로서)이 등장하며, 필수적 공동소송(민소법 제62조)과 통상공동소송으로 구분된다. 제44조에서 요청되는 법적인 관련성과 관련하여, 주장된 소송상 청구가 통일적인 생활과정(einheitlicher Lebensvorgang14))에 귀속되는 것이면 족하다. 이것이 결여되면 양자의 소송상 청구는 허용되지만 분리된다.

[74] 주목(Beachte): 추가적 소송상 청구가 사후적으로 주장된다면, 여기에는 원칙적으로 소의 변경이 존재하고 그래서 그러한 소의 객관적 병합은 제44조 외에 소변경의 요건이 충족되는 경우에만 허용된다.

[75] 소의 추가적 병합(Kumulative Klagehäufung)은 소의 객관적 병합의 전형적인 경우로서, 여러 개의 소송상 청구들이 제한 없이 병렬(並列)적으로 주장되는 경우이다. 이에 반하여 소의 선택적 병합(Alternative Klagehäufung)은 객관적 병합이 아니다. 법원이 선택적으로 이 청구 또는 저 청구에 대해서 결정하여야 하는 그러한 신청은 - 예비적 병합(eventuale Klagehäufung)으로 해석되어질 수 없는 한 - 충분하게 특정되지 않아서 허용되지 않는다.

[76] 예: 원고는 피고가 물건의 반환 또는 상응하는 금액을 지불하도록 명하는 판결을 신청한다.

[77] 이에 반하여 예비적 병합(Eventuelle Klagehäufung)은 원칙적으로 허용된다. 예비적 병합은 한편으로는 원고가 자신의 주위적 청구가 성공하지 못하는 경우를 상정하여 다른 청구를 예비적으로 제기하는 경우(소위 진정

---

14) 광범한 생활관계들의 부분적 단면이라고 할 수 있음.

예비적 소)와 다른 한편으로는 주위적 청구의 성공하는 경우에 예비적 청구를 제기하는 경우이다(소위 부진정 예비적 소, 특히 단계적 소송(Stufen-klage)[15])에 있어서, 민소법 제254조와 관련하여 제173조). 양자 모두 허용되는 내부적 소송 요건이 존재한다.

[78] 피고에 의하여 주장된 반대청구(Gegenanspruch)가 본소에서 주장된 청구와 관련이 있거나 또는 피고에 대항하여 제기된 방어방법들과 관련이 있다면, 피고는 자신의 입장에서 제89조 제1항 제1문에 따라서 반소(Widerklage)를 제기할 수 있고 이러한 방식으로 그의 소송상 청구를 동일한 절차에서 수행할 수 있다. 관련성은 아무튼 청구와 반대청구가 동일한 법률관계(Rechtsverhältnis)로부터 도출된다면 긍정된다. 반소는 그 밖에 소송상 청구의 단순한 부인으로서 표현될 수는 없다; 반소는, 제기된 본소와 같이 동일한 계쟁대상을 가지기 때문에, 이미 본소의 소송계속을 전제로 한다. 취소소송과 의무이행소송에 있어서 법 제89조 제2항은 문언상 반소를 배제한다. 이는 취소소송과 의무이행소송은, 반소는 본질상 허용되지 않는 종속관계(Subordinationsverhältnis)를 전제로 한다는 사고에 기초한다. 왜냐하면 여기서 행정은 행정행위를 통하여 행동할 수 있는 위치에 있기 때문에 행정에게는 제소가능성이 배제되기 때문이다. 제89조 제2항은 행정이 종속관계에서도 국민에 대하여 제소할 수 있는 경우에는 목적론적 축소(teleologische Reduktion)를 필요로 한다. 이것은 적어도 종속관계에서 행정행위를 발급하는 것이 행정에게 허용되지 않는다면 타당하여야만 한다.

---

15) 단계적 소송은 민소법 제254조에서 규정된 것으로, 객관적 병합의 특별한 경우로서 단계적으로 청구를 제기하는 소송이다. 원고가 처음에는 정보의 발급을 소구하고 그런 후에 정확한 특정의 이행청구를 주장하는 것을 가능하게 한다.

Ⅲ. 소의 변경

[79] 청구취지(Klageantrag)가 유지되는 한 법원은 그에 기속된다. - 소의 취하와 종료를 제외하고는 - 소의 변경이 존재하는 경우에만 다른 것이 타당하다. 소(訴)변경은 원칙적으로 계쟁대상(Streitgegenstand)이 소의 제기 후에 변경되는 경우에 존재하며, 이 경우에 소의 객관적 그리고 주관적 변경으로 구분된다. 객관적 소변경은 원고와 피고의 변경 없이 청구취지가 내용적으로 다른 청구취지로 대체되거나 확장되는 경우 및 청구취지를 근거지우는 결정에 중요한 사실관계가 변경되는 경우에도 존재한다.

[79a] 입법자의 결정에 의하면, 민소법 제264조와 관련하여 법 제173조의 경우에는 법 제91조의 의미에서의 소변경이 존재하지 않는다. 이것은 예를 들면 원고가 단지 새로운 사실을 추가하거나 또는 법적인 이유를 변경하는 경우 또는 원고가 재량의 행사 대신에 수익적 행정행위의 발급을 또는 확인 대신에 이행을 소구하는 경우이다. 종료시키는 사건의 등장 후에 원래의 소송상 청구 대신에 이제 단지 법적 분쟁의 종료의 확인을 구하는 것 또는 행정행위의 종료 후에 제113조 제1항 제4문에 따라서 그의 위법성의 확인을 구하는 것은 법 제91조에 속하는 소변경이 아니다(문번 309). 재판절차 동안에 사실적 또는 법적 상황의 변경으로 원하던 행정행위의 발급을 구하는 청구권이 사라지게 되었고, 본래 (즉 이러한 변경 전에) 청구권이 존재하였다는 것이 제113조 제1항 제4문의 유추로 확인되어져야 한다면 상응하는 것이 타당하다. 연방행정법원에 의하면, 의무이행소송의 제기 후에 행정청이 거부하는 결정을 다른 거부하는 결정으로 대체하고 원고는 의무이행신청에 이제는 제2차 거부하는 행정행위의 폐지를 구하는 경우에는 제91조에서 말하는 소변경이 존재하지 않는다. 행정청이 다투어지는 행정행위를 다른 새로운 행정행위로 대체하고, 이제 새로운 행정행위의 폐지로 변경된 신청은 제91조에 따른 소변경에 해당한다. 제91조에 들어맞지 아니

하는 법적인 소변경을 의미하는 제114조 제2문의 경우에는 다른 것이 타당하다. 원고가 그의 청구취지를 제한하는 경우에는, 민사소송법 제264조 제2호와 연관하여 제173조 때문에 제91조가 적용되지 않는 제92조에 따른 부분적 소취하를 의미한다. 지배적 견해에 의하면, 원고 또는 피고의 변경이 제91조에 따른 소변경의 경우이다.

[80] 제91조 제1항에서 소변경의 허용성은 여타의 법적 분쟁의 당사자가 동의하거나 법원이 소변경을 필요하다(sachdienlich)고 간주하는 것에 의존된다. 당사자의 동의는 당사자행위의 문제이다. 피고가 소변경을 이의(異議)없이 허용한 경우라면 당사자의 동의로 볼 수 있다. 계쟁대상이 변경된 소를 위하여 본질적으로 동일하고 소변경이 분쟁의 궁극적인 종결을 조장한다면, 소변경의 필요성은 존재한다. 이것은 원래의 그리고 새로운 소가 허용되지 않는 경우에도 타당하다. 필요성의 존재와 관련하여 법원에게 판단의 여지(餘地)가 존재한다. 소변경의 요건이 존재하고 변경된 소와 관련하여 취소의 소 또는 의무이행의 소를 대상으로 하더라도, 원래의 행정행위가 새로운 행정행위를 통하여 대체 되었다면, 사전절차의 이행이 요구되지 아니한다. 소변경이 허용되지 않는다면, 새로운 소제기는 각하된다. 원래의 청구취지에 대하여 어느 정도로 판단되어야 하는 지는 해석의 문제이다. 의문의 여지가 있는 경우에 원래의 청구는 예비적으로 제기된 것으로 볼 것이다.

사례의 해결(문번 69)

[81] 피고의 특정의 관점에서 여기에 제78조 제1항 제1호로 인하여 의문의 여지가 없다.

제3절   행정소송법적 권리구제의 허용성(법 제40조)

시초사례

[82] 제1사례: 게마인데 G는 주민들에게 통상적으로 문화적 행사를 위하여 게마인데소유의 강당을 저렴한 이용료를 내고 사용토록 하였다. 그런데, 이러한 관행과는 달리 게마인데 주민 E는 강당의 이용이 허용되지 않았다. 이 사안과 관련한 분쟁에서 행정법적 권리구제가 주어지는가?

　a) 변환 1: 강당이 게마인데의 지배를 받는 유한회사(GmbH)의 소유라면 무엇이 다른가?(문번 167)

[83] b) 변환 2: E에게 강당의 이용이 허용되었다고 가정하고, 이 때 E가 과실로 가구를 손상시켰다. E가 손해를 위해서 변상하지 않고자 하여, 게마인데 G는 행정법원에 손해배상을 소구하였다. 행정법적 권리구제가 주어지는가(문번 168)

　변환 3: G가, E에게 송달되었고 권리구제에 대한 고지가 첨부된 결정에서 그의 손해배상청구를 주장하였고, E가 이러한 결정에 소송법적으로 대처(對處)하고자 한다면, 행정법적 권리구제가 주어지는가?(문번 169)

[84] 사례 2: 게마인데의 상수도에 대하여 게마인데의 조례에 따른 접속·및 이용강제에 기초하여, B는 게마인데로부터 그의 상수도를 공급받고 있다. 게마인데의 직원의 실수로 불순물들이 상수도로 혼입되었고, B에게 입원을 요하는 건강상 장애(障碍)를 초래하였다. B는 게마인데로부터 그에게

건강상 처치로 발생한 비용의 전보를 요구한다. 어떠한 권리구제가 적용되는가?

변환: 게마인데의 상수도 공급을 받는 C의 과실로 도시의 급수체계의 일부가 손상을 받았다고 할 때, 게마인데는 계약에 준하는 공법상의 채무관계 및 공급관로에 대한 재산권의 침해에 근거하여 손해배상을 행정소송법적으로(im Verwaltungsrechtsweg) 소구하고자 한다. 이러한 길이 열려있는가? (문번 170).

I. 일반론

[85] 행정소송의 허용성은 - 특별규정의 유보 하에 - 법 제40조에 의한다. 이 때 결정적인 것은 법적 분쟁이 소송물의 관점에서 - 결정상 중요한 선결문제와 관련해서만이 아니라 - 법 제40조를 통하여 포섭(包攝)되는가 하는 점이다. 그것과 기타 허용요건의 심사는 소송물의 정확한 특정을 불가피하게 만든다.

예: 게마인데는 연방건설법 제24조에 기초하여 선매권(先買權)을 행사한다. 토지를 제3자에게 매도한 토지소유주는 연방건설법 제24조 제3항이 침해되었다고 보아, 행정법원에 게마인데가 그에 대해서 선매권을 가지지 아니한다는 것의 확인을 구하는 확인의 소를 제기한다. 선매권의 행사가 행정행위라 하더라도 제40조는 적용되지 않는데, 왜냐하면 매매계약으로부터의 계쟁대상권리가 공법상 및 사법상 분쟁의 구별에 관한 어떠한 이론에 따라서도 사법(私法)에 속하기 때문이다. 행정행위의 효력은 법적 분쟁에 있어서 공법적인 선결문제에 지나지 않는다. 소가 직접적으로 선매권의 행사에 대해서 제기되는 것으로 전환되어질 수 있다면, 행정소송이 허용될 수 있다.

소송물(訴訟物: Streitgegenstand)의 특정을 위하여는, 청구취지(Klagean-trag)를 근거지우는 사실관계가 기준이 된다. 원고에 의하여 주장된 사실관계 내지 권리구제에 중요한 요소들에 대해서 다툼이 있다면, 권리구제를 위하여는 연방행정법원 및 연방통상법원의 판례에 따른 소위 신빙성이론(Schlüssigkeitstheorie)에 따라서 원고에 의하여 주장된 사실관계에 의해서만 결정된다(BVerwG, NVwZ 1983, 220). 원고가 소극적 확인의 소와 결부하여 피고를 통한 권리의 주장을 다투는 경우에만, 다른 것이 타당하다. 소송경제적인 관점에 근거하는 연방행정법원과 연방통상법원의 관점은, 허용요건의 존재를 직권으로 심사하여야 하고, 본안결정의 이익에서 권리구제의 길을 공백으로 두는 것을 문제시 삼지 않는 것과 부합되기 어렵다. 아무튼 이러한 견해는 법원조직법 제17조 제1항 제1문의 시행 후에는 더 이상 타당하지 않다. 왜냐하면 사안의 관점에서 수소법원의 심사권능을 위해서는, 허용되는 권리구제의 법원(法院)인가 그리고 원고의 사실관계에만 근거할 때 권리구제의 길이 권리구제와 무관한 요청의 관점에서 조종되어질 수 있는가 여부가 결정적인 의미를 가지기 때문이다; 그 때문에 다툼이 있는 권리구제를 위하여 중요한 사실관계에 대해서는 증명되어져야 한다(소위 증명이론: Beweiserhebungstheorie). 원고를 통한 분쟁의 법적 성질은, 통설에 의하면, 중요하지 않다.

[86] 법 제40조는 이전의 행정소송법과는 달리 행정재판권의 범주에서 모든 유형의 고권적 행정작용에 대해서 권리보호를 제공하는 일반조항을 의미한다. 행정소송의 개시는 따라서 행정행위의 존재(Vorliegen)에 의존되어 있지 않다. 국민은 행정소송적 권리보호를 예를 들면 고권적인 사실행위에 대해서도 청구할 수 있다. 행정소송법의 제정 이전에 있었던 행정행위의 개념의 확장을 통해서 행정소송적 권리보호를 가능하게 하는 시도는 종국적으로 그 내적 정당성을 잃어버렸다.

[87] 예: 직접적인 강제를 적용하는 조치들, 예를 들면 경찰의 경찰봉 사

용은, 과거의 지배적인 견해에 의하면, 수인을 요하는 행정행위로 규명되었는데, 왜냐하면 그 당시에는 사실행위로서의 평가에서 - 오늘날과는 달리 - 행정소송적 권리구제가 주어지지 않았기 때문이다.

[88] 제40조에 따른 행정소송적 권리구제의 개시요건은 법적인 분쟁의 존재와 이러한 분쟁이 공법적이고 비헌법적인 유형이어야 한다. 나아가 다른 법원에로의 특별재판적이 없어야 하고, 법 제40조 제2항에 따라서 행정소송이 배제되지 않아야 한다. 주목할 것은 법원조직법 제17조 제2항과 관련한 법 제173조로부터 행정소송의 허용성이 사실관계의 사안관련성(kraft Sachzusammenhangs)으로부터 발생할 수 있다. 법 제40조 외에도 행정소송의 허용성은 다른 권리구제법원의 이송결정으로부터(법원조직법 제17a조 제1항과 결부한 제173조) 또는 절차가 이미 상소심에 계속 중이라는 것으로부터(법원조직법 제17a조 제5항16)과 결부한 제173조) 도출될 수 있다. 기타 행정소송이 허용되지 않는 경우에는 원칙적으로 허용되는 권리구제의 관할법원으로 이송이 개시된다.

Ⅱ. 법적 분쟁의 존재

[89] 행정소송이 법적인 분쟁의 부존재로 배제되는지의 문제는, 주로 세 가지 사례구성 즉 사면결정의 거부와 관련하여, 통치행위의 관점에서 그리고 특별권력관계에서 특정의 조치와 관련하여 논의된다.

---

16) Gerichtsverfassungsgesetz (GVG) § 17a (5) Das Gericht, das über ein Rechtsmittel gegen eine Entscheidung in der Hauptsache entscheidet, prüft nicht, ob der beschrittene Rechtsweg zulässig ist(본안에 있어서 결정에 대한 상소에 대해서 결정하는 법원은, 이미 진행된 권리구제의 길이 허용되는지 여부는 심사하지 않는다).

1. 사법(司法)심사 가능한 법적 결정으로서 사면결정

[90] 사면결정의 거부에 있어서 (사면결정의 철회와는 달리), 판례는 여기서, 법 이전의 사면이 문제되고, 법질서 외부에 존재하는 사법(司法)심사가 면제되는 통치행위의 문제라는 견해가 지배적이다. 기본법 제60조 제2항은 사면제도를 역사적으로 계승되는 의미에서 받아들였고, 사면결정의 거부에 대해서 사법(司法)적 통제를 배제하였다 (여기서는 권리보호의 문제만 제기된다). 사면제도는 권력분립원칙의 파괴를 의미하고 그 때문에 동 원칙을 통해서 확립된 기속들, 특히 헌법적인 권리보호에 복속되지 않는다.

[91] 이러한 사면결정의 거부에 대한 사법(司法)심사가능성에 반대하는 논거들은, 그렇지만 설득력이 없다. 기본법 제20조 제2항에 의하면 모든 국가권력은 입법기관, 사법부 또는 행정권을 통해서 행사되어지는데, 사면권의 행사는 국가권력을 의미하고 이는 법과 법률에 기속되는 기본법 제20조 제3항의 의미에서 행정권이 틀림없기 때문이다. 기본법 제1조 제3항, 그에 의하면 특히 기본법 제3조를 포함하는 다음의 기본권들은 집행권을 기속하는데, 역시 사면결정의 법적 결정화(Verrechtlichung)를 지지한다. 기본법 제19조 제4항을 통하여 요청되는 재판적 권리보호는, 체계적인 이유로 사면의 철회가 사법부에 의하여 재판적으로 심사가 가능하다는 것을 통하여 드러난다. 사면결정의 거부에 대한 심사에 있어서 「법원조직법에 대한 도입법률(Einführungsgesetz zum Gerichtsverfassungsgesetz: EGGVG)」 제23조와 관련한 법 제40조 제1항 제1문에 의거하여 통상법원에 관할권이 있을 수 있기 때문에, 행정소송이 배제되어지는 여부가 문제될 수 있다.

2. 통치행위의 사법심사가능성

[92] 통치행위는 입법절차 외에 이루어진 최고국가기관의 국가지도적 행위로서, 예를 들면 연방대통령을 통한 외국 국가의 승인 (기본법 제59조 제1항), 연방대통령을 통한 하원의 해산, 연방수상을 통한 준칙관할권의 행사, 군사적 대비임무의 명령 또는 현안의 정치적 질문에 대한 입장을 표명하는 의회결정 등이 그것이다. 이전에 주도적 견해와는 달리, 통치행위는 사법심사로부터 자유로운 고권적 행위는 아니다.

[93] 통치행위는 정치적인 의미 때문에 사법심사가 불가하다는 견해 (정치는 법에 앞선다)는 기본법의 법치국가적 질서에서는 더 이상 유지되기 어렵다. 왜냐하면 정부의 고권(高權)도 집행권의 일부로서 기본법 제20조 제3항 및 제1조 제3항을 통하여 포괄적인 법적 기속에 복속되기 때문이다. 이러한 견해는 또한 기본법 제19조 제4항의 헌법적인 권리보호의 보장과도 부합될 수 없다. 통치행위가, 타당한 견해에 의하여, 사법심사로부터 자유로운 고권행위가 아니라는 것이 다만 통치행위에 대하여 접근함에 있어서 강제적으로 행정소송의 길이 주어져 있다는 것을 의미하는 것은 아니다. 헌법적인 분쟁과 관련한 상응하는 소에 있어서도 이러한 문제가 제기된다. 통치행위는 대부분 자연인 또는 법인의 주관적 권리를 침해하지는 않기 때문에, 행정소송에 있어서 법 제42조 제2항의 직접적 또는 유추적 적용에 있어서 아무튼 통상적으로 요청되어지는 원고적격이 결여되기 때문이다.

[94] 예: 통상적으로 외국의 승인(Anerkennung) 또는 연방수상의 정책에 대한 지침적 결정은 주관적 권리성이 없다. 이에 반하여 대규모 다국적 기업의 업무 정책을 비판하는 의회의 의결을 통하여, 기본법 제14조를 통하여 보호되는 설치되고 행사되어지는 영업운영에 대한 권리를 침해하는 경우는, 주관적 권리성이 있다.

3. 특별권력관계(특별지위관계)에서의 조치

[95] 특별관력관계란, 오토 마이어의 전통적인 정의에 따르면, 공행정의 특정 목적을 위하여 규정된 특별한 관련성이 있는 모든 개인들에게 근거 지워지는 강화된 의존성으로 이해되어 진다. 오늘날 특별지위관계로 표현되는 특별권력관계의 예로는 공무원관계, 군인관계, 학교관계, 영조물이용관계 그리고 형집행관계를 들 수 있다. 여기서 분쟁을 법적인 것으로 규정지을 수 있는지 여부가 문제된다. 또한 여기서 제40조에게 특별법으로서 선행하는 공무원지위법 제54조 제1항 내지 연방공무원법 제126조 제1항(또한 제40조 제2항 제2문을 보라)의 범주에서 언급되어지는 이러한 문제가 공무원들에 있어서 주목되어지는 분쟁인데, 이러한 분쟁들이 법적으로 규명될 수 있는 지의 문제가 제기된다.

[96] 이전에 주장된 소위 불가침투성이론(Impermeabilitätstheorie)은 특별권력관계는 법으로부터 자유로운 영역이고, 따라서 일반적으로 사법심사로부터 면제된다는 전제로부터 출발한다. 왜냐하면 공법상 법인의 내부에서는 (특별권력관계에서 권력에 복속된 자는 그러한 법인의 일부분이 된다) 법적 관계가 가능하지 않기 때문이다. 이러한 견해는 이미 법이론적으로 오류가 있는 자연인과 법인의 동등화로 인해서 존립하기 어렵다. 이러한 이론의 근거에 놓여있는 개념법학적 구조는, 군주에게 특별한 관할영역을 보장하고자 하였던 입헌군주정의 특별한 헌법적이고도 정치적인 상황의 표현이었다. 그 이론의 지속이 불가능한 이유는, 무엇보다도 권한쟁의(조직분쟁: Organstreitigkeit)의 허용성에서 명백해진다.

[97] 연방헌법재판소가 그의 형집행결정17)에서 타당하게도 특별권력관계에서 기본권의 적용가능성을 긍정하였을지라도, 저술에서는 아직도 특별권력관계에서의 개별적인 조치와 관련하여, 그에 따른 분쟁은 법적인 분쟁이

---

17) BVerfGE 33, 1 ff.

아니고 고(故)로 행정소송의 대상이 아니라고 주장되었다. 울레(Ule)는 그러한 점에서 기본관계와 경영관계를 구분한다. 기본관계는 특별권력관계의 성립, 변경 또는 종료를 대상으로 한다; 그러한 범위에서 권리구제의 길은 열려있다. 그에 반하여 경영질서에 따라 개인이 경영으로 편입됨으로부터 발생하는 관계에 해당하는 경영관계에서의 조치들은 사법심사로부터 배제된다. 울레는 후자의 예로서, 상관의 부하에 대한 직무상 명령 및 영조물경영에 있어서 상응하는 조치들에 대한 분쟁을 들고 있다. 이러한 견해는 그렇지만 확신시키지는 못하는데, 왜냐하면 경영관계에서의 행위들도 법적으로 기속되기 때문이다 (예를 들면, 직무상 지시도 객관적 법에 따라야만 한다). 특별성은 여기서 단지, 경영관계에서의 행위가 부하직원에 대하여 명령 또는 금지를 의미할지라도, 통상적으로 그의 주관적 법적 지위를 침해하지 않는 (물론 예외는 있을지라도) 한에서만 존재한다. 법 제42조 제2항으로부터 도출되듯이 (그렇지 아니하면 필요 없을 것인데) 법 제40조의 의미에서 공법상의 분쟁은 반드시 주관적 권리의 존부에 대한 분쟁을 전제로 하지는 않기 때문에, 주관적 권리의 결여가 행정소송의 제기를 방해하지는 않는다. 마찬가지로 기본법 제19조 제4항의 권리보호의 보장이 - 이러한 조항의 목표설정의 곡해(Verkehrung) 하에 - 특별권력관계에서 사법적(司法的) 권리보호의 헌법적인 제한을 이끌어 내고, 그로 인하여 행정소송의 제기를 배제한다는 것은 받아들이기 어렵다.

[98] 경영관계에서의 행위에 있어서 통상적으로 결여되어 있는 주관적 권리성은 자연스럽게 외부적 효력을 지향하는 규정의 결여로 행정행위성이 없고 고(故)로 취소소송이 배제된다. 취소소송 대신 경영행위의 제거를 지향하는 일반적 이행소송이 고려된다. 이를 위하여 경영행위의 결여된 주관적 권리성이, 그렇지만 그러한 행위의 제거를 구하는 소에서 법 제42조 제2항의 유추적용으로 대부분 원고적격(Klagebefugnis)이 결여되는 것과 관련하여 의미가 있다. 소가 주관적 권리성에서 예외적으로 좌절하지 않더라

도, 빈번하게 권리보호의 이익의 존재에서 의문이 제기된다. 아무튼 그러한
소(訴)는 주관적 권리의 침해가 결여되기 때문에 종종 이유가 없게 된다.
확인의 소가 제기된다면, 특별권력관계에서의 조치의 주관적 권리와의 관
련성의 결여로 말미암아 동일하게 불허된다.

Ⅲ. 공법상 분쟁의 존재

[99] 법 제40조에 규정된 공법상 분쟁의 구성요건표지는 통상법원관할에
속하는 사법(私法)상의 권리분쟁과의 구별에 이바지한다 (법원조직법 제13
조). 소송법 뿐만 아니라 실체법에 있어서도 중요한 공법상의 권리와 사권
(私權)의 구별을 위하여 다양한 이론들이 노력하고 있다. 그 중에서 세 개
의 중요한 이론은 종속설(주체설), 이익설 그리고 신주체설 (특별권리설)을
들 수 있다. 이러한 이론들에 대해서 시험답안에서는 사법(私法)상 그리고
공법(公法)상 분쟁의 구분과 관련하여 구체적으로 문제가 도출되는 경우에
만 상술(詳述)한다. 예를 들면 소(訴)가 경찰상 처분에 대해서 제기된다면,
이러한 다양한 이론들을 자세하게 언급한다면, 평가(評價)를 위해서는 부
정적으로 작용한다. 여기서는 이상의 세가지 이론에 의할 때 공법상의 분
쟁이 존재한다는 언급만으로 족하다.

1. 종속설

[100] 종속설에 의하면 공법상의 법률관계는 권리주체 사이의 종속 (상하
질서) 관계의 존재를 통해서 표현되고, 반면에 사권(私權)에서는 권리주체
의 평등질서로 특징 지워진다. 그러한 종속관계의 표현은 통상적으로 상급

권리주체가 하급 권리주체에 대하여 기속적인 규율을 일방적(一方的)으로 발급할 수 있는 가능성이다.

[101] 이 이론은 넓은 범위에서 (특히 침해행정의 영역에서, 주로 경찰법에서) 공법적 법률관계의 존재를 구체화한다. 그렇지만 이 이론은 공법(公法)이 대등한 공법상의 법인 사이의 법률관계를 포함할 수 있는 지를 설명하지는 못한다. 그래서 이 이론에서는 무엇보다도 공법상 대등한 법인 사이에서 (소위 대등계약) 법적으로 규율되는 공법적 계약은 그 자체로 모순을 의미한다. 또한 공법상 또는 사법(私法)상 상정할 수 있는 사실행위에서, 종속이론은 도움이 되지 않는다. 그 외에도 거꾸로 사권(私權)에서도 - 예를 들면, 노동법에서 - 이 이론에 의하여 설명될 수 없는 종속적 관계가 존재한다.

2. 이익설

[102-103] 이익설에 의하면 법률관계에서 공익(公益)이 전면에 등장하는가 아니면 사익(私益)인가가 기준이 된다. 이 이론이 중요한 구별기준을 포함 할지라도, 국가가 관여하고 있는 법률관계에 있어서 이익의 중점이 어디에 있는 지를 확정하는 것은 심각한 어려움을 내포한다. 그러한 법률관계가 공익과 사익의 산재(Gemengelage)로 특징 지워지는 것이 빈번하며, 더구나 국가는 그의 행위에서 (사인과 달리) 항상 공익을 함께 고려하여야만 한다. 이익설의 관점에서 보면, 국가가 그의 수행에 특별한 공익을 지니는 공적 임무를 (특히 급부행정에서의 임무) 사법(私法)적 수단으로 수행하는 것으로 특징 지워지는 행정사법(行政私法)의 존재는 충분하게 설명되지 못한다.

3. 수정 주체설

[104] 오늘날 지배적 견해로서 공법과 사법(私法)의 구별은 볼프(H. J. Wolff)에 의하여 발전된 소위 수정 주체설(modifizierte Subjektstheorie)에 따라서 이루어진다. 그에 따르면 공법은 사법(私法)과는 달리 특별법(特別法: Sonderrecht)이다. 법규정(Rechtsvorschrift)의 귀속주체(Zuordnungssubjekt)가 - 귀속주체가 권리자이든 의무자이든 - 전적으로 공권력의 주체로 되어있는 법규정을 통하여 법률관계가 결정된다면, 이러한 법률관계는 원칙적으로 공법에 귀속된다. 이에 반하여 원칙적으로 모든 사람에게 타당(妥當)하는 규범을 통하여 법률관계가 결정된다면 사법(私法)적이다. 형식적인 표식이 기준이 된다 (형식적 수정 주체설). 이 이론이 특별법을 통하여 고권주체가 의무 지워지는 지 여부가 구별기준으로 작용하는 실질적 수정 주체설보다 선호된다. 후자는 고권주체가 공법적으로 행위 하는지 여부에 달려있기 때문에, 실질적 수정 주체설은 순환론에 빠진다. 형식적 수정 주체설은 입법자가 특별법의 존재에도 불구하고 이에 근거하는 행위를 사법(私法)적으로 규정(規定) 짓는 것을 긍정한다 (국고적 행위에서 경제적으로 활동하라는 명령과 같은 소위 특별사법).

[105] 참조: 수정 주체설은 - 국가의 모든 법률관계를 공법에 귀속시키는 구 주체설과는 달리 - 국가가 일반법규정에 복속되는 '모든 사람(jedermann)'일 수 있다는 사정을 고려한다.

[106] 이러한 구별기준에 의거할 때, 공법상의 법인만이 위험방지조치를 취할 권한을 부여받을 수 있는 경찰법이 공법(公法)으로 규명되어지는 것을 설명할 수 있을 뿐만 아니라, 공법상의 법인을 의무지우는 사회부조규정들이 공법에 귀속되어질 수 있다는 것을 명확하게 한다. 왜냐하면 의무의 귀속주체가 공법상의 법인만이 거론되어질 수 있기 때문이다. 국가의 경제정책적 목표를 조장하기 위하여 이자감면의 대부(보조금의 형태로서)

를 보장하는 법률 규정에 있어서도 동일한 것이 적용된다. 거기에 규율된 지원의 여부에 대한 결정은 공법적인 성격을 지닌다. 지원의 처리가 직접적으로 민법의 일반적 규정에 의거하여 이루어진다면, 처리관계(지원의 방법)는 (보조금법에 있어서 이단계이론과 같이) 사법(私法)적으로 규정되어질 수 있다. 시설의 이용이 가능한지 여부에 대한 지방자치법에 규정된 게마인데의 결정은 공법적으로 판단되어질 수 있다. 왜냐하면 결정은 특별법의 적용에서 도출되기 때문이다; 이용의 방법은 이에 반하여 사법(私法)적으로 구성될 수 있다.

[107] 의심스러운 경우에는 구별을 위하여 종속설과 이익설도 보충적으로 고려되어질 수 있다.

[108] 예: 집회법(VersG) 제19조 제1항에서 행진의 형태로 공개적인 장소에서의 집회에 있어서, 행진의 주최자는 질서있는 경과를 도모하여야만 하고 이를 위해 명예질서유지인의 조력을 받을 수 있다. 보충적으로 제19조 제2항은 집회참가자들이 질서유지를 위하여 내려진 주최자 또는 그에 의하여 선임된 질서유지인의 명령을 준수할 의무를 지닌다는 것을 규정한다. 집회주최자 내지 명예질서유지인에 의하여 이루어진 조치들의 법적 성격을 규정하려는 경우, 이들은 사인(私人)이기 때문에 수정 주체설에 의하면 어려움이 있다. 왜냐하면 그들을 공권력의 주체로 볼 수 있는지가 의문이기 때문이다. 여기서 소위 공무수탁사인이라면 해당될 것이다. 집회주최자 내지 질서유지인이 일방적으로 기속적 규율을 내릴 수 있고 그들을 통하여 경찰상 임무가 수행되어질 수 있기 때문에, 종속설 뿐만 아니라 이익설도 집회법 제19조 제2항에 의거한 명령의 공법적인 성격을 긍정한다.

[109] 이익설과 종속설로의 회귀는 행정작용을 인도하는 법규의 결여로 인해서 (소위 법률로부터 자유로운 행정) 수정주체설이 더 이상 직접적으로 적용되기 어려운 곳에서도 도움이 된다. 법적 근거가 존재하지 않는데 (경제정책적으로 유인되어진 국가의 지원조치) 급부행정의 전형적인 임무

가 수행되어진다면, 그러한 조치들은 - 더구나 그와 함께 공익이 추구되어
진다면 - 행정청이 사법(私法)적 수단을 명시적으로 사용하지 않는다면 공
법적이다.

[110] 이익설에 의하여 급부행정의 임무가 공법인을 통하여 수행되어지
고 동시에 법률관계를 위하여 특별법이 적용되는지 여부가 명백하지 않다
면, 공법적 행위를 위한 추정이 정당화 된다.

[111] 예: 지방자치단체와 주민 사이에 존재하는 이용관계는, 물의 급부
의 관점에서 여기에 특별법(Sonderrecht)이 적용되는지 여부가 명백하지 않
다면, 공법적인 이용관계의 존재를 추정할 수 있다.

[111a] 법적으로 규정되지 아니한 조치들에 있어서, 종종 사안관련성
(Sachzusammenhang)의 관점이 그 법적 성격을 규명함에 있어서 도움이 된
다. 어떤 활동이 공법적인 활동과 깊은 관련성이 있다면, 이러한 활동은 대
부분 공법적으로 평가될 수 있다. 사법(私法)적인 행위와의 관련성에 있어
서도 그러하다. 그러므로 예를 들면 경쟁제한방지법(GWB)[18] 제97조 이하
의 적용영역에 속하지 아니하는 입찰절차에서의 분쟁에 대해서는, 한계수
치 내에서의 조달이고 조달청에 대한 특별 권리보호규정이 적용되지 않기
때문에, 통상법원이 열려있다.

4. 구별문제들

[112] 공법적인 분쟁의 존재여부의 문제가 종종 대답하기 어렵기 때문에,
다음에서는 몇 개의 중요한 구별문제들을 다룬다.

[113] 구별에 있어서 국가적 행위의 법적 성질의 문제는, 국가가 어떻게
행동하였어야만 하는 지에 따라서가 아니라 전적으로 국가가 실제적으로

---

18) 「Gesetz gegen Wettbewerbsbeschränkungen(경쟁제한방지법)」.

어떻게 행위를 하였느냐에 따라서 이루어진다는 것을 주목하여야 한다. 행위의 법적 성질과 적법성은 상호간에 엄격하게 분리되어야 한다.

[114] 예: 고권적 주체가 음식적 경영을 위하여 공간을 임대한 경우, 이러한 사법(私法)상의 계약관계의 종료를 위하여 해지를 필요로 한다. 그럼에도 불구하고 고권적 주체가 권리구제통지가 포함된 임차인에게 명도의무를 지우는 처분을 발급한다면, 행정소송의 제기가 가능하다. 실제적으로 여기에 행정행위를 통한 공법적 행위가 (위법할지라도) 존재한다.

[115] 공법적 분쟁의 존재에 있어서, 원고가 이의를 제기하는 조치가 실제적으로 공법적으로 규명될 수 있는 지 여부만이 중요하다. 원고의 법적 견해는 (또한 피고의) 중요하지 않다.

가. 보조금관계의 법적 성질

[116] 국가적 보조금과 관련하여 법적 분쟁의 판단에 있어서 특별한 어려움이 발생한다. 보조금이란 국가 또는 다른 행정주체의 공익적 목적의 조장(助長)을 위하여 사인(私人)에 대한 재산적 가치가 있는 기부로 이해될 수 있다.

[117] 예: 저리의 대부(貸付)의 보장, 보증의 승계 및 상환의무 없는 지원의 보장과 사실상 지원 (예: 공공조달의 입찰 또는 국유재산의 처분에 있어서 우선적 고려).

[118] 수혜의 부여에 대한 결정은 (수혜의 여부) 특별법에 규정되어 있는 한, 항상 공법적으로 평가된다. 보조금의 청산 (수혜의 정도) 및 그와 결부된 법적 분쟁 역시 공법적으로 평가되어질 수 있는 지에 대해서만 의문이 제기된다. 판례는 공법적으로 평가될 수 있는 저리의 대부를 보장하는 결정에 후속하여, 일반적 민사법적 규정에 의거한 대부계약의 종료가 뒤따르고 그래서 어느 범위까지 특별법이 적용되지 않는 지로부터 (이단계이론)

출발한다. 대부계약으로부터 이자의 지급에 대한 또는 대부의 상환에 대한 분쟁은 - 지원의 승인에 대한 분쟁과는 달리 - 민사법원의 관할이다. 국가적 보증의 승계에 있어서도 동일하게 국가적 보증의 토대 위에 체결된 민사법적 보증계약에 반하여, 그의 확약은 공법적으로 평가된다.

이에 반하여 문언(文言)에서 부분적으로, 존재하는 법적 관계가 소송법적인 이유로 찢어지지 않도록, 통일적인 공법적 성격이 받아들여진다. 법원조직법 제17조 제2항 제1문 뒤에 서있는 법적 사고도 이를 지지한다. 법도 그마적으로는 이것은 다음과 같은 두 번째 단계를 위하여 적용되는 민사법적인 규정들을 직접적으로가 아니라 단지 유추적으로 적용한다는 전제 하에서만 구성가능하다. 이단계이론은 소위 허비된 보조금(bei den sog. verlorenen Zuschüssen)에 있어서 타당하지 않다. 그에 반하여 이단계이론은 사인(私人)이 예를 들면 은행이 보조금지급에 개입되어 있다면 불가피하다.

나. 가택불가침의 법적 성질

[119] 공공부문을 통하여 행사된 가택불가침권(Hausrecht)의 법적 성질은 대단히 논란이 된다. 가택불가침권이 특별법적 규정으로부터 고권적 주체에게 부여된다면, 이미 수정 주체설에 따라서 공법적 행위의 존재가 도출된다. 이것은 지방의회의 의장이 지방의회의 회의에서 바덴뷔템베르크 지방자치법 제36조 제1항에 의거하여 행사하는 가택불가침권과 관련하여서도 해당된다.

이에 반하여 명시적인 법률 규정이 없다면 가택불가침권의 법적 성질은, 여기서 취하는 견해에 의하면, 가택불가침권의 보호를 위하여 행사되어진 활동이 공법적인가 또는 사법적인 성질인가의 여부에 따라서 결정된다. 가택불가침권은 이 경우 상기 활동에 대한 불문의 부속물인 고(故)로 그의 법적 성질을 지닌다.

[120] 가택불가침권으로 영향을 받는 자가, 사법(私法)적인 사안의 수행에 방해를 받는다고 할지라도, 행정이 명시적으로 사법(私法)적으로 행동하고자 하지 않았다면, 변하는 것은 없다. 가택불가침(Hausverbot)의 성질의 파악에 있어서, 원칙적으로 그의 발급에 있어서 고권주체를 통하여 추구된 목적이 중요하고, 그에 반하여 영향을 받는 자가 추구하는 목적은 고려되지 않는다.

예: 결혼식을 방해하는 사진촬영에 대하여, 호적공무원이 발급한 가택불가침은 공법적으로 평가된다.

다. 사실행위의 법적 성질

[121] 사안관련성(Sachzusammenhang)의 관점은, 국가적 조치의 성질 규명에 있어서 법적으로 규정되지 아니한 사실행위(Realakt)가 공법적 활동과 연관되어 이루어진 곳에서도 도움이 된다. 공법적 행위를 부여받은 공무원의 근무 운행은 공법적으로 평가될 수 있다. 지방자치단체의 급부기업을 통하여 공법적으로 구성된 이용관계의 경영에서 야기되는 이미씨온 또는 소방사이렌의 소음에 있어서도 동일하다.[19] 종소리(Glockenläuten)의 법적 성질은, 그에 반하여 판례에 의하면, 다양하게 평가될 수 있다; 예배(liturgisch)의 종소리에 있어서 연방행정법원은 공법적 성격을, 예배가 아닌 종소리에 대해서는 사법적 성격을 긍정하였다. 고권주체가 고권적 행정의 영역에서 (예를 들면 위험방지) 조치하는 사무관리도 사안관련성으로 인하여 공법적으로 본다. 법적 성질의 규명에 있어서, 업무주체가 직접 실행하였더라면 그의 상응하는 행위가 어떻게 평가될 수 있었을 것인지가 아니라, 업무집행자의 실제적인 작용이 어떠한 법적 성질을 가지는 지에 의지할 수 있다. 그 때문에 위험방지를 위하여 활동하는 경찰행정청의 사무관

---

19) BVerwGE 79, 254.

리에 따른 주민에 대한 비용상환청구권은 공법적이고, 반면에 고권을 수탁
받지 아니한 채 경찰주체를 위하여 위험방지의 영역에서 활동하는 주민의
상응하는 비용상환청구권은 사법(私法)적인 성질이다.

[122] 기업이 게마인데의 경제적 활동에 대하여 제기한 법적 분쟁의 성
질 문제는, 한마디로 답하기란 어렵다. 해당되는 지방자치법적 규정에 따라
서 게마인데의 허용되는 경제적 활동을 위한 요건이 결여되었다는 이유로
소가 제기된다면, 그 범위에서 특별법이 적용되기 때문에 공법적인 분쟁이
다. 사법(私法)의 형식으로 게마인데의 경제적 활동이 이루어지는 것은, 공
법적 성질에 반하지 않는다. 주장된 청구의 법적 성질은, 게마인데의 활동
의 법적 성질에 있어서 결정적인 것은 아니다. 그렇지만 실무적으로는 대
부분 기준이 되는 청구의 법적 성질과 활동의 법적 성질은 일치한다. 공법
적인 행위를 사법적으로 청구하는 것은 원칙적으로 배제된다. 민사법원의
판례에 반하여 공공부문과 경쟁을 하는 기업이 제기하는 공공부문의 기업
적인 행위의 중지를 구하는 소(訴)는, 고객과의 급부관계(이용관계)가 공법
적으로 구성된다면, 공법적으로 평가된다. 연방통상법원에 의하여 이전에
주장된 공공부문의 활동의 이중적 성질은(연방통상법원 66, 229, 237), 이러
한 견해에 따르면 상기의 경우 공법적으로 또한 사법적으로 평가되어질 수
있는데, 이는 사법적인 행위와 공법적인 행위에 대해서 서로 다른 기본원
칙들이 적용되기 때문에, 법논리적 이유로 불가능하다. 상응하는 이유로 판
례에 반하여 하급행정청의 국고적 행위에 대한 감독관청의 지시에 대하여
직접적으로 제기하는 소(訴)는, 국고적 행위 그 자체의 방법(Wie)에 대항하
는 것으로 해석·선해 될 수 없다면, 행정소송법 제40조 상 공법적인 분쟁
으로 평가될 수 있다.

라. 공법적 내지 사법적 계약의 구분

[123] 공법적 계약과 사법(私法)적 계약의 구별에 있어서 어려운 법적 문제들이 등장한다. 최소한 일방의 계약당사자가 공권력의 주체인, 예를 들면 연방건설법 제124조 제1항에 따른 개발계약(Erschließungsvertrag)에서와 같이, 계약이 특별한 법규정에 기초하여 체결되는 곳에서는 문제가 없다. 그에 반하여 그러한 특별법적인 규율이 없다면, 계약이 행정행위를 대체하여 체결되는지가 검토되어져야 한다. 이러한 경우 계약은 공법적으로 평가되어진다. 행정행위를 통하여 발급될 수 있는 규율이 계약적으로 수정된다면 동일하다. 예를 들면, 공용주차장의 건설을 위한 금액 지불의 반대급부로서 토지상 요청되는 건축법적 (공법으로) 의무(義務)인 승용차 주차면수의 설치를 면제한다면 이는 공법상 계약이다. 공법적이면서 사법적인 혼합적 계약의 채용은, 원칙적으로 배제된다. 어떤 계약이 공법적 요소 및 사법적 요소를 포함한다면, 그의 법적 성질은 소위 "각인이론(Geprägetheorie)"에 의하여 전체적인 합의의 중점(重點)이 어디에 있는가에 따라서 결정된다(연방행정법원 92, 56, 59).

Ⅳ. 비헌법적 분쟁의 존재

[124] 제40조 제1항 제1문[20]은 행정소송을 단지 비(非)헌법적 유형의 공법상 분쟁을 위해서만 허용한다. 동(同) 조항은 - 이 규정의 입법기록에서도 알 수 있듯이 - 우선적으로 행정재판권을 헌법재판권으로부터 구별하는 것을 목적으로 한다. 개별적 사안에서 일반적으로 게마인데의 조직 내지

---

20) 법조문 앞에 아무런 법명이 기재되지 아니한 경우 또는 '법'이라고 하는 경우에는 행정소송법(VwGO)을 의미함.

조직의 하부기관들 사이의 분쟁 (소위 지방자치법상의 기관분쟁들) 또는 유사한 행정법적 기관분쟁에서 (예: 대학 내부의) 비헌법적인 분쟁들이 구별의 어려움을 제공한다. 최고 국가기관들 내지 하부기관들 사이의 분쟁에서와는 달리, 여기서는 헌법재판소의 관할이 처음부터 배제된다.

[125] 헌법적인 유형의 분쟁에 속하는 것에 대해서, 입법적으로 명백하게 정의되지 않았다. 이 개념을 형식적 또는 실질적 의미에서 이해할 수 있다. 형식적 의미에서 헌법적인 분쟁은 해당 분쟁에 대해서 헌법재판소의 관할이 명시적으로 규정되는 경우이다. 실질적 의미에서는 그에 반하여, 구체적인 분쟁에 대해서 법률적 규정으로 헌법재판소의 관할로 규정되었는가의 여부와 독립적으로 실질적 기준에 의한다.

[126] 오늘날 지배적이면서도 타당한 견해는, 제40조 제1항 제1문 상 헌법적 유형의 분쟁의 개념은 형식적 의미로만은 이해되지 않는다. 특정의 분쟁이 헌법재판소의 관할로 규정된다면, 법 제40조 제1항 제1문 후단으로부터 (분쟁에 대한 관할이 다른 법원에 명시적으로 주어지지 아니하는 한) 행정소송이 배제된다는 것이 도출된다; 비헌법적 유형이라는 부가어는 형식적 의미에서는 불필요하다.

1. 지배적 견해

[127] 실질적 이해의 기초 위에서는, 구분을 위해서 중요한 기준들을 언급하는 것에 심각한 어려움이 제기된다. 지배적 견해는 헌법적 유형의 분쟁으로 두가지 표지(標識)를 제시한다. 분쟁이 직접적으로 헌법생활(Verfassungsleben)에 참여 하는 자(者) 상호 간의 분쟁이면서 동시에 직접적으로 헌법에서 규율하는 권리·의무와 연관되어야 한다(소위 이중적 헌법직접성). 헌법적인 분쟁의 예로서, 특히 기본법 제93조 제1항 제1호 상의 모든

기관분쟁 및 연방과 주(州)들 그리고 주(州)들 상호간의 분쟁을 들 수 있다. 국민과 국가 사이의 분쟁은 그에 반하여, 원칙적으로 헌법적 유형의 분쟁이 아니다.

[128] 이중적 헌법직접성이론은 그 철저한 적용에 있어서 본질적으로 헌법재판소의 관할이 존재하는 모든 경우에 있어서, 행정소송의 제기를 배제한다. 이 이론은 형식적 이론처럼 비헌법적 유형이라는 구성요건 표지(標識)를 불필요하게 만든다. 특히 최고국가기관 내지 기타 당사자 사이에서 그들의 헌법적인 지위와 관련된 분쟁에서는 이미 기본법을 통해서 기속적으로 헌법재판소의 관할로 규정되어 있다. 주목할 것으로 이중적 헌법직접성의 이론이 "이중적" 헌법직접성의 기준을 포기하고, 국민이 공법상 분쟁에 관련된 특정의 경우에는 헌법상 분쟁을 수용하여야만 한다. 국민이 연방하원의 해산에 대하여 또는 직접적으로 형식적 법률의 무효확인을 소구하는 경우이다. 국민투표(Volksbefragung)의 실시에 대한 국민의 청구 및 국민에 의하여 제기된 특정의 선거소송을 왜 헌법적인 분쟁으로 평가하는 지를, 지배적 견해는, 만족스럽게 설명하지는 못한다.

2. 헌법재판소에 유보된 분쟁으로서 헌법적 분쟁

[129] 제40조 제1항 제1문의 제정이유로부터 알 수 있듯이, 헌법적인 유형의 분쟁이라는 구성요건표지를 가지고 행정법원의 관할을 헌법재판소의 관할로부터 구분한다. 헌법적인 유형의 분쟁의 존재를 판단하는 기준은, 분쟁에 대해서 사법심사가 가능한 한, 헌법률적인 관할규정의 토대 위에서 (auf Grund verfassungsgesetzlicher Zuständigkeitsvorschriften) 원칙적으로 (이와 다른 법률 규정의 유보 하에) 헌법재판소에 유보되어 있어야 한다. 이러한 헌법률적인 규정으로부터 헌법재판소의 관할이 다른 법원의 관할을 배

제한다는 것과 그와 함께 상응하는 분쟁이 제40조 제1항 제1문 상의 헌법적 유형이라는 것이 도출된다. 그 뿐만 아니라 헌법률적인 규정으로부터, 헌법재판소의 관할을 근거지우는 관할규범에 의하여 직접적으로 포섭되지 않더라도, 통상적으로 사인(私人)에 의하여 주도되는 상응하는 절차의 헌법적 유형을 추론할 수 있다. 그러한 절차들은 그의 대상으로부터 이미 기본법에 명시적으로 규정된 분쟁과 깊은 유사성을 보이며, 원칙적으로 그러한 분쟁의 법적 성질을 지닌다.

[130] 최고국가기관은 (또는 그 하부기관들은) 다른 최고국가기관들의 행위에 대해서 단지 헌법재판소에 제기하는 헌법상 권한쟁의의 방법으로만 저항할 수 있다. 또한 다른 자(者) 특히 국민들에게는 헌법상 권한쟁의의 당사자가 될 수 없음에도 불구하고, 이러한 기관행위를 행정법원으로 하여금 심사토록 하는 것이 통상적으로 불가능하다. 그 때문에 헌법재판소법 제63조 이하와 연관하여 기본법 제93조 제1항 제1호로부터 국회의원이 행정법원에 연방하원(Bundestag)의 해산에 대항하여 제소할 수 없을 뿐만 아니라, 이것은 - 지배적 견해처럼 - 국민에게도 불가하다. 이상과 같은 이유로 연방의회의 결정에 대항하는 국민의 소(訴)는, 행정소송이 배제되는 헌법재판적 유형의 분쟁으로서 규명되어 질 수 있다.

이것은 여기서 추가적으로 기본법 제100조 제1항의 구체적인 규범통제절차에 포함된, 헌법재판소의 결정 없이 의회의 행태(Verhalten)의 위법성의 확인은 전문법원에게는 금지된다는 것이 도출되는, 법적 사고를 통하여 추측된다. 국민이 조직행위를 통하여 예외적으로 자신의 법적 지위가 건드려진다면 (예를 들면 그를 의회결정에서 부당한 업무집행으로 비난한다면), 그에게는 헌법소원의 수단으로 연방헌법재판소에게 권리보호의 가능성만 존재한다. 많은 경우들에 있어서 (예를 들면 연방하원의 해산에 있어서), 헌법소원의 청구인이 그러한 행위를 통하여 법적으로 관련되지 않고 그러므로 헌법소원적격이 결여되기 때문에, 최고의 국가기관의 조직행위에 대항하여 제기되는 헌법소원은 허용되지 않게 된다.

[131] 헌법적 분쟁이 존재하는지 여부의 문제는, 소위 추상적 규범통제 (Prinzipale Normenkontrolle)와 관련하여서도 제기된다. 추상적 규범통제에서는 규범이 상위의 법과의 부합성 내지 규범의 효력이 절차의 대상이 된다. 추상적 규범통제절차는 - 재판절차에와 같이 - 단지 부수적으로 (선결문제 형식으로) 재판에 중요한 규범(entscheidungserhebliche Norm)21)의 효력에 대하여 판단하고, 일치하여 헌법적 분쟁이 아닌 것으로 다루어지는 부수적 규범통제절차와 구별된다. 규범에 의하여 영향을 받는 자가 제기한 추상적 규범통제는 의회에 의하여 제정된 형식적 법률을 대상으로 하는데, 오늘날 지배적 견해에 의하면, 기본법 제100조 제1항 제1문22)으로부터 도출되고 헌법적 분쟁으로 규명된다. 형식적이고 기본법 제정 이후(nachkonstitutionell) 제정된 법률의 무효확인이 소구된 행정법원이, 그에 의하여 긍정된 무효에 있어서 기본법 제100조 제1항 제1문에 따라서 절차를 중지하고 법률을 관할 헌법재판소에 제청하여야만 하는 것이 이를 지지한다. 관할 헌법재판소만이(Nur jenes) 법률의 상위의 법과의 부합성에 대하여 그리고 그로부터 도출되는 법률의 무효를 법기속적으로 결정할 수 있을 것이다. 헌법적인 분쟁은 또한 형식적 법률의 제정을 구하거나 입법절차 내에서 개별적인 행위를 구하는 소송을 (예를 들면 입법안의 철회를 구하는 노동조합의 소송 같이) 포함한다. 법률적 규율을 추구하는 국민청원 또는 국민투표와 관련된 국민들의 소송도 헌법적인 유형으로 규명될 수 있다.

법률하위의 법규정을 대상으로 하는 추상적 규범통제도, 헌법적인 분쟁

---

21) 우리는 '재판의 전제가 된 경우'라고 번역하고 있다.

22) GG (1) Hält ein Gericht ein Gesetz, auf dessen Gültigkeit es bei der Entscheidung ankommt, für verfassungswidrig, so ist das Verfahren auszusetzen und, wenn es sich um die Verletzung der Verfassung eines Landes handelt, die Entscheidung des für Verfassungsstreitigkeiten zuständigen Gerichtes des Landes, wenn es sich um die Verletzung dieses Grundgesetzes handelt, die Entscheidung des Bundesverfassungsgerichtes einzuholen.

으로 규명될 수 있는 지는 답(答)하기가 어렵다. 법률하위의 법규정도 포함하는 기본법 제93조 제1항 제2호와 상대방을 위한 그러한 규범의 효력들이 형식적 법률의 효력들과 구별되지 아니하는 상황은, 다른 이유들과 함께 그러한 규명을 암시한다. 그러한 규명으로부터 입법자도 행정소송법의 제정에 있어서 출발하였다.23) 그 동안에 그러나 지배적 견해와 판례는 -(연방헌법재판소의 부담경감이라는) 실무적인 이유만은 아니고 -법률하위의 법규정에 대하여 추상적 규범통제는 헌법적인 분쟁을 의미하지 않는 것으로부터 출발한다. 실무는 이미 오래 전부터 이러한 방향이었고 이와 관련하여 판례의 변경이 기대될 수 없기 때문에, 다음에서는 규범상대방을 통하여 신청된 법률하위의 법규정에 대항하는 추상적 규범통제는 헌법적인 분쟁이 아니라는 것으로부터 출발한다. 권리보호는 그러므로 행정법원을 통하여 보장될 수 있다. 결과적으로 동일한 것이 법률하위의 규범의 제정을 구하는 소송에도 적용된다.

[132-133] 헌법상 권한쟁의 및 규범통제에 대한 규정들로부터 뿐만 아니라, 헌법재판소의 관할을 근거지우는 다른 권한규범으로부터, 국민에 의하여 제기된 재판적 분쟁을 헌법적 유형으로 판단할 수 있다. 국민이 기본법 제85조 제3항에 의하여 연방의 주(州)에 대한 지시(Weisung)를 구하는 소송은, 헌법상 유형의 분쟁을 대상으로 하는 것으로 결론지을 수 있다는 것이 기본법 제93조 제1항 제3호로부터 도출된다. 의회선거가 전체행위로서 공격받는 분쟁도, 헌법적 분쟁으로 간주된다. 특히 국민이 연방의회선거 또는 주(州)의회선거의 무효확인 및 그와 함께 사안에 따라 선거심사를 구하는 분쟁은, 적용되는 법률적 규율에 따라서 원칙적으로 헌법재판소에 속한다. 국민이 선거의 효력을 다투지 아니하고 개인적인 (적극적 또는 소극적) 선거권의 침해를 주장하는 경우의 분쟁은 다르다. 여기서는 연방선거법 제49조와 같이 행정소송을 통한 재판적 권리보호가 배제된다는 규정을 도출할

---

23) BT-Drucks. 3/55, S. 33: 추상적 규범통제는 그의 본질상 헌법재판권에 속한다.

수는 없다(대단한 논쟁있음). 이것과 관련하여 존재하는 분쟁이 그 동안에, 연방헌법재판소가 연방하원의 선거심사에 대항하여 제기되는 이의의 범주에서, 선거권의 침해가 선거의 무효를 가져오지 않을지라도 이제는 연방헌법재판소법 제48조 제2항에 따라서 선거권의 침해를 확인할 수 있는 한 부분적으로 완화되었다. 기본법 제19조 제4항 때문에 그러나 개별적 선거권자를 위하여 잠정적 권리보호를 포함하여 예방적 재판상 권리보호가 여전히 배제되어 있는 한 우려가 존재한다. 이것은 국민의 연방하원선거를 위하여 작성된 선거인명부(Wählerverzeichnis)에로의 등재를 구하는 의무이행소송의 개시가능성을 지지한다. 최소한 확인소송의 방식으로 다가오는 연방하원선거에 참가할 권리를 확인토록 하는 가능성은 존재하여야만 한다. 정당으로서의 불승인 때문에 연방하원선거로부터 배제되는 그룹을 위해서 새로이 도입된 연방헌법재판소법 제96a조에서 제96c조는 불허가이의제기(Nichtzulassungsbeschwerde)의 수단으로 예방적 권리보호를 규율한다.

V. 다른 법원에 대한 특별관할의 결여

[134] 제40조 제1항 제1문은 분쟁이 연방법률을 통하여 명시적으로 다른 법원이 지정된다면, 행정소송을 제40조 제1항의 요건의 충족에도 불구하고 제기할 수 없다고 규정한다. 제40조 제1항 제2문에 의하면, 주(州)법의 영역에서 공법상의 분쟁은 주(州)법을 통해서 다른 법원에 지정될 수 있다.

[135] 법률로는 독일기본법의 제정 이전이나 그 이후일 수 있지만, 단지 형식적 법률만을 의미한다. 기본법 제정 이전의 규율들에 있어서는, 법적 분쟁을 통상법원에로의 지정을 단지 (이전에 존재하지 아니하였던) 권리구제의 길을 열고자 하였던 것으로 해석될 수 있는 지 또는 입법자가 이를 통하여 권리구제의 길을 통상법원의 관할로 고정시키려고 했는지 여부가

문제된다. 그 당시의 입법자에게도 이미 통상법원의 재판권과 행정법원의 재판권이 알려져 있었으므로, 의심스러운 경우에는 통상법원에로의 지정을 승인하는 것이 판례의 입장이라고 할 수 있다. '권리구제의 길이 열려 있다' 또는 '재판상 소송이' 주어진다고만 규정하는 기본법 이전의 법률들은, 명백하게 다른 재판권에로의 지정을 포함하지 않는다.

[136] 특별지정에 기초하여 근거 지워지는 다른 법원의 관할은 다양하므로, 그 대강만 살펴볼 수 있다. 이들은 소위 공제(控除)적 특별관할(Abdrängende Sonderzuweisung)이라고 하고, 이로부터 (드물기는 하지만) 다른 법원에 속하는 분쟁이 행정법원의 관할로 지정되는 압박(壓迫)적 특별관할(Aufdrängende Sonderzuweisung)이 구분된다. 제40조 제1항 제1문 상 공법상의 분쟁의 존재는 중요하지 않다.

1. 통상법원의 관할

[137] 헌법적 차원에서 기본법 제14조 제3항 제4문에서는, 수용에 있어서 손실보상의 근거와 한도에 대한 분쟁과 관련하여 통상법원에로의 특별관할을 규정하고 있다.

[138] 주목: 수용 내지 사회화의 적법성에 대한 분쟁은, 기본법 제14조 제3항 제4문에 속하지 아니하고, 따라서 예를 들면 행정수용에 대한 대응은 단지 행정소송에서만 가능하다. 수용으로 추구된 목적이 더 이상 실현될 수 없는 경우에, 특별법 또는 - 헌법재판소에 의하면 - 직접적으로 기본법 제14조로부터 도출되는 국민의 환매권을 위한 행정소송은 허용된다.

[139] 통상법원에로의 특별한 관할지정은, 부분적으로 개별법률에서 개별적으로 수용하거나 또는 희생을 가져오는 조치들에 대한 근거와 액수에 대한 분쟁을 위하여 규정되어 있다. 예를 들면 비교란자의 보상청구권에

대한 경찰법상 규정에서, 연방급부법 제58조와 감염병보호법 제68조 그리고 수익적 행정행위의 철회에서 보상청구권과 관련하여, 통상법원의 관할이 규정되어 있다. 이 규정들이 수용과 관련되는 한, 기본법 제14조 제3항의 구체화를 의미한다. 보상청구에 대한 법적 분쟁에 대하여 통상법원의 명시적 관할이 규정되어 있지 않다면, 당해 조치가 기본법 제14조 제3항 상 수용으로서 간주되고 그래서 통상법원의 권리구제가 적용되는지 또는 제40조 제2항 제1문 상 보상청구를 위하여 통상법원의 권리구제가 규정되어 있는 지 여부가 각각 심사되어져야 한다.

2. 경찰의 형집행조치에 대한 권리보호

[140] 경찰상 조치에 대한 권리보호에 있어서, 특별한 어려움이 발생한다. 위험방지라는 경찰상 조치에 있어서 행정소송상 권리구제에 해당되는 것은 이견이 없지만, 경찰상 형(刑)집행조치에 있어서 「법원조직법의 도입법(EGGVG24))」 제23조의 특별관할을 통해서 행정소송이 배제된다.

[141] 사법적(司法的) 행정처분의 존재는 「법원조직법의 도입법(EGGVG)」 제23조 상 권리보호의 전제조건이 아니다. 규율이 없는 사실행위도 (형(刑) 조사절차에서 경찰상 언론보도) EGGVG 제23조 제1항 상 조치이다. 사안 관련성의 관점 외에 특히 EGGVG 제28조 제1항 제2문은 제23조의 광의를 지지한다. EGGVG 제28조 제1항 제2문에서 규율하는 결과제거청구권의 실행은 전형적으로 사실행위의 실행을 지향한다.

[141a] 형사소송법에 규율된 위험방지 또는 위험예방에 이바지하는 (형사소송법 제81b조 상 식별임무의 목적으로 사진 또는 지문의 보관) 경찰의 권한, 나아가 다수의 경찰법령에 규정된 잠복 조사자의 투입 또는 범죄행

---

24) Einführungsgesetz zum Gerichtsverfassungsgesetz.

위에서 수집된 인적 관련자료에 대한 정보조사와 같은 경찰상 형집행 예방
상 조치들은 EGGVG 제23조 이하에 속하지 아니한다.

3. 사면결정의 거부에 대한 권리보호

[142] 법무행정청 개념의 기능적 해석의 관점에서, 형사소송법적 판결과
관련되는 거부하는 사면결정에 대한 권리보호는 - 이것을 긍정하는 한 -
EGGVG 제23조 이하를 통하여 실현될 수 있다. 이것은 추후 사면의 철회
에도 타당하다.

4. 특별 행정재판권의 관할

[143] 공법적 분쟁의 통상법원에로의 개별적 관할 외에, 행정재판권의 특
별한 부서로의 광범한 관할도 존재한다. 예를 들면 기본법 제95조 제1항에
서 최고법원으로 규정하는 사회법원재판권과 재정법원재판권, 그리고 징계
및 직무법원재판권(기본법 제96조 제4항)과 직업법원재판권 그리고 특허법
원재판권(기본법 제96조 제1항) 등이 있다. 개별적인 내용들은 당해 절차규
정들로부터 도출된다.

VI. 제40조 제2항에 따른 관할규정

1. 제40조 제2항 제1문에 의거한 통상적 권리구제의 허용성

[144] 제40조 제2항 제1문에 따라서, 공공복리를 위한 희생이나 공법적인

임치로부터의 재산법적 청구 및 공법상 계약에 근거하지 아니하는 공법적 의무의 침해로부터의 손해배상청구는 통상법원의 관할(der ordentliche Rechtsweg)이다.

가. 희생보상청구

[145] 희생보상청구권에 대한 개별법적 규정에서 통상법원의 관할이 명시적으로 규정되어 있지 않다면, 개괄조항으로 기능하는 법 제40조 제2항 제1문 제1단으로부터 관할이 도출된다.

나. 공법적 임치(Verwahrung)에 기인한 국민의 청구

[146] 제40조 제2항 제1문 제2단에 의하여 그 밖의 공법상 임치관계로부터의 국민의 모든 청구는, 예를 들면 임치의무의 위반으로 인한 청구뿐만 아니라 임치된 물건의 반출청구도 통상법원의 관할에 속한다. 그것들을 통하여 공법상 임치관계가 근거 지워졌는지는 중요하지 않다. 행정처분 예를 들면 압류를 통하여 이루어졌다 해도 상관없다. 제40조 제2항 제1문 제2단의 제한은, 지배적 견해에 의하면, 성립 역사 그리고 병렬적으로 존재하는 국민의 국가에 대한 청구를 통상법원에서 제기할 수 있다는 국가배상청구와의 체계적 관련성으로부터 도출된다. 국가의 국민에 대한 청구는 그에 반하여 행정소송의 관할이다.

다. 공법상 의무위반에 기인한 국민의 손해배상청구

[147] 제40조 제2항 제1문 제3단에 언급된 공법상 계약에 기초하지 아니하는 공법상 의무위반에 기인하는 손해배상청구는, 국민의 국가에 대한 손해배상청구만을 의미한다. 국가의 국민에 대한 손해배상청구는, 이에 반하

여 행정소송으로 제기하여야 한다. 국민의 손해배상청구의 중요한 적용사례로서, 이미 기본법 제34조 제3문이 통상법원의 관할로 규정하는, 국가배상청구이다.

[148] 주목: 원상복구를 지향하는 국민의 결과제거청구는 제113조 제1항 제2문을 통해서 확인되듯이, 제40조 제2항 제1문 상 손해배상청구가 아니다.

2. 공무원법상 특별규정들

[149] 제40조 제2항 제2문은, 공무원법 및 위법한 행정행위의 취소로 인한 재산적 손해의 전보에 있어서의 권리구제에 대한 특별한 규정들은 관련이 없다는 것을 강조한다. 이 규정은 특별법이 제40조의 일반규정보다 우선하기 때문에, 다만 명쾌하게 하는 기능을 가진다.

Ⅶ. 사안관련성에 근거한 권리구제(법원조직법 제17조 제2항)

[150] 법원조직법 제17조 제2항은 소송상 청구(Klageanspruch)가 다양한 실체법적 청구근거에 의하여 지지될 수 있는가 그리고 청구근거에 따라서 각각 다양한 권리구제가 주어지는 소위 혼합된 법률관계(gemischte Rechtsverhältnisse)에 타당하다.

[151] 이를 위한 예로서 공무원의 소(訴)가 있는데, 공무원은 그의 공법인에게 귀책사유가 있는 위법한 행위를 통해서 손해를 입었다. 공무원의 손해배상청구는 그가 보호의무위반에 근거하는 한 공무원지위법25) 제54조

---

25) Gesetz zur Regelung des Statusrechts der Beamtinnen und Beamten in den Ländern

제1항 내지 연방공무원법26) 제126조 제1항에 의거하여 행정소송이 가능하고, 이에 반하여 그 공무원이 민법 제839조, 기본법 제34조에 따라서 직무책임을 주장하는 경우에는 통상법원의 관할로 된다. 법원조직법 제17조 제2항이 없다면, 이것은 각각의 재판권이 그에게 속하는 법적인 이유의 관점에서만 청구에 대해서 결정하게 되어서 원래 통일적인 청구의 소송상 분열을 가져왔을 것이다.

[152] 법원조직법 제17조 제2항 제1문은, 이러한 경우에 허용되는 권리구제의 법원이 법적 분쟁을 모든 법적인 관점에서 결정하는 것을 규정하면서 이것을 방해한다. 그러므로 공무원이 공법인의 직무의무위반을 이유로 통상법원에 손해배상을 청구하면, 통상법원은 청구가 전적으로 공무원법적인 보호의무위반의 관점 하에서 근거 지워지는 지 여부에 대해서 판단하여야 한다.

[153] 주목: 법원조직법 제17조 제2항은 통일적인 소송상 청구가 여러 청구이유들에 기초하는 경우에만 적용된다(BVerwG, JZ 1995, 401, 402). 이에 반하여 여러 청구취지들이 원고를 통하여 하나의 소송에서 주장된다면(소위 객관적 소병합) 그들 중의 하나에 있어서는 권리구제의 길이 허용되지 않는다면, 이 부분은 분리되어서 이송되어져야 한다(zu verweisen).

[154] 예: 국민이 통상법원에서 위법한 압류의 폐지와 그로 인하여 발생한 손해의 배상을 구하는 소를 제기한 경우, 기본법 제34조 제3문에 따라서 손해배상청구에 대한 결정을 관할하는 통상법원이 압류의 폐지에 대해서 판단할 권한이 없다. 그러면 여기서 제40조 제1항 제1문에 의하여 행정소송의 길이 주어져 있는 다른 청구취지가 문제된다. 이러한 청구와 관련하여 법원조직법 제17a조 제2항 제1문에 의하면 관할 행정법원으로 이송된다. 경찰상 압류가 형사소송법과 더불어 경찰법에 근거하는 경우에도 상응

(Beamtenstatusgesetz - BeamtStG).
26) Bundesbeamtengesetz (BBG).

하는 것이 타당하다. 왜냐하면, 이 경우 실제로는 두개의 서로 다른 조치들이 존재하기 때문이다. 형사소송법 제94조 이하에 근거한 압류의 재판적 폐지를 통하여, 경찰은 새로운 압류명령의 발급에 있어서 - 이번에는 경찰법적 규정에 기초하는 - 방해받지 않는 것을 통해서 분명하게 드러난다.

[154a] 권리구제와 무관한 선결문제와 관련하여 행정소송상 심사권한의 이유에 대하여 법원조직법 제17조 제2항 제1문으로 돌아갈 필요가 없다. 비용전보청구권의 존재가 그 취소(Anfechtung)를 위해서 다른 권리구제의 길이 존재하는 행정행위의 적법성에 의존한다면, 행정법원은 법원조직법 제17조 제2항 제1문과 무관하게 그를 심사할 의무를 진다.

VIII. 이송

[155] 행정소송의 제기가 불가하다면, 행정법원은 제173조를 넘어 행정재판권에 적용가능한 법원조직법 제17a조에 의거하여 당사자의 청문 후에 직권으로 불가(不可)를 선언하고, 법적 분쟁을 동시에 허용되는 권리구제의 관할법원으로 이송(移送: Verweisung)한다 (법원조직법 제17a조 제2문 제1항). 그러나 만약 소(訴)가 법원의 견해에 따라서 사법심사가 불가한 통치행위와 관련되고 이러한 고권적 조치가 추정적인 사법심사 가능성에 있어서 행정법원에게 속하는 경우라면, 이송은 배제된다. 이와 동일하게 법원조직법 제17a조 제2항 제3문이 규정하는 기속력은, 이미 체계적인 이유로 헌법재판소의 재판권에는 적용되지 않기 때문에 헌법적 분쟁에 있어서 이송은 배제된다. 그러한 기속력은 게다가 헌법재판소의 특별한 지위와 부합될 수 없다. 교회법적인 분쟁에 있어서도, 이에 대해서 국가의 법원에 권리구제의 길이 열려있지 않다면 이송이 개시되지 않는다. 무엇보다도 법원조직법 제17a조 제5항으로부터 (본안에서의 판단) 그리고 여기에 부합되지 아

니하는 법원조직법 제17a조 제4항의 규정들로부터 도출되듯이, 잠정적 권리보호의 절차에서도 이송은 배제되고 (이견있음), 그래서 그 범위 내에서 신청은 (허용되지 아니한다고) 거부되어질 수 있다.

[156] 상소심에서 법원의 권한은 권리구제의 길의 심사에 대하여 제한된다. 법원조직법 제17a조 제5항으로부터 권리구제의 길의 문제는, 행정고등법원 또는 연방행정법원이 판결이나 기타 결정에 대한 상소에서 본안(in der Hauptsache)에 있다면 더 이상 심사될 수 없다. 권리구제의 길에 대해서는 이미 제1심 절차에서 기속적인 결정이 내려지므로, 그 후에 오류(falsch)라고 밝혀질 지라도, 더 이상 다투어질 수 없다.

[157] 법적 분쟁을 권리구제의 불허용성으로 이송하는 결정은, 이송을 받은 법원에게 기속적이다 (법원조직법 제17a조 제1항 및 제2항 제3문). 이러한 결정이 다투어지지 아니하였다면, 동 결정은 권리구제의 길과 관련된 문제에 대해서 종국적(終局的)이다. 그러나 기속의 효력은 다만 권리구제의 길(Rechtsweg: 재판권)의 문제에 한정된다. 행정법원으로 이송되었다면, 이것은 법원조직법 제17a조 제2항 및 행정소송법 제83조에 따라서 사물적으로 관할하는 행정고등법원으로 이송될 것이다.

[158] 이송 또는 권리구제의 길을 긍정하는 제1심의 본안판단의 기속력 때문에 법적 분쟁이 잘못된 재판권에서 결정되어져야만 한다면, 재판권(Gerichtsbarkeit)은 청구를 해당되는 실체법에 의거하여 재판권 자신의 절차규정을 적용하면서 결정하여야 한다.

[159] 이송의 경우에 먼저 제기된 법원에서의 법적 분쟁은, 이송 받은 법원에서의 법적 분쟁과 함께 일체성을 형성한다. 그로부터 무엇보다도 소(訴)로서 먼저 제기된 법원에서 발생한 소송계속이 이송에도 불구하고 존재하게 된다. 소의 소멸시효중단의 효과 또는 제소기간의 준수와 관련하여, 소가 처음 찾았던 법원에서 제기되었던 시점이 기준이 된다. 이송은 특별한 형식규정과 이송 받은 법원에서의 소의 허용요건을 면제하지는 않는다.

제68조 이하의 규정에 의하여 요청되는 전심절차는 경우에 따라서는 추완될 수 있다 (다툼 있음).

[160] 법원조직법 제17조 제1항 제1문과 관련한 제173조에 의하여, 소제기 당시 허용된 권리구제의 길은, 사후에 등장하는 사정들에 근거하여 이러한 권리구제의 길이 실상 허용되지 않을지라도 존재하게 된다. 이러한 규율은 권리구제의 길을 존치시키는 것에만 타당하다. 권리구제의 길은 본래적 불허용성은 사후의 변경을 통하여 치유될 수 있다.

IX. 재판권과 무관한 선결문제에 관한 행정법원의 심사권한

1. 행정법원의 원칙적 심사권한

[161] 원칙적으로 주장된 소송상 청구가, 제40조 상 공법적인 분쟁으로 규명되어질 수 있는지 여부가 행정재판권의 기준이 된다. 행정법원은 그렇지만 선결문제의 형식(부수적)으로 종종 재판권과 무관한 문제에 대해서 판단할 수 있고 하여야만 한다. 선결문제로서 중요한 법률관계의 존재 또는 부존재가 이미 다른 법원에 계속 중인 법적 분쟁의 대상이라면, 행정법원은 제94조에 따라서 심리를 다른 법적 분쟁의 종료까지 중지할 수 있다. 재판권과 무관한 법률관계의 존재가 문제 된다면, 행정법원은 종종 이러한 권한을 행사한다.

[162] 예: 토지소유자가 연방건설법 제24조에 근거한 게마인데의 불법적인 선매권 행사의 폐지를 소구한다면, 행정법원은 토지소유자와 제3자의 사이에 - 연방건설법 제24조 제1항이 요청하는 - 유효한 매매계약이 체결되었는지에 대해서 심사하여야만 한다. 행정법원은 그러한 범위에서 선결

문제로서 그 자체로서 재판적 절차의 대상이면서 또한 통상법원에서 판단되어질 민사법적인 문제에 대해서 결정한다. 통상법원에서의 그러한 절차가 이미 계속 중이라면, 제94조에 의거하여 중지(Aussetzung)가 고려되어진다.

[163] 민사법적인 선결문제에 대한 행정법원의 의견은 행정소송에서 주장된 청구취지의 대상이 아니므로, 그러한 의견은 실질적 확정력을 발하지 못한다. 그 의견은 당사자 사이에서 기속력도 발하지 못한다.

[164] 예: 이전 사안에서 행정법원이 매매계약의 존재로부터 출발하였더라도, 이것은 민사법원이 토지의 양도를 구하는 게마인데의 추후의 소송에서 매매계약을 무효라고 간주하는 것과 그와 함께 양도청구권을 부정하는 것을 방해하지 않는다.

2. 특별문제 상계

[165] 이상에서 언급된 것은 재판권과 무관한 청구에 있어서도 타당하다(다툼 있음). 상계(Aufrechnung)를 위한 채권이 존재하는지 여부의 문제는, 행정소송에서는 그 자체로서 본안판단요건이 충족될 필요가 없는 단지 선결문제(Vorfrage)에 지나지 않는다. 민사소송법 제322조 관련 제173조에 의하면, 이러한 결정은 예외적으로 확정력을 발휘한다. 그 때문에 이전에 지배적인 견해는 결정권한을 거부하였고, 제94조에 따라서 절차의 중지를 요구하였다. 이러한 해결책은 법원조직법 제17조 제2항의 개정으로 인해서 과거사가 되었다. 법원조직법 제17조 제2항[27])에 의하여 인정된 사안관련성에 의한 권리구제관할의 관점에서 민사소송법 제322조 제2항의 문언에 따

---

27) Gerichtsverfassungsgesetz (GVG) § 17 (2) Das Gericht des zulässigen Rechtsweges entscheidet den Rechtsstreit unter allen in Betracht kommenden rechtlichen Gesichtspunkten. Artikel 14 Abs. 3 Satz 4 und Artikel 34 Satz 3 des Grundgesetzes bleiben unberührt.

라 재판권과 무관한 반대채권(Gegenforderung)에 대한 결정을 허용하는 것
이 더 이상 우려가 없다.

[166] 주목: 기본법 제34조 제3항과 제14조 제3항 제4문 관련 법원조직법
제17조 제2항 제2문에 따라서, 행정법원에게 기본법 제34조 관련 민법 제
839조에 의거한 상계를 위해 제기된 직무책임청구의 존재에 대하여 또는
기본법 제14조 제3항 제4문에 의거한 수용보상청구의 존재에 대하여 결정
하는 것은 금지된다.

X. 유럽공동체 내지 국제조직의 법과 관련하여
행정법원의 심사권한

[166a] 공동체법의 독일법과의 점증하는 엮임은, 독일 법원이 어떠한 범
위에서 공동체법 관련 법적 행위를 통제할 수 있는지를 심사하여야 하는
소송상 결과를 가져온다. 그로 인하여 제기된 독일 법원에로의 권리구제에
대한 문제 내지 그의 국제적 관할은 독일의 재판권의 존재와 일치되지 않
는다. 기본법 제19조 제4항에 부합하면서 제40조는 다만 독일의 공권력의
행위에 대해서만 권리구제를 보장하기 때문에, 유럽공동체 내지 유럽항행
안전기구와 유럽학교와 같은 국가(國家)간 기구들의 법적 행위는 원칙적으
로 독일 법원에서 절차의 직접적인 (본래적인) 대상이 아니다. 그에 상응하
는 소송은 독일 법원의 국제적 관할의 결여 때문에 통상적으로 허용되지
않는다.

[166b] 독일 행정청에 의하여 공동체법에 근거하여 발급되어진 행위들은
독일 공권력의 행위로 행정법원에 의하여 통제될 수 있다. 그러한 소송을
위해서 언제든지 독일 행정법원에로의 재판권이 열려 있다. 그러나 본안심
리에 있어서 공동체법으로부터 도출되는 결정권한의 내용적인 제한이 준

수되어져야 한다. 공동체법의 최종기속적 해석은 유럽 재판권에게 유보되어 있다; 해석에 있어서 의문이 있는 경우에는 유럽공동체 업무처리조약 (AEUV) 제267조에 의하여 국내법원은 유럽 재판권에게 제청하여야 한다 (vorlegen). 공동체법의 이차적 규범(sekundäre Norm des Unionsrechts)이 일차적 공동체법(primäres Unionsrecht)을 위반하였기 때문에 본안판단에서 효력이 없다고 간주되는 경우에는, 이러한 의무는 항상 주어진다. 이러한 절차는 기본법 제100조에 따른 제청절차(Vorlageverfahren)와 유사하다; 잠정적 권리구제와 제청절차의 관계에 대해서는 문번 1004a, 1093을 참조하라.

시초사례의 해결(문번 82 이하)

[167] 사례 1: 모든 연방 주(州)들의 게마인데법은 중요한 점들에 있어서 통일적으로 게마인데의 주민이 현행법의 범주에서 공공시설을 동일한 기본원칙에 따라서 이용할 권리가 있다고 규정한다. 그와 함께 여기서는 특별규범이 그래서 이용의 여부에 대한 분쟁이 이단계이론에 따라서 공법적인지와 그래서 행정소송의 길이 열려있는지가 문제된다.

a) 변형 1: 공공시설의 개념이 게마인데가 사법(私法)적인 기관형식을 이용하는 기관도 포함하는 것으로부터 출발한다면, 사례의 변형에서 이용의 허용에 대한 분쟁은 공법적 유형이다. 게마인데에 대한 E에 의하여 주장된 청구는, 그러한 사례에서 게마인데가 그에 의하여 지배되는 유한회사에 대해서 E에게 게마인데 강당을 이용할 수 있도록 영향을 미치는 것을 지향함에 틀림없다. E의 유한회사에 대한 소(訴)에 있어서는 그에 반하여 통상법원의 길이 열려있다.

[168] b) 변형 2: 게마인데가 - 여기서처럼 - 이용관계를 사법(私法)적으로 구성하는 한, 이용의 방법은 임대차법의 사법(私法)적인 규정에 의한다. 의무위반의 관점에서 게마인데의 손해배상청구는, 통상법원의 관할이다. 그 때문에 법원조직법 제17a조 제2항 제1문 관련 제173조에 의하면 행정법원

은 직권으로 법적 분쟁을 관할 통상법원으로 이송하여야 한다.

[169] c) 변형 3: 권리구제통지를 포함하는 결정의 덕택으로 청구의 주장에 있어서 게마인데는 - 위법하더라도 - 고권을 행사하고 공법적인 조치를 취하였다. 그러므로 행정소송의 길(=행정재판권)이 긍정된다.

[170] 사례 2: 여기서 문제되는 B의 청구를 위하여 행정법원이 아니라 통상법원의 길이 해당된다. 통상법원의 재판권은 기본법 제34조 제3항으로부터의 직무책임청구를 위해서, 희생보상청구를 위해서 그리고 제40조 제2항 제1문에 기한 준계약적 채무관계의 침해로부터 도출된다. 준계약적 채무관계는 계약적 합의에 기초하는 것이 아니라, 직무책임청구와 관련이 있어서, 소송법적으로 공법상 계약관계로 다루어질 수 없다.

변형: 준계약적 채무관계로부터 C에 대한 게마인데의 손해배상청구는 제40조 제1항의 일반적인 규율에 머무른다. 왜냐하면 제40조 제2항 제1문의 특별지정(Sonderzuweisung)이 해당되지 않기 때문이다. 제40조 제2항 제1문의 성립역사와 직무위반으로 인한 손해배상청구와의 결여된 관련성으로부터, 이러한 규범이 국가의 주민에 대한 청구에는 적용될 수 없다는 것이 도출된다. 법원조직법 제17조 제2항 제1문 관련 제173조에 의하면 행정법원을 통하여 - 원래 통상법원의 재판권에 속하는 - 재산권침해로 인한 민사법적인 손해배상청구에 대해서도 결정될 수 있다.

제4절 행정소송의 유형

[171] 특히 행정행위의 발급(Vornahme) 또는 거부(Ablehnung) 내지 부작위(Unterlassung)에 대하여 취소소송과 의무이행소송을 통하여 보장된 권리보호는, 법률적으로 보다 상세하게 규율된다. 행정소송상 권리보호는 행정소송법의 일반조항에 의거하여 오늘날 더 이상 행정행위에 대한 권리보호로 한정되지 아니한다. 행정행위가 존재하지 않더라도 다른 절차들이 - 예를 들면 일반적 이행소송 또는 일반적 확인소송 - 권리보호를 담당한다. 그러므로 취소소송 또는 의무이행소송의 불개시성으로부터 미리 행정소송의 불허용성을 연결하는 것은, 중대한 실수라고 할 것이다.

[172] 예: 공무원 B가 공법인의 직무상 명령(dienstliche Weisung)에 대해서 소구(訴求)한다. 이러한 직무명령은 (대부분) 행정행위가 아니라서 제42조에 의한 취소소송이 개시되지 못한다. 그렇지만 그렇다고 모든 소구가능성을 부인하는 것은 오류라 할 것이다. 여기서 특별한 허용요건의 결여 때문에 좌절될 수도 있지만, 직무명령의 취소를 지향하는 일반적 이행소송 또는 경우에 따라서 확인소송이 개시될 수 있는 지가 심사되어져야만 한다.

[173] 가능한 절차유형의 심사 순서는, 먼저 소송상 청구가 제113조 제1항 제4문의 직접 또는 유추적용으로 취소소송 또는 의무이행소송 또는 경우에 따라서는 (특히 행정행위의 완료에 있어서) - 취소소송 또는 의무이행소송과 체계적으로 밀접하게 연관된 - 계속확인소송으로써 추구될 수 있는

지 여부를 조사하는 것이 권장된다. 행정행위와 관련하여 이러한 권리보호 가능성을 취하지 아니하는 한, 다음 단계에서는 다른 절차유형에 해당되는 지 여부가 설명되어져야 한다. 여기서 제43조 제2항 제1문 때문에 제43조에 따른 일반적 행정소송법상 확인의 소의 허용성이 서술되기 전에, 통상적으로 먼저 이행소송 또는 형성소송이 고려될 수 있는 지 여부가 심사되어져야 한다. 행정소송법에 규율된 소송유형의 어느 것도 행정소송상 권리보호를 보장하지 못한다면, 제40조는 권리보호의 보장을 위하여 최후의 경우에는 비정형적인 행정소송법에 명시적으로 규율되지 아니한 소송유형의 허용을 요청한다.

[174] 예: - 본 저서에서 주장되는 견해와 달리 - 소위 지방자치단체의 기관쟁의에 대하여 제42조에 의한 절차, 일반적 이행소송, 또는 행정소송법적 일반적 확인의 소도 개시될 수 없다면, 여기서 비정형적 (폐지의 - 또는 확인의 -) 소가 허용되는 지 여부가 심사 되어져야 한다.

제5절 취소소송

시초사례

[175] 사례 1: 시(市) S가 시(市)소유의 강당(講堂)을 다른 경우처럼 주민 E에게 임대하였다. E가 약속한 차임(借賃)을 지불하지 않자, 그에 대해서 권리구제설명이 부가된 지급을 의무지우는 이행통지가 송달되었다. 어떠한 소송유형으로 E는 이에 대해서 대처할 수 있는가?(문번 253)

[176] 사례 2: 내무부는 건강 손상적 효과 때문에 법률관보와 법규명령관보에서 공포된 명령으로, 특정의 절차를 거쳐서 생산된 생필품의 판매를 금지하였다. 그러한 과정을 지금까지 이용하였던 생산자 P는, 그러한 금지에 대해서 취소소송으로 대응할 수 있는가?

변경: P에 대하여 내무부관보를 통한 통지 또는 개별통지에 있어서 각각 무엇이 적용되는가?

[177] 사례 3: 관할 경찰행정청은 위험방지목적으로 C의 주거에 대한 수색을 명하고 C에게 속하는 물품을 압류하였다. C는 전심절차에서 목적달성의 실패 후에, C는 수색과 압류를 공격하면서 동시에 압류된 물품의 반환을 소구한다. 어떠한 소송유형이 적용될 수 있는가? 문번 255.

I. 취소소송의 허용성

[178] 제42조 제1항 제1단에 의거한 취소소송으로 부담적 행정행위의 폐지를 소구한다. 취소소송은 권리상황의 직접적 재판적 변경을 지향하는 소송상 형성(形成)의 소이다. 원고는 동 소송으로 그의 권리를 침해하는 행정행위의 폐지(취소)를 실체법적으로 청구한다. 이러한 청구는 공법상 원상회복청구(Beseitigungsanspruch)의 하부유형이다(결과제거청구). 취소의 소로서 행정행위의 폐지 외에 동시에 그를 통해 근거 지워지는 주관적 권리침해의 확인을 구한다. 행정행위에게 아직 불가쟁력이 발생하지 아니한 한, 취소의 소는 보다 특별한 (그리고 권리보호 집중적인) 소송유형으로서 원칙적으로 행정행위에 대한 행정청의 폐지를 지향하는 의무이행소송을 압박한다. 행정행위의 취소를 지향하는 소의 취소소송으로의 선해(善解: Umdeutung)에 대해서는 문번 42a를 보라.

[179] 제113조 제1항 제1문으로부터 도출할 수 있듯이 (행정행위가 위법한 한) 취소소송은 또한 행정행위의 부분적 폐지를 지향 할 수 있다.

[180] 예: B는 게마인데 G로부터 B에게 수수료통지에서 요구된 수수료는 금액상 지방자치단체 공과금법과 부합되지 않는다는 견해이다. B는 수수료가 법률적 기초로 덮여지지 아니하는 한도에서만, 수수료통지의 폐지를 소구한다. 그래서 그는 비용손해와 결부된 부분적 패소를 피한다.

[181] 취소소송의 개시가능성의 요건은 아직까지 완료되지 아니한 행정행위의 존재이다. 행정행위의 존재는 입장요건(Zugangsvoraussetzung)이어서 즉 이것은 이미 제소시에 존재 하여야만 한다; 그의 결여는 사후의 발급을 통해서 치유(治癒)될 수 없다. 더욱이 예외적으로 아직 완료되지 아니한 행정행위에 대하여조차, 즉 행정행위가 제44a조에 속하는 행정청의 절차행위를 의미하는 경우, 취소소송이 개시 불가(不可) 할 수도 있다.

Ⅱ. 취소소송의 대상으로 행정행위

1. 행정행위의 사실상 존재

[182] 제42조는 그의 분명한 문언에 의하면 행정행위의 사실상 존재(存在)를 요구한다. 행정행위의 존재를 그냥 주장하는 것은 충분하지 않다. 입법자는 행정행위의 존재를 의제(擬制)할 수 있다(fingierter oder fiktiver Verwatlguntsakt: 의제적 행정행위). 법적으로 존재하는 것으로 다루는 것은, 그 때문에 의제적 승인이다. 건축허가절차의 신속화와 간소화의 이익을 위하여, 새로운 건축법규들이 그러한 의제적 승인을 규율한다. 예를 들면, 무엇보다도 건축신청에 대해서 특정한 기한 내에 결정되지 아니하면, 건축허가가 발급된 것으로 간주된다. 행정청에 의하여 의도된 규율이 아직 외부적으로 공포되지 아니하였고 그래서 행정내부적인 것에 머무른다면, 행정행위가 존재하지 않는다. 제3자효 있는 규율이 당사자 중 한 사람에게 공포되었다면, 다시금 행정행위로 볼 수 있다. 이것은 외부효도 충족한다. 제42조 상 행정행위에 있어서 원고가 형식적으로 행정행위의 상대방인 것은 필수적이 아니다. 그 때문에 예를 들면 인근 주민은 자신을 대상으로 하지 않고, 행정청에 의하여 자신에게는 통지되지 아니하였고 건축주에게만 통지된 건축허가를 다툴 수 있다. 인근 주민이 제42조 제2항에 따라서 원고적격이 있어야 하는 조건이 있다. 행정행위가 제3자의 법적 영역을 침해하지 않고 따라서 그 제3자가 원고적격이 없더라도, 그럼에도 불구하고 행정행위는 제3자와의 관계에서 행정행위로 존재한다. 따라서 상대적인 행정행위는 존재하지 않고 이중적 성격의 행정행위도 존재하지 않는다.

[183] 행정행위가 유효한지 또는 무효인지는 행정행위의 존재를 위해서는 의미가 없다. 이것은 무효인 행정행위에 대하여도 취소소송의 개시가능성이 도출되는 제43조 제2항 제2문을 통해서 확인된다. 이러한 방식으로

무엇보다도 원고가 종종 개시가능한 소송유형의 선택에 있어서 위법한 행정행위가 이미 무효인지 아닌지 하는 어려운 문제를 답하여야만 하는 것이 방지된다. 무효인 행정행위의 취소는, 지배적 견해에 의하면, 무효인 행정행위의 재판적 폐지를 가져오며, - 일부 견해처럼 - 단지 무효의 재판적 확인을 가져오는 것은 아니다. 후자는 제43조의 문언, 체계 및 성립역사에 반한다. 무효인 행정행위는 무엇보다도 형성소송의 대상일 수 있다; 이를 위하여 (취소기한의 도과까지) 유일하게 고려되어지는 취소소송은 제113조 제1항 제1문에 따라서 행정행위의 폐지를 통한 형성이 규정되어 있다. 무효인 행정행위가 올바르게도 행정직권적으로 행정절차법 제48조에 따라서 폐지되어질 수 있다는 것이 그에 상응한다. 행정절차법 제43조 제2항으로부터 Hufen에 대항하여 반대하는 것이 도출되지 않는다. 왜냐하면 한편으로는 행정절차법 제43조 제2항이 행정행위의 폐지를 대상으로 하지 않고, 다른 한편으로는 동 조항이 원래 무효인 행정행위를 관련시키지 않기 때문이다. 공격받는 무효인 행정행위의 행정소송상 폐지를 허용하지 않는다면, 법원은 결과적으로 주관적 권리를 침해하는 행정행위에 있어서 항상 이 행정행위가 무효인지 여부를 심사하는 것이 강제될 것이다.

2. 행정행위의 개념표지

[184] 취소소송은 행정행위의 재판적 폐지를 지향한다. 무엇이 제42조 제1항 상 행정행위로 이해되는가는 행정소송법에 규정되어 있지 않다. 제42조 상 행정행위의 소송법적인 그리고 연방법적인 개념 규정에 있어서 행정소송법과 행정실체법 사이의 밀접한 기능적 연관성의 관점에서 행정절차법 제35조의 법적 정의와 - 그렇지만 직접적으로 단지 행정절차법만 관여하는 - 연관될 수 있다.

[185] 주목: 소송법에서는 항상 행정절차법 제35조에서 행정행위의 연방법적 개념에 근거하여야 하고, 그에 반하여 개별적 주(州)행정절차법에서의 주(州)법상 개념에 근거하여서는 아니된다. 주(州)행정청이 행위 하였고 그 때문에 (행정행위의 무효와 같이) 실체법적인 문제의 판단에 있어서 내용적으로 동일하게 규정된 개개의 주(州)행정절차법 제35조의 법적 정의를 관련시키는 경우에도 동일하다. 이와 다른 입장이라면, 주(州)입법자들은 연방법적으로 규율된 취소소송의 범위에 대하여 마음대로 처분할 수 있다는 수긍하기 어려운 결과에 도달한다.

[186] 제40조의 행정소송상 일반조항의 적용 하에서, 행정행위의 존재는 더 이상 행정소송상 권리보호를 위한 요건이 아니기 때문에 오늘날 - 이전의 행정소송상 열거주의원칙(Enumerationsprinzip)과는 달리 - 행정행위의 개념을 가능한 한 확장적으로 해석할 필요는 없다.

가. 행정행위개념의 개별적 표지(標識)

[187] 행정절차법 제35조의 법적 정의는 일련의 어려운 구별문제를 제기한다. 행정행위의 긍정을 위한 요건은, 그에 따르면 규율과 관련된, 개별적 경우를 대상으로 하는, 직접적인 외부효를 지향하는 행정청의 고권적 조치가 존재하는 것이다.

(1) 고권적 조치

[188] 고권적 조치는 그러한 조치가 공법에 기초한다면 존재한다. 이와 관련하여 공법과 사법(私法)의 구별을 위해서 발전된 이론들 특히 수정주체설을 활용할 수 있다.

(2) 행정청

[189] 행정조치의 창시자가 행정청이어야만 한다. 행정절차법 제1조 제4 항에 따르면 공행정의 임무를 수행하는 모든 기관이 행정청으로서 간주된 다. 기관들은 조치들을 그의 행정청으로서의 지위에서 결정하여야 한다. 국 가적 기관들이 사법(私法)적으로 임무를 수행하거나 입법적으로, 국가향도 적으로 또는 사법(司法)적으로 활동하는 한 행정절차법 제35조 상 행정청 이 아니다.

[190] 그 때문에 의회는 법률의 제정에 있어서 또는 이와 직접적인 관련 이 있는 임무의 수행에 있어서, 행정청으로 간주되지 않는다 (예를 들면 입 법절차와 관련된 의회의 청문 또는 의원의 면책특권의 폐지와 같은 중점적 으로 입법적 행위에 영향을 미치는 의회의 행위들). 연방대통령을 통한 하 원해산의 국가지도적 성격과 관련하여, 내지 선거일자의 지정과 관련하여, 행정행위는 존재하지 않는다. 이에 반하여 행정절차법 제1조 제4항은 행정을 통하여 행하여진 투표인명부에의 등록을 행정행위로 보는데 이의가 없다.

[191] 행정청의 조치는 고권을 부여받은 수탁 사인(私人)이 고권적 조치 를 수행하는 경우에, 예를 들면 차량정기검사증을 수여하는 차량정기검사 협회(TÜV: Technischer Überwachungsverein)에서 존재한다. 고권을 부여받지 아니한 사인(私人)이 고권적 권한을 행사하는 한 (쾨페닉의 중대장: Haupt-mann von Köpenick[28]), 행정청의 행위가 결여되고 그래서 비(非)행정행위 (Nichtverwaltungsakt)가 존재한다.

[192] 행정청이 내리는 조치라는 표지(標識: Merkmal)와 관련하여, 조치 는 일방적으로 내려져야만 한다는 것이다. 일방성이라는 기준은 특히 규율 에 있어서 행정청 단독으로가 아니라 대등한 계약당사자를 통하여 공동으

---

28) 폭트(Friedrich Wilhelm Voigt)가 구두쟁이였지만, 중대장으로 변장하고 군인들을 동원 하여 쾨페닉 시(市)의 시청을 침입하였고, 시장을 체포하고 시(市) 금고(金庫)를 약탈한 것으로부터 유래한다.

로 이루어지는 공법상 계약과 같은 쌍방적인 규율과의 구별에 이바지한다.

[193] 주민의 신청에 의해서만 행정청을 통하여 이루어지는 소위 협력을 요하는 행정행위와 공법상 계약과의 구별이 무엇보다도 어렵다. 공법상 계약은 당사자가 규율의 내용에 대하여 영향을 끼칠 수 있고 자신을 단지 행정청에 의하여 내려진 규율에 복속되지 않는 것과 비례하여 더욱 더 고려되어진다.

[194] 공법상의 채권과의 상계(相計: Aufrechnung)는 행정행위가 아니다. 상계가 주민에 의하여 이루어지는 경우에는 다툼이 없다. 원칙적으로 - 개별사안에서 추가의 상반되는 접촉점이 존재하지 않는 한 - 고권적 주체에 의한 상계에 있어서도 동일하다. 고권적 주체가 하자있는 상계의 경우에 있어서 행정행위의 원칙적인 효력과 존속력의 가능성을 통하여 왜 혜택을 받는지가 드러나지 않는다. 고권적 주체는 상계에 있어서 - 원칙적으로 - 행정절차법 제1조 제4항의 의미에서 행정청으로 행동하지 않는다. 상계는 오히려 민법 제387조 이하가 준용되는 일방적 공법적 의사표시로 규명되어질 수 있다.

(3) 규율의 존재

[195] 행정청의 고권적 규율(規律)이 존재하여야만 한다. 규율이란 이유, 변경, 폐지, 권리와 의무 내지 법적으로 중요한 사실과 속성의 기속적 확인을 대상으로 하는 결정을 의미한다. 아직 확정적으로 조사되지 아니한 사실관계의 기초 위에, 종국적으로 조사되어진 사실관계의 근거 하에 새로운 결정을 내릴 수 있는 유보 하에, 발급되는 잠정적 규율도 행정행위의 존재를 위해서 충분하다 (소위 잠정적 행정행위). 행정행위와 규율의 요소를 지니지 않는 사실상 작용 (사실행위 또는 소위 단순행정작용) 사이의 구별기준으로서의 규율의 관점이 중요하다. 후자는 비공식적 행정작용의 모습으

로 점차적으로 그 중요성을 더하고 있다. 사실행위는 예를 들면 행정청을 통하여 고지된 조언, 안내, 고지 (예외로는 문번 196), 경고 또는 권고, 나아가 감정(鑑定), 조사보고서, 근무운행 또는 이미씨온 등이다. 동일한 것이 통상적으로 행정에 대하여 주장된 청구권이 사실상 존재하지 아니한다는 사실상의 안내로서만 이해되어지는 사실행위의 집행의 거부에도 적용됨에 틀림없다.

[196] 경찰상 표준조치의 법적 성질과 관련하여 다툼이 있다. 이는 대부분 (압수, 수색, 체포) 사실상 행위와 결부된 수인을 요하는 집행가능한 규율로 표현된다. 사실상 행위는 그의 법적 기초를 발급된 규율에서 찾고, 규율과의 관계에서 단지 비독립적 집행을 의미하기 때문에, 행정행위에 대한 권리보호가 적용된다. 사람에 대한 비밀사찰, 전화통화의 비밀감청 또는 경찰상 즉시집행 내지 조치의 직접적 실행은, 그에 반하여 행정행위가 아니다. 왜냐하면 규율에 있어서 반드시 요청되는 당사자에 대한 통지(通知)가 결여되기 때문이다. 추후에 당사자에 대한 통지가 이루어지더라도, 그 법적 성격은 변하지 않는다. 직접적 강제 (예를 들면 경찰상 경찰봉의 사용 - 이견있음) 또는 대체집행 (예를 들면 주정차위반으로 인한 승용차의 견인)과 같은 집행행위는 행정행위로서 규명되어질 수 없다. W. Jellinek로 거슬러 올라가는 여기서 수인을 지향하는 행정행위를 구성하는 반대견해는 설득력이 없다. 그러한 행정행위는, 이러한 집행행정행위들이 그들의 편에서 집행에 들어갈 수 없으므로, 제대로 기능할 수 없다. 반대견해의 구성이 현실과 동떨어져 있고 권리보호의 보장을 위하여 필요하지도 않다. 강제금의 부가 또는 물건의 압류(Pfändung)는 그에 반하여 다툼이 없이 행정행위를 의미한다. 금전지급이 아니라 그 밖의 행위, 수인 또는 부작위를 지향하는 행정행위의 실행에 이바지하는 강제수단의 계고(Androhung)는 항상 행정행위이다. 이것은 연방과 주(州)의 일치된 행정집행법에 의하여 강제수단의 계고는 원칙적으로 그의 적법한 적용을 위한 요건이고, 결과적으로 행정집

행의 적법한 지속을 위하여 기속적으로 요구되는 규율을 내리는 것으로부터 도출된다. 상응하는 이유들로부터, 영업자에 대한 수공업자명부에로의 그의 등록의 삭제가 의도되어진다는 고지(Mitteilung)도, 추방의 계고처럼, 행정행위이다.

[197] 금전채권(Geldforderung)을 지향하는 행정행위의 집행을 위하여 (압류와 같은) 집행조치의 계고는 행정행위가 아니다. 현행 행정집행법적 규율에 의하면, 그러한 계고는 법적으로 명령되지는 않는다. 계고는 단지 사실상의 안내(Hinweis)만 포함한다. 동일한 것이 집행가능한 행정행위의 계고에도 타당하다. 경찰상 위험방지조치에 노출되지 않도록 상대방이 데모(또는 기타 집회)에 참가하지 않도록 상대방에게 권고하는 경찰상 위험고지도 행정행위가 아니다.

[198] 공법상 금전채권을 이행하라는 요청은, 다양하게 해석될 수 있다. 한편으로는 존재하는 지급의무의 고지 내지 계고일 수 있다. 다른 한편으로는 요청은 이행명령과 결부된 채무자의 지급의무의 법기속적인 확정(確定)으로 규명될 수도 있다. 후자는 요청이 행정행위에 일상적인 권리구제고지가 있거나 또는 결정(Bescheid)라고 표현되었다면 확실하게 인정할 수 있다. 해석에 의하여 지급요청이 법기속적인 규율로 의도된 것인지에 대해서 의심의 여지가 있다면, 지급요청은 국민의 이익으로 해석되어야 하고, 그러므로 비구속적 고지 내지 경우에 따라서는 채무자를 지체에 빠트리는 경고로 이해되어져야 한다.

[198a] 행정행위는 행정청이 주관적 공권의 요건의 존재에 대해서 결정하는 경우에는 존재한다. 그에 따라서 선거권의 행사를 위한 요건인 선거인명부에의 등재는 행정행위이다. 확인적 행정행위는 법적으로 중요한 사실 또는 속성의 기속적 확인에 있다.

[199] 소위 반복적 처분(sog. wiederholende Verfügung) 내지 재(再)결정(Zweitbescheid: 제2차 결정)과 관련하여 법적인 규율의 존재가 문제된다. 반

복적 처분에 있어서는 이전의 행정행위의 내용만을 주목하게 하고, 그 때
문에 행정행위에서 내려진 규율과 관련하여 새로이 결정되지 아니한다. 그
러나 반복적 처분은 그와 함께 다시금 이전 행정행위의 내용적인 심사를
개시하는 것을 거부하게 되는 한, 규율을 포함할 수 있다. 후자는 특히 상
대방이 이전에 발급된 행정행위의 내용적인 심사 내지 변경을 구하는 신청
을 제기한 경우에는 인정될 수 있다. 재(再)결정은 그에 반하여 이미 이전
에 발급된 행정행위의 대상이었던 것을 새로이 규율한다. 재(再)결정은 그
러므로 아무튼 행정행위로 간주되어짐에 틀림없다.

[200] 의료적 검사를 받으라는 행정청의 요청이, 행정행위를 의미하는 지
는 의심스럽다. 이를 통하여 집행가능한 의무가 아니라 단지 책무만을 근
거지우는 한 (그의 불이행으로부터 증거의 판단의 범주에서만 당사자를 위
해서 부정적 결론을 가져오는 것에 그친다) 이것은 부정되어져야 한다. 그
러므로 운전면허규정(FahrerlaubnisVO) 제13조에 의한 운전면허의 소지자에
대하여 이루어진 승용차의 운전 적성에 대한 의료적 심리적 조사기관의 감
정서를 첨부하라는 행정청의 고지는 행정행위가 아니다. 공무원직의 지원
자가 국가를 통해 HIV[29] 검사를 받도록 요구되어 진다면, 상응한 것이 타
당하다. 그에 반하여 연방공무원법 제44조 제6항에 근거한 공무원에 대한
그의 직무능력과 관련하여 공직의사로부터 검사를 받도록 하는 직무주체
의 요청은 행정행위를 의미한다. 왜냐하면, 이를 통하여 공무원에게 그의
불이행이 징계법적으로 비난될 수 있는 의무가 근거 지워지기 때문이다.[30]

[201] 주(州)의 지방자치법에 규정된 게마인데 고유의 사무를 수행함에
있어서, 게마인데의 행동양식에 대한 법적 감독청의 이의제기(Beans-
tandung)는 법기속적인 규율로서 행정행위이다. 이의제기는 즉 - 행정집행
의 범주에서 강제수단의 고지와 같이 - 후속하는 행정청의 조치 예를 들면

---

29) Human Immunodeficiency Virus.
30) 다른 견해 BVerwG, NVwZ 2013, 1619, 1620.

대체집행 또는 법적 감독청의 폐지를 위하여 법적인 요건을 규율한다.

[202] 정보안내(Auskunft)의 법적 성질은 다툼이 있다. 연방행정법원은 행정청의 행위의 중점이 안내의 발급 또는 거부에 있는가 또는 안내에서 표현되는 안내의 발급에 대한 법적 결정에 있는가에 의하여 구별한다. 후자만이 안내의 요청에 대한 기속적 규율을 포함한다. 이러한 견해는 납득하기 어렵다. 정보안내의 발급의 중점이 어디에 놓여 있는가가 어떻게 확인되는지 불분명하다. 연방행정법원의 견해를 시종일관되게 따르면, 사실행위의 모든 집행거부에 있어서 중점적으로 행정행위의 존재를 의미하는 그래서 일반적 이행소송 대신에 의무이행소송이 적용되는 법기속적 규율이 발견되어짐에 틀림없을 것이다. 정보안내는 그러므로 통상적으로 사실행위이다.

정보안내의 발급에 대한 결정을 행정행위로서 구성하는 것은, 예를 들면 환경정보법 제3조 제1항 제1문과 제6조 제2항에 의하여 환경정보의 발급에 대한 결정 또는 연방의 정보자유법 제9조 제4항에 의거한 공적 정보에로의 접근 신청에 대한 결정에 해당되듯이, 입법자에게 부여되어 있다.

[202a] 독자적인 규율이 아니라 행정행위의 부분들은, 행정절차법 제36조의 부관들이다. 나아가 제80조 제2항 제1문 제4호에 따른 즉시 집행가능성의 명령은 행정행위가 아니라, 다만 행정행위에 부속물(Annex)이다.

(4) 개별적 규율

[203] 행정행위는 규율이 개별적(個別的) 경우와 관련되는 경우에만 존재한다. 경우들의 불특정 다수의 규율은, 그에 반하여 법규범(法規範)을 의미한다. 행정의 이러한 두 작용형식의 구별은 행정절차법 제35조 제2항을 통하여 경감된다. 그에 따르면 규율이 일반적인 표지(標識)에 의하여 특정 또는 특정 가능한 인적 범위를 지향하거나 물건의 공법적인 속성 또는 일반

공중을 통한 물건의 이용과 관련되는 경우에도 일반처분 형식의 행정정위이다. 이러한 규율을 통하여 이제는 이전에 대단히 논란이 되었던 구별문제들이 법률적으로 해결되었다.

[204] 명령 또는 금지를 포함하는 교통표지는 일반처분으로 규명될 수 있다 (그에 반하여 예를 들면 위험한 곡선구간(급거브)에 대한 단순한 안내는 아니다). 왜냐하면 물건의 공법적 속성과 일반 공중을 통한 물건의 이용과 관련되기 때문이다. 교통을 통제하고 행정행위를 발급하는 경찰관을 대신하여 등장하기 때문에, 그러한 교통표지가 행정행위라는 이전의 논거는 끌어들일 필요가 없다. 행정절차법 제35조 제2항으로부터, 도로법적 공용지정과 도로의 개명(改名)이 행정행위로 간주된다는 것이 설명된다. 학교의 폐쇄도 공물의 이용을 규율하기 때문에 마찬가지로 행정행위이다.

[205] 행정절차법 제35조 제2항은 - 특별규정의 유보 하에 - 규율이 사전에 불특정의 인적 범위를 지향하더라도, 법규범의 존재를 위해서 충분하지 않다는 점을 명확히 하면서, 행정행위와 법규범의 구분을 위하여 중요한 기여를 한다. 그래서 예를 들면 특정의 집회의 금지는 특히 누가 이러한 특정의 집회에 참가하고자 하는지가 확정되지 않고 그리고 사전에 얼마나 많은 사람이 금지에 의하여 규율되는 지가 예측되지 않기 때문에 법규범으로 간주되지 않는다. 이에 반하여 금지가 특정의 추상적으로 표현된 구성요건표지에 해당되는 모든 집회들을 대상으로 한다면, 즉 예를 들면 붉은 깃발이 등장하는 모든 집회들을 대상으로 한다면, 다르게 평가될 것이다.

[206] 행정절차법 제35조 제2항 외에 입법자는 특정한 규율이 행정행위로서 간주될 수 있는 지의 문제를 부분적으로 직권으로 해결하였다. 지구상세계획을 조례로 간주하는 연방건설법 제10조 제1항은, 지구상세계획의 법적 성질에 대한 수십 년 간의 논쟁을 종식시켰다. 그 반대로 연방행정법원은 연방국무부를 통하여 발급된 보호영역명령의 법적으로 허용된 개별적 통지를 행정행위의 성질을 가지는 것으로 보았다.

[207] 행정행위와 법규범의 한계영역에 위치하는 그러한 국가적 규율들에 있어서 법치국가적 권력분립원칙의 관점 하에, 그 법적 성질의 입법적 규정에 대한 헌법적인 우려는 존재하지 않는다. 이것은 행정행위의 연방법적 개념을 실체법을 위해서 뿐만 아니라, 소송법을 위해서도 확정하는 연방법적인 규정들에 있어서도 타당하다. 제42조의 연방법적 기준에도 불구하고 이것은 약화된 범위에서 상응하는 주(州)법의 규범들에도 적용된다. 입법자에 의하여 규정된 고권적 규율의 형태는 종종 동시에 그 내용에도 영향을 미친다. 입법자가 지역계획(Regionalplan)이 법규명령 또는 조례의 형식으로 제정되어진다고 규정한다면, 계획은 법규범으로 간주될 수 있다. 이것은 또한 지역계획이 공간질서의 기본원칙들만을 포함하고 기속적인 목표들을 포함하지 않더라도 타당하다.31) 공간질서의 기본원칙들이 규범제정절차에서 제정되지 아니한 한, 이들은 법규범도 행정행위도 아니다. 공간질서계획들의 법적 성질에 대해서는 Schenke의 문언32)을 참조하라.

[208] 예: 게마인데의 구역의 강제적 변경에 있어서 바덴뷔템베르크 게마인데법 제8조 제3항과 제6항은 법률 또는 법규명령의 형식을 규정한다. 이를 통하여 입법자는 그러한 구역 변경을 통하여 다수의 사안에서 표준이 되는 지역법의 적용을 변경한다는 것을 표현한다. 그 때문에 여기서 주장되는 견해에 의하면, 그러한 구역 변경의 해석 및 참여하는 게마인데에 대해서 발급된 행정행위 그리고 이중적 성격(게마인데에 대하여 행정행위, 주민에 대하여 법규범) 또는 삼중적 성격(행정행위, 법규범, 그리고 기관행위)의 가정(Annahme)은 배제된다(다툼있음).

[209] 조례의 제정을 위해서 요청되는 승인(Genehmigung)은, 조례를 제정하는 공법적 법인에 대하여 법제정절차의 범주에서 도출되는 행정행위를 의미하지만, 그러나 조례의 상대방에 대하여는 직접적인 법기속력을 발하

---

31) BVerwGE NVwZ 2004, 614 f; 2009, 1226.
32) Schenke, in: Kolloquium zum Gedenken an Hoppe, 2011, S. 73, 75 ff.

지는 아니한다. 승인은 그 때문에 국민과의 관계에서 조례의 적법성과 유효성의 근거이지 법규범은 아니다. 승인에 대한 취소소송은 행정행위의 결여가 아니라, 단지 원고적격의 결여로 좌절된다.

[210] 사실관계의 공표(公表)는 이러한 공표에 법적 의무를 결부시키는 경우에는 규율을 포함하고 그래서 확인적 행정행위이다. 규범에서 언급된 의무를 특정의 사실관계의 이전(以前)의 확인에 결부시키는 경우가 특히 그러한 경우이다. 예를 들면 구(舊)포장규정 제9조 제2항 제2문에 따라서 연방정부를 통하여 '다회용(多回用)비율: 여러 번 사용할 수 있는 용기의 비율'의 계속된 하회의 공표는 확인적 행정행위이다. 왜냐하면 그를 통하여 비로소 그와 연결되는 취소의무와 보증금반환의무가 발행하였기 때문이다.33) 행정행위는, 그러한 공표에 주(州)법상 법규명령에서 특정한 교통제한을 결부시키는, 순환되기 어려운 기후상황의 공표 (스모그) 였다.

[211] 주목: 구체적인 사안으로의 이러한 제한이 규율 내에서 표현되지 않았고 그래서 규율이 상응하는 다른 사실관계를 포함하는 한, 규율이 구체적인 계기로부터 도출되었다는 것은, 사례의 불특정 다수의 추상적 규율과 개별적 사안 규율의 구별을 위해서 의미가 없다.

(5) 직접적 외부효를 지닌 행위

[212] 어떤 조치가, 법적 주체를 주관적 권리의 주체로서 관련시키는 경우에, 그러한 조치에게 외부적 효력이 부여된다. 이것은 이미 구성요건표지의 성립역사로부터 도출된다. 국가의 내부영역에서 법적인 관계가 인정되었을 때, 지시나 행정규칙과 같이 통상적으로 주관적 권리로서의 중요성이 없는 특정의 법인 내부적 조치들을 이러한 범주로부터 제외하기 위하여, 외부적 효력이 행정행위 개념으로 포함되었다. 특별권력관계에서의 조치에

---

33) BVerwG, JZ 2003, 1004 ff.

있어서 나아가 심급 내부에서의 지시, 다단계 행정행위, 조직권한을 침해하는 규율들 및 다른 국가적 결정의 준비에 이바지하는 행위들에 있어서, 외부적 효력이라는 기준은 심각한 문제를 가져왔다.

[213] 특별권력관계 내지 특별지위관계에서의 조치들에 있어서(예를 들면 공무원-, 군인-, 형집행- 그리고 영조물이용관계) 권력복종자의 주관적 법적 지위를 침해하는 조치들과 권력복종자를 자신의 주관적 권리의 주체로서가 아니라, 단지 특별권력관계로 편입되는 국가적 조직의 부분(Teil)으로서 관련시키는 조치들이 구별된다.

[214] 구별의 어려움은 무엇보다도 일반적 국가-국민 관계에서 타당(妥當)하는 것이, 고양된 의존성을 통하여 표현되는 특별권력관계로 무제한적으로 승계될 수 없다는 것으로부터 도출된다. 울레(Ule)에 의해서 주창된 기본관계와 경영관계로 묘사한 구별이 특별권력관계에서 조치들의 주관법적 중요성의 판단을 위한 중요한 관점을 제시하고 있다. 기본관계에서의 조치들은 항상 권력복종자의 주관적 법적 지위를 건드리고, 반면에 경영관계에서의 조치들은 전형적으로 주관법적 중요성(외부적 효력)을 나타내지 않는다. 이러한 구별에 있어서 단지 다른 관점 외에 외부적 효력을 지니든지 또는 지니지 않든지 조치들의 구별에 이바지하는 보조적 수단을 다루는 것을 인정한다면, 이에 반하여, 서적에서 루퍼트(Ruffert)에 의하여 지적된 우려를 해소할 수 있다.

[215] 기본관계로 볼 수 있는 것은 특별권력관계의 근거, 종료 또는 내용적 (본질적) 변경을 지향하는 모든 행위들이다. 여기에는 공무원관계에서 임명, 파면 또는 직권면직 또는 승진 외에, 다른 행정청으로의 전직(Versetzung), 파견(Abordnung), 직위해제, 부수업무의 승계, 기관장으로부터의 하차 또는 부업허가의 거부 등 다른 법률적으로 규정된 특정의 구성요건에 기속되는 조치들이다.

[216] 무엇보다도 동일한 행정청 내에서 공무원에게 다른 임무를 부여하

는 소위 전보(Umsetzung)와 관련하여 기본관계와 경영관계 사이의 구별은 어려움을 제공한다.

[217] 예: 검사관 I는 지금까지 만하임 시(市)의 건축과에서 근무하였는데, 이제는 조직개편의 범주에서 시(市)의 사회과로 배치되었다.

[218] 공무원의 경력에 합당한 지위에 상응하는 새로운 업무영역 (구체적-기능적 의미에서의 직 또는 직위)의 할당과 관련되는 한 (행정청의 교체와 결부된 법적으로 규율되는 전직 또는 파견), 전보(轉補: Umsetzung)는 공무원의 주관적 권리에 관여하지 않는다. 공무원은 원칙적으로 행정청에 있어서 그에게 부여된 특정한 활동영역의 할당 내지 유지에 대한 주관적 권리를 가지지 아니한다. 개별적 경우 특별한 사정 하에 전보가 공법인 (Dienstherr)의 보호의무위반으로서 되는 경우, 예를 들면 전보가 차별적인 방식으로 이루어진 경우에는, 다른 것이 타당하다. 그러한 경우에도 전보에 있어서 행정행위가 존재하지 않는다. 왜냐하면 전보는 그의 주관법적 중요성에도 불구하고 외부효를 지향하지 아니하고, 이러한 외부효는 말하자면 (의도되지 아니한) 부수적 결과로서 나타나기 때문이다.

권리보호는 여기서 전보의 취소를 지향하는, 제42조 제2항의 유추로 요청되는 원고적격이 존재하는, 일반적 이행소송의 수단으로 보장될 수 있다. 원고가 그럼에도 불구하고 전보의 행정소송상 폐지를 소구한다면, 그의 청구취지는 선해(選解: umdeuten) 될 수 있다.34) 지속적으로 지정되는 새로운 활동이 직능에 적합한 공무원의 지위에 부합되지 아니한다면, 규율의 외부효는 의도되고 그 때문에 행정행위가 긍정될 수 있다. 동일한 것이 지도적 기능의 면직(Abberufung)에도 타당하다.

[219] 기본관계와 경영관계의 구별은 공무원관계 외(外)에도 대학법과 교육법 영역에서도 행정행위개념의 규명을 위하여 성과가 있을 수 있다. 예를 들면, 학생의 입학 또는 퇴학은 증명서에서 표현되는 전직 결정처럼 기

---

34) BVerwGE 60, 144, 149.

본관계에 해당된다. 성적표의 개별적 성적이 행정행위인지 여부는 시험규정에 의한다.

[220] 국가적 심급(審級) 내에서의 지시(Weisungen)는 원칙적으로 행정행위가 아니다. 내무부가 하급국가행정청이 건축허가 또는 영업법적 허가를 발급하지 않도록 명령한다면, 규율이 존재하기는 하지만 이것은 통상적으로 단지 국가내부적으로 효력을 발하고 - 행정행위를 위하여 요청되듯이 - 외부적으로 직접적인 법적 효력을 지향하지 아니한다. 지시에 근거하여 발급되는 결정이, 비로소 행정행위를 의미한다. 지시의 행정행위성의 거부는, 권리구제를 어렵게 하지는 않는다. 왜냐하면 취소소송 대신 다른 소송유형이 고려되기 때문이다(무엇보다도 일반적 이행소송). 그렇지만 조치의 주관법적 중요성의 결여 때문에 대부분 원고적격에서 좌절된다.

[221] 특별하게 구성된 사례에서는, 지시에 대해서 외부적 효력이 부여될 수 있다. 이것은 바덴-뷔어템베르크 행정지방법원의 유명한 건축자재사건(Baustoffall)에서 일어났다. 여기서 내무부는 최고 건축감독청으로서 건축허가의 발급을 위하여 모든 관할 하급건축감독청에게 특정한 건축자재를 사용하여 건축하는 건축계획을, 그의 추정되는 화재위험성으로 인하여 허가하지 말도록 명령을 하였다. 이러한 - 외부적 효력을 지향하지 아니하는 - 명령의 공포로서 당해 건축자재생산자는 그의 생산품을 위한 구매자를 발견할 수 없게 되었다. 지시가 직접적으로 단지 하급행정청을 지향하더라도, 지시는 동시에 기본법 제14조를 통하여 보호된 건축자재생산자의 설립되고 행사된 기업운영의 권리에 대한 간접적 (사실적) 기본권침해를 의미하였다. 내무부를 통하여 내려진 규율의 법적인 외부효는 말하자면 단지 의도되지 아니한 지시의 부수효과로 발생하였으므로, 행정행위는 존재하지 아니한다. 이러한 유형의 경우에 있어서, 행정재판적 권리보호는 일반적 이행소송을 통하여 보장될 수 있다. 여기서 행정행위에 대한 것처럼 취소의 소가 가능하다는 그 당시 행정지방법원의 가정(Annahme)은, 종속관계에서

권리보호는 단지 행정행위에 대해서만 개시될 수 있다는 것으로부터 출발하였는데, 그러한 경우에 있어서 권리보호는 일반적 이행소송을 통하여 보장된다는 오늘날 법적 상황에는 더 이상 부합되지 아니한다.

[222] 위임된 사무영역에서 (자치사무영역으로부터 엄격하게 분리되어지는) 게마인데의 국가적 감독청이 지시를 할지라도, 외부적 효력을 지닌 규율이 원칙적으로 결여되어 있다. 전문성 감독에 복속하는 게마인데는 국가의 연장된 팔로서만 행동하고, 그와 함께 그의 자신의 주관적 법적 지위에 있어서는 관련되지 않는다. 특히, 외부적 효력을 자치행정단체가 그러한 국가적 감독조치에 대항하여 제기된 게마인데의 소송을, 부분적으로 원고적격의 결여로 허용되지 않는 것으로 간주하는, 국가적 행정의 통합적 구성부분이 결코 될 수 없다는 것의 언급 하에 긍정하는 것은 모순적이다.

[223] 다단계 행정행위의 발급에서 요청되는 다른 행정청의 협의(Einvernehmen) 또는 동의(Zustimmung)의 법적 성질의 문제는 대단히 다툼이 있다.

[224] 예: 게마인데가 연방건설법 제36조에 따라서 건축허가의 발급을 위하여 요청되는 협의를 거부한다.

[225] 협의(協議)에 있어서 행정행위가 발견되어진다면, 건축신청자는 그의 거부에 있어서 의무이행소송으로서 그 발급을 소구할 수 있을 것이다. 연방행정법원은 협의 내지 동의는 건축신청자에게 통지되지 아니하고 외부적 효력을 지니는 실제적 결정은 건축허가 내지 그의 거부에 있어서 비로소 존재한다는 것을 이유로, 그 행정행위성을 부인한다. 이러한 주장(These)을 정당화하기 위하여 - 그의 도그마적 근거는 다툼의 여지가 있는 - 연방행정법원은 관련자가 그렇지 아니하면 이중적 재판적 과정으로 강요되는 것으로 보이고, 협의의 거부와 그에 후속하는 건축허가의 거부의 경우에 있어서 두 개의 조치들에 대하여 소(訴)로써 대응하여야만 한다는 주장을 하고 있다. 이것은 소송경제의 원칙뿐만 아니라, 권리보호의 효율성의 원칙에도 반한다. 이러한 논거는 설득력이 없다. 협력행위의 거부에 대한

독립된 권리보호의 거부 - 결과적으로는 타당하지만 - 에 있어서 사건으로는 무엇보다도 제44a조에 따라야 할 것이다. 협의의 발급이 건축허가의 확실한 적법요건일지라도 (연방행정법원의 견해와는 달리 외부효를 나타내더라도), 동 조(條)로부터 건축허가의 발급만을 소구할 수 있다는 것이 도출된다. 행정법원은 (재결청과는 달리) 국가를 청구된 행정행위를 발급하도록 판결함에 있어서 동시에 잠재적으로 소송에서 참가되어지는 게마인데 그리고/또는 상급행정청의 결여된 협의를 대체한다.

[226] 조직법제 또는 기관담당자법제와 관련하여 규율을 발하는 소위 지방자치단체의 기관들 또는 그의 부서 사이의 조직내부적 행위들이, 행정행위로 간주될 수 있는 지에 대해서는 견해가 다양하다.

[227] 예: 시장이 게마인데법 제36조 제3항 제1문에 의하여 방해하는 게마인데의회의 의원을 회의실로부터 추방한다.

[228] 행정절차법 제1조 제4항으로부터 도출되는 광의(廣義)의 행정청 개념에서 바라보면, 행정청의 속성과 관련하여 문제가 없다(다툼 있음). 종속관계의 결여에 기초하는 이견(異見)은, 기관 내지 기관의 부서가 다른 기관이나 기관 부서에 대하여 일방적인 고권적인 규율을 할 수 있다면 해소된다. 행정행위로서의 규명은 다만 외부효를 지향하는 규율의 결여에서 좌절될 수 있다. 이에 대한 의견서에서 지방자치단체의 기관쟁의에서 오늘날 일반적으로 법인 내부의 법적 관계에도 주관화가 가능하고 고(故)로 제소 가능하다는 것이 인정됨을 주목할 수 있다. 지배적 견해와 함께 그럼에도 불구하고 외부효를 부정한다면, 이러한 구성요건표지는 예를 들면 특별권력관계에서와 같이 다른 기능을 획득한다. 왜냐하면, 그것이 여기서 자신의 권리에 있어서 결여된 관련성을 표현하는 것에 이바지 하지 않기 때문이다. 그 때문에 인인간의 법률관계에 있어서 이러한 주관법적 중요성이 -지배적 견해에 대항하여 -외부효와 동일시하고 행정행위의 존재를 긍정하는 것이 논리일관적이다. 추가적으로 지배적 견해도 조직권의 지속적 침해에

있어서 (그들의 견해에 의하면 그렇지만 이행소송의 수단으로 확보할 수 있는) 제거청구권으로부터 출발하고, 그와 함께 조리상(der Sache nach: 사물에 따라서) 외부적 권리의 침해에 있어서 (부차적) 대응청구권을 긍정하는 것은, 이러한 여기서 주장되는 견해를 지지한다.

[228a] 주목: 행정소송적 기관쟁의에 있어서, 시험에서는 행정구제의 길, 절차유형 그리고 원고적격 외에도 참가능력, 소극적 소송수행권 그리고 권리보호필요성도 자세하게 서술하여야 한다.

[229] 단지 외부관계에서 중요한 다른 조치들의 준비에 이바지하는 그러한 조치들은, 외부적 효력의 결여로 인해서 행정행위가 아니다.

[230] 예: 그 실행을 위해서 아직 국민에 대하여 시장(市長)을 통한 행정행위를 필요로 하는 게마인데 의회의 의결이 이에 해당된다. 행정집행을 개시하는 집행명령에 있어서도 그러하다. 명령과 유사한 조치들의 법적 성질에 대해서는 문번 196 이하를 참조하라. 연방건설법 제8조 제2항 제1문에 의하여 지구상세계획이 도출되는 토지이용계획들도 준비행위들이다. 나아가 연방건설법 제8조 제2항 제1문에 따르며 그로부터 지구상세계획들이 전개되어지는 토지이용계획들도 준비행위이다. 주목할 것은 연방건설법 제35조 제3항 제1호에 따른 토지이용계획은 간접적인 외부효를 지닐 수 있고, 그리고 이것이 연방건설법 제35조 제3항 제3문에 언급된 유형의 지정들을 포함하는 한, 집중지역(Konzentrationsfläche)의 지정과 관련하여 그의 지구상세계획 유사의 효력 때문에 오히려 법규범적 성격을 나타낸다.

나. 행정작용의 내용 또는 형식의 기준

[231] 행정행위 개념의 정의에 따르면, 규율의 형식이 아니라 내용이 기준이 된다. 조치의 형식이 동시에 그의 내용에 영향을 미치거나 - 이것이 종종 해당되는데 - 또는 입법자에 의하여 규정된 행위형식이 동시에 그의

법적 성질에 대하여 언급을 하고 있더라도, 이것은 변하지 아니한다.

[232] 예: 수자원보호명령이 법규명령을 의미하고 수자원보호명령이 법규명령을 위하여 일상적인 형식이 아니라 토지소유자에 대하여 개별적 통지를 통하여 발급되었다면, 그럼에도 행정행위가 존재한다(BVerwGE 18, 1 ff). 어떤 조치의 적법성과 법적 성질은 엄격하게 서로 분리되어야 한다. 제79조 제1항 제1호에 의하여 재결청이 공격받는 조치를 오류로 행정행위로 규명하고 재결서를 발급하였다면, 행정행위가 존재한다.

[233] 국가적 행정작용의 형식과 내용 사이의 구별에 있어서, 조치의 내용에 따라서 해당되는 권리보호뿐만 아니라 - 상소법에서 주장되는 최대특혜의 이론(Theorie der Meistbegünstigung)에 기대어 - 조치의 형식에 기초하여 해당되는 권리보호가 존재하는지 여부가 고려될 필요가 있다. 행정에 의하여 산출된 법적 외관(Rechtsschein)에의 그러한 결부가, 행정소송법의 권리보호체계를 위하여 전형적인 실체법과 소송법의 맞물림의 관점에서 극복될 수 없는 어려움을 직면한다. 실체법적 하자결과와 관련하여, 행정행위, 사실행위, 행정내부적 조치 그리고 법규범 사이에는 (하자있는 재판적 결정과는 달리), 행정재판적 권리보호를 행정작용의 내용뿐만 아니라 형식에 맞추는 것을 금지하는 원칙적인 차이가 존재한다. 예를 들면, 위법한 행정행위는 원칙적으로 유효한 반면에, 위법한 규범은 그에 반하여 무효이다. 하자있는 작용형식을 통하여 야기되는 법적 외관은 제155조 제4항의 재판적 비용결정의 범주에서 고려되어질 수 있다. 조치의 내용에의 관련지움에 있어서 권리구제가 주어지지 아니하는 한, 왜냐하면 다른 허용요건들이 결여되어 있기 때문에(예를 들면 - 주관법적 중요성의 결여로 - 원고적격), 그 밖에 최대특혜의 이론의 토대 하에서도 행정소송상 권리보호는 거부되어질 것이다. 최대특혜이론의 신봉자조차도 해당되는 결정의 내용에 부합하는 작용형식에 있어서 이러한 작용에 대하여 권리보호가 열려있지 아니한다면, 재판적 권리보호의 부여를 거부할 것이다.

3. 이의제기절차의 사전적 실시에 있어서 취소소송의 대상

[234] 행정행위가 - 통상의 경우에 해당되듯이 - 제68조 이하에 의한 취소소송의 제기 전에 이의제기절차(=행정심판)의 대상이 되었다면, 재결청의 결정 후에 원래의 행정행위 외에 동일하게 행정행위로 되는 재결(裁決: Widerspruchsbescheid)이 등장한다.

[235] 취소소송의 대상은 통상적으로 제79조 제1항 제1호에 따라서 재결을 통하여 발견한 형태로서의 원래의 행정행위이다. 원칙적으로 그 범위 내에서 원처분(Ausgangsbescheid)을 변경하는 재결의 내용과 이유가 중요하다는 것을 표현한다. 그 때문에 원처분이 위법하였지만 이것이 재결을 통해서 제거되어졌다면 취소소송은 승소하지 못한다.

[236] 예: 5,000유로에 대한 개발부담금처분이 재결을 통하여 3,000유로를 넘는 부분이 폐지되었다면, 취소소송은 단지 잔존하는 3,000유로 처분에 대해서 제기될 수 있다. 이에 반하여 이의제기절차에서 개발부담금이 6,000유로로 상향되었다면, 이러한 부담금은 계쟁대상이 된다.

[237] 원래의 형태의 행정행위는 원칙적으로, - 오직 다음의 경우에만 - 재결이 (즉, 재결의 형태에서의 행정행위) 위법하고 법원을 통하여 폐지되는 경우에만, 행정법원을 통해서 심사된다. 재결의 폐지는 이 경우에 처분행정청의 행정행위의 부활을 가져온다. 이러한 소위 원처분이 위법한 경우에는 그와 결부된 침해에 대해서는, 실제로 대부분 그렇게 되는데, 재판상 대응할 수 있다 (제79조 제2항 제1문에 의한 재결만의 독립된 취소의 예외적인 경우: 문번 240 이하 참조). 이러한 경우에 법원은 재결의 위법성에 있어서 동시에 원처분의 적법성에 대해서 판단하고, 위법한 경우에 이러한 원처분을 역시 폐지하여야 한다. 사전절차를 실시한 경우 행정행위와 재결의 폐지를 규정하는 제113조 제1항 제1문이 명백하게 그로부터 출발한다.

[238] 구제결정 또는 재결을 통해서 처음으로 고통(Beschwer)이 근거지워 진다면, 제79조 제1항 제2호에 의하여 그러한 결정이 취소소송의 독자적인 대상이 될 수 있다.

[239] 예: 식품위생법(GastG) 제2조에 따라서 게마인데에 의하여 발급된 허가에 대해서, 인근주민이 제기한 이의제기에 기초하여, 허가가 재결을 통해서 폐지되었다. 제79조 제1항 제2호에 따라서, 영업주가 재결을 행정소송으로 다툴 수 있다. 게마인데가 자신의 행정행위를 폐지하는 국가적 재결에 대하여 제기한 취소소송은, 그에 반하여 통상적으로 원고적격의 결여로 허용되지 않는다. 왜냐하면 게마인데는 자신의 법적 지위에 관련되지 않기 때문이다.

[240] 제79조 제2항 제1문은 재결이 원행정처분에 대하여 추가적 독자적 고통(Beschwer)을 포함하는 경우에는, 재결이 독자적 소송대상일 수 있다는 것을 분명하게 한다. 재결이 주문에서 원처분보다 더 악화된 것을 포함한다면 그러한 경우이다.

[241] 예: 연방이미씨온보호법 제17조에 근거한 소음보호에 이바지하는 명령은 재결청을 통해서 내용적으로 보다 강화되었다.

[242] 재결이 원래 행정행위를 주문에서는 변경하지는 않지만 추가적인 실체법적 하자를 포함하는 경우에는 추가적 독자적 고통(苦痛)으로 볼 수 있다. 예를 들면, 재결청이 그에게 부여된 재량을 하자있게 행사하거나 (이견 있음), 또는 이의제기자가 이의제기기간을 준수하지 않았다는 잘못된 전제로 본안에 대한 결정을 하지 않고 이의제기를 허용되지 않는 것으로 각하는 경우를 들 수 있다. 행정행위의 발급 후에 행정행위를 위법하게 만드는 사실적 - 또는 법적 상황의 변경이 등장한 경우로서 재결청이 이를 고려하지 않았다면 상응하는 독자적 고통이 존재한다. 대단히 논쟁이 있는 견해에 의하면, 재결의 내용적 하자 있는 이유에 있어서도 추가적 독자적 고통으로부터 출발할 수 있다. 재결청이 이의제기에 대한 결정을 하지 않

는다면, 제79조 제2항의 준용에서 재결의 발급을 구하는 의무이행소송이
허용된다.

[243] 본질적 절차규정의 위반은, 재결이 이러한 위반에 기초하는 경우에
는 제79조 제2항 제2문에 의하여 추가적 고통을 의미한다. 본질적 절차규
정이란, 그 준수가 재결의 적법성을 위한 요건인 경우로서, 예를 들면 관할,
당사자의 청문, 서류 열람, 형식적으로 구비된 이유부기 그리고 구제절차의
실행에 대한 규정들이다.

[244] 제79조 제2항 제2문의 목적과 상고(민소법 제132조 제2항, 제3호,
제137조 제1항 및 제545조 제1항) 규정에 대한 차용(Anlehnung)으로부터 도
출되듯이, 결정이 절차법 위반이 없었다면 다르게 결정되었을 가능성이 처
음부터 배제되어 질 수 없다면, 재결은 이미 절차위반에 기초한다. 이것은
재량결정에서만 아니라, 법적으로 기속적 결정에도 타당하다. 이것은 이미
법적으로 기속된 행정행위를 포함하는 제79조 제2항 제2문의 문언이 시사
(示唆)한다.

[245] 기속된 결정에서는 제79조 제2항에 의거한 독립된 취소를 위한 권
리보호필요성이 결여된다는 견해도, 설득력이 떨어진다. 제79조 제2항 제2
문에서 내려진 입법적인 결정은 권리보호필요성이라는 일반적 제도로의
회귀(Rückgriff) 하에 수정될 수 없다.

Ⅲ. 공격받는 행정행위의 미완료

[246] 제113조 제1항 제4문으로부터 도출되듯이 취소소송의 개시가능성
은 행정행위가 아직 완료되지 않았다는 것을 전제로 한다. 이러한 제한은
완료된 행정행위의 재판적 폐지에 대해서 더 이상 이익이 존재하지 않고
경우에 따라서 위법성의 확인에 대한 정당한 이익만 인정될 수 있다는 관

점을 고려한 것이다 (완료와 이러한 경우에 규정된 제113조 제1항 제4문에 의거한 계속확인소송의 개념).

[247] 주목: 다투어진 행정행위가 완료되었는지의 문제는, 취소소송의 허용성의 심사에 있어서 이것과 관련하여 단서가 있는 경우에만 다룬다. 행정행위가 이미 집행되었다면 항상 언급되어져야 한다. 제113조 제1항 제2문이 규정하듯이, 집행만으로는 원칙적으로 아직까지 완료된 것은 아니다.

IV. 집행결과제거청구권 및 기타 행정행위의 폐지를 전제로 하는 이행청구권의 소송상 주장

[248] 공격받는 행정행위가 이미 집행된 경우, 제113조 제1항 제2문에 의하여 행정행위의 폐지의 신청에는, 법원이 행정청이 집행을 취소하여야만 하고(rückgängig zu machen), 또한 어떻게 취소하여야 한다는 것을 선언하여 달라는 신청이 결부될 수 있다. 그러한 병합신청은 결과제거청구권의 간소화된 절차적 실행 및 절차경제에 이바지한다. 병합신청의 특별한 장점은, 병합신청이 결과제거청구권의 소송상 주장을 이미 폐지판결의 확정 전에도 가능하게 하는 것이다. 집행의 취소를 지향하는 청구가 행정행위의 발급 또는 그 밖의 고권적 행정작용의 실행과 관련되는지 여부에 관계없이 신청은 허용된다.

[249] 주장된 결과제거청구권이 사실상 존재하는지 여부는, 실체법 및 병합신청의 이유의 문제이다. 결과제거청구권은 제3자효 행정행위에 있어서도 고려된다. 그는 피고에 대해서만 지향하고 직접적으로 제3자를 지향하지는 않는다.

[250] 예: 노숙자의 위법한 할당에 있어서 할당처분의 행정소송상 폐지와 함께 노숙자에 대하여 퇴거처분을 발급하도록 행정이 의무지워 질 수 있

다. 그에 반하여 법원은 노숙자에게 직접적으로 퇴거를 명할 수는 없다.

[251] 폐지된 행정행위를 통하여 고통받은 자가 그에게 제113조 제1항 제2문이 제공하는 가능성을 이용하지 않는다면, 이것은 그가 추후에 결과 제거청구권을 일반적 이행소송의 방식으로, 또는 청구가 행정행위의 발급을 지향하였다면 의무이행소송의 방식으로 소구하는 것을 배제하지 않는다.

[251a] 제113조 제1항 제2문은 제113조 제4항의 규율과 연관이 있다. 제113조 제4항은, 행정행위의 폐지가 결과제거청구권이라는 제도를 통하여 포함되지 않는 한, 이행청구권의 (무조건적) 성립이 행정행위의 사전적 폐지를 전제로 하는 경우들과 관련이 있다.

예: 공무원의 면직의 폐지를 지향하는 취소소송과 함께 동시에 공무원봉급의 추가지불을 구하는 청구권이, 설령 이러한 지불청구권이 면직의 폐지 후에 (조건 없이) 존재할 지라도, 주장될 수 있다.

V. 취소소송의 허용성 심사

[252] 취소소송의 허용성은 위에 구성된 추후에 다시 한 번 심화될 공식들에 의하여 심사되어진다. 개시가능성과 같은 중요한 일반적 허용요건 외에 무엇보다도 원고적격, 소극적 소송수행권, 이의제기절차의 사전적 실행의 원칙적 요청, 내지 제소기간의 준수와 같은 취소소송의 특별한 허용요건들에 대해서 특히 주목할 필요가 있다.

시초사례의 해결

[253] 사례 1: 이 경우에 제42조에 따른 취소소송은 올바른 소송유형이다. 왜냐하면 지불결정은 고권적 규율을 포함하고 행정절차법 제35조 상 행정행위를 의미하기 때문이다. 국가적 행정작용의 형식과 내용의 차이의 문제

는 여기서 제기되지 않는다.

[254] 사례 2: 취소소송은 여기서 경우들의 불특정 다수를 위해서 유포금지가 발급되고 그로 인해서 개별적 규율의 결여로 인해서 행정절차법 제35조와 관련한 제42조 상의 행정행위가 존재하지 아니하므로 배제된다.

변형: 금지가 관보에서 공표되었다고 하여 변한 것은 없다; 여기서 다만 개별적 통지가 이루어진 경우에만 다른 것이 타당하다. 그에 반하여 단지 하급행정청에게 그러한 생필품의 유포에 대해서 개입하도록 지시되었다면, 취소소송은 이 경우에 직접적인 외부효를 지향하는 규율이 존재하지 않으므로 행정행위의 결여로 배제된다. 직무상 지시가 생필품 생산자와의 외부적 관계에서 의도하지 아니한 (간접적인) 주관법적인 중요성이 나타나는 경우에는, 취소소송의 부정(否定)에 있어서, 일반적 이행소송을 통한 권리보호가 가능하다.

[255] 사례 3: 수색명령에 있어서 기속적 규율이 중요하고, 여기서 수색의 실행은 순수하게 사실상 과정으로서 비독립적인 부속물을 의미한다. 수색명령은 그의 실행 후에 지금부터(ex nunc) 완료되었고, 과거를 위한 그의 폐지를 위하여 권리보호필요성이 존재하지 않는 고(故)로 (그의 효력이 그에 기초한 아직 완료되지 아니한 집행조치를 위한 적법성요건인 경우에만 다르다), 취소소송은 배제된다 (가능한 계속확인소송: 문번 309 이하 참조). 그에 반하여 행정행위로서의 압수는 완료되지 아니하였다. 왜냐하면 그의 폐지는 제113조 제1항 제2문을 통하여 소송상 주장되어질 수 있는 결과제거청구권의 이유유무를 위한 요건이기 때문이다.

제6절 의무이행소송

시초사례

[256] 사례 1: 법학국가시험에서 A가 치른 하나의 시험답안에 대한 점수가 평가오류로 인하여 '부족하다(mangelhaft)'는 점수가 부여되었다. A는 시험을 합격하기는 하였지만 '보통(befriedigend)'이라는 점수의 발급 및 그에 상응하는 전체 점수의 변경을 소구(訴求)하고 있다. 여기서 점수의 변경을 지향하는 의무이행소송을 통한 재판적 권리보호가 가능한가?

[257] 사례 2: B는 누가 그를 연방안전기획청(Bundesamt für Verfassungsschutz)에 허위로 극단주의자 및 국헌문란자(Verfassungsfeind)로 비방하였는지에 대한 정보를 얻고자 한다. 그러한 정보 요청이 의무이행소송의 대상이 될 수 있는가?

[258] 사례 3: N은 연방이미씨온보호법 제4조 이하에 의하여 승인을 요하는 시설의 인근주택의 소유자이다. 사실상황의 사후적 변경으로 인하여, 그는 제21조 제1항 제3호에 따른 이미씨온보호법적 승인(承認)의 철회를 구한다.

  a) 승인이 이미 존속력이 발생하였다면, 무엇이 올바른 소송유형인가?

  b) 승인이 아직 존속력이 발생하지 아니하였다면, 무엇이 올바른 소송유형인가?

  c) N에 의하여 신청된 승인의 철회가 거부되었다고 가정한다. 사전절차

의 실패한 실행 후에, 거부의 폐지를 구하는 소송이 허용되는가?

[259] 사례 4: 소시지판매인 W는 소시지판매대를 처음으로 X시(市)의 시장(市場)에 세우고자 한다. 그의 허가신청은, 허용되는 자리가 이미 여분이 없이 다 배분되었다는 것을 근거로 거부되었다. W는 많은 장소가 다만 정당정치적인 관계성에 기초하여 시장(市長)에게 배분되었다는 것을 들었고, 그는 거부에 동의할 수 없어서 그러한 거부에 대해서 법적으로 대응하고자 한다. 어떠한 조치들이 고려되는가?

Ⅰ. 의무이행소송의 허용성

[260] 제42조 제1항에 따라서 의무이행소송으로 거부된 또는 부작위된 (unterlassenen) 행정행위의 발급을 구하는 청구를 한다. 의무이행소송은 이행소송의 특별한 형태이다. 취소소송에서와는 달리 원고는 그의 권리보호목표를 재판적 결정으로만 달성하지는 못한다. 법원은 소의 이유에서 단지 신청된 행정행위의 발급에 대한 피고의 의무(義務)만을 선언하고 그러한 행정행위를 직접 발급하지는 않는다. 의무이행소송의 대상은 행정행위의 발급을 구하는 청구 외에 원고가 행정행위의 거부 또는 부작위를 통하여 그의 권리를 침해받고 있다는 확인이다.

제42조 제1항 제2단에 의거한 의무이행소송의 개시가능성요건은 거부된 또는 부작위된 행정행위의 발급을 지향하는 원고의 신청(申請)이다 (신청된 행정행위가 행정청의 절차행위인 경우에는 제44a조를 통한 제한: 문번 225, 566 참조). 신청의 필요성은 직권으로 발급되어야 할 그러한 행정행위에도 타당하다(BVerwG, NVwZ 2008, 575, 577). 행정행위의 개념은 - 취소소송에서처럼 - 원칙적으로 행정절차법 제35조에 따른다. 행정행위가 원고를 향하는지는 중요하지 않다 (이견 있음). 신청된 행정행위가 원고의 주관

적 법적 지위를 건드리지 않는다면, 소송은 원고적격의 결여로 허용되지 않는다. 주장된 행정행위의 발급 청구가 법률 또는 공법상 계약에 근거하는 지는 중요하지 않다 (이견 있음).

특정의 경우에는 수익적인 행정행위의 발급을 지향하는 의무이행소송의 개시가능성이 배제된다. 위법한 그러나 아직 존속력이 발생하지 아니한 행정행위의 직권취소를 구하는 소송이, 이에 해당된다. 여기서 직접적으로 행정행위의 소송상 폐지를 가져오는 보다 특별한 취소소송이 의무이행소송을 배제시킨다. 행정행위의 무효를 확인하는 행정행위의 발급을 구하는 소송은, 보다 특별하고 권리보호집중적인 그리고 법원이 스스로 행정행위의 무효를 확인하는 소송인 제43조의 무효확인소송을 통하여 배제된다. 원칙적으로 제44a조 제1항의 의미에서의 행정청의 절차행위를 의미하는 행정행위의 발급을 지향하는 의무이행소송은 개시될 수 없다.

[261] 신청된 행정행위의 거부가 전심절차의 대상이었다면, 제79는 준용된다. 재결이 거부하는 원처분에 대하여 독립적인 고통(법적인 불이익)을 포함한다면, 의무이행소송은 제79조 제2항의 준용(準用)에서 단지 다른 재결을 통한 대체만을 지향할 수 있다. 이것은 예를 들면 재결 자체에만 재량하자가 포함되어 있는 경우를 들 수 있다.

[262] 제79조 제2항의 유추로 - 판례에 반하여 - 해태된 재결의 발급을 구하는 소송이 허용된다 (다툼 있음). 그러한 소구가능성은 당사자가 이의신청의 결정에 대한 법적 청구권을 가지므로, 특히 재량결정이 문제되는 경우에는 긍정되어져야만 한다. 그렇지 아니하면 당사자에게 제68조 제1항 제1문에서 규정되어 있는 행정행위의 합목적성에 대한 심사가 차단될 것이다. 그러므로 재결을 구하는 소송에서 권리보호필요성을 배제시키기 위하여, 재결의 해태에 있어서 상당한 기간 내에 직접적으로 의무이행소송을 제기할 가능성만으로는 충분하지 않다.

Ⅱ. 의무이행소송의 다양한 형태

[263] 신청된 그러나 거부된 행정행위의 발급(Vornahme)을 지향하는 의무이행소송은 거부대항소송이고, 단순히 해태된 (거부되지는 아니한) 행정행위의 발급을 구하는 소송은 부작위소송이라고 한다. 거부대항소송은 동시에 거부결정의 폐지를 구하는 소를 포함한다. 왜냐하면, 법원은 거부하는 처분의 폐지를 통하여 대립하고 있는 구성요건적 효력을 먼저 장래를 향하여 제거한 후에만, 수익적 행정행위의 발급을 명할 수 있기 때문이다. 법원이 의무이행소송에서 원칙적으로 (별개신청(bei abweichendem Antrag)에서는 달리) 최종구두변론시에 신청의 이유유무만을 심사하기 때문에, 즉 의무가 이미 신청을 제기한 시점 또는 행정청의 결정의 시점에 존재하였는지 여부에 대해서는 판단을 하지 않기 때문에, 통상적으로 폐지는 장래를 향하여만(ex nunc) 이루어진다. 원고가 그의 청구를 넘어서거나 또는 그의 이유유무와는 무관하게 거부결정의 소급적 폐지 또는 그의 위법성의 확인을 구하고 이를 위하여 권리보호필요성이 존재한다면, 그는 상응하는 신청 (경우에 따라서는 보조적으로)을 하여야 한다.

[264] 제113조 제5항 제2문으로부터 도출되듯이, 신청된 행정행위의 발급과 관련하여 사건성숙성(Spruchreife)이 결여된 경우에, 행정법원은 피고에게 원고에게 법원의 법적 견해(見解)를 존중하면서 처분을 할 의무만 지운다. 이를 고려하면서, 원고가 신청된 행정행위의 발급을 구할 권리가 없고 (소위 실질적 주관적 공권이 없는 경우), 원고에게는 재량하자 없는 내지 판단하자 없는 행정결정을 구할 권리만이 있는 경우에는 (소위 형식적 주관적 공권), 합리적으로 적법재량행사판결(Bescheidungsurteil)의 발급을 구하는 신청만을 제기한다. 특정한 행정행위의 발급을 지향하는 의무이행소송(처분발급소송)은 여기서 부분적으로 이유가 없을 것이다. 입법자가 명시적으로 규정하지는 않았을지라도, 이것은 응답을 지향하는 소송(적법재량

행사소송)의 개시가능성을 지지한다.

[265] 예: 원고에 의하여 신청된 건축특례(Baudispens)가 재량 하자로 거부되었다면, (기타 허용요건이 충족되는 한) 의무이행소송은 피고가 - 거부의 행정재판적 폐지 후에 - 법원의 법적 견해를 존중하면서 새로이 특례신청에 대해서 응답하는 것을 지향한다.

[266] 신청된 행정행위의 거부 또는 해태가 위법하기는 하였으나, 그러나 신청된 처분의 발급을 구하는 법적 청구권이 존재하는지 여부를 확인하기 위하여 사실관계조사가 필요하였다고 하더라도, 응답신청은 원칙적으로 제기될 수 있다. 응답신청이 법적으로 기속된 행정행위에 있어서도 고려된다. 그로 인해서 취소소송에 대해서만 적용가능한 제113조 제3항 제1문35)을 통한 것과 같은 유사한 효과가 도달된다. 이 규정이 본래의 입법자의 의도와는 달리 의무이행소송으로 확장되지 않는다는 것은, 그러한 경우에 적법재량행사소송(Bescheidungsklage)이 개시가능하다는 것으로만 정당화될 수 있다. 무엇보다도 지금까지의 행정의 부작위에 있어서 고려되는 그러한 적법재량행사소송은, 원고에게 처분행정청과 재결청을 통한 추가적인 권리보호를 보장한다. 이것은 동시에 행정부와 사법부 사이의 합리적인 기능분배에 기여하고, 행정소송상 실무에도 부합한다. 적법재량행사소송은 무엇보다도 단지 수익적 행정행위의 거부(拒否) 만에 대항하여 제기되는 독립된

---

35) VwGO § 113 (3) Hält das Gericht eine weitere Sachaufklärung für erforderlich, kann es, ohne in der Sache selbst zu entscheiden, den Verwaltungsakt und den Widerspruchsbescheid aufheben, soweit nach Art oder Umfang die noch erforderlichen Ermittlungen erheblich sind und die Aufhebung auch unter Berücksichtigung der Belange der Beteiligten sachdienlich ist. Auf Antrag kann das Gericht bis zum Erlaß des neuen Verwaltungsakts eine einstweilige Regelung treffen, insbesondere bestimmen, daß Sicherheiten geleistet werden oder ganz oder zum Teil bestehen bleiben und Leistungen zunächst nicht zurückgewährt werden müssen. Der Beschluß kann jederzeit geändert oder aufgehoben werden. Eine Entscheidung nach Satz 1 kann nur binnen sechs Monaten seit Eingang der Akten der Behörde bei Gericht ergehen.

취소소송이 원칙적으로 허용되지 않는 것으로부터 출발한다면 필수적이다. 적법재량행사소송은 특히 이의신청에 대한 해태된 결정에 있어서도 그리고 또한 법적으로 기속적인 행정행위에 있어서도 중요성을 더한다. 원고는 적법재량행사소송에 있어서 어느 범위에서 재판적 심사를 구하는 지를 분명하게 하여야 한다. 왜냐하면 그렇지 않으면 그의 적법재량행사소송이 특정성의 결여로 허용되지 않을 것이기 때문이다. 원고가 행정행위의 거부에 있어서 특정한 하자에 대해서 이의제기를 하는 한, 그의 적법재량행사신청은 통상적으로 그로써 거부를 위하여 제시된 이유들이 거부를 정당화하는지 여부가 심사되기를 원한다 라고 해석될 수 있다. 법적으로 기속된 행정행위에 있어서도 경우에 따라서는 단지 적법재량행사판결만이 고려되는 것에 대해서 다음의 문번 838을 보라.

[267] 적법재량행사소송은 특정한 행정행위의 발급을 구하는 소송에 있어서 하나의 음(陰: Minus)으로 존재한다. 특정한 행정행위의 발급을 구하는 소송이 제기되고, 원고에게 이와 관련하여 다만 재량- 내지 판단하자 없는 결정을 구하는 권리만이 부여되어 있다면, 이러한 소송은 논리필연적으로 전부가 이유없음으로 기각되어서는 아니된다. 오히려 여기서 행정이, 행정행위를 재량하자로 거부한 한, 나머지 청구에 있어서는 소를 기각하면서, 법원의 법적 견해를 존중하면서 새로이 신청된 행정행위에 대해서 결정하도록 판결될 것이다.

[268] 의무이행소송은 행정행위 전부의 새로운 발급을 지향할 필요는 없고 제113조 제5항 제1문으로부터 도출되듯이 (거부 또는 해태가 ~ 하는 한) 행정행위의 보완 또는 이미 존재하는 행정행위의 부분적 새로운 발급으로 제한될 수도 있다. 행정행위의 개별적 규율들이 분리가능한지의 문제는, 개시가능성을 위해서가 아니라 오히려 그러한 (부분적) 의무이행소송의 이유 유무를 위해서 비로소 중요하다.

Ⅲ. 의무이행소송의 허용성 심사

[269] 의무이행소송의 허용요건은 여기서 심사공식에 따라서 검토되어져야 한다. 일반적 본안판단요건 외에 의무이행소송의 허용성은 행정행위의 발급 신청, 제42조 제2항에 따른 원고적격 그리고 소극적 소송수행권이 요청되고, 신청된 행정행위의 거부에 있어서는 추가적으로 원칙적으로 이의제기절차의 사전적 이행과 제소기간의 준수가 요청된다.

Ⅳ. 취소소송과 의무이행소송의 적용영역의 구분

[270] 제42조 제1항이 취소소송과 의무이행소송의 적용영역을 일견(一見: prima facie) 명확하게 구별할 수 있는 것처럼 보일지라도, 여기에는 일련의 문제들이 제기된다. 부담적 행정행위는, 아직 권리구제기간의 도과 때문에 다툴 수 없지 아니한 한, 원칙적으로 권리보호는 다만 취소소송의 수단으로만 가능하다는 것에 매달릴 수 있다. 아직 존속력이 발생하지 아니한 행정행위로 고통을 받는 자가 행정행위의 직권취소를 소구한다면, 그러한 청구취지는 행정행위의 재판적 폐지를 구하는 것으로 선해(善解)할 수 있다.

1. 제3자소송

가. 인인소송

[271] 취소소송은 오늘날 지배적 견해에 의하면, 아직 존속력이 발생하지 아니한 행정행위를 통하여 자신의 권리를 침해 받는다고 생각하는 제3자

가, 이러한 행정행위에 포함된 상대방의 수혜(受惠)에 대항하여 재판적으로 방어하고자 한다면 올바른 소송유형이다 (소위 행정행위의 제3자효의 사례들). 이것은 특히 인인(隣人)이 건축허가를 통하여 (또는 예를 들면 건축사전결정) 자신의 권리를 침해(侵害) 당하였다고 주장하는 건축법적인 인인소송에서 실무적으로 의미가 있다. 예외적으로 인인이 건축허가에 대항하는 과정에서 단지 건축허가청을 통하여 그에게 발급되고 다만 그에게 객관법적 규정의 준수를 구하는 주관적 권리를 부여하는 확약에 기초한다면, 의무이행소송을 제기할 수 있다. 여기서 취소소송의 허용성에 있어서 확약에 대해서 통상적으로 아무 것도 모르는 건축주의 신뢰보호가 수인한도를 넘게 제한되기 때문에, 이러한 해결책이 제시된다. 의무이행소송은 나아가 건축허가의 발급 전체에 대해서 문제를 제기하지 않는 인인(隣人)이, 부관(Nebenbestimmung)의 부가를 소구(訴求)한다면 개시가능하다. 주(州)입법자가 특정의 경우에 건축계획을 허가의무로부터 면제하였다면, 인인보호적 규정의 위반 하에 건축물의 설치에 대한 권리보호는 금지-, 중지-, 내지 제거처분 또는 기타 명령의 발급을 지향하는 의무이행소송을 통하여 달성될 수 있다. 여기서 고려되는 민사소송적 인인소송 외에, 그러한 소송을 위하여 권리보호필요성의 문제에 대해서는 문번 591a를 참조하라. 여기서 하자 없는 재량행사를 구하는 권리만이 주어져 있는 지의 문제에 대해서는 문번 581a와 741을 참조하라.

나. 경쟁자소송

[272] 건축법적인 인인소송에서처럼 부분적으로 유사한 문제가, 무엇보다도 경제행정법에서 또한 공무원법에서도 많이 논의된 경쟁자(競爭者)소송에서도 제기된다. 원고가 단지 경쟁자의 수혜에 대하여 대응하는 소극적 (수동적) 경쟁자소송과 원고가 자신의 수혜를 구하는 적극적 (공격적) 경쟁

자소송으로 구별될 수 있다.

[273] 소극적 경쟁자소송으로 추구하는 권리보호안건을 위해서 취소소송은 통상적으로 적합한 소송유형이다. 그러나, 보통 원고적격의 문제는 보다 상세한 조사가 필요하다.

[274] 예: 심각하게 경쟁을 왜곡하는 보조금에 있어서 어떤 보조금지급을 위한 요건을 구비하지 못한 기업은 자신의 경쟁자에게 발급된 보조금결정에 대항하여 취소소송을 제기할 수 있다. 왜냐하면 기본법 제12조, 제14조, 제2조 또는 제3조로부터 나오는 자신의 기본권의 침해가 고려되기 때문이다. 자신의 경쟁자에게 개점시간의 연장을 위하여 발급되어진 예외적 승인에 대항하는 상점주인에게, 권리보호는 취소소송을 통하여만 보장될 수 있다. 예외적으로 의무이행소송을 통한 권리보호가 고려된다. 이것은 원고를 위하여 (자유권적) 기본권의 침해가 경쟁자에 대하여 행정행위가 발급되지 아니하였고 (또는 경미한 부담적인) 원고가 그를 통하여 어쩌면 기본법 제12조와 제14조 내지 제3조에 있어서 침해 당하는 것으로부터 도출되는 경우에 타당하다. 이로부터 원고가 행정행위를 통하여 상점폐점법의 준수를 위하여 의무 지워지고, 이에 반하여 그의 같은 상황에 놓인 경쟁자는 그렇지 아니하고 그래서 경쟁자에게 이로부터 상당한 경쟁우위가 발생하는 경우에는 출발할 수 있다.

[275] 적극적 경쟁자소송에 있어서 원칙적으로 의무이행소송은 적합한 소송유형이다. 소위 경원자소송(競願者訴訟)에 있어서 특별한 문제들이 발생한다. 경원자소송은 여러 경원자들이 그들 중에 한사람에게만 발급될 수 있는 하나의 수혜적인 행정행위를 구하는 것이 특징이다. 예를 들면 경제행정법에서 다수의 영업자들이 할당된 허용을 구하는 경우 또는 고등교육법이나 공무원법에서 그러한 경우들이 있다.

[276] 영업법적인 허가의 사례에 있어서 지배적 견해는, 허용되는 할당량의 소진 후에 의무이행소송은 충분하지 않다고 보고서, 그러므로 의무이행

소송은 경쟁자의 수혜에 대한 취소소송과 결부되어져야만 한다는 것을 요구한다. 연방행정법원은 화물운송법(Güterkraftverkehrsgesetz: GüKG)의 이전(以前) 규정과 관련하여, 여기서 원거리화물운송허가의 선정절차에서 탈락한 지원자를 위하여, 그가 새로운 응답을 지향하는 의무이행소송을 제기하면 충분하다고 판시하였다. 연방행정법원은 지원자가 의무이행소송과 함께 결부된 취소소송을 통하여 권리보호를 구하여야만 한다면, 그것은 탈락한 지원자에게 과대한 요구가 될 것을 강조한다. - 결정된 사례에서처럼 - 수(數)백개의 허가가 부여되었다면, 탈락자(脫落者) 자신에게 누구에게 어떠한 조건 하에 허가가 발급되었는지가 통상적으로 알려지지 않았더라도, 탈락자는 최적의 권리보호를 받기 위하여 상응하게도 다수의 취소소송을 제기하여야만 할 것이다. 기본법 제19조 제4항으로부터 도출되는 권리보호의 효율성의 관점에서는 연방행정법원의 해결책이 상당한 지지를 받는다. 올바르게도 - 연방행정법원이 아직 공백(空白)으로 놓아 두었는데 - 추가적인 취소소송의 제기를, 원고가 단지 새로운 처분이 아니라 승인의 발급을 소구하는 경우에는 포기할 수 있을 것이다. 즉 행정청은 기본권적으로 근거 있는 제거청구권의 토대 위에 취소 없이도 아직 존속력이 발생하지 아니한 경쟁자의 권리를 침해하는 행정행위를 폐지할 의무를 부담하고 그와 함께 수혜를 지향하는 청구권을 충족할 수 있기 때문에 (다툼있음), 의무이행소송 외에 추가적인 취소소송은 필요하지 않다. 그 밖에 급박한 존속력으로 인하여 경쟁자의 수혜가 위법하게 부여된 자에게 - 실무적으로 단지 대단히 드물게 해당될 것인데 - 행정청의 편에서 행정행위의 형식으로 통지되어지는 경우에만, 다른 것이 타당하다.

[277] - 판례에 반하여 - 공무원직에 임용되지 못한 지원자에게 기본법 제33조 제2항 제3항의 위반 하에 이루어진 보다 능력이 떨어지는 경쟁자의 임명을 폐지하도록 하는 청구권이 부여된다면, 유사한 문제가 공무원법적인 경쟁자소송에서도 발생한다. 위에서 언급된 설시에 상응하게 권리보호

는, 여기서 경쟁자의 임명에 대하여 제기되는 취소소송을 통해서가 아니라 의무이행소송을 통해서 이루어져야만 한다. 상응하는 의무이행판결의 귀결(歸結)로 행정은 경쟁자의 위법한 임명을 폐지할 의무가 지워질 것이고, 그를 통하여 공석(空席)이 된 직을 원래의 탈락한 지원자에게 부여하여야만 할 것이다. 연방행정법원과 같이 기본법 제33조 제2항의 위반 하에 이루어진 임명이 임용된 자의 신뢰보호 및 직무안정성의 기본원칙으로 인하여 원칙적으로 취소되어질 수 없다는 것으로부터 출발한다면, 의무이행소송은 처음부터 배제된다.

[277a] 최근의 판례에서 연방행정법원은 탈락한 능력 있는 공동지원자의 의무이행소송이, 예외적으로 경쟁자의 임명의 폐지 없이도 성공할 수 있다는 것을 받아들였다. 이것은 임명이 대립하는 잠정적 명령의 무시(無視)하에 이루어졌다면 긍정되었다. 연방행정법원에 의하여 지지된 계획된 자리가 없음에도 불구하고 능력 있는 공동지원자의 (추가적) 임명은 예산법적인 이유로 엄청난 비난을 직면하였고, 그 사이에 다시금 포기되었다. 연방행정법원은 탈락된 공동지원자에게 그의 경쟁자의 임박한 임명에 대하여 사전에 충분한 잠정적 권리보호가 가능함이 없이 임명이 이루어졌다면, 이제 임명의 폐지를 지지한다.36) 탈락한 공동지원자는 제123조에 의하여 행정지방법원과 행정고등법원에서의 잠정적 행정소송적 권리보호 및 연방헌법재판소법 제32조에 의한 헌법소송적 권리보호를 신청할 수 있도록, 임박한 임명에 대해서 통지를 받는다. 탈락한 공동지원자를 위하여 이러한 잠정적 권리보호절차가 성공을 거두지 못하였을 때 비로소, 임명이 허용된다.

[277b] 이러한 판례의 토대 위에 극단적인 경우에 있어서 연방행정법원에 의하여 판시된 특별한 사안에서 탈락한 공동지원자의 재판적 권리보호가 부작위소송 내지 추후의 취소소송 및 의무이행소송과 잠정적 (행정소송적 그리고 헌법소송적) 권리보호의 결부를 통하여 보장될 수 있다는 것이

---

36) BVerwG, NVwZ 2011, 358, 362.

도출된다. 이러한 해결책에 있어서 문제는 - 확실히 이전의 판례보다는 법치국가적으로 진일보(進一步) 하였더라도 - 기본법 제33조 제2항의 위반만으로는 원칙적으로 임명의 재판적 폐지를 가져오지는 못한다는 것이다. 이것은 주관적 권리를 침해하는 부담적 행정행위는 그와 함께 원칙적으로 존재하는 행정행위의 취소청구권을 고려하기 위하여 폐지되어져야 한다는 일반적으로 인정된 기본원칙과 모순된다.

2. 취소기간의 도과후 및 법적 사실적 상황의 추후 변경에 있어서 권리보호

[278] 이의제기 - 내지 취소기한은 무엇보다도 취소소송과 의무이행소송의 간극(間隙: Zäsur)을 야기한다. 이러한 기한(期限)의 도과 후에 형식적으로 존속력이 발생한 행정행위에 대하여 원칙적으로 행정행위의 직권취소를 구하는 의무이행소송을 통해서만 대응할 수 있다. 그러한 소송의 허용성을 위해서 의무이행소송이 직접적으로 행정행위의 직권폐지 또는 다만 직권폐지에 대한 하자 없는 결정을 지향하는 지는 중요하지 않다. 부분적으로 주장되는 이미 존속력이 발생한 행정행위의 직권폐지를 지향하는 의무이행소송은 일반적으로 남용되기 쉽고 권리보호필요성의 결여로 허용되지 않는다는 견해는 설득력이 떨어진다. 왜냐하면 그렇지 않으면 제70조와 제74조의 기한은 형해(形骸)화 되기 때문이다. 이러한 견해는 고통 받는 자의 행정행위의 취소에 대한 하자 없는 결정을 구하는 형식적 주관적 공권을 평가절하 하고, 거기에 기본법 제19조 제4항과 부합되지 않고, 그 외에 제70조, 제74조의 우회가 취소기한의 도과 후에 고통 받는 자의 법적 지위가 약화되기 때문에 배제된다는 것을 너무 적게 고려한다. 행정절차의 재개(再開)에 대한 결정과 행정행위의 직권취소에 대한 결정이 분리될 수 있

을 지라도, 당사자는 재개의 거부에 있어서도 의무이행소송으로 직접적으로 행정행위의 취소 또는 응답을 소구할 수 있다. 단지 재개를 지향하는 소는 제44a조 때문에도 허용되지 않는다.

[279] 존속력이 발생한 행정행위의 취소를 구하는 의무이행소송의 이유 유무는, 개별적 경우에 적용되어야 할 실체법에 의하여 결정된다. 이에 상응하는 청구는 단지 소수의 특별한 경우에만, 즉 행정행위의 존속을 위법하게 하는 법적 - 또는 사실적 상황의 변경 내지 상황에 따라서 행정절차법 제51조에 따른 행정절차의 재개를 위한 요건이 존재하는 경우에만, 인정될 수 있다. 나머지 경우에서는, 고통을 받는 자가 행정행위의 존속력으로 인하여 행정행위의 취소에 대하여 재량하자 없는 결정을 구하는 의무이행소송으로 주장할 수 있는 절차의 재개에 대하여 재량하자 없는 결정을 구하는 형식적 주관적 권리만을 가진다. 취소를 지향하는 소는 그 때문에 이러한 경우에서 취소의 재량하자 있는 거부에 있어서도 부분적으로 기각된다.

[280] 고통을 주는 행정행위에 대하여 사실적 - 또는 법적 상황의 변경(變更)을 토대로 행정절차의 종료 후에 비로소 등장한 이의(Einwendung)들이 이미 제기된 취소소송의 범주에서 주장될 수 있는 지 또는 의무이행소송의 별도의 제기가 요청되는지에 대해서는 다툼이 있다. 이 문제에 대한 답(答)은 취소소송의 범주에서 행정행위의 적법성을 판단하기 위하여 본질적으로 기준시점이 언제인가에 좌우된다. 여기서 주장되듯이 항상 행정법원에서의 최종구두변론시에 맞춘다면, 의무이행소송은 (취소소송 외에) 원칙적으로 허용될 수 없다.

3. 소위 고립된 취소소송의 문제

가. 고립된 취소소송의 원칙적 불허용성

[281] 소위 고립된 취소소송(isolierte Anfechtungsklage)의 허용성에 대한 논의에 있어서, 취소소송과 의무이행소송의 구별이 중요하다. 고립된 취소소송이란 원고가 수익적 행정행위의 발급 내지 응답을 소구(訴求)함이 없이, 수익적 행정행위의 거부만을 공격하는 경우를 일컫는다.

예: 원고가 취소소송으로 신청된 건축허가의 거부를 공격한다.

[281a] 수익적 행정행위가 처음에는 발급되었다가 추후에 행정청을 통하여 다시금 폐지된 경우에, 당사자가 그에 대항하여 소송상 방어(防禦)하는 경우에는 고립된 취소소송의 경우가 아니다. 여기서는 권리보호가 다툼이 없이 행정청의 폐지에 대한 취소소송으로 실현될 수 있다. 취소소송은 승소하게 되면 행정청의 폐지를 소급적으로 없애고 수익적 행정행위를 다시금 살려낼 수 있다.

예: 인인(隣人)의 이의제기에 근거하여 건축허가가 권리구제결정 또는 재결을 통해서 폐지되었다. 신청인의 적용되는 권리보호는 허가발급을 지향하는 의무이행소송이 아니라 결정에 대항하는 취소소송에 있다.

[282] 고립된 취소소송은 여기서 주장되는 견해에 의하면 - 판례와는 달리 - 원칙적으로 허용되지 않는다. 수익적 행정행위의 거부에 대한 권리보호는 이미 거부대항소송의 형태로서의 의무이행소송에 대한 규정을 통해서 특별법적으로 그리고 종결적으로 규범화 되었다(제42조와 제113조 제5항). 법적으로 기속된 행정행위와 관련있는 거부결정이 오류의 또는 불충분한 사실관계파악 때문에 위법하다고 하더라도, 통상적으로 고립된 취소소송을 허용할 이유가 없다. 왜냐하면 그 범위 내에서 적법재량행사소송(Bescheidungsklage)이 고려되기 때문이다. 이것이 사법부와 행정부의 합리

적 기능배분을 훨씬 더 잘 보장한다. 건축신청에 대한 결정을 연기하는 연방건설법 제15조에 따른 건축신청의 보류(Zurückstellung)에 대한 권리보호의 문제에 대하여는 문번 594a를 참조하라.

나. 예외

[283] 고립된 취소소송이 예외적으로 특정의 사안구성에 있어서는 허용된다. 원고가 현재는 수익적 행정행위의 발급에 대한 이익이 없지만, 그러나 이러한 가능성을 열어두고자 하는 경우가 그러한 경우이다. 그러한 경우에 의무이행소송의 허용성은 종종 이미 권리보호필요성에서 좌절된다. 그에 반하여 취소소송은 권리보호필요성을 다르게 판단할 수 있는데, 왜냐하면 거부가 존속력이 발생하는 것을 방지하기 위하여 거부의 폐지에 대한 이익이 존재할 수 있기 때문이다.

[284] 예: 원고가 영업법적인 허가를 신청하였는데 위법한 결정을 통해서 거부되었다. 원고는 다른 영업활동을 수행하고자 하기 때문에, 당분간 허가의 (수수료 의무가 있는) 발급에 대해서는 생각(Interesse)이 없고, 그렇지만 추후에 그러한 허가를 발급 받을 가능성을 열어 두고자 한다. 여기서 취소소송이 권장된다. 원고에게 단지 거부의 위법성을 확인하는 것이 중요하다면, 그는 이러한 권리보호목표를 제113조 제1항 제4문을 유추하여 계속확인소송을 통해서 추구하여야만 한다.

[285] 거부처분에 대한 취소소송의 허용성을 위한 예로서, 부분적으로 기본적 사실관계에 따라서 허가가 법적으로 필요 없을 지라도 신청된 허가의 거부에 대하여 대응하는 사례가 언급된다. 이러한 경우에 원고가 이러한 활동이 허가 없이도 허용된다는 것을 주장하는 행정소송상 확인소송이 적절한 권리보호이다.

[286] 신청된 행정행위의 거부가 원고에게 주장된 청구의 거부를 넘어서는 불리한 실체법적 의미를 가지는 희귀한 사안에서, 고립된 취소소송이

허용되는 것으로 보인다. 이것은 체류법 제81조 제3항의 유리한 효력을 탈락시키는 체류명의(Aufenthaltstitel)의 발급의 거부에 있어서 그러하다.

4. 부관에 대한 권리보호

[287] 부관과 결부하여 취소소송과 의무이행소송의 구별은 특별한 어려움을 야기한다.

[288] 행정절차법 제36조 상 부관(附款)은 부담, 조건, 기한, 철회권의 유보와 부담권의 유보이다. 이에 반하여 소위 수정부담은 행정절차법 제36조 상의 부관이 아니다. 수정부담에서는 신청된 수혜와의 관계에서 현저하게 변경된 내용(이물질)을 지닌 수혜가 발급되고, 동시에 신청인이 수혜를 원하는 그 사안에서 원고에게 하나의 (경우에 따라서는 집행가능한) 명령이 발해진다.

[289] 예: 국민이 24cm의 벽두께로 건축을 위한 건축허가를 신청하였는데, 건축허가는 단지 32cm의 벽두께의 건축을 위하여만 발급되었다면, 이렇게 발급된 건축허가는 신청된 허가와의 관계에서 하나의 이질적인 것이다. 건축허가에서 내려진 규율은 원고가 건축할 때 벽을 32㎝의 두께로 건축할 의무를 부담하는 것으로 이해될 수 있고, 그래서 수정부담이 존재한다. 그러한 집행가능한 의무가 근거지워지지 않는다면, 수정허가(modifizierende Gewährung)라고 할 수 있다.

[290] 소위 수정부담(修訂負擔)은 행정절차법 제36조 상의 부담과는 그의 효력에 있어서 현저하게 구별된다. 그 때문에 판례에 의하여 사용된 수정부담이라는 개념은 오인하기 쉽고 여기서 존재하는 차이점을 흐리게 만든다. 부담과 수정부담과의 차이점은, 무엇보다도 수정부담을 준수하지 않는 건축주는 불법건축물(Schwarzbau)을 건축하게 되고, 반면에 행정절차법 제

36조 상의 부담을 무시하는 건축주는 그럼에도 불구하고 원칙적으로 적법하게 건축하고 단지 부담의 불(不)준수와 관련하여 위법하게 행동하는 상황에서 분명하게 된다. 권리보호의 관점에서 진정한 부담에 대한 권리보호와의 차이에 대해서는 문번 301에서 언급된다.

[291] 행정절차법 제36조 상 부관과 수정부담에 대해서는 다시 행정행위와 결부된 (행정행위를 단지 상술하는) 적시(摘示: Hinweis)와는 구별되어야 한다. 적시에는 규율의 효력이 결여되어 있어서, 여기서 권리보호는 취소소송이나 의무이행소송을 통해서 보장될 수 없다.

예: 건축신청에서 꼭대기층은 주거용으로 이용하지 않도록 주택의 건립이 추진되고, 이에 부합하여 건축허가에서 그러한 주거로의 이용은 허가되지 아니하는 것이 부기되었다면, 부관이 아니라 적시(摘示)가 존재하는 것이다. 만약 꼭대기층을 위해서도 주거이용이 신청되었고 이것이 거부되었다면, 규율의 존재로부터 출발할 수 있을 것이다.

가. 학설 개관

[292] 통설(einhellige Rechtsauffassung)에 의하면 행정행위에 사후적으로 부가된 부관에 대한 권리보호는 그 유형에 불구하고 취소소송을 통해서 달성될 수 있다. 행정행위에 처음부터 부가된 부관에 대한 권리보호와 관련하여서는 그에 반하여 서로 다른 해결책들이 모색된다. 이전에 지배적 견해는 취소소송은 다만 부담에 대한 권리보호에서 고려되고, 반면에 조건과 기한의 경우에는 의무이행소송을 통하여 권리보호가 구해진다고 한다. 부담에 있어서만 독립적이고 보장(Gewährung) 외에 등장하는 이행명령과 그래서 독자적인 행정행위가 문제된다. 오로지 부담 만에 대하여 취소소송을 통한 권리보호는, 행정행위가 부담 없이는 적법하게 발급되어질 수 없거나 또는 수혜의 발급이 행정청의 재량에 놓여 있고 행정청이 이러한 재량을

아직 행사하지 아니한 경우에만, 거부될 수 있다. 다른 부관, 특히 조건, 기한 그리고 철회권의 유보와 관련하여서는 그에 반하여 원칙적으로 제한 없는 수혜를 지향하는 의무이행소송만이 고려된다. 왜냐하면 이러한 부관들은 - 부담과는 달리 - 행정행위의 결속된 구성부분이고 행정행위로부터 분리될 수 없기 때문이다.

[293] 문언에서 주장된 소수견해는 그에 반하여 부담을 포함하여 모든 부관들에 있어서 조건 없는 수혜를 지향하는 의무이행소송을 통해서만 권리보호를 긍정한다. 그 이유로는 모든 부관들은 행정행위의 비독립적 구성부분이고 그래서 부관에 대한 분리된 접근은 배제되는 것을 들고 있다.

[294] 제3의 오늘날 지배적이고 또한 연방행정법원의 판례를 통해서도 나누어지는 견해에 의하면, 부관에 대한 권리보호는 원칙적으로 취소소송을 통해서 달성되어져야 한다. 이 경우에 부관의 폐지 후에 잔존하는 행정행위가 위법하다든지 또는 부관의 재판적 폐지에 있어서 행정청의 재량여지가 제한되고 이러한 방식으로 행정청이 그에게 부여된 재량을 전혀 행사하지 아니하였음에도 행정행위가 강요된다면, 종종 제한들이 존재한다. 이 경우에 부분적으로는 제113조 제1항 제4문을 유추하여 계속확인소송이 허용되는 것으로 간주된다.

나. 원칙적으로 취소소송을 통한 권리보호

[295] 취소소송을 통한 권리보호의 보장을 위하여 제113조 제1항 제1문에 의하면 단지 부분적으로 위법한 행정행위는 취소소송을 통하여 다만 부분적으로 폐지가 가능하다 (행정행위가 위법한 한, 법원은 행정행위를 폐지한다). 그래서 원고에게 다만 부분적으로 위법한 행정행위의 폐지를 제한 없이 소구하고 일부기각을 받는 대신 (행정행위가 적법한 한도 내에서), 그의 신청을 처음부터 행정행위의 위법한 부분으로서의 부관의 폐지로 한

정하는 것이 가능하여야만 한다. 여기서 부담, 기한, 철회권 유보, 부담유보 또는 조건인지 아닌지는 중요하지 않다. 조건이 정지조건인지 또는 해제조건인지도 중요하지 않다. 사후적으로 행정행위에 부관이 부가되는 곳에서의 권리보호는, 통설에 의하면, 부관의 종류와 무관하게 취소소송을 통해서 달성되어져야 한다는 것도, 여기서 주장되는 견해를 지지한다. 부관의 부가의 우연한 시점이 권리보호의 형식을 위하여 대단히 중요한 의미를 지닌다는 것은 설득력이 떨어진다.

[296] 부관에 대한 취소소송은, 부관의 폐지 후에 잔존하는 행정행위가 위법하거나 또는 - 행정청의 재량으로 놓여 있는 위법한 행정행위에 있어서 - 행정청이 부관의 위법성을 인지하였더라면 아마도 발급하지 아니하였을 수익적 행정행위가 존재하고 있다고 하더라도 허용될 수 있다. 이러한 유형의 사례에서 부관의 독립적 취소가 가능한 지의 문제에 대해서 - 행정절차법 제44조 제4항의 유추적용에서 답할 수 있는 것 - 원칙적으로 (부분)취소소송의 이유유무의 범주에서 결정되어져야 한다(BVerwG NVwZ 2001, 429). 연방행정법원에 의하면 취소는, 독립된 취소가능성이 명백하게 처음부터 배제되는 경우에만 개시될 수 없다. 행정절차법 제44조 제4항의 유추적용으로부터 그 밖에 원고가 제한 없는 수익적 행정행위의 발급을 구할 법적 청구권을 가지는 경우에는 독립된 취소가 가능하다는 것이 도출된다. 취소가능성의 배제에 있어서도 부관의 위법성의 확인의 가능성에 대해서는 문번 329를 참조하라; 재량행위에 있어서 적법재량행사소송 내지 다른 부관을 통한 부관의 대체를 구하는 의무이행소송에 대해서는 문번 299를 참조하라.

[297] 취소소송이, 제한 없는 수혜의 발급 내지 부관의 취소를 지향하는 의무이행소송처럼, 동일한 권리보호목표를 추구하기 때문에, 취소소송은 의무이행소송에게 특별한 소송유형으로서 선행한다. (부분)취소소송은 거기에 의무이행소송에 비하여 원고가 부관의 폐지 후에 - 행정의 행위를 필

요로 하지 않고 - 즉시 제한 없는 수익의 획득에 있어서 장점을 제공한다. 이것을 넘어서 원고는 부분취소에 있어서, 수익적 행정행위의 발급을 지향하는 의무이행소송과 결부된 위험을 방지한다. 즉 의무이행소송에 있어서 원고는 - (부분)취소소송에서와는 달리 - 그의 수혜를 전부 잃어버릴 위험이 있다. 왜냐하면 행정청이 적법재량행사판결 후에 청구에 대해서 완전히 새롭게 결정하기 때문이다.

[297a] 취소소송이 (부담과는 달리) 조건이나 기한에 대한 권리보호의 보장을 위해서, 이전에 존재하지 않았던 제한 없는 수혜를 가져올 수 없기 때문에 적합하지 않다는 주장은 설득력이 없다. 이러한 논거는 부담에 대한 취소소송의 개시불가능성을 논리필연적으로 가져옴에 틀림없다. 왜냐하면, 취소소송에 있어서 당사자는 제한 없는 허가를 가진 적이 결코 없기 때문이다. 그 밖에 제한적으로 부여된 수혜들이 그의 제한에 대한 소송상 대처를 통해서 확장되어질 수 있다는 것은 결코 이상(異常)하지 않다. 행정행위가 a와 b라는 구성요건의 존재에 있어서 f라는 법적 결과가 나타난다고 규정한다면, 그 행정행위는 이러한 법적 결과를 c가 존재하는 경우를 위해서는 배제하고, 그래서 상대방의 권리보호는 (c라는 제한을 부관으로 표현하지 아니하는 경우에는) 다툼이 없이 (부분)취소소송을 통해서 실현될 수 있다.

[298] 끝으로 취소소송은 부관이 당분간 정지되고 신청인은 정당화되지 않는 방식으로 잠정적으로 제한 없는 수익을 받는 결과를 가져온다고 하더라도, (부분) 취소소송의 허용성에 대하여 반대할 수 없다. 여기서 제80조에 따른 취소소송의 집행정지효가 사실상 직접적으로 단지 행정행위의 공격받는 부분에 대해서만 관련되어질 수 있지만, 그러나 행정절차법 제44조 제4항의 요건이 구비된다면 집행정지효를 위하여 특징적인 유동적 무효는 수혜의 유동적 무효를 가져온다는 것이 충분하게 고려되지 않는다. 이것은 행정청이 잔존행정행위를 부관(附款) 없이 발급할 수 없었거나 또는 (재량결정에 있어서) 발급하지 아니하였을 경우에는 해당된다.

다. 예외적 경우 의무이행소송을 통한 권리보호

[299] 하자있는 부관이 부가되어 있고 행정청의 아직 행사되지 아니한 재량의 관점에서 폐지가 가능하지 아니한 재량행위에 있어서, 예외적으로 적법재량행사소송의 형태로 의무이행소송이 고려된다. 물론 이러한 의무이행소송과 필수적으로 결부된 전체 행정행위의 폐지 - 행정행위에 포함된 수익도 포함하여 - 그 자체로 상당한 위험을 내포한다. (부분)취소소송에서와는 달리 (취소소송으로 당사자는 항상 부관의 위법의 확인을 할 수 있는), 당사자는 행정의 새로운 결정에서 수익을 전부 잃어버릴 위험에 노출된다. 그 때문에 (부분) 취소소송의 적법재량행사소송으로의 선해(善解)도 배제되고, 판사는 그의 법관의 석명의무의 범주에서 제86조 제3항에 따라서 이러한 위험을 지적하여야 한다.

[300] 당사자가 부관을 다른 덜 고통을 주는 것으로 생각되는 다른 적법한 부관으로의 교환을 소구한다면, 어떠한 견해에 의해도 다만 (부분) 의무이행소송만이 문제된다. 위법한 부관의 폐지 후에 잔존하는 제한 없는 행정행위가 위법하고 그 때문에 부관의 독립된 행정소송상 폐지가 가능하지 아니한 경우에는 이러한 대응이 제안된다.

예: 이전에 존재하던 주차장의 설치라는 부담 대신에 건축허가에 대한 부담으로서 대체금액(Ablösesumme)의 지정.

나아가 제3자효 행정행위를 통하여 부담을 받는 제3자가 의무이행소송의 방식으로 실현가능한 부관의 발급을 구하는 청구권을 가질 수 있다. 이것은 특히 제3자가 계획확정결정(Planfeststellungsbeschluss)을 통하여 침해된다면 유의미(有意味)하다. 여기서 제3자는 통상적으로 계획확정결정의 폐지를 구하는 청구권을 갖지 못하고, 그의 권리침해를 제거하는 부관의 발급을 구하는 청구권만 가진다. 하자를 통하여 전체계획 또는 분리가능한 계획부분의 균형성이 전반적으로 의문이 제기될 정도로 하자가 아주 중요한 의미가 있는 경우에만 다른 것이 적용된다. 그러면 계획의 기본원칙 때문에 경우에 따라서는 하자의 제거시까지 계획확정결정의 집행불가능성이 확인되어질 수 있는 취소소송이 제기될 수 있다.

라. 수정부담 내지 수정허가에 대한 권리보호

[301] 수정부담과 수정허가에 대한 권리보호와 관련하여 거의 대부분 제한 없는 수혜를 지향하는 의무이행소송이 가능하다고 주장된다. 수정부담 내지 수정허가의 (부분) 취소를 지향하는 취소소송을 통한 권리보호는 사실상 통상적으로 배제된다. 왜냐하면 (부분) 취소는 원고가 그에 의하여 신청된 수익적 행정행위를 획득하는 것으로 이끌지 않기 때문이다. 더구나 부분취소의 불허용성은 대부분 행정절차법 제44조 제4항의 유추적용으로부터 도출된다. 왜냐하면 부분취소 후에 통상적으로 위법한 그 자체로 내용이 없는 행정행위의 단편(斷片, Torso)만 남기 때문이다.

시초사례의 해결

[302] 사례 1: 시험결정에 있어서 행정행위가 문제된다. 개별적 점수는 전체점수와 마찬가지로 행정행위의 부분이고 (시험의 합격에 대한 결정도 포함하는), 그래서 시험증명서에서 A에 의한 추구된 개별점수와 이로부터 형성되는 전체점수의 변경은, 변경이 판단하자에 기초하는 한, (부분-)의무이행소송의 대상일 수 있다. 그러나, 법원 자신의 평가를 심사자의 평가의 위치로 놓는 것은 법원에게 불가능하다. 그래서 개별적 하자있는 점수와 그에 기초하는 전체점수의 동시적 폐지 하에, 피고는 판단하자 없는 방식으로 새로이 개별점수를 결정하고 개별점수의 변경에 상응하게 전체점수를 변경할 의무가 지워진다.

[303] 사례 2: 정보자유법 제1조에 근거한 정보안내청구권은 그의 거부에

있어서 정보자유법 제9조 제4항에 따라서 이의신청과 의무이행소송을 수단으로 실행할 수 있다.

[304] 사례 3: a) 행정행위의 존속력이 등장한 후에, N은 연방이미씨온보호법 제21조 제1항 제3호에 따른 철회에 대하여 재량하자 없는 결정을 구하는 공권을 다만 적법재량행사소송의 형태로서의 의무이행소송의 수단으로써만 실행할 수 있다.

b) 행정행위의 존속력이 등장하기 전에 사실적 상황의 변경이 생긴 경우에는, 어느 시점을 행정행위의 재판적 판단을 위한 기준으로 보는가에 따라서, 경우에 따라서는 의무이행소송 대신에 취소소송이 고려된다. 원고가 (올바르게도) 폐지에 대하여 재량하자없는 결정을 구하는 권리를 가지는 것으로부터만 출발한다면, 이는 적법재량행사소송의 방식으로써만 고려될 수 있다.

c) 철회를 거부하는 결정의 폐지를 구하는 소송은 - 타당하지만 그러나 대단히 다투어지는 견해에 의하면 - 원칙적으로 허용되지 않는 고립된 취소소송으로서 표현된다. 이는 그렇지만 통상적으로 의무이행소송으로 해석되거나 내지 그러한 소송으로 선해될 수 있다.

[305] 사례 4: W는 연시(年市)에의 참여에 대한 그의 원칙적 권리를 소진된 자리로 인하여, 단지 동시에 다른 노점상의 참여허가를 박탈하고 연시에서 자리가 생기는 경우에만 실현할 수 있기 때문에, 이러한 권리보호추구에 있어서 경원자소송의 형식으로의 소위 경쟁자소송이 문제된다. 지배적 견해는 여기서 권리보호를 취소소송과 의무이행소송의 결부의 수단으로써 보장하고자 하는데, 올바르게도 이미 의무이행소송으로 족하다.

제7절 계속확인소송

시초사례

[306] 사례 1: A는 과거에 데모의 실행을 계획하였다. 이것은 그에게 관할행정청을 통해서 금지되었고, 개시되지 못하였다. 그는 어떠한 소송유형으로 금지의 위법성을 확인토록 할 수 있는가?

[307] 사례 2: B는 영업운영자였다. 그가 형법적으로 반복하여 사기(詐欺)로 인해서 처벌을 받은 후, 관할행정청은 그에게 행정절차법 제28조를 위반하여 (당사자의 청문) 영업법 제35조에 따라서 그의 영업의 계속적 실행을 금지하였다. 그에게 행정청의 행위의 위법성을 확인하도록 할 수 있는 가능성이 있는가?

[308] 사례 3: C는 영업법적 허가를 신청하였고, 부당하게 거부되었다. 허가의 발급을 지향하는 의무이행소송의 적법한 제기 후에, 입법자는 허가의 발급요건을 C에게 더 이상 허가가 발급될 수 없도록 강화하였다. 허가에 대하여 이전의 위법한 거부의 관점에서, C에게 어떠한 권리보호가 가능한가?

Ⅰ. 제113조 제1항 제4문 상 계속확인소송의 허용성

[309] 제113조 제1항 제4문에 의하면 법원은 신청에 의하여, 원고가 이러한 확인에 대하여 정당한 이익을 가지면, 이전에 취소 또는 다르게 완료된 행정행위가 위법(違法)하였다는 것을 선언한다. 이러한 규정으로 입법자는 완료된 행정행위의 폐지를 위하여 권리보호필요성이 존재하지 않는 상황을 고려한다. 여기서 언급된 소송상 청구를 취소소송의 연장(延長)을 의미하기 때문에 계속확인소송이라고 한다. 계속확인소송은 그 권리보호목표에 의하여 확인소송이기는 하나, 허용요건 및 부분적으로는 소송물의 관점에서 볼 때 취소소송과 일치한다. 계속확인소송은 행정행위가 완료되었고 원고가 이 완료된 행정행위의 위법성의 확인을 신청하면 개시가능하다. 계속확인소송이 제113조 제1항 제4문의 직접적 적용에서 개시 가능한 지를 결정하기 위하여, 한편으로는 언제 행정행위의 완료(完了)로부터 출발할 수 있는지, 다른 한편으로는 이러한 완료가 어느 시점에 등장하였는지가 설명되어져야 한다.

1. 행정행위의 완료

[310] 제113조 제1항 제4문에 기초한 계속확인소송은 행정행위가 취소(Zurücknahme) 또는 다른 방식으로 완료되었다는 것을 전제로 한다. 취소(Rücknahme)란 행정절차법 제48조 또는 특별한 규범에 근거한 위법한 행정행위의 장래효(ex nunc), 소급효(ex tunc) 또는 행정청에 의하여 지정된 시점의 이후에 효력을 발하는 행정청의 폐지(廢止)를 의미한다. 취소라고 볼 수 있는 것은 행정행위가 다른 행정행위를 통하여 대체된 경우이다. 이것은

두 번째 결정의 발급을 통해서도 이루어질 수 있다. 두 번째 결정의 발급을 긍정하는 것이, 새로이 발급된 행정행위가 내용적으로 이전에 발급된 행정행위와 일치하는 것을 반대하지는 않는다.

[311-312] 제113조 제1항 제4문 상 다른 방식으로의 완료는, 행정절차법 제43조 제2항에 기대어 행정행위의 추후의 효력없음(Unwirksamkeit)이 철회, 그 밖의 폐지, 기한 도과 또는 기타의 방식으로 야기되었다면 존재한다. 철회는 특별규정에 의하여 유보되고 (예를 들면 행정절차법 제49조 제3항), 행정절차법 제49조 제1항 제1문에 의하여 원칙적으로 장래효로 이루어지는 적법한 행정행위의 행정청의 폐지이다. 철회는 두 번째 결정으로도 이루어질 수 있다. 연방행정법원에 의하면, 건축계획을 위하여 이것과 관련된 건축사전결정의 확정력 발생 전에 건축허가가 발급된 경우를 들 수 있다.

[313] 행정절차법 제43조 제2항 상 행정행위의 기타 폐지란, 이의제기절차에서 행정행위의 폐지, 내지 원칙적으로 소급적 효력을 지니는 그렇지만 행정행위가 추후에 등장한 사실적- 또는 법적 상황의 변경에 기초하여 위법하게 된다면 변경 당시로부터의 효력으로, 제113조 제1항 제1문에 따른, 행정행위의 재판적 폐지를 의미한다. 행정행위는 특정한 시점 또는 기간만 관련된 규율을 내린다면, 그래서 행정행위가 기한이 있고 그 기한이 그 동안 도과하였다면, 시간의 경과로 그 효력을 잃는다. 다른 방식으로 완료란, 행정절차법 제43조 제2항에 의하여 행정행위의 사후(事後)의 효력없음이 그의 취소, 철회, 재판적 폐지 또는 기한의 도과에 기초하지 아니하고 등장한 경우에 존재한다. 그에 따르면, 예를 들면 행정행위가 고도의 개인적 의무 또는 고도의 개인적인 권리의 근거를 지향하고, 그와 관련하여 법적 승계가 개시되지 않고 상대방이 후에 사망한다면, 다른 방식으로 완료로부터 출발할 수 있다. 동일한 것이 예를 들면, 인도(引渡)하는 물건이 후에 파손된다거나, 행정행위를 통하여 이루어진 근거가 포기되거나[37] 그러한 근거

---

37) BVerwG, NVwZ 1990, 464.

가 법률적 규율에 의하여 소멸되는 것과 같은 규율객체의 상실에서도 타당하다.

[314] 행정행위의 집행은 아무튼 그 집행이 아직 취소될 수 있다면, 그의 완료를 가져오지는 않는다. 행정행위는 이 경우에 집행의 유지를 위한 법적 근거를 제공하는 한, 계속 효력을 발한다. 이것은 집행된 위법한 행정행위의 취소와 함께 원상회복청구권의 소송상 주장을 대상으로 하는 제113조 제1항 제2문을 통해서 확인된다. 이러한 원상회복청구권은 위법한 (그러나 원칙적으로 효력을 발하는) 행정행위의 구성요건적 효력의 관점에서 집행된 위법한 행정행위의 사전(事前)적 (행정법원적 내지 행정청의) 폐지를 반드시 전제로 하고, 그 범위 내에서 정지(停止) 조건적이다.

[315] 예: 경찰은 A에 속하는 물건을 압수하였다. 물건의 반환을 지향하는 원상회복청구권은 여기서 위법한 압수가 제거되면 비로소 등장하게 된다.

[316] 주목하여야 하는 것은, 행정행위의 집행은 집행이 더 이상 되돌이킬 수 없고 그 때문에 원상회복청구권이 배제되는 경우에 그의 완료를 가져온다는 점이다.

[317] 예: 이것은 예방경찰적인 수색명령 또는 시간적으로 제한된 퇴장명령(Platzverweis)의 실행된 집행 후에 해당된다.

[318] 행정행위의 완료는 소급효로 또는 장래효로 이루어질 수 있다. 행정행위의 철회는 통상적으로 장래효로 완료를 가져온다. 다른 방식으로의 행정행위의 완료에서도 동일하다. 예를 들면 퇴장명령의 집행은 장래효로 완료를 가져온다. 완료하는 사건의 등장 전(前) 행정행위의 효력에는 그러한 완료를 통하여 변하는 것은 없다. 과거에 대하여 행정행위의 효력의 재판적 폐지에는, 행정행위가 위법하였고 원고의 권리를 침해하였더라도, 통상적으로 권리보호필요성이 존재하지 않는다. 왜냐하면 그러한 폐지는 - 제113조 제1항 제1문에 의하여 원칙적으로 가능할지라도 - 효과도 없고 원고에게 아무런 이익도 없기 때문이다. 원고는 단지 제113조 제1항 제4문을

통하여 고려되어지는 행정행위의 위법성의 확인에 대한 이익을 가진다. 완료시키는 사건의 등장 전에 상대방을 위하여 아직 영향이 지속되는 불리한 법적 결과가 행정행위의 효력에 결부되는 경우에는 다른 것이 타당하다.

[319-320] 예: 퇴장명령이 직접적인 강제의 적용 하에 이루어졌고 이제 집행채무자에 대하여 집행비용이 요구된다면, 퇴장명령은 과거를 위해서 완료되지 않았고 장래효로서 완료를 가져온 사건의 발생 전(前)의 기간을 위한 그의 폐지를 구하는 취소를 위한 권리보호필요성이 존재한다.

2. 소제기 후 완료

[321] 제113조 제1항 제4문의 규정이 위치하는 체계적 연관성으로부터, 그 규정으로부터 직접적으로 단지 소제기 후에 행정행위가 완료되는 경우만 포함된다는 것이 도출된다. 규율의 위치와 내용은, 승소한 취소소송에 있어서 동시에 주문(Tenor)에서 (묵시적으로) 행정행위의 위법성이 확인된다는 것이 설명된다. 그 때문에 공격받는 행정행위가 완료되었고 그의 폐지가 더 이상 의미가 없을 때, 원고가 정당한 이익을 가지고 이전에 제기한 취소소송이 처음에 허용되었다면 신청에 의하여 최소한 그의 위법성의 재판적 확인이 가능하여야만 한다. 취소소송과 계속확인소송 사이의 이러한 관련성 때문에, 계속확인소송은 절단된 취소소송(amputierte Anfechtungsklage)이라고 표시된다.

II. 제113조 제1항 제4문의 유추적용

[322] 제113조 제1항 제4문[38]은 그의 직접적인 적용영역을 넘어서 다른

사안구성에 대해서도 유추적용될 수 있다.

1. 소제기 전 완료

[323] 제113조 제1항 제4문의 규정은 지배적 견해에 의하여 유추적으로, 공격받은 행정행위가 이미 소제기 전에 (장래효로 또는 소급효로) 완료된 경우에 적용된다. 물론 여기에도 그러한 행정행위의 위법성을 재판적으로 확인토록 할 정당한 이익이 존재할 수 있다.

[324] 예: 위험방지의 목적으로 실시된, 소제기 전에 이미 완료된, 경찰상 수색의 위법성이 확인될 수 있다.

[325] 행정행위의 완료 시점(소제기 전 또는 후)은 종종 우연에 달려 있기 때문에, 그 시점이 권리보호의 유형을 위해서 결정적인 의미를 가질 수는 없다. 제113조 제1항 제4문의 유추적용을 통해서 급박한 권리보호의 흠결을 방지하는 것이 권장된다. 이전에 연방행정법원이 방론에서 주목하였듯이, 이론상 제43조에 따라서 일반적 확인소송이 고려된다. 이것은 행정청이 완료된 행정행위를 발급할 권한이 없다는 확인을 지향하는 것일 것이다 (형성권의 존재는 다른 주관적 권리와 같이 법률관계를 의미한다). 행정행위는 법률관계를 의미하지 않고 그러므로 제43조에 따른 확인을 할 수 없다는 반대견해는, 명백하게 근거가 박약하다. 고권주체가 추상적으로 특정의 내용으로의 행정행위의 발급에 대한 권한이 있는지 여부의 문제만이 법률관계를 형성하고, 그에 반하여 행정이 (그 때 적용된 절차에서 그리고 그의 기초에 놓인 재량고려와 함께) 구체적으로 완료된 행정행위의 발급을

---

38) VwGO § 113 (1) ⋯ Hat sich der Verwaltungsakt vorher durch Zurücknahme oder anders erledigt, so spricht das Gericht auf Antrag durch Urteil aus, daß der Verwaltungsakt rechtswidrig gewesen ist, wenn der Kläger ein berechtigtes Interesse an dieser Feststellung hat.

위한 권한이 있는지 여부의 문제는 아니라는 언급도 설득력이 없다.

2. 폐지가 배제된 권리침해적 행정행위

[326] 나아가 원고의 주관적 권리를 침해하는 행정행위가, 아직 완료되지는 않았으나 그럼에도 재판적 폐지가 행정적 제거(취소) 청구권이 결여되기 때문에, 배제되는 사례에서 제113조 제1항 제4문의 유추적용은 명령된다. 제113조 제1항 제4문은, 행정행위의 폐지가 행정행위를 통하여 근거 지워지는 주관적 권리침해에도 불구하고 소송법적 또는 실체법적 이유로 배제되는 곳에서, 법원이 원칙적으로 행정행위의 위법성과 이를 통하여 근거 지워진 주관적 권리침해를 판단하지 않아야만 하지만, 그러나 원고에게 그가 상응하는 신청의 제기를 통해서 그에게 관련이 있고 또한 객관적으로 이익이 존재하는 것을 분명하게 한다면, 최소한 원칙적으로 행정행위의 위법성을 확인토록 하는 길이 열려 있어야만 한다는 것을 이끌어 낼 수 있다. 취소소송의 소송물이 압도적으로 지배적인 견해에 의하면 원고의 주관적 권리침해라는 것과 그리고 행정행위의 폐지가 배제되는 곳에서 주관적 권리침해의 독립된 재판적 확인이 원고가 여기에 -그가 다른 어떤 것을 분명하게 하지 않는 한 -이익이 없기 때문에만 일어나지 않는다는 것도 절단된 취소소송의 규율로서 제113조 제1항 제4문의 유추적용을 지지한다. 제113조 제1항 제4문의 유추적용의 필요성은 무엇보다도(nicht zuletzt) 기본법 제19조 제4항의 권리보호보장으로부터 도출된다. 그러한 확인의 가능성의 부여 없이는 피해자는 법적 보호를 받지 못할 것이고, 그것은 특히 중대한 기본권 침해에 있어서 침해된 실체법적 기본권의 관점에서 추가적인 우려를 자아낼 것이다. 원고의 그러한 확인에 대한 이익은 원고의 권리를 침해하는 행정행위의 폐지가 소송법상 또는 실체법상 이유로 배제되는 지와 상관

없이 존재할 수 있고, 그러한 확인에 대한 이익은 오히려 특히 행정행위가 완료되지 않았고 주관적 권리침해가 아직 지속되는 경우에 각인(刻印)된다.

[327] 행정행위의 위법성에도 불구하고 그의 제거청구권이 존재하지 않는 경우는 드물다. 왜냐하면, 행정행위를 통하여 침해당한 자는 원칙적으로 헌법적으로 보장된, 일반적 공법적 제거청구권의 하부유형으로서, 행정청의 폐지를 구하는 청구권을 가지기 때문이다(참조 문번 506 이하). 이러한 청구권은 좁게 제한된 특수한 경우에서만 특별하고 헌법적으로 인정된 이유에 의해서 배제된다. 그래서 행정행위가 사실적- 또는 법적 상황의 변경에 기초하여 그의 폐지 후에 곧장 동일한 내용으로 다시금 발급되어져야만 한다면, 경우에 따라서는 행정행위의 폐지가 갈망(渴望)되지 않을 수도 있다. 이것은 신의성실의 법치국가적 기본원칙으로부터 다음의 문장: 채무자에게 상응하는 반대청구권이 부여되어 있기 때문에, 획득 후 즉시 돌려주어야만 하는 이행은 성공적으로 소구할 수 없다(Dolo agit, qui petit, quod statim redditurus est[39])로부터 도출되는데, 그렇지만 당해 사례구성에서 행정절차의 새로운 이행에 대하여 이익이 존재하지 아니하는 경우이다. 왜냐하면 이것은 순수한 형식을 넘어서거나 또는 그러한 요청은 과잉금지원칙에 위반되기 때문이다. 법적으로 기속되는 행정행위가 내용적으로 하자있는 이유를 나타낸다면, 동일한 것이 타당하다(처분사유의 내용적 보완에 대해서는 문번 811 이하를 참조하라).

[328] 기본법 제33조 제2항을 위반하고 이루어진 공무원임명은, 판례에 의하면, 행정행위를 통하여 근거 지워지는 주관적 권리침해에도 불구하고 피해자의 제거청구권이 성립하지 않는 행정행위를 의미한다. 경원자소송의 사례에서 권리보호의 올바른 형식은 원칙적으로 의무이행소송이고, 그래서

---

39) 직역하면 다음과 같다: 그가 즉시 다시 되돌려주어야만 하는 것을 요구하는 것은 악랄하게 행동하는 것이다(Arglistig handelt, wer etwas verlangt, was er augenblicklich wieder zurückgeben muss).

제거청구권의 거부에 있어서 최소한 제113조 제1항 제4문의 유추로 탈락자의 임명거부가 위법하였다는 것을 확인할 수 있다.

[329] 행정의 법률적합성의 원칙의 관점에서, 그 부관의 폐지 후에 잔존하는 행정행위가 위법하다면, 행정행위의 부관의 폐지에 대한 법적 청구권이 결여된다. 기본법 제20조 제2항에 정착한 권력분립의 원칙 때문에, 위법한 부관의 폐지가 행정청의 재량여지를 제한하는 곳에서도 상응하는 것이 타당하다. 상응하는 신청의 제기에 있어서 단지 부관의 위법성의 확인을 지향(指向)하고 그와 함께 동시에 원고의 주관적 권리침해가 확인되는 계속확인소송의 허용성은, 원고가 수혜의 위법성을 확인하도록 할 이익이 없다는 논거로 의문을 제기할 수는 없다. 이것은 즉 원래 소송계속이 되지 않았다(nicht streitbefangen).

계획확정결정 내지 계획허가의 폐지의 제한들은 나아가 행정절차법 제75조 제1항 및 전문계획법의 상응하는 규정들로부터 도출된다(예를 들면 장거리도로법 제17e조 제6항을 보라). 위법한 행정행위를 폐지하는 것이 형량하자가 명백하지 않고/않거나 결과적으로 중요성이 없기 때문에 이러한 규정들에 의하여 배제되는 한, 정당한 이익이 있는 경우 신청에 의하여 아무튼 그의 위법성이 확인될 수 있다. 하자의 심각성에도 불구하고, 하자가 계획보완 또는 보완하는 절차를 통하여 제거될 수 있다면, 계획확정결정의 폐지는 배제된다(예를 들면 행정절차법 제75조 제1a항 제2문을 보라). 여기서 폐지신청에 의하여 별도의 확인신청을 요함이 없이 계획확정결정의 위법성 외에 동시에 그의 비(非)집행가능성도 하자의 제거까지 확인된다.[40] 조리에 따라 최종적으로 언급된 확인은 행정행위의 (제한없는) 폐지와의 밀접한 관련성의 관점에서 별도의 확인신청이 필요없는 해제조건적 재판적 폐지를 넘어선다.

---

40) BVerwGE, 100, 370.

3. 제113조 제1항 제4문의 의무이행소송에의 유추적용

[330] 제113조 제1항 제4문의 규정은 상응하게 의무이행소송에도 적용될 수 있다. 이것은 신청된 행정행위의 거부 뿐만 아니라, 부작위의 경우에도 타당하다(다툼있음). 행정행위의 발급을 명하는 재판적 결정으로 동시에 원고에게 상응하는 법적 청구권이 부여된다는 것이 확인이 된다. 피고가 최종구두변론시까지 행정행위의 발급을 하도록 판결되지 않을 수 있다면 - 소송법적 또는 실체법적 이유로 - 원고에게는 제113조 제1항 제4문의 유추적용으로 신청된 행정행위의 (이전(以前)의) 거부 내지 해태의 위법성을 확인토록 할 가능성이 열려 있어야만 한다. 계속확인소송의 허용요건은, 먼저 제기된 의무이행소송이 허용되었다는 것에 있다. 정당한 이익에 있어서 제113조 제1항 제4문의 유추는 의무이행소송이 전혀 제기되지 않았더라도 긍정될 수 있다. 계속확인소송은 특히 다음의 사례에서 고려된다.

가. 행정행위의 발급에 대한 이익의 탈락

[331] 제113조 제1항 제4문에서 직접적으로 규율하는 공격받는 행정행위가 소제기 후에 완료된 사안과 깊은 관련이 있는 것은, 원고에 의하여 신청된 행정행위가 발급되었다고 하더라도 그 사이에 완료되었을 것이라는 것이다.

[332] 예: 원고가 시간적으로 한정된 허가를 신청하였다. 허가가 효력을 발하는 기간이 이미 행정법원에서의 최종구두변론 전에 이미 도과하였다. 행정행위의 발급을 구하는 판결을 위하여 권리보호이익은 존재하지 아니하고, 상응하는 허가가 추후에 다시금 신청된다면 해태의 위법성의 확인에 대한 이익은 존재한다.

[333] 제113조 제1항 제4문의 유추적용은, 원고가 의무이행소송의 제기

후에 그에 의하여 신청되고 행정청으로부터 거부된 행정행위의 발급에 대한 이익이 소멸하고, 그로 인하여 자신의 신청을 철회하고 그러나 그에게 이전의 거부로 발생한 손해를 주장하고자 하는 경우에는, 긍정될 수 있다.

[334] 예: 원고는 영업법적인 허가를 신청하였고, 이는 관할행정청을 통해서 거부되었다. 의무이행소송의 제기 후에 원고는 허가발급을 구하는 신청을 철회하고 그런데 그에게 거부를 통해서 발생한 손해를 기본법 제34조와 관련한 민법 제839조에 의거하여 주장한다.

나. 신청된 행정행위와 관련하여 사실적- 또는 법적 상황의 변경

[335] 제113조 제1항 제4문41)의 유추로 계속확인소송은, 행정행위의 발급을 구하는 청구가 최종구두변론시에 사실적- 또는 법적 상황의 변경 때문에 없어졌기 때문에 더 이상 지속될 수 없는 경우는, 개시 가능 하여야만 한다(의무이행소송에 있어서 시점의 기준에 대해서 문번 849 이하를 참조하라). 그러한 점에 있어서는 사실적- 또는 법적 상황의 변경 때문에, 원고의 권리를 침해하는 행정행위의 제거를 구하는 법적 청구권이 결여되는 취소소송에 있어서, 위에 언급된 사례들과 유사한 점들이 존재한다.

[336] 예: 건축허가의 발급을 구하는 청구권이, 연방건설법 제34조에 의하여 판단되어지는 건축계획에 있어서, 주위 환경의 변화 때문에 또는 새로 발급된 변경금지로 인하여 사라지게 되었다. 여기서 제113조 제1항 제4문의 유추로 과거에 건축허가의 발급청구권이 존재하였음을 확인토록 하는 이익이 존재할 수 있다. 공무원의 임명을 지향하는 의무이행소송에 있어서, 소송 중에 다른 공무원의 임명이 이루어졌고 그 때문에 계획된 자리

---

41) VwGO § 113 (1) Hat sich der Verwaltungsakt vorher durch Zurücknahme oder anders erledigt, so spricht das Gericht auf Antrag durch Urteil aus, daß der Verwaltungsakt rechtswidrig gewesen ist, wenn der Kläger ein berechtigtes Interesse an dieser Feststellung hat.

가 더 이상 여유가 없는 경우에도 상응한 것이 타당하다.

4. 제113조 제1항 제4문에 대한 유추의 한계

[337] 제113조 제1항 제4문을 유추하여 행정행위성이 없는 완료된 고권적 행위 특히 사실행위에 적용하는 것은, 그에 반하여 가능하지 않다(다툼 있음). 여기서 완료 전(前)에 권리보호가 취소소송과 의무이행소송을 통해서 보장되지 않기 때문에, 제113조 제1항 제4문에 대한 유추를 정당화하는 제113조 제1항 제1문과의 체계적인 관련성이 결여된다. 체계정합적이고 충분한 권리보호는 그러한 경우에 이미 제43조의 직접적인 적용을 통하여 보장된다. 왜냐하면 국민의 법적 지위에 영향을 미치는 고권적 행위를 실행할 권능(Berechtigung)은 법률관계로 표현되고, 제43조를 통한 권리보호의 실현에 있어서 (완료된 행정행위에서와는 달리) 평가의 모순을 두려워할 필요가 없기 때문이다. 다른 방법으로 만족시키지 못할 위법성의 확인에 대한 필요성도 제113조 제1항 제4문에 대한 유추를 지지한다는 것은, - 제43조가 구성요건적으로 해당되더라도 - 받아들여진다면, 아무튼 올바르지 않다.

[338] 제113조 제1항 제4문을 유추하여 지방자치법적 분쟁에 적용하려는 시도는, 이것은 부분적으로 조직내부관계 또는 조직상호관계에서 조치들의 완료의 경우에 인정되듯이, 상응하는 이유로 - 지배적 견해에 의하여 주장되는 행정행위 개념의 토대 위에 - 좌절된다. 지배적 견해에 의하면 그러한 조치들은 행정행위가 아니고, 따라서 단지 제113조 제1항 제4문의 유추로 회귀하는 것은 체계위반이라 할 것이다. 오히려 여기서는 다른 기관의 법적 지위를 침범하는 법적 행위의 발급에 대한 권한은 법률관계를 의미하기 때문에, 제43조에 따른 확인소송이 타당한 소송유형이다. 제113조 제1항 제

4문의 직접 또는 유추 적용을 위하여, -여기서 주장되듯이 -지배적 견해와
는 달리 지방자치단체의 조직기관 내지 그들의 구성부분 사이의 관계에서
행정행위의 발급을 가능하다고 간주하고 그러한 행정행위가 완료된 경우
에만 여지가 존재한다.

III. 계속확인소송의 허용성의 심사

[339] 계속확인소송의 허용성은 일반적 심사공식에 따라서 검토되어질
수 있다. 주의할 것은 계속확인소송의 취소소송 및 의무이행소송과의 특별
한 관련성 때문에, 원칙적으로 각각 그들의 특별한 허용요건이 존재하여야
만 한다는 것이다. 소제기 전(前) 완료에 있어서, 계속확인소송도 사전절차
를 필요로 하는 지와 - 그와 연관하여 - 취소소송 내지 의무이행소송을 위
하여 적용되는 권리구제기간이 어느 범위에서 계속확인소송을 위하여 적
용되는지에 대한 다툼이 있다. 계속확인소송에 있어서 항상 완료된 행정행
위의 위법성의 확인의 정당한 이익의 관점에서, 이것은 권리보호필요성의
하부유형으로서, 깊이 있는 검토가 요청된다.

시초사례의 해결

[340] 사례 1: 집회금지는 이미 소제기 전에 기한경과로 장래를 향하여
완료되었으나, 정당한 이익의 존재에 있어서 제113조 제1항 제4문의 유추
로 금지의 위법성을 확인토록 할 가능성이 존재한다.

[341] 사례 2: 행정절차법 제28조에 대한 위반으로 인하여 위법한 영업금
지의 행정소송상 폐지가 여기서 행정절차법 제46조에 따라서 배제되기는
하나, 여기서 영업법 제35조 상의 명백한 불허용성이 존재하는 사안에서
본안에서 다른 결정이 내려질 수 있지는 않다. 정당한 이익에 있어서 그렇

지만 해태된 청문을 통하여 근거 지워지는 위법성이 신청에 의하여 통상적으로 제113조 제1항 제4문의 유추로 확인될 수 있다.

[342] 사례 3: C의 허가의 발급을 지향하는 의무이행소송이 성공하지는 못한다. 왜냐하면 의무이행소송에 대한 결정을 위하여 기준이 되는 최종구두변론시에 있어서 허가발급을 구하는 법적 청구권이 더 이상 존재하지 않았기 때문이다. C는 그렇지만 (정당한 이익에 있어서) 제113조 제1항 제4문의 유추로 허가의 (이전(以前)의) 거부가 위법하였다는 것을 확인토록 할 수 있다.

제8절 일반적 이행소송

시초사례

[343] B는 지역행정청 L의 건축청에서 공무원으로서 근무하고 있다. 지역행정청 내부에서 조직적 변경의 관점에서, 그는 L의 질서청으로 전보되었고 여기서 동등한, 경력인정의 임무를 수행한다. B는 이런한 조치가 정당화되지 않다고 간주하여, 어떠한 소송으로 이에 대항할 수 있는 지를 (공무원지위법[42]) 제54조 제2항에 따라서 요청되는 사전절차의 실행 후에) 알기 원한다.

Ⅰ. 일반적 이행소송의 개시가능성

[344] 특별한 이행소송(특히 제42조 제1항 제2단의 의무이행소송)으로 소구될 수 없는, 특정한 행위(작위, 중지, 수인)에 대한 재판적 판결(Verurteilung)이 일반적 이행소송으로 구해진다. 이 때 고권적 주체의 행태(Verhalten) 뿐만 아니라, 사인의 행태도 중요하다. 행정청의 절차적 행동의 이행(Vornahme)이 구해지는 경우에, 일반적 이행소송의 개시가능성의 제한이 제44a조로부터 도출 될 수 있다.

---

42) Beamtenstatusgesetz - BeamtStG.

[345] 일반적 이행소송의 개시가능성은, 행정소송법에서 명시적으로 규정되어 있지 않다. 그 가능성은 특히 제43조 제2항 제1문과 관련하여 제40조로부터 나아가 제111조, 제113조 제4항, 제169조 제2항과 제170조로부터 도출될 수 있다. 발급된 또는 신청된 행정행위의 결여로, 취소소송과 의무이행소송이 배제되는 사례들에서, 개시가능성에 중요한 포섭기능이 부여된다. 그 때문에 예를 들면 공무원법에서 공격받는 고권적 행위가 단지 경영관계를 의미하고 그래서 취소소송이 개시가능하지 아니한 경우에는, 여기서 권리보호가 고권적 행위의 취소(Rückgängigmachung) 내지 제거(Beseitigung)를 지향하는 일반적 이행소송으로 가능한 지 여부가, 항상 더 심사되어져야만 한다.

[346] 공권력 주체에 대한 일반적 이행소송의 대상은, 행정행위가 아닌 행정의 모든 고권적 작용이다.

[347] 일반적 이행소송의 개시가능성은, 신청된 고권적 작용의 불발급에 있어서 묵시적 규율이 존재하고 그래서 행정행위가 존재하고 그래서 다만 의무이행소송만 가능하다는 이유로 의문이 제기될 수 없다. 그러한 규율이 존재하더라도 이것은 소송의 대상이 아니고 도리어 다만 신청된 고권적 작용 그 자체이다. 게다가 사실행위의 실행의 거부에 있어서 원칙적으로 단지 사실상의 언급(Hinweis)만 존재한다. 그럼에도 불구하고 사실행위의 거부가 오인하여 행정행위로 규명되고, 그 때문에 의무이행소송의 개시가능성이 추론된다고 하더라도 일반적 이행소송을 위한 적용영역은 거의 존재하지 아니할 것이다. 결과에 있어서 최종적으로 연방행정법원에 의하여 명시적으로 거부된 의무이행소송의 대상은 모든 고권적 직무행위라는 견해에 도달할 것이다. 그러나 행정행위로 규명될 수 없는 고권적 행위를 구하는 청구권이 명백하게 행정행위를 통하여 (예컨대 권리구제고지가 부가된 결정) 거부되어졌다면, 상대방은 이에 대하여 취소소송의 수단으로 대처하여야만 한다. 상대방이 물론 제113조 제4항에 따라서 행정행위의 폐지 신

청과 동시에 행정에게 사실행위를 실행할 의무를 지우는 것을 신청할 수 있다. 상대방은 그로써 거부의 재판적 폐지 후에 비로소 일반적 이행소송을 제기하는 것에 의존되지 않는다. 국민이 행정행위를 집행하는 사실상 행위에 대항한다면, 단지 일반적 이행소송을 통하여서만 권리보호가 도달될 수 없다. 사실상 행위의 제거는 기초가 되는 행정행위의 폐지 후에 비로소 요청될 수 있기 때문에, 상대방은 행정행위의 폐지를 먼저 이루어야만 한다. 이전에 그의 이행소송은 성공하지 못할 것이고 이유가 없을 것이다. 상대방은 제113조 제1항 제2문에 따라서 동시에 행정행위의 폐지를 구하는 취소소송과 함께 집행의 취소를 소구할 수 있을 것이다. 전적으로 집행행위의 취소를 구하는 소송은 (예를 들면 압류된 대상의 반환을 구하는) 종종 그와 함께 동시에 기초가 되는 행정행위의 폐지를 추구하는 것으로 해석되거나 내지 최소한 선해(善解: umgedeutet)되어질 수 있다. 이것이 그러나 취소소송이 -일반적 이행소송과는 달리 -원칙적으로 제68조 이하에 의거한 전심절차가 요구되고 게다가 기한이 도과되어서 좌절될 수 있다.

추구된 금전지급에 법률적 규율에 의하여 행정행위가 선행하여야만 하는 한, 직접적으로 금전지급을 지향하는 일반적 이행소송은 동일하게 성공하지 못한다. 오히려 의무이행소송으로써 행정행위의 발급을 구하는 소를 제기하여야만 한다. 그 때에 제113조 제1항 제2문의 유추로 동시에 행정행위를 집행하는 금전지급을 소구하는 것이 가능하다.

법률하위의 규범의 제정을 구하는 청구권을 주장하는 소송은 행정소송상 -헌법소송이 아니라 -분쟁을 대상으로 한다는 오늘날 지배적인 견해로부터 출발한다면, 그러한 소송에 있어서 동일하게 일반적 이행소송이 문제된다. 헌법적인 유형의 분쟁을 포함하고 제40조 제1항 제1문에 따라서 행정소송상 권리구제가 개시되지 아니하는 형식적 법률의 제정을 구하는 소송을 위해서는 다른 것이 적용된다.

[348] 국민에게 공권력 주체에 대항하여 부여되는, 대부분 사실행위의 집

행을 지향하는, 제거청구권 (결과제거청구권)의 실행에 있어서, 일반적 이행소송에게 특별한 의미가 부여된다.

[349] 예: 국가는 부당하게 기업을 통하여 생산된 물품의 구입을 경고한다. 기업은 철회를 소구한다.

[350] 이행소송으로 추구할 수 있는 결과제거청구권은, 사실행위에서 뿐만 아니라 예를 들면 행정내부적 조치에 있어서도, 예외적으로 외부에 위치하는 사람의 주관적 법적 지위를 침해하는 한, 고려된다.

[351] 일반적 이행소송으로 국민이 고권적 주체를 제소할 수 있을 뿐만 아니라, 공법상 의무 지워지는 국민의 행동의 실행이 문제된다면 고권적 주체도 국민을 제소할 수 있다.

[352] 예: 주민이 공법상 수수료채무 또는 부담금채무를 이행하지 않는다면, 게마인데는 일반적 이행소송의 방식으로 지급을 소구할 수 있다.

[353] 그러한 일반적 이행소송의 사실상 의미는, 고권적 주체가 국민에 대하여 그의 공법적 청구의 집행을 위하여 재판적 명의의 취득에 의존하지 않고 오히려 행정행위의 발급을 통해서 집행권원(Vollstreckungstitel)을 창출하는 것을 통하여 줄어든다. 그럼에도 불구하고 이행처분을 발급할 수 있음에도 고권적 주체가 소구(訴求)한다면, 일반적 이행소송을 위한 권리보호필요성의 문제가 보다 상세하게 심사되어야 한다. 그렇지만 결과적으로 그것은 긍정될 것이다.

[353a] 일반적 이행소송의 대상은 원고의 관점에서 현재적으로 존재하는 이행청구권 뿐만 아니라, (예외적으로) 미래의 이행청구권일 수도 있다. 단지 과거에만 존재하는 청구는 그에 반하여 제43조에 따른 확인소송으로 주장될 수 있다.

II. 이행소송의 하부유형으로서 예방적 금지소송

1. 행정행위성 없는 행정작용의 위협에 대한 예방적 금지소송

[354] 침해행위 후에 투입되는 사후적 (억제적) 권리보호에 반하여, 예방적 기능을 가지는 예방적 금지소송은 일반적 이행소송의 하부유형을 의미한다. 예방적 금지소송으로 공법적인 행정작용의 금지(禁止)를 소구한다 (예를 들면 임박한 경고 또는 경찰법상 금지). 일반적 이행소송의 하부유형으로서 예방적 금지소송의 개시가능성은, 행정행위성이 없는 임박한 행정작용에 있어서 오늘날 의문의 여지는 없다. 예방적 금지소송은 고권적 행태(Verhalten)를 대상으로 한다. 행정행위의 임박한 발급에 있어서와는 달리, 예방적 금지소송의 허용은 취소소송의 허용요건의 우회를 가져오지 않는다. 예방적 금지소송의 허용성은 제42조 제2항의 유추로 요청되는 원고적격의 관점 하에서도 의문의 여지가 없다. 왜냐하면 원고의 주관적 권리를 침해하는 임박한 행정작용에 있어서 금지청구권이 존재하기 때문이다. 이전에 제기된 예방적 금지소송의 개시가능성에 있어서 금지판결을 변경된 사실적- 또는 법적 상황에 부합시킬 가능성이 없고 그 때문에 이러한 소송은 허용되지 말아야만 한다는 이견(Einwand)은 설득력이 없다. 또한 법률하위의 규범에 대해서도 금지소송(Unterlassungsklage)은 개시가능하다. 금지소송의 허용성은 대부분 원고적격의 결여로 좌절된다. 왜냐하면 원칙적으로 위법한 규범의 금지를 구하는 청구는 존재하지 않고 그리고 이러한 청구가 존재하더라도 원칙적으로 원고를 규범에 대한 통상적으로 부수적 규범통제를 수단으로 달성될 수 있는 억제적 권리보호로 안내하는 것이 수인가능하기 때문이다.

2. 임박한 행정행위에 대한 예방적 금지소송

가. 원칙적 불허용성

[355] 예방적 금지소송이 행정행위의 발급에 대항하는 경우에는, 예방적 금지소송의 허용성에 대한 이견들은 오늘날도 제기된다. 올바른 견해에 의하면, 예방적 금지소송은 기본법적인 권력분립원칙(기본법 제20조 제2항)이나 금지청구권의 결여로 인해서 좌절되지 않는다. 왜냐하면 권력분립원칙은 기본법 제19조 제4항을 통하여 특별한 각인을 경험하였고, 예방적 금지소송은 헌법적으로 요청되는 효율적인 재판적 권리보호의 보장을 위하여 특정한 사례에서 필수불가결 하기(unerlässlich) 때문이다. 행정소송법이, 제42조와 제68조에서 보여주듯이, 행정행위에 대한 억제적 권리보호의 기본원칙으로부터 출발한다는 이견은 그러나 정당하다. 억제적 권리보호의 특별한 허용요건, 특히 이의제기절차는 임박한 행정행위에 대한 예방적 금지소송의 무제한적 허용성을 통하여 사실상 우회되었고 형해(形骸)화 되었다. 그 외에 행정소송법은 제80조에 규정된 집행정지효를 통하여 및 제113조 제1항 제1문에 따른 행정행위의 폐지의 소급효를 통하여, 일반적인 사안에 있어서는 행정행위에 대하여 이미 효과적인 권리보호를 하고 있다. 그래서 그러한 한도 내에서는 예방적 금지소송의 체계위반적 허용을 위한 이유는 존재하지 않는다.

여기서 예방적 금지소송을 행정소송법상 소(訴)체계에 내재하는 절차경쟁규율 때문에 개시불가능하다고 간주하는 지 여부 또는 지배적 견해로 예방적 금지소송을 위하여 내실 있는 권리보호필요성을 요구하고 이러한 필요성을 부정하는 지 여부는 실제적인 결과에 있어서 중요치 않다.

나. 행정행위에 대하여 허용되는 예방적 금지소송의 경우

[356] 취소소송으로 행정행위에 대한 효과적인 권리보호가 예외적으로 달성 될 수 없다면, 권리보호의 효율성의 헌법적인 원칙(기본법 제19조 제4항)으로부터 행정소송법의 단순법률적 절차규정들이 헌법합치적 해석에 있어서 예방적 금지소송을 배제할 수 없다는 것이 도출된다. 행정행위의 급박한 발급에 대한 예방적 금지소송이 원칙적으로 허용되지 않을지라도, 이러한 소송은 특히 다음의 사례구성(Fallkonstellation)에서는 개시가능하다.

(1) 추후 발급된 위법한 행정행위의 법적 또는 사실상 폐지불 가능성

[357] 예방적 금지소송은 원칙적으로 원고의 권리를 침해하는 추후에 발급된 행정행위에 대한 취소소송이 예외적으로 행정행위의 폐지를 가져올 수 없는 경우에는 허용되어야만 한다.

[358] 예: 이것은 판례에 따르면 기본법 제33조 제2항을 위반하는 공무원의 임명에 있어서 적용된다. 지금까지의 판례에 의하면 원칙적으로 예방적 금지소송만이 가능하였기 때문에, 공무원 직(職)에 대한 공동지원자는 임명행정청을 통하여 계획된 다른 지원자의 임명 전(前)에 이에 대하여 통지되어야만 한다. 임명행정청은 이 경우에 의무가 있다고 간주되어야만 하고, 최소한 문의에 대하여 계획된 결정을 위한 이유를 제시하여야만 한다. 왜냐하면 그러한 인식(Kenntnis)이 없이 이의제기의 시도와 후속적으로 금지소송의 제기 내지 가명령의 신청이 무의미하게 보이기 때문이다.

[359] 예방적 금지소송은, 행정행위와 그의 집행을 통하여 기성사실(vollendete Tatsachen)이 만들어 질 위험이 존재하는 경우에 효과적인 권리보호를 보장하기 위하여 필수적이다.

[360] 예: 행정행위가 전형적으로 단기간에 완료된다면, 예를 들면 임박

한 집회의 금지에서처럼, 예방적 금지소송은 특히 의미가 있다. 여기서 통상적으로 즉시집행이 명령되고, 제80조 제5항에 따른 잠정적 권리구제의 가능성도 상대방에 - 그에게 완료 후 결과제거청구권이 부여되어 있지 않은 - 대한 종국적인 권리상실의 위험을 배제할 수 없다.

(2) 형벌 또는 과태료 내지 기타 제재로 보강된 행정행위

[361] 예방적 금지소송은 나아가 형벌 또는 과태료(Geldbuße)로 보강된 행정행위가 임박(急迫)한 경우에도 개시가능하다. 이러한 행정행위를 위반하면 처벌가능성은, 행정법원이 추후에 공격받는 행정행위의 적법성을 긍정하는 경우뿐만 아니라, (그런데 문제가 많은) 연방통상법원의 판례에 의하면, 행정행위가 나중에 그의 위법성에 기초하여 행정법원을 통해서 폐지되는 경우에도 주어진다. 형법적인 결과는, 연방통상법원의 견해에 따르면, 행정행위의 소급적인 행정재판적 폐지를 통하여 제거되지 않는다. 예방적 금지소송은 임박한 행정행위의 불(不)준수가 현저한 경제적 체재와 결부된 경우에도 허용된다.

(3) 지체된 행정행위

[362] 예방적 금지소송은 끝으로 지체된 행정행위의 경우에도 개시가능하다. 행정이 예를 들면 행정행위의 발급을 예고하고서는, 발급에로의 행정의 의도를 밀어냄이 없이, 그 발급을 지체하는 경우에는, 국민에게 예방적 금지소송을 통하여 불안한 법적 상황을 제거하는 것이 가능하여야만 한다.

(4) 다수의 행정행위의 임박한 발급

[362a] 예방적 금지소송은 어떤 자(者)에 대하여, 다수의 같은 종류의 행

정행위가 임박하고, 예방적인 권리보호를 통하여 법적 문제가 해소되어질 수 있다면, 개시가능하다.

3. 임박한 법률하위의 법규범에 대한 예방적 금지소송

[362b] 위법한 법률하위의 법규범의 임박한 제정에 대한 예방적 금지소송은, 통상적으로 이미 금지청구권의 결여에서 좌절된다. 그러한 청구권이 존재할지라도, 예방적 금지소송은, 아무튼 억제적 권리보호에로의 이송이 효과적이지 아니하는 경우에만, 고려된다. 형식적 법률의 임박한 제정에 대한 예방적 행정소송적 권리보호를 위해서 행정법적 권리구제는 열려 있지 않다. 왜냐하면 여기서는 원칙적으로 헌법소원을 통한 권리보호만이 문제되는 헌법적인 유형의 분쟁이 다루어지기 때문이다.

III. 일반적 이행소송의 허용성 심사

[363] 일반적 이행소송의 허용성 심사를 위해서 다시금 일반적 심사공식이 적용된다. 특별한 허용요건과 관련하여 일반적 이행소송을 위하여 - 직접적으로 다만 취소소송과 의무이행소송을 위해서만 적용되는 - 마찬가지로 원고적격의 특별한 허용요건이 요구되고, 제42조 제2항을 유추하여 적용할 수 있는지 여부와 관련하여 다툼이 있다. - 결과에 있어서 긍정하는 - 이러한 문제에 대하여 일반적 이행소송의 허용성 심사에 있어서 항상 언급되어져야만 한다. 신청된 직무행위의 실시에 대한 행정에 있어서의 신청은 (제68조 제2항, 제75조 제1문에 의거한 의무이행소송에서는 달리) 허용요건이 아니다(다툼있음). 신청은 권리보호필요성의 일반적 관점 하에서도 요구될 수 없다. 제156조가 보여주듯이, 피고가 그의 행위를 통하여 소의 제기

로의 유인을 제공하지 아니한 상황은 권리보호필요성을 배제하지 않는다. 피고가 청구를 즉시 인정한다면, 원고에게 비용법적인 불이익을 지닌다. 일반적 이행소송을 위해서는, 원칙적으로 제68조 이하에 따른 사전절차의 실시를 필요로 하지는 않는다; 공무원관계로부터의 소송에 있어서는 공무원지위법 제54조 제2항 내지 연방공무원법 제126조에 따라서 다른 것이 타당하다. 일반적 이행소송은 다른 법률적 규정의 유보하에 원칙적으로 기한(期限) 없이 제기할 수 있으나, 실효될 수는 있다.

시초사례의 해결

[364] 취소소송은 행정행위의 존재의 결여로 배제된다. 왜냐하면 같은 행정청 내에서 다른 동등하고 경력을 인정하는 임무영역의 부여에 있어서는, (왜냐하면 공무원은 특정한 임무영역의 보유에 대한 권리를 갖지 않기 때문에) 규율효력이 외부로 미치지 아니하는 소위 전보(轉補)가 문제되기 때문이다. B가 결과제거청구권을 주장할 수 있는 전보의 취소를 지향하는 일반적 이행소송은 고려된다.

제9절 형성의 소

I. 형성소송의 개시가능성

시초사례

[365] 최고 경찰행정청으로서 주(州)내무부는 관할 하급경찰행정청에게 생필품 회사에 의하여 생산된 생필품을 압수하도록 지시한다. 생산자 P는 그로 인해서 법원이 이러한 지시를 폐지하는 청구취지로 소송을 제기한다. 그러한 폐지소송이 개시가능한가?

[366] 행정소송상 이행의 소와 확인의 소 외(外)에 행정소송법은 또한 형성의 소를 규정한다. 형성의 소는 법률관계의 직접적인 재판적 근거지움, 변경 또는 폐지를 목표로 한다. 제42조 제1항 제1단에 규정된 취소소송은 형성소송의 가장 중요한 경우이지만, 그러나 일반적으로 형성소송에 대해서 언급하는 제43조 제2항 제1문에서 보듯이 이러한 소송유형의 전부는 아니다. 그 밖의 사례로서 변경의 소(민소법 제323조 연관 제173조), 집행문 부여에 대한 이의의 소(Vollstreckungsabwehrklage)(민소법 제767조 연관 제167조 제1항) 그리고 제3자 이의의 소(Drittwiderspruchsklage)(민소법 제771조 연관 제167조 제1항).

[367] 집행문 부여에 대한 이의의 소는 민소법 제767조 연관 제167조 제1항에서 다툼이 없이 제168조에 언급된 집행권원의 하나에 근거하는 집행에

대해서 특히, 확정력이 있고 잠정적으로 집행가능한 행정재판적 결정에 대해서 적용된다. 이러한 소로 집행권원에서 확정된 청구에 대하여 이의를 제기하게 된다. 이 소는 그렇지만 행정행위에 기초한 집행에서는 허용되지 않는데(이견 있음), 왜냐하면 행정소송법은 이미 집행에 대한 충분한 보호가능성을 규정하고, 민소법 제767조에로 회귀(回歸)를 통하여 메꾸어야만 할 법적 보호의 공백은 없기 때문이다.

[368] 행정행위에서 집행권원이 부여된 청구권이 소멸되었다는 것을 (예를 들면 이행을 통해서) 집행의무자는 주장한다면, 그는 행정집행의 불허용성을 확인토록 할 수 없다. 왜냐하면 그러한 소송은 구체적인 법률관계의 부존재를 지향하는 것이 아니기 때문이다 (단지 개별적 집행행위의 발급에로의 권능만이 법률관계를 포함한다). 집행의무자는 명의가 부여된 청구권의 부존재를 제43조 의거하여 주장할 수 있고 동시에 제123조에 따른 잠정적 권리보호를 추구할 수 있을 것이다. 그러한 청구권의 부존재가 확정력 있게 확인되어진다면, 동시에 집행행위의 발급을 위한 기초가 결여된다는 것이 확정된다. 게다가 개별적 국민은 곧장 -행정행위로서 규명되어지는 -집행행위의 취소의 길에서 명의가 부여된 청구권의 소멸을 주장할 수 있다. 행정집행이 상당한 정도로 형식화되어 있고 (의무이행소송을 통하여 소구할 수 있는) 행정집행의 불허용성에 대해서 자기자신의 행정청의 결정을 규정하는 바이에른과 라인란트팔쯔에서만 다른 것이 적용된다.

[369] 당사자가 행정행위의 유지가 그의 존속력의 발생 후에 이루어진 법적- 또는 사실적 상황의 변경 때문에 위법하다는 것을 주장한다면, 이러한 유형을 위하여 민소법 제767조의 규정은 원래 적당하지 않다. 이러한 규정은 원칙적으로 집행권원이 있는 청구에 대한 권리장애적 또는 권리소멸적 이의(異議: Einwendung)를 대상으로 하고, 그에 반하여 집행권원 그 자체에 대한 이의는 아니기 때문이다. 그 범위 내에서 당사자에게 행정행위의 취소를 구하는 의무이행소송을 제기하는 길이 열려 있다.

주목: 집행할 수 있는 행정행위의 (시초의 또는 추후의) 위법성에 기초하는, 행정행위로서 규명되는 집행행위의 취소는, 본안에서 승소할 수 없고, 즉 이유가 없다. 집행법률에 따르면 집행행위의 적법성은 원칙적으로 그의 집행이 문제되는 행정행위의 적법성이 아니라, 단지 효력있음에 의지한다.

Ⅱ. 일반적 행정소송법적 형성의 소의 불인정

[370] 일반적 행정소송적 형성소송은 법률적으로 규정된 특별한 형성의 소 외에는 존재하지 아니한다(다툼 있음). 소송유형은 원칙적으로 소송법에 이전에 위치하는 실체법적 권리에 의거한다. 실체적 행정법에 의하여 국민은 국가적 형성을 통상적으로 행정에 대하여 청구한다. 행정은 - 법원이 아니라 - 그러므로 형성적 행위를 하여야만 한다.

[371] 이것은 행정소송상 의무이행소송에서의 모습도 같다. 여기서 법원은 원칙적으로 청구된 행정행위를 스스로 발급하는 것이 아니라, 행정이 발급을 하도록 판결을 한다. 단지 취소소송에서 법원은 그의 폐지하는 결정을 통하여 직접적으로 행정의 위치에 선다.

[372] 공무원이 그의 주관적 권리를 침해하는 (예를 들면 전보가 차별적인 성격을 지니므로) 전보에 대하여 대항하자면, 그는 이에 대하여 일반적 형성의 소가 아니라 단지 전보의 취소를 지향하는 일반적 이행의 소로서 재판상 대항할 수 있다. 지배적 견해에 의하여 일반적으로 부인되는 조직행위의 행정행위성의 관점에서, 지방자치법상 기관쟁의 또는 이에 상응하는 행정소송상 기관쟁의에서 어떠한 조치의 직접적인 재판적 폐지를 지향하는 일반적 폐지의 소를 찬성하는 것은 설득력이 없다.

시초사례의 해결

[373] 여기서 외부효를 지향하는 규율은 문제가 되지 않기 때문에, 취소소송은 행정행위의 결여로 좌절된다. 상정할 수 있는 것은 단지 지시(Weisung)에 포함된 규율의 폐지를 지향하는 일반적 형성의 소이다. 행정소송법이 일반적 형성의 소를 규정하지 않고, 이미 제43조 제2항 제1문에서 규정하는 일반적 이행의 소를 통해서 충분한 권리보호가 가능하므로, 폐지의 소는 개시될 수 없다. 청구취지는 상황에 따라서 주(州)가 지시를 취소하도록 판결을 구하는 이행의 소로 이해될 수 있다. 그러한 경우에는 제42조 제2항의 유추로, 생산자 P에게 지시의 취소를 구하는 청구권이 부여될 수 있는지 여부에 대한 보다 상세한 심사가 요청된다.

제10절 행정소송상 일반적 확인소송

시초사례

[374] 사례 1: 건축감독청은 건축주 A에게 그의 건축적 조치의 계속적 실행을 형식적으로 금지할 것을 계고한다. A는 여기서 건축감독청의 주체가 그러한 금지를 할 권한이 없다는 것의 확인을 구하는 소를 제기할 수 있는가?

[375] 사례 2: 연방은 특정의 환경유해적 물질의 생산에 대하여 장래 특별부담금을 부과하는 법률을 제정한다. 이를 통하여 생산이 수지타산이 맞지 않게 된다. 생산자 P는 법률의 집행을 위한 관할행정청의 관점에서 특별부담금 규정의 구성요건에 의하여 포섭되는 물질을 생산한다. P는 이를 다툰다. 그는 그의 생산을 지속하기 전에, 행정소송법적으로 그가 자신의 지금까지의 생산을 지속함에 있어서 특별부담금 납부의무가 없다는 것을 분명하게 하기를 원한다.

a) 그는 그러한 명쾌함을 도출할 수 있는가?

b) P가 그에 의하여 생산된 물품이 특별부담금 규정에 의하여 포섭되는 것으로부터 출발하였으나, 그는 이것을 위헌이라고 간주한다면 법적 상황은 어떻게 될까?

[376] 사례 3: 바덴-뷔어템베르크 주(州)의 게마인데 C의 시장(市長) B는 게마인데의회의 의장으로서 회의를 지속적으로 심각하게 방해하는 의원 G

를 회의로부터 영구적으로 배제한다.

  a) G는 여기서 배제가 과거에 위법하였고 또한 미래에도 유지될 수 없다는 확인을 소구할 수 있는가?

  b) G는 배제의 무효의 확인을 소구할 수 있는가?

Ⅰ. 행정소송상 일반적 확인소송의 개시가능성

[377] 제43조는 일반적 확인의 소를 규율한다. 원고가 즉시 확정(baldige Feststellung)에 대한 정당한 이익(ein berechtigtes Interesse)이 있다면 제43조 제1항에 의하여 법률관계의 존재 또는 부존재의 확인 또는 행정행위의 무효의 확인을 구할 수 있다. 제43조 제2항 제1문은 원고가 그의 권리를 형성의 소 또는 이행의 소를 통하여 추구할 수 있거나 추구하였을 수 있었다면 확인이 구해질 수 없다고 제한적으로 규정한다. 그렇지만 행정행위의 무효의 확인을 구하는 경우는 해당되지 않는다. 제43조는 확인의 소의 두가지 다른 대상을 규정한다: 하나는 법률관계의 확인을 지향하는 소와 다른 하나는 행정행위의 무효확인을 지향하는 소이다. 법률관계의 존재의 확인을 구하는 소를 적극적 확인의 소라 하고, 법률관계의 부존재의 확인을 구하는 소를 소극적 확인의 소라 한다. 확인의 소는 피고에 대하여 실체법적인 확인의 청구권을 실현하는 것이 아니라, 순수하게 소송상 권리구제를 의미한다.

1. 확인의 소의 대상으로서 법률관계

가. 법률관계의 개념

[378] 지배적 견해에 따르면 제43조 상 법률관계(Rechtsverhältnis)란 구체적인 사안(Sachverhalt)으로부터 도출되는 인(人)의 다른 인(人) 또는 물건에 대한 공법적인 관계를 의미한다. 이러한 정의에서 인(人)과 물건 사이에서도 공법적인 관계가 존재한다는 전제는 오해의 소지가 있는데, 이를 문언적으로 보자면 법이론적으로 지지될 수 없다. 인과 물건 사이의 법적인 관계는, 당연히 물건과 관련하여 존재하는 인(人)들 사이의 법적인 관계를 의미한다.

[379] 예: 민사법에서 물건과 관련하여 소유권이 소유자와 다수의 의무자 사이에 법적인 관계들을 생성하듯이, 공물로서 물건의 성질(예를 들면 공공의 도로)은 물건과 관련하여 일련의 권리와 의무를 근거(根據)지운다. 공공의 도로에서 원칙적으로 모든 자(者)는 물건의 공용지정(Widmung) 목적을 침해하는 교란(攪亂: Störung)을 하지 아니할 의무를 부담함과 동시에 도로의 공용지정에 상응하는 이용권을 지닌다.

[380] 인(人)들 사이의 법률관계를 근거지우는 공법상의 관계는 필수적으로 최소한 주관적 공권의 존재를 요구한다. 주관적 공권은 법적으로 보호되는 이익과 관련하여 권리자에게 공법을 통하여 부여된 법적 힘이다. 그러한 주관적 공권에는 법논리적으로 항상 최소한 다른 인(人)의 의무가 대응한다. 이러한 법적 관계는 이미 법률관계의 긍정을 위하여 충분하다. 법률관계들은 주관적 권리와 의무의 다발로도 구성될 수 있다.

[381] 예: 공무원의 그의 공법인에 대한 개별적 형성의 청구뿐만 아니라, 공무원과 그의 공법인 사이에 다수의 권리와 의무를 대상으로 하는 공무원관계 전부도 법률관계이다.

[382] 전적으로 의무만으로는 법률관계는 아직 근거 지워지지 않는다(다툼 있음). 주관적 권리가 상응하는 의무 없이 법논리적으로 상상할 수 없는 반면에, 의무는 반드시 주관적 권리와 대응되어야 할 필요는 없다. 사람 사이의 법률적 관계는 항상 주관적 권리를 통해서 근거 지워진다는 관점에서, '사람 사이의 법률적 관계'라는 용어의 명확화를 위해서 제43조에 따른 확인의 소의 대상은 항상 주관적 공권의 존재 또는 부존재이다. 판례는 법률관계의 존재를 위해서 그리고 확인의 소의 개시가능성을 위해서, 법률관계의 존재가 다투어진다는 것을 요청한다. 그러나 법률관계의 분쟁은 다만 그의 확인에 대한 정당한 이익을 위해서만 중요할 수 있다. 법률관계를 구성하는 주관적 공권은, 실체법에서 일반적으로 인정되는 것처럼, 그것이 다투어지는 지 여부에 의존되지 않을 수 있다. 물론 구체적인 사안에 대하여 규범의 적용으로부터 주관적 공권이 도출된다면, 법률관계가 존재한다. 그러므로 예를 들면 법규범이 추상적으로 주관적 권리를 근거 지우기에 적합한 지 여부는(예를 들면 연방건설법 제34조가 인인(隣人)보호적 성격을 지니는 지 여부), 제43조에 의하여 확인 가능한 법률관계가 아니다. 이것은 법규정의 주관화를 대상으로 하지 않는 추상적인 법적 문제에는 더구나 타당하지 않다. 예를 들면 법률적 규율에서 사용된 불확정 법개념이 일반적으로 어떻게 해석될 수 있는 지의 문제 또는 어떤 주(州)에서 실시된 직능시험(Laufbahnprüfung)이 또한 다른 주(州)에서 인정되어져야만 하는 지 여부의 문제는 확인이 가능하지 않다. 구체적인 법적 문제의 석명에 대한 것일지라도(예를 들면, A가 승인의 발급을 위하여 법적으로 요구되는 신뢰성을 소지하는 지 여부), 이것은 법률관계를 의미하지 않고 오히려 단지 법률관계를 위한 선결문제로서의 의미가 있을 뿐이다.

[383] 주목: 우선적으로 단지 법적 문제의 석명만 목표로 하는 확인의 신청은 개시불가하다고 하더라도, 종종 법률관계의 존재 또는 부존재의 확인을 지향하는 신청으로 그래서 개시가능한 것으로 해석되거나 전환될 수 있

다. 원고가 그로부터 행사된 영업적 활동이 승인요건을 구성하는 규범의 구성요건으로 포섭될 수 없다는 확인을 구한다면, 이러한 청구는 원고가 이미 지금 (즉 승인 없이도) 이러한 행위를 영위할 자격이 있다는 확인을 구하는 것으로 해석될 수 있다.

나. 국민의 주관적 권리와 법률관계

[384] 공법적 법률관계는, 통설에 의하면, 국민의 주관적 공권을 통하여 근거 지워진다. 그러한 주관적 공권은 국민의 청구권, 지배권 그리고 형성권이다. 청구권을 위한 예는 건축허가의 발급을 구하는 청구이다. 형성권은 그에 의하여 체결된 공법상 계약의 해지 또는 취소를 구하는 국민의 권리이다. 지배권으로서 주관적 공권은 무엇보다도 기본권을 나타낸다.

[385] 청구권은 언제는 상대적 (즉 특정한 인(人)들 사이에서의 관계에서만 효력을 발하는) 권리인 반면에, 형성권은 내용에 따라서 - 대부분은 - 상대적 권리이지만 또는 그러나 절대적 (즉 모든 자에 대하여 효력을 발하는) 권리일 수 있다. 기본권은 특히 자유권적 기본권은 공권력의 모든 주체를 기속하기 때문에 절대적 권리로 분류되고 법률관계를 근거지운다.

[386] 주목: 기본권이 통상적으로 공권력의 주체에 대해서만 보호하고 그에 반하여 원칙적으로 (직접적으로) 사인(私人)에 대해서는 보호하지 않는다는 상황은 그의 절대성이 상대화 되기는 하지만, 그러나 절대권으로서의 그의 성질에 반하지는 않는다. 자유권적 기본권을 통하여 구성되는 법률관계의 존재는 - 판례의 견해와는 달리 - 국민에게 그로부터 행사된 (또는 의도된) 활동으로의 권능이 고권주체를 통하여 다투어지거나 또는 그에 대하여 국가적 대응조치가 계고되는 것에 의존하지는 않는다. 그러한 다툼은 올바른 견해에 의하면 신청된 확인을 위해서 정당한 이익 (권리보호필요성)이 긍정될 수 있는가라는 문제의 대답을 위해서만 의미가 있다. 국민에

게 특정의 국가적 조치가, 예를 들면 그의 적법성에 다투어지는 활동의 금지, 통지되면 이것은 그 밖에 계고된 금지의 위법성에 있어서 추가적으로 상응하는 금지청구권의 성립을 가져온다. 그와 더불어 자유권적 기본권을 통하여 구성되는 법률관계 외에 등장하는 하나의 추가적 법률관계가 근거 지워진다.

다. 국가의 주관적 권리와 법률관계

[387] 법률관계(Rechtsverhältnisse)는, 올바른 그렇지만 이견이 있는 견해에 의하면, 국민의 주관적 권리를 통해서뿐만 아니라 국가의 주관적 권리를 통해서도 근거 지워질 수 있다. 주관적 권리는 항상 제한적인 것이고 반면에 국가에 있어서 그 뒤에 서 있는 무제한적인 것이 주효(奏效)하기 때문에 국가의 주관적 권리는 배제된다는 오토 마이어(Otto Mayer)로 거슬러 올라가는 견해는, 그의 사고적 시발점을 법적으로 국가의 무제한적인 주권의 실증주의적 관념(positivistische Vorstellung)에 두고 있다. 이러한 견해는 오늘날 법치국가에서 국가의 모든 권력은 처음부터 법적으로 제한되고 구성된다는 상황을 고려하지 않는다. 법치국가적으로 명령된 국가와 국민의 관계의 법적 관계화(Verrechtlichung)의 이익에 있어서, 국가에 부여된 법적 힘을 국가적 이익과 관련하여 주관적 권리로 파악하는 것이 모순이 없을 뿐만 아니라 국민의 권리보호의 관점에서 오히려 명령된다. 국가의 주관적 권리의 거부는 그 밖에 이념역사적으로 주관적 공권의 법적 형상의 자연법적 기원(Herkunft)으로 거슬러 올라갈 수 있으나, 그러한 것으로서 오늘날 더 이상 주관적 권리의 부정을 정당화하지는 않는다. 이것은 또한 그의 승인으로 국민의 주관적 권리의 긍정으로와 마찬가지로 동일한 법치국가적 목표설정이 추구될 때 더욱 그러하다. 주관적 권리라는 법적 제도와 권리보유자의 자유와 의향이 결부된다는 관념이, 국가의 주관적 권리의 부인

(否認)을 정당화하지 않는다. 왜냐하면 부인(否認)이 일방적으로 민사적으로 각인되고, 그 때문에 부인(否認)은 국가적 주관적 권리에 승계될 수 없기 때문이다. 물론 민사법에서 조차도 주관적 권리의 개념의 자유주의적 관념은 오래 전에 극복되었다.

[388] 그러나 국가의 권한은, 국가에게 다른 자에 대한 법적 힘을 부여할 때에만 주관적 권리로 규명되어질 수 있다. 국가적 주관적 공권으로 예를 들면 (국가를 통하여 긴급한 경우에 강제로 실행할 수 있는) 조세청구권을 들 수 있다. 지배권은 공물에 대한 국가적 사물지배이다. 국민에 대하여 (수익적 또는 부담적) 행정행위를 발급할 국가적 권한은 형성권을 의미하고, 그에 대한 확인은 그렇지만 통상적으로 제43조 제2항 제1문을 통해서 배제된다.

[389] 행정법적 법률관계를 구성하는 주관적 권리는, 지배적 견해에 의하면, 법률적 위임에 기초한 법률하위의 법규정의 발급에 대한 행정부의 권리를 의미한다. 법률하위의 법규정에 대한 권리보호의 실현을 위하여, 제43조에 의한 규범제정권의 부존재를 주장하는 확인소송이 고려된다. 그러한 확인은 추상적 규범통제(prinzipale Normenkontrolle)를 가져오고 그리고 제47조에 의하여 매우 제한된 요건 하에서만 허용되어야 하기 때문에, 이러한 확인은 단지 이러한 방식으로 법률하위의 법규정에 대하여 기본법 제19조 제4항을 통하여 보장된 권리보호가 보장되는 경우에만 개시가능하다. 다만 그러한 범위에 있어서는 제47조는 기본법 제19조 제4항의 우위 때문에 차단효(Sperrwirkung)를 발할 수 없다. 제43조에 의하여 의회의 입법자의 규범제정권의 부존재 확인은, 그에 반하여, 이에 대한 소송은 제40조 제1항에 의하여 행정소송상 권리구제의 길이 배제되는 헌법적인 분쟁에 해당되기 때문에 이미 일반적으로 배제된다.

[390] 하급행정청에 대하여 상급행정청에 의한, 내지 감독을 받는 담당자(특히 공무원)에 대한 상급자의 국가적 지도권한을 통하여는, 원칙적으로

제43조의 의미에서 확인가능한 법률관계가 근거 지워지지 아니한다. 지시에 복종하는 자를 단지 그들의 지위에 있어서만 순수한 직원으로서 관련시키는 내부적 관계는, 국가적 행정계층의 본질에 뿌리를 내리고 있으며, 원칙적으로 재판적 심사를 벗어나 있다. 특별권력관계에서 (특별지위관계에서) 조치들이 그러한 권력관계에 위치하는 자(者)에 대하여 주관법적 관련을 나타내지 않는다면, 확인 가능한 법률관계가 결여되어 있다. 이것은 전형적으로 소위 경영관계에서 통상적으로 순수한 직무관련을 통하여 표시되는 조치들에게 해당된다. 그러한 결과로 공무원이 그의 상관이 자신에 대해서 비판적으로 자신의 직무수행에 대해서 표명할 권한이 없다는 확인을 요구하는 확인소송은 허용되지 않는다. 왜냐하면 그러한 소송은 법률관계를 지향하지 않기 때문이다. 질적으로 비난하는 의견표명에 있어서, 즉 직무상 범죄(犯罪)의 비난을 포함하고 그 때문에 주관법적으로 중요한 의견표명에서는 다른 것이 타당하다. 허용성심사의 범주에서 원고가 주관법적 중요성을 지니고 확인가능한 법률관계를 근거지울 수 있는 사실(Tatsache)을 주장하는 지에 근거를 두어야 한다.

[391] 법률관계를 근거지우는 주관적 권리는 동일한 법인(法人)의 다른 기관에 대한 관계에서 기관 내지 기관의 부서에게 부여되는 권리이다. 이것이 그 외에 주관적 권리에 있어서 (소위 외부관계에서) 전형적인 것과 같이, 재판적 권리보호를 통하여 근거 지워지는 법적 힘은 이익과 관련하여 주관적 권리와 연결되어 있다. 예외적으로 기관권리는, 이것이 (예를 들면 감독청의 처분) 기관행위의 폐지를 지향하는 한, 동일한 고권주체의 기관행위뿐만 아니라, 다른 고권주체의 사실행위에 대해서도 보호한다.

[392] 예: 질서에 대한 반복된 위반이나 심각한 의정질서에 대한 공격에 있어서 의원을 회의장으로부터 퇴장시킬 게마인데 의회 의장의 (긴급한 경우 강제적으로 실현가능한) 권한은 확인 가능한 형성권을 의미한다.

라. 법률관계의 근거지움

(1) 다양한 근거지움의 가능성

[393] 주관적 공권과 공법적인 법률관계는 직접적으로 법률, 행정행위, 공법상 법률행위 또는 기타의 공법적인 규범에 의한 중요한 행위를 (예를 들면 사실행위 또는 부작위를 통해서) 통하여 근거 지워지고, 변경되고 폐지될 수 있다.

(2) 규범을 통한 법률관계의 형성과 규범에 대한 권리보호의 의미

[394-400] 규범은 법률관계의 변경을 규율하기 때문에, 제43조는 규범으로 고통(苦痛)받는 자에게 그에 의하여 받아들여진 그러한 규범의 위법성과 무효에 있어서 법률관계 (즉 그의 권리)의 존속을 소구할 가능성을 제공한다. 이러한 소송의 범주에서 법원은 선결문제의 방식으로 규범의 적법성과 유효성을 심사한다. 이것은 특히 행정을 통한 집행을 필요로 하지 아니하는 소위 자체집행규범(self-executing-Normen) (스스로 집행하는 규범)에 있어서 실제적인 의미를 획득한다 (예를 들면 공법상 사단법인에 있어서 법률적으로 근거 지워지는 강제회원에 있어서). 여기서 행정소송적 확인소송은 종종 기본법 제19조 제4항에 의하여 명령되는 (형식적 또는 실질적) 법률에 대한 권리보호를 실현할 수 있다.

(3) 법률관계의 단계

[401] 법률관계의 존재 또는 부존재가 행정행위의 발급과 연관하여 확인되어져야 하는 한, 각각 어떠한 법률관계의 확인을 구하는가를 고려하여야 한다. 여기서 한편으로는 행정행위의 발급 전에 놓여 있는 고권주체의 권

능을 통하여, 국민에 대한 행정행위의 발급이 근거 지워지는 법률관계와 다른 한편으로는 발급된 행정행위를 통하여 구성되는 법률관계가 구별되어야 한다. 이러한 법률관계 사이의 구별은 행정행위의 발급에 대한 국가적 권능과 그와 함께 또한 법률관계가 존재하지는 않으나, 그렇지만 그럼에도 불구하고 발급된 (그리고 그 때문에 위법하고 그러나 원칙적으로 효력을 발하는) 행정행위를 통하여 법률관계가 근거 지워진다면, 특별히 분명하게 된다.

[402] 예: 경찰청은 국민에 대하여 위법한, 금지를 포함하는 경찰처분을 발급한다. 여기서 경찰주체의 행정행위를 발급하는 권리는 존재하지 않았다. 그럼에도 불구하고 경찰청의 주체는 처분의 발급 후에 그의 준수를 요구하였고, 처분을 형식적 존속력 또는 즉시 집행가능성에 있어서 긴급한 경우에 더군다나 강제적으로 실행할 수 있다.

[403] 국가가 이러한 내용의 행정행위의 발급 권한을 가졌을지라도, 거꾸로 발급된 행정행위를 통하여 구성된 법률관계가 결여될 수 있다. 이것은 행정행위가 무효를 가져오는 중대한 절차 하자(瑕疵)를 가지거나 또는 행정행위에 포함된 의무가 그 동안에 이행을 통하여 또는 기타의 이유로 소멸된 경우에 해당된다.

행정행위에 선재(先在)하거나 또는 행정행위를 통하여 근거 지워지는 법률관계가 확인되어져야 하는지의 문제는 실체법적 판단을 위해서 중요할 뿐만 아니라, 도리어 제43조 제2항 제1문의 보충성조항에게 어떤 법률관계가 확인되어져야 하는가에 따라서 다양한 의미가 부여된다.

[404] 예: 상기의 사례에서 (문번 402) 경찰청이 행정행위의 발급을 할 권한이 없음을 구하는 확인소송은, 제43조 제2항 제1문에 따라서 취소소송을 통하여 배제된다. 발급된 경찰처분의 준수를 요구하는 경찰청의 주체의 권리는, 제43조 제2항 제1문에게 방해가 되지 않고서 권리의 부존재를 당사자는 제43조를 통하여 주장할 수 있는 법률관계를 의미한다. 상대방이 자

신의 소를, 경찰처분에 결과를 이행하였기 때문에, 권리가 소멸되었다는 것에 지지한다면, 상대방은 이러한 권리보호주장을 다른 (확인소송을 배제하는) 소송유형에서 추구할 수 있다.

마. 과거와 장래의 법률관계

[405] 제43조에 의한 확인은 다툼이 없이 현재의 법률관계가 허용된다. 제43조는 그렇지만 법률관계가 존재하여야만 하는 시점과 관련하여 보다 상세한 언급이 없기 때문에, 또한 과거의 그리고 장래의 법률관계도 확인 가능한 것으로 간주된다.

과거의 법률관계를 위해서 이것은 대부분 다툼이 없다. 그러나 - 제113조 제1항 제4문과의 관련에서처럼 유사하게 - 정당한 이익의 존재에 대한 보다 고양된 요청이 제기될 수 있다. 과거의 법률관계를 확인토록 할 가능성은, 특히 먼저 제기된 이행소송이 사실적- 또는 법적 상황의 사후적 변경 때문에 이제는 승소할 수 없고 원고는 과거에 청구권의 존재를 확인토록 할 이익을 가지고 그의 청구취지를 상응하게 변경하는 경우에는 의미가 있다. 그러한 범위 내에서, 제43조는 행정행위성이 없는 고권적 작용에 대해서 제113조 제1항 제4문에 의한 계속확인소송과 같은 기능을 수행한다.

[406] 여기서 주장되는 견해에 의하면 제43조는 장래의 법률관계의 확인의 가능성을 열어준다. 장래의 법률관계는 주관적 권리가 그 당시에는 아직 존재하지 않고, 장래의 발생 개연성(蓋然性)이 있는 사정들에 의존하는 경우에는 존재한다. 그러한 확인의 가능성을 위해서 문언 외에 또한 권리 보호의 효율성 및 법적 안정성의 원칙들이 지지한다. 그러한 소송의 허용성의 제한은, 권리보호필요성의 관점에서 등장한다. 왜냐하면 제43조 제1항은 즉시 확인에 대한 정당한 이익을 요구하기 때문이다. 이러한 시간적 관점에서 이루어진 제한은 장래의 법률관계에 대한 제43조의 원칙적 확장

에 반대하지 않고, 오히려 그러한 배경에서 그의 깊은 의미를 함유하고 있다. 왜냐하면 이러한 관점에서 처분을 할 수 있는 장래의 법률관계에 대한 즉시 확인에 대하여 정당한 이익이 존재할 수 있기 때문이다.

[407] 예: 공무원이 그의 아내를 노년에 경제적으로 충분하게 보장하고자 하여, 구체적인 사안에서 법적으로 의문이 있는 그의 아내가 자신의 사망 후에 생계급여청구권을 가지는지 여부의 문제를 제43조를 통하여 해소하고자 한다.

[408] 행정이 당사자에 대하여 계고된 부담적 행정행위를 발급하거나 기타의 고권적 작용을 수행할 권한이 없다는 것을 주장하는 소위 예방적 확인소송은, 그에 반하여, 장래의 법률관계의 확인을 지향하지 않는다. 여기서는 오히려 이미 현재의 법률관계의 확인 즉 국가적 행동권능 내지 위법한 고권적 작용의 중지를 구하는 국민의 청구권의 존재가 문제된다.

바. 법률관계의 당사자

[409] 제43조에 따라서 그 존재 또는 부존재가 확인소송의 대상이 되는 법률관계는 필수적으로 원고와 피고 사이에 존재할 필요는 없다. 그러나 최소한 원고와 피고 사이의 다른 법률관계를 위하여 그의 존재가 예상되는 법률관계가 문제되어야 한다. 이러한 제한은 확인소송의 목적으로부터 도출된다. 확인은 그의 법적 효력이 소송당사자에게 한정되기 때문에, 법률관계의 존재 또는 부존재가 소송당사자를 법률관계의 당사자로서 직접적으로 건드리거나 또는 최소한 당사자 사이에 존재하는 법률관계를 위하여 선결(先決)적 의미를 보유하는 경우에만 그의 충족시키는 기능을 만족시킬 수 있다.

[410] 바로 이것이 오늘날 지배적 견해가 행정소송상 확인소송의 적용영역을 제42조 제2항의 유추적용을 통하여 제한하는 것을 노력하는 이유이

다. 규율흠결의 결여로 그러한 유추적용은 필요하지 않다. 제42조 제2항은 - 제43조에 따른 확인소송에서와는 달리 - 절차의 대상이 행정작용의 발급 또는 중지를 통하여 이루어진 원고의 권리침해인 그러한 소송에만 부합된다. 표현하고자 하는 것은, 연방행정법원도 자신에 의하여 제42조 제2항에로의 긍정된 유추에 있어서, 원고가 확인되어져야 할 법률관계에 스스로 참여하고 있든지, 아니면 항상 원고 자신의 권리가 법률관계에 의존하든지 간에, 원고에게 그의 권리의 실현이 문제되는지에 대해서만 심사를 한다.

2. 확인소송의 대상으로서 행정행위의 무효

[411] 제43조 제1항 제1단에 따른 법률관계의 존재 또는 부존재의 확인을 지향하는 확인소송 외에, 제43조 제1항 제2단은 행정행위의 무효 또는 그 일부분의 무효의 확인을 목표로 하는 확인소송을 규정하고 있다. 이러한 소송 가능성을 위해서 실제적인 필요가 존재한다. 행정행위의 무효는 간접적으로 (부수적으로) 행정행위를 통하여 근거 지워진 법률관계의 존재 또는 부존재가 제43조 제1항 제1단에 의거하여 확인되어지는 것을 통하여 심사되어질 수 있다. 그렇지만 제43조 제1항 제2단에 의거한 확인소송만이 행정행위 자체의 무효를 (그리고 행정행위를 통하여 근거지워진 법률관계의 존재 또는 부존재만이 아니라) 확정력 있게 확인시킬 가능성을 연다.

[412] 이러한 이유로 - 빈번하게 주장되는 견해와는 달리 - 제43조의 문언을 넘어서 행정행위의 유효성(Wirksamkeit)이 확인되는 소송을 허용하는 것은 의미가 있다. 행정행위를 통하여 수익을 받는 국민이, 행정행위를 통하여 부담을 받는 국민이 그의 무효성(Nichtigkeit)의 확인에 대한 이익을 가지는 것처럼, 그의 유효성의 확인에 대한 이익을 가질 수 있다. 행정행위의 유효성의 확인을 지향하는 확인소송의 허용성에 있어서, 행정행위의 무

효의 확인을 지향하는 확인소송이 그의 유효성 때문에 이유(理由) 없다면,
행정행위의 유효성이 아무튼 확정력 있게 확인되어지는 것이다.

[413] 주목: 제43조 제1항 제2단에 따라서 소송의 허용요건은 단지 행정
행위의 객관적 존재이다. 무효확인소송의 허용에 있어서, 그에 반하여, 행
정행위가 무효인지 여부는 의미가 없다. 그것은 오히려 전적으로 본안(本
案)의 문제이다. 취소소송과 무효확인소송의 관계는 단지 원고의 청구에
의하여 결정되어질 수 있기 때문에 (그리고 이러한 청구의 이유유무에 의
해서가 아니라), 행정행위의 유효성에 있어서도 무효확인소송의 허용성을
제43조 제2항 제1문의 보충성 조항은 반대하지 않는다. 무효인 행정행위의
취소 가능성에 대해서는 문번 183을 참조하라. 무효소송(Nichtigkeitsklage)
을 통한 권리보호가 가능한 한, 무효의 행정적 확인을 구하는 의무이행소
송의 불허용성에 대해서는 문번 260과 425를 참조하라.

[414] 무효가 주장되는 행정행위는 필수적으로 직접적으로 원고의 법적
지위를 침해할 필요는 없다. 오히려 행정행위에게 원고가 참여하는 법률관
계를 위하여 선결적 의미가 부여되면 족하다. 그 범위 내에서 법률관계의
존재를 지향하는 소송에 있어서처럼 상응하는 것이 타당하다.

[415] 행정절차법 제44조 제5항을 통하여 열려진 행정행위의 무효를 행
정청을 통하여 확인시킬 가능성은, 즉시 행정행위의 무효확인을 지향하는
소송의 개시가능성을 건드리지 않으며, 원칙적으로 그러한 소송을 위한 권
리보호필요성을 배제하지도 않는다. 다른 견해를 취한다면 이것은 그러한
소송의 제기 전에 사물의 본성에 의하여 통상적으로, 이것을 제68조에서
규정하지는 않았을 지라도, 결과로서 행정청의 사전절차를 거칠 것이다.

Ⅱ. 확인소송의 보충성

1. 보충성조항의 적용영역

[416] 제43조 제2항 제1문의 보충성조항(Subsidiaritätsklausel)은 확인의 소의 허용성을, 원고가 자신의 권리를 형성의 소 또는 이행의 소를 통해서 주장할 수 있다면 허용되지 않는 것으로 제한한다. 제43조 제2항 제1문[43])은 확인의 소와 이행의 소 또는 형성의 소가 동일한 권리를 대상으로 하는 경우에만 적용된다. 그 때문에 청구의 확인을 지향하는 소는 보충성의 관점 하에 이러한 청구의 침해 때문에 다른 법적 기초에 근거하는 손해배상청구를 주장하는 이행의 소를 통해서 배제되지는 않는다. 여기서 제한은 단지 정당한 이익의 관점에서만 도출된다.

가. 취소소송, 의무이행소송 그리고 계속확인소송

[417] 보충성원칙은 이견이 없이 취소소송, 의무이행소송 그리고 계속확인소송(Fortsetzungsfeststellungsklage)과의 관계에서 의미를 지닌다. 행정행위를 발급할 국가적 권한이 법률관계를 의미하기는 하지만, 그러나 제43조 제2항 제1문은 그의 확인능력을 배제한다. 일반적 행정소송상 확인의 소의 허용요건과 상당히 구분되는 이러한 보충성 조항이 없다면, 취소소송과 의무이행소송의 고유한 허용요건은 공동(空洞)화 될 것이다. 확인의 소의 소송계속에 있어서 존재하는 이행의 소 또는 형성의 소의 제기 가능성이 마지막 구두변론의 종결 전에 탈락된다면, 확인의 소는 허용된다. 이행의 소

---

43) VwGO § 43 (2) Die Feststellung kann nicht begehrt werden, soweit der Kläger seine Rechte durch Gestaltungs-oder Leistungsklage verfolgen kann oder hätte verfolgen können. Dies gilt nicht, wenn die Feststellung der Nichtigkeit eines Verwaltungsakts begehrt wird.

또는 형성의 소의 가능성이 확인의 소의 제기 시점에 아직 존재하지 않았다면, 그러한 소송은 추후에 허용된다. 제43조 제2항 제1문은 법적안정성의 관점에서 적용될 수 없다.

[418] 확인소송의 취소소송과 의무이행소송과의 밀접한 체계적 관련성 때문에, 제113조 제1항 제4문44)의 직접 또는 유추적용에서 허용되는 계속 확인소송은 행정소송상 일반적 확인의 소를 위한 여지가 없다. 특별한 소송으로서 계속확인소송의 성격으로부터 이것을 도출하지 않는 한, 아무튼 제43조 제2항 제1문의 적용으로부터 도출된다.

주목: 취소소송, 의무이행소송 또는 계속확인소송이 그 자체로 개시가능하지만 구체적인 경우에 고유의 허용요건의 결여로 인해서 허용되지 않는다 하더라도(예를 들면 권리구제기간의 불준수 때문에) 확인의 소는 허용되지 않는다.

[419] 의무이행소송은 확인소송을 단지 양자(兩者)가 동일한 소송물을 가지는 경우에만 확인소송을 배제한다. 원고가 일반적으로 의무이행소송으로 특정한 선거를 위하여 작성된 선거인명부에 등재를 소구할 수 있는 것을 통해서, 선거권의 존재를 주장하는 원고의 행정소송상 확인의 소는 배제되지 않는다.

나. 보충성조항과 일반적 이행소송

[420] 연방행정법원의 견해와는 달리, 제43조 제2항 제1문은 문언에 따르면 일반적 이행의 소의 제43조의 확인의 소에 대한 관계에도 적용된다. 사실행위의 실행 또는 고권적 행위(또는 행정행위)의 중지의 청구를 확인하

---

44) VwGO § 113 (1) ··· Hat sich der Verwaltungsakt vorher durch Zurücknahme oder anders erledigt, so spricht das Gericht auf Antrag durch Urteil aus, daß der Verwaltungsakt rechtswidrig gewesen ist, wenn der Kläger ein berechtigtes Interesse an dieser Feststellung hat.

여 달라는 소는, 이 경우에 개시가능한 이행소송 외에 허용되지 않는다. 그러나, 연방행정법원에 의하면 공법상의 법인에 대하여 제기된 일반적 이행의 소는 확인의 소의 선택적인 제기를 배제하지 않는다. 이것은 민사소송법에 대한 병렬(Parallele)로부터 도출된다. 거기서는 공법상의 법인에 대한 확인의 소는 - 보다 광범한 권리보호를 보장하는 - 이행의 소가 가능할지라도 허용된다는 것이 인정된다. 공법상의 법인은 통상적으로 이미 집행가능하지 아니한 확인판결에 대해서도 이행을 한다. 일반적 이행소송에 대한 행정소송상 확인의 소의 관계는 - 연방행정법원의 견해와는 달리 - 여기서는 도출되지 않는다. 그들의 관계는 권리보호필요성의 일반적 허용요건으로부터가 아니라, 오히려 제43조 제2항 제1문의 문언(文言)상 명백한 특별규정으로부터 결정된다.

2. 예방적 확인소송과 보충성조항

[421] (아직 발급되지 아니한) 행정행위의 발급에 대하여 결여된 정당성의 확인을 지향하는 예방적 확인소송은 원칙적으로 허용되지 아니한다. 이것은 제43조 제2항 제1문의 기초가 되는 행정행위에 대한 억제적 권리보호의 원칙적 우선이라는 입법적 결정과 관련되는 법적 사고로부터 도출된다. 임박한 행정행위의 부작위(Unterlassung)를 구하는 청구권의 존재 확인을 구하는 소에도 동일하다. 취소소송으로써 억제적 권리보호로의 안내(Verweisung)가 권리보호의 효율성이라는 원칙을 예외적으로 충족시키지 못하는 한, 그렇지만 예방적 확인의 소의 불허용성을 근거지우지는 않는다.

[421a] 그의 불허용성이 대부분 제43조 제2항 제1문의 직접적인 적용으로부터 도출된다. 왜냐하면 원고에게 그러한 사례구성에 있어서 예방적 부작위소송의 형태로 일반적 이행소송을 제기할 가능성이 열려있기 때문이

다. 고권적 주체가 특정한 사실관계의 장래적 등장의 경우에 있어서(예: 경제유도적 조세와 결부되어 있는 원고의 행동에 있어서), 원고에 대하여 부담적 행정행위를(예: 압살적인 조세결정) 발급하는 것이 정당하지 못하다는 확인이 원고에게 중요하다면, 다른 것이 적용된다. 그러한 장래의 법률관계는 아직 부작위소송의 대상이 아니고, 그러나 (추후의 취소소송을 통한 권리보호에로의 이전이 수인될 수 없는 한) 확인의 소의 대상이 될 것이다.

[421b] 국가적 청구권의 부존재를 지향하는 확인의 소는, 법률을 통하여 직접적으로 근거 지워지는 국가적 청구의 경우에 있어서도, 행정이 법적인 의무의 토대 위에 또는 (아무튼 청구의 불이행에 있어서) 행정실무에 의하여 청구가 다시금 행정행위에서 확정되어야 한다면 원칙적으로 개시될 수 없다. 그러한 확인의 소의 허용은 - 그것이 행정행위의 발급의 정당화를 직접적으로 대상으로 하지 않을지라도 - 취소소송의 본안판단요건을 우회하게 되고, 제43조 제2항 제1문의 법적 사고에 반(反)하게 된다.

3. 보충성조항의 예외(제43조 제2항 제2문)

[422] 제43조 제2항 제2문은 행정행위의 무효확인이 청구된다면 보충성조항이 적용되지 않는다고 규정한다.

[423] 이것은 무효인 행정행위에 대하여 가능한 취소소송은 무효확인의 소의 허용성을 건드리지 않는다는 것을 의미한다. 취소기간의 도과 후에 제기된 무효인 행정행위의 취소를 구하는 의무이행소송에 있어서도 동일하다.

[424] 예: 경찰행정청이 위험한 대상을 수송할 의무를 A에게 지운다. 이러한 행정행위가 확정된 후에, 그 대상은 소멸된다. 행정행위는 여기서 사후적으로 효력이 없게 되었다(행정절차법 제44조 제2항 제4호). 이것을 A

는 (대상의 소멸시점 이후로부터) 행정행위의 취소를 구하는 의무이행소송 외에 상응하는 확인의 소로써 주장할 수 있다.

[425] 무효를 확인하는 행정행위의 발급을 지향하는 의무이행소송의 허용성으로부터 출발한다면, 이러한 의무이행의 소는 제43조 제2항 제2문 때문에 제43조 제1항 제2단 상 무효확인소송의 허용성을 배제하지 않는다. 그러나 무효확인의 소는 이미 무효를 확인하는 행정행위의 발급을 구하는 의무이행소송의 개시가능성을 배제한다는 것을 말한다. 왜냐하면 무효확인의 소는 미리 직접적으로 법원을 통하여 (행정을 통해서가 아니라) 행정행위의 무효를 확인함으로써, 보다 특수하고 권리보호집중적인 소송유형이기 때문이다(다툼 있음).

4. 행정행위를 통하여 근거 지워지는 국가적 청구의 부존재 확인의 소에 있어서 보충성의 불필요

[426] 제43조 제2항 제1문의 보충성조항은, 국민이 행정행위에 대항하지 않고 오히려 국가가 행정행위의 토대 위에 자신에 대하여 청구권을 가지지 않는다는 것을 주장하는 확인의 소를 포함하지는 않는다. 그러한 소극적 확인의 소는 예를 들면 행정행위를 통하여 근거지워지는 청구의 도달거리의 관점에서 다양한 견해가 존재하거나 또는 당해 청구가 소멸되었는지 여부가 다투어지는 경우에는 의미가 있을 것이다.

[427] 예: 행정행위에서 확인된 채권(Forderung)이 이행을 통하여 소멸한다는 이견이, 행정행위 내지 그의 유지가 위법하였다는 것을 의미하지는 않는다. 이러한 이견은 취소소송이나 의무이행소송을 방해할 수 없으며, 단지 소극적 확인소송을 이용하여 주장될 수 있다.

[428] 국민이 자신의 소(訴)를 민법 제387조를 유추하여 행정행위에서 확

정된 채권에 대한 상계(Aufrechnung)에 근거한다면, 국민이 이로써 단지 행정행위에서 확정된 채권의 존재를 반대하는 지 또는 이미 행정행위의 적법성에 대하여 반대하는지 여부를 확인하는 것은 상당한 어려움을 가져온다. 이러한 구분은 권리보호의 유형에 대해서 상당한 영향을 가져온다. 여기서 제기되는 문제들은 공법에서 민법 제389조에 상응하여 상계되는 채권은, 상계를 위하여 적합한 채권들이 대립되는 순간부터 소급적으로 소멸되는 것으로 간주하는 것으로부터 도출된다.

[429] 선언적 행정행위는 그에 반하여 이행명령을 포함하지 않고, 이러한 채권이 (예를 들면 상계 또는 다른 방식으로) 소멸되었는 지에 대하여 언급함이 없이, 도리어 전적으로 법률에 의하여 존재하는 채권의 확인에 이바지한다면 (예를 들면 수수료조례에 의한 수수료청구), 그래서 여기에 그러한 행정행위와 관련하여 상계에 있어서 문제를 야기하지 않는다. 행정행위에서 확인된 채권이 상계를 통하여 소멸하였는지 여부는 다툼이 있고, 그래서 당사자는 취소소송을 통하여 추후에 발급된 이행결정에 대하여 방어할 수 있다. 이행결정에 대한 확인소송은 제43조 제2항 제1문 때문에 배제된다.

[430] 행정행위에 포함된 이행명령이 (구성적) 행정행위의 발급을 통하여 비로소 근거 지워진 채권을 대상으로 한다면, 다른 소송법적 상황이 존재한다. 여기서 청구권은 행정행위의 발급으로 비로소 발생하기 때문에, 상계를 통한 그의 소멸은 직접적 발급에의 연결에 있어서 비로소 가능하다. 권리보호는 그 때문에 채권의 부존재를 확인하는 것을 지향하는 확인소송을 통해서 달성될 수 있다.

Ⅲ. 기타 확인의 소의 허용성

[431] 제43조에 의거한 행정소송적 일반적 확인소송과 체계적으로 밀접하게 이웃하는 제113조 제1항 제4문에 의한 계속확인소송 외에, 행정소송법은 또한 (민소법 제256조 제2항과 연관한 제173조) 중간확인소송을 규정한다. 이를 위해서 - 제43조에 따른 소송을 위한 것과 달리 - 정당한 이익이라는 추가적 증명이 필요 없다.

원본(Urkunde)의 진정성 또는 부진정성의 확인을 구하는 소는, 그에 반하여, 제43조의 종결적 규율로 인하여 개시불가능하다. 확인소송의 특별한 형태는 단체법(VereinsG) 제16조 제1항에서 규율된 단체금지의 적법성이 확인되는 소송을 포함한다.

[432] 비정형적인 확인소송의 인정을 위한 (독자적인 확인소송) 필요성이 존재하지 않는다. 부분적으로 표명된 견해에 반(反)하여, 이것은 지방자치적 권한쟁의 내지 법률하위의 법규정에 대한 권리보호를 위하여 타당하다. 소위 내부법적 소송(Innenrechtsstreitigkeiten), 무엇보다도 지방자치적 권한쟁의를 위하여 확인소송에 있어서 특별한 것은 없다.

Ⅳ. 확인의 소의 허용성의 심사

[433] 여기서도 일반적 심사공식으로 돌아가야 한다. 언급이 필요한 것은 통상적으로 제43조에 명시적으로 요청되는 정당한 이익에 대해서이다. 최근에 논쟁이 있는 제42조 제2항의 유추적용의 문제에 대해서도 언급하여야 한다. 이러한 유추는 위에서 긍정하였던 행정소송상 확인소송의 소송대상 제한을 따르는 경우에는 거부되어져야 한다.

[434] 사례 1: 여기서 예방적 확인소송이 고려된다. 왜냐하면 금지의 발급

에 대한 다툼이 있는 권한을 통하여 (그런데 A의 금지의 부작위를 구하는 청구권을 통하여서도 마찬가지로) 법률관계가 근거지워진다. 소송으로 건축감독청의 주체가 (행정행위를 의미하는) 건축금지를 발급할 권한이 없다는 확인이 추구될 수 있다. 그러한 예방적 확인소송은 그렇지만 허용되지 않을 것이다. 행정소송법의 소송체계는, 특히 제43조 제2항 제1문으로부터 도출되는, 행정행위에 대한 권리보호에 있어서 원칙적으로 취소소송의 수단으로써 억제적 권리보호가 우선순위이다. 오인하여 이것이 A를 위하여 수인할 수 없다는 견해이라 하더라도, 올바른, 그러나 다툼이 있는 견해에 의하면 제43조 제2항 제1문에 따라서 허용되는 예방적 금지소송은 예방적 확인소송을 배제한다.

[435] 사례 2: a) P는 제43조에 따라서 부담금채권자가 P를 통한 생산의 지속에 있어서 특별부담금에 대한 청구권을 갖지 않는다는 것을 확인토록 할 수 있다. 이러한 청구권은 생산의 지속에 있어서 비로소 발생하고, 그러한 범위에서 확인소송이 장래의 법률관계를 지향하는 상황은 추구된 확인에 방해가 되지 않는다. P는 이러한 특별부담금의 부과와 결부된 위험으로 인하여 먼저 그의 생산을 지속하고 부담금 결정을 야기하는 것이 기대될 수 없다.

b) 동일한 확인소송이 올바른, 그러나 다툼이 있는 견해에 의하여 P가 자신과 관련되는 법률적 규율을 위헌이라고 간주하는 경우에도 허용된다. 일반적 확인소송은 그에게 여기서 법률에 대한 부수적인 권리보호를 보장한다. 행정법원이 법률을 위헌이라고 간주한다면, 행정법원이 사전에 절차를 기본법 제100조 제1항 제1문에 따라서 중지하고, 연방헌법재판소의 법적 견해를 확정하는 결정을 기다린 경우에, 비로소 행정법원은 소송을 허용할 수 있다.

[436] 사례 3: a) 지배적인 견해에 반하여 게마인데의회 의원의 배제(Ausschluss)가 행정행위를 의미하는 것으로부터 출발한다면, 시장의 배제에 대

한 권한 없음이 확인되어지는 행정소송상 일반적 확인소송은 법률관계의 존재가 아니라, 제43조 제2항 제1문 사의 보충성조항에서 좌절된다. 취소소송을 통해서 장래를 향한 배제에 대하여 가능한 권리보호는 제43조 제1항 제1경우의 소송을 배제한다. 과거에 대하여 배제의 위법성의 확인이 문제되는 한, 제113조 제1항 제4문의 유추로 개시되는 계속확인소송이 행정소송상 일반적 확인소송을 압박한다. 후자를 계속확인소송의 특수성으로부터 도출하지 않더라도, 아무튼 제43조 제2항 제1문에로의 유추로부터 도출된다.

지배적 견해로서 배제를 행정행위로 규명하는 것을 거부한다면, 장래를 향하여 효력을 발하는 배제와 관련하여 그의 폐지를 지향하는, (다툼은 있지만) 올바른 견해에 의하면 제43조 제2항 제1문에 따라서 확인소송의 불허용성을 가져오는 (배제에 대한 폐지청구권의 존재 또는 권한없음과 관련하여), 일반적 이행소송이 고려된다. 과거에 있어서 더 이상 취소될 수 없는 배제를 위하여, 배제가 시간경과를 통하여 완료되었으므로, 일반적 이행소송은 배제된다.

b) 제43조 제1항 제2경우에 따라서 배제의 무효확인을 구하는 소송은, 지배적 견해에 반하여, 배제를 행정행위로 규명(糾明: qualifizieren)하는 경우에만 허용된다.

제11절 행정법원의 관할

I. 서설

[437] 법원의 관할에 있어서 사물적(sachlich), 지역적(örtlich) 그리고 심급적(instanziell) 관할이 구분될 수 있다. 사물관할은 어느 행정법원이 절차(Verfahren)를 위해서 관할권을 가지는가 하는 것이다. 그것은 통상적으로 행정지방법원, 행정고등법원 그리고 연방행정법원이다. 절차가 예외적으로 단심 또는 이심으로 구성된다면 다른 것이 타당하다. 예를 들면 규범통제절차는 행정고등법원에서만 그리고 상고절차의 범주에서는 연방행정법원이 사물적으로 관할하고, 행정지방법원은 관할하지 아니한다. 심급관할은 사물적으로 관할하는 법원이 절차를 위하여 제1심으로 또는 상소심법원(항소법원, 상고법원 또는 항고법원)으로서 관할하는지 여부를 규율한다. 지역관할은 동일한 심급 내에서 어느 법원이 소송물에 대해서 결정하여야만 하는지를 특정한다. 관할규정은 우선적으로 제45조에서 제53조까지이다. 제190조는 개별적인 특별규정들이 적용되어지는 것을 규율한다. 잠정적 권리보호의 절차에서는 제80조 제5항, 제7항, 제8항, 제123조 제2항과 같은 해당되는 특별한 규정들로부터 관할이 도출된다.

[438] 행정소송법의 관할은 배타적(ausschließlich)이어서 즉, 관할은 민사소송에서와는 달리 당사자의 합의를 통하여 또는 예를 들면 본안에 대한

이의 없는 행위를 통하여 변경될 수 없다. 통상적으로 적용되는 규범으로부터 명백하게 관할법원이 도출된다. 제53조는 특정의 예외의 경우로서 차상급법원을 통한 관할지정을 규정한다.

II. 제1심 사물관할

[439] 제45조의 기본규칙에 의하면, 제1심에서 통상적으로 행정지방법원이 결정한다. 예외적으로 제47조 제1항에 따른 규범통제와 제48조 제1항에서 언급된 대규모사업계획에 해당되는 분쟁들을 위해서 행정고등법원의 제1심 관할이 존재한다. 제48조 제2항은 특정한 단체법적인 분쟁을 위해서 행정고등법원의 제1심 관할을 규율한다.

[440] 연방행정법원은 몇몇 분쟁들을 위해서 제1심으로 - 그리고 동시에 종심(終審)으로서 - 관할한다. 언급될 것은 여기서 무엇보다도 연방과 주(州) 사이에서 그리고 여러 주(州)들 사이에서 비(非)헌법적인 유형의 공법상 분쟁과 관련 있는 제50조 제1항 제1호의 규율이다. 제50조 제1항 제1호가 문언에 의거하여 모든 비(非)헌법적인 연방-주(州) 분쟁 및 주(州)들 사이의 분쟁을 포함할지라도, 그 조항은 지배적 견해에 의하면 목적론적 축소(teleologischen Reduktion)의 방식으로 제한적으로 해석 되어진다: 문언에 의하면 연방과 주(州)들 또는 다양한 주(州)들 사이의 분쟁들이 연방과 주(州)들 관계 내지 주(州)들 상호간 관계의 독자성(Eigenart) 즉, 양자의 고권적 권능의 한계가 문제되는 경우에만, 연방행정법원의 제1심적 관할로 된다. 연방 또는 주(州)가 그에 반하여 보통 국민처럼 분쟁적 법률관계에 참가한다면, 제45조와 제48조의 통상의 관할규정에 머무른다.

[441] 예: 행정지방법원은 주(州)가, 자동차점유자 및 소유자로서의 연방에 대하여, 주(州)의 경찰집행에 의하여 명령된, 금지를 위반하여 주차된

연방행정청의 공무수행차량의, 견인(Abschleppen)을 위한 비용변상을 주장하는 이행결정(Leistungsbescheid)에 대한 소송을 관할한다.

[441a] 연방행정법원의 관할의 유의미한 확장은 2006년 12월 9일자 법률을 통하여 새롭게 제정된 제50조 제6호가 가져왔다. 이 조항은 연방행정법원에게 무수(無數)한 중요한 공공시설을 위한 계획확정절차와 계획허가절차와 관련되고 이전에는 행정고등법원의 관할에 속하였던 분쟁들을 위하여 제1심 및 최종심의 관할을 부여한다.

III. 토지관할

[442] 토지관할은 (또한 재판적(裁判籍: Gerichtsstand)이라 불리기도 하는데) 제52조에 따라서 정해진다. 주의할 점은 이 규정이 시험에서 준수되어져야만 하는 재판적(裁判籍)의 체계를 포함하고 있다는 것이다.

[443] 모든 다른 재판적보다 제52조 제1호에 의거한 사물의 위치와 동일한 재판적(裁判籍)이 선행한다. 두 번째 위치에 제52조 제4호에 따른 복무법상 소송(Dienstrechtsklage)으로부터의 재판적이다. 연방행정청 또는 간접적 연방행정의 법인에 대한 기타의 취소소송과 의무이행소송에 있어서 토지관할은, 제52조 제2호에 의하여 결정된다. 이에 덧붙여서 실제적으로 가장 빈번하게 등장하는 제52조 제3호 제1문~제4문에 의거한 기타 취소소송의 재판적이 심사되어져야 한다; 그에 의하면 통상적으로 행정행위가 발급된 지역에 위치한 법원이 관할한다. 의무이행소송에 있어서는 제52조 제3호 제5문에 따라서 행정청의 소재에 따른다. 이상에서 언급된 규정에 의하여 토지관할이 결정되지 않으면, 제52조 제5호가 보충적으로 적용된다.

Ⅳ. 이송

[444] 소가 제기된 행정법원이 지역적으로 또는 사물적으로 관할권이 없다면, 제83조에 따라서 직권으로 법원조직법 제17a조와 제17b조에 상응하게 이송(移送: Verweisung)이 이루어진다. 설령 부정확한 이송결정이라 하더라도 기속력이 있다(참조 법원조직법 제17a조제2항 제3문과 연관된 제83조). 여기서 준용되어지는 법원조직법 제17a조 제3항과 제4항에 의거한 제1심 법원의 결정은 제83조 제2문에 따라서 다툴 수 없고, 상소심에서는 본안에서 지역적 그리고 사물적 관할에 대한 심사가 더 이상 개시되지 않기 때문에(법원조직법 제17a조 제5항과 연관한 제83조 제1문), 행정재판권에 있어서 관할문제는 원칙적으로 제1심 법원에 의하여 종결(終結)적으로 다툴 수 없게 결정된다.

[445] 사물적 그리고 지역적 관할없음에 있어서 이송에 대한 규정들은 심급관할의 문제에 대해서도 준용될 수 있으나, 잠정적 권리보호절차에서의 관할에 대해서는 아니다(다툼 있음).

제12절 당사자능력

시초사례

[446] 사례 1: 미군과 영국군의 이라크로의 진입 후에 만하임에서 즉흥적으로 교회, 정당, 노동조합 그리고 기타 사회단체의 대표자로 구성되고, 데모를 통해서 공중(公衆)들을 일깨우는 것을 목표로 하는 행동위원회가 꾸려졌다. 위원회에 의하여 신고된 데모가 우려되는 무력적 충돌 때문에 만하임 시(市)를 통해서 금지되었다. 위원회는 이에 대항하여 전심절차의 실패한 실시 후에 재판적으로 대처할 수 있는가?

[447] 사례 2: 시의회의 교섭단체(Fraktion) F가 위원회의 회의에 있어서 불충분하게 고려되어졌다고 이의를 제기한다.

a) F는 이에 대항하여 행정법원에 재판적으로 대처할 수 있는가?

b) 시(市)가, F가 극우주의자로 간주하는 어떤 자(者)의 강연을 위하여, 게마인데 강당을 제공하였기 때문에, F가 시(市) S를 상대로 법적 분쟁을 제기할 수 있는가?

c) 정당의 지역단체가 선거전략행사의 범주에서, 다른 지역단체들에게 그러한 행사를 위하여 제공되었던, 게마인데 강당을 이용하지 못하도록 하는 것에 대하여 저항할 수 있는가?

Ⅰ. 당사자 및 당사자능력

[448] 행정소송상 법적 분쟁은 당사자(Beteiligte) 사이에서만 이루어질 수 있다. 행정소송법은 민사소송법에서 사용된 당사자 개념의 자리에 제61조와 제63조에서 이러한 개념을 이용하고 있다. 제63조45)에 의하여 결정되는 (형식적) 당사자적격(Beteiligteneigenschaft)은 당사자에게 행정소송상 법적 분쟁에서 당사자능력(Beteiligungsfähigkeit)이 부여되는 지 여부에 대해서 아무런 언급이 없다.

1. 당사자

[449] 행정소송절차의 당사자는 소송법적 관계의 주체로서 절차에 참가하는 자이고 특히 절차의 범주에서 (참가능력이 있는 한) 소송행위의(예를 들면 신청의 제기) 실시에 대한 자격이 있는 자이다. 여기서 주된 당사자와 보조당사자 사이에 구분될 수 있다.

[450-452] 주된 당사자(Hauptbeteiligte)는 원고와 피고이다(제63조 제1호와 제2호). 원고는 여기서 적용되는 형식적 당사자개념에 의하면 소를 제기한 자이다; 피고는 소송에서 피고로 언급된 자이다. 소위 신청절차에서는 원고와 피고 대신에 신청인과 피신청인이라 불리운다.

[453-454] 보조 당사자(Nebenbeteiligte)로는, 참가하는 제3자와 공익의 대표자 내지 연방행정법원에서 연방이익의 대표자이다. 보조 당사자는 자동적으로 절차에 참가하는 것은 아니다. 참가인에 있어서 참가결정의 송달을

---

45) VwGO § 63 Beteiligte am Verfahren sind 1. der Kläger, 2. der Beklagte, 3. der Beigeladene (§ 65), 4. der Vertreter des Bundesinteresses beim Bundesverwaltungsgericht oder der Vertreter des öffentlichen Interesses, falls er von seiner Beteiligungsbefugnis Gebrauch macht.

요한다. 공익의 대표자 내지 연방행정법원에서의 공익의 대표자(Oberbund-esanwalt)는 공익의 객관적 수호자로서 절차에 참가하고 그들의 속성상 독립적으로 소송상 청구를 하고 상소를 제기할 수 있는데, 그들의 참가권리를 법원에 대한 신고(Anzeige)를 통해서 사용하여야만 한다.

2. 당사자능력

[455] 제61조의 의미에서의 당사자능력(Beteiligungsfähigkeit; Beteiligten-fähigkeit)은 절차에 참가할 수 있는 능력 즉 원고, 피고 또는 참가인으로서 소송관계의 주체가 될 수 있는 능력이다. 당사자능력은 누가 구체적인 절차에서 사실상 당사자인가라는 당사자적격(Beteiligungseigenschaft)의 문제와는 구별되어야 한다. 예를 들면, 당사자능력이 없는 주체가 소를 제기한다면, 그럼에도 불구하고 소를 통하여 야기된 소송절차에 참가하게 된다; 소송은 그러나 당사자능력의 결여로 각하된다. 동일한 것이 당사자능력이 없는 피고에 대한 소(訴)에도 적용된다. 제86조 제3항에 따른 안내(Hinweis)에 의하면 소송이 변경되지 않고 이제 당사자능력이 있는 피고를 지향하게 되면, 소송은 허용되지 않는 것으로 각하된다. 제61조를 배제하는 당사자능력에 대한 특별규정들은 제47조 제2항 제1문과 제2문이 포함하고 있다.

가. 제61조 제1호에 따른 당사자능력

[456] 자연인과 법인의 당사자능력은 별문제가 없다. 법인에는 이 때 사법인(私法人) 뿐만 아니라 공법인도 있다. 공법인에 있어서는 공법상의 사단법인(무엇보다도 연방, 주들 그리고 지역적 사단법인으로서 게마인데), 공법상 영조물법인 그리고 공법상 재단법인으로 구별된다. 공법인의 성립

은 제도적 법률유보로 인하여, 법률 또는 법률에 근거하여서만 이루어진다.

[457] 올바른 그렇지만 다툼이 있는 견해에 의하면, 제61조 제1호는 자연인이 직무담당자로서 독임제 기관 내지 기관일부의 권리를 수행하고 이러한 권리에 대하여 다투어지는 사례들을 포함하지는 않는다. 이것은 예를 들면 시장(市長)이 그의 기관적 지위로부터 도출되는 기관의 권리를, 이러한 권리를 침해하는 게마인데의회에 대하여, 지방자치적 권한쟁의의 범주에서 주장하는 곳에서 들어맞는다. 여기서 제61조 제2호의 유추(類推)에 의해서만 시장의 당사자능력이 도출된다. 동일한 것이 의원(議員)의 회의배제에 대항하는 개별적 게마인데의회의원에게도 타당하다. 제61조 제1호의 경우는 기관담당자가 자연인으로서 개인적 권리들을 주장하는 경우에는 존재한다.

[458] 예: 게마인데의회 의원이 그의 기본권으로부터 회의 중 담배태우기 금지의 발급을 구하는 청구권을 도출하고자 한다.

[459] 일련의 특별규정에 있어서 완전한 권리능력을 지니지 못할지라도, 단체 내지 권리주체들에게는 당사자능력이 부여된다.

[460] 법인의 해산이 유효한지 여부가 다투어지는 한, 그의 해산의 효력 없음이 허용성의 범주에서 전제되고 그와 함께 그의 당사자능력은 긍정되어져야만 한다. 본안판단의 범주에서 비로소 법인이 실제로 해산되어졌는지가 심사되어진다. 이것은 권리능력이 있는 단체가 단체법 제3조에 따라서 금지되어졌고, 이제 금지처분에 대해서 대처할 때에 해당된다.

나. 제61조 제2호에 따른 당사자능력

[461] 제61조 제2호에 의하면 이를 넘어 권리능력 없는 단체도 그들에게 권리가 부여될 수 있는 한 당사자능력이 있다. 민사소송법과는 달리 이미 권리주체성이 (제한된) 당사자능력을 근거 지운다. 제61조 제2호의 문언을

넘어서 - 이 규정의 목적으로부터(소송법의 실체법에의 부합) 도출되듯이 -
단체가 법규를 통하여 자신을 위하여 법적 의무가 근거 지워지는바, 법규
의 귀속주체라는 것을 이미 충족함에 틀림없다. 제한된 당사자능력은 기본
권으로부터 도출될 수 있다. 예를 들면 권리능력 없는 사단 또는 단체의 부
분조직 또한 민법상의 조합은 이미 결사의 자유와 관련하여 그들에게 존재
하는 기본권능력 때문에 국가와의 법적 분쟁에서 당사자능력이 있다는 것
이 도출된다. 민법상의 조합의 당사자능력은 그렇지만 새로운 판례에 의하
면 (권리능력 없는 사단과 유사하게) 이를 넘어서 확장되고 법인의 권리능
력과 당사자능력에 상당히 근접하게 된다.

예: 권리능력 없는 사단으로서 조직된 노동조합이 헛되이 임금계약법 제
5조에 따라서 임금계약의 일반기속적 선언을 신청한다. 일반기속적 선언을
구하는 소송을 위해서 노동조합은 당사자능력이 있다. 권리능력 없는 단체
에 있어서도 기본권능력은 항상 단체가 일정한 지속성이 있고 조직에 대한
최소한의 구성을 나타내는 것을 전제로 한다.

[462] 제61조 제2호 상 권리와 의무에 있어서 필수적으로 국가와 국민 사
이의 외부관계에서의 권리와 의무일 필요는 없다. 소위 내부조직적 권리와
의무도 족하다. 이것은 무엇보다도 기관쟁의와 (예를 들면 지방자치상 기
관쟁의) 관련하여 의미가 있다. 그 때문에 합의제로 조직된 기관 내지 기관
일부는, 기관 그 자체에게 부여된 기관의 권리를 주장할 권한이 있다. 예를
들면 게마인데 의회는 합의제 기관으로서 또한 게마인데 의회의 교섭단체
도 당사자능력이 있다. 올바른 그러나 대단히 다투어지는 견해에 의하면,
그에 반하여, 지방자치단체 차원에서는 주민청원의 주도자 또는 주민청원
은 기관으로서 당사자능력이 없다. 왜냐하면 이들에게는 (특별법적 규정의
유보 하에) 지방자치의 기관으로서의 지위가 부여되지 않기 때문이다.

[462a] 최고법원의 판례와는 달리, 당사자능력은 문제되는 법적 분쟁의
기초를 형성하는 규범으로부터 도출되지 아니한다. 절차의 당사자에게 이

러한 규범으로부터 권리가 부여되는가 내지 절차의 당사자가 다른 당사자에 의하여 이러한 규범으로부터 주장된 권리를 통하여 의무 지워질 수 있는가의 문제는 전적으로 원고적격 내지 소극적 소송수행권과 관계된다. 그러나 관련된 법적 분쟁을 위하여 당사자가 법규범의 귀속주체인 것이 추상적으로 배제될 수 있다면, 이미 그것은 당사자능력이 결여된 것이다.

예: 주민의 합의제기관으로서의 게마인데 의회에 대한 소송은, 이미 게마인데 의회의 (그리고 결여된 소극적 소송수행권 때문만이 아니라) 당사자능력의 결여로 허용되지 않는다. 왜냐하면 게마인데 의회는 다른 게마인데 기관과의 관계에서만 권리와 의무를 가질 수 있기 때문이다.

다. 제61조 제3호에 따른 당사자능력

[463] 제61조 제3호는 주(州)법이 행정청에게 당사자능력을 부여할 수 있다는 것을, 물론 위임은 단지 주(州)행정청에게만 이루어지지만(다툼 있음), 규정한다. 이러한 위임에 대해서, 개별 연방 주(州)들에 있어서 사용되어졌다. 이러한 행정청들은 그들이 소속된 공법상 법인을 위한 소송담당자(Prozessstandschafter)로서 행동한다. 이것은 - 소송담당자들이 스스로 당사자로 등장할지라도 - 그들은 자기 자신의, 그들에게 실체법에 자체에 의하여 부여되는 권리가 아니라 단지 다른 자의 (여기서 권리를 가지는 공법상의 법인의) 권리를 주장하거나 방어한다는 것을 의미한다. 연방법적으로 규범통제절차에 있어서 행정청의 당사자능력은, 행정청도 신청권한을 가지는 제47조 제2항 제1문 제2단을 통해서 규정된다.

Ⅱ. 참가(參加)

1. 참가의 기능과 적용영역

[464] 당사자 지위는 제63조 제3호에 의하여 참가(Beiladung)를 통하여서도 근거 지워진다. 참가에 있어서 민사소송법에서는 직접적인 상응(相應: Entsprechung)을 발견할 수 없는, 독자적인 행정소송의 법적 제도를 다룬다. 참가로 의도하는 제3자의 절차에로의 편입은 특히 그들의 이익의 인지(認知), 포괄적인 분쟁에 대한 석명(釋明) 내지 제121조 제1호와 제61조 제3호에 의거한 참가를 통하여 발생하는 확정력의 확장, 소송경제에 이바지한다. 참가는 모든 재판절차에서, 제47조 제2항 제4문에 의하면, 규범통제절차에서도 고려된다. 모든 당사자능력자들은 참가능력이 있다.

[465] 참가의 요건과 법적 효과의 관점에서 제65조 제1항에 의한 단순참가(임의적 참가)와 제65조 제2항과 제3항에 의한 필수참가(의무적 참가)로 구분된다. 법원을 통한 참가의 불개시는 양자의 참가에 있어서 소송의 불허용성을 가져오지는 아니하고 다른 소송법상 결과를 가진다.

2. 단순참가

[466] 결정에 의하여 법적 이익(rechtliches Interesse)이 관여되는 모든 자(者)는, 필수적 참가의 경우가 존재하지 아니하는 한, 법원의 재량에 의하여 직권으로 또는 신청으로 단순히 참가될 수 있다. 법적 이익은, 참가인이 주된 당사자에게 또는 경우에 따라서는 소송물에 대해서만, 원고나 또는 피고의 패배가 그의 법적 상황을 개선하거나 악화시킬 수 있는 그러한 관계가 존재하는 경우에는 주어진다.

[467] 예: 계획확정결정을 통하여 관련된 토지소유자가, 다른 토지소유자를 통하여 제기된 계획확정절차에 대한 취소소송에 참가될 수 있다.

[468] 제42조 제2항에 의한 것과 달리, 참가가 이루어지는 결정이 참가인의 법적 지위를 건드리는 것은 요구되지 않는다. 그러한 범위 내에서 법적 이익의 개념이 제43조 제1항과 제113조 제1항 제4문에서의 법적인 관련성 내지 또한 정당한 이익의 개념보다 좁다. 순수하게 경제적인, 사회적인 또는 이념적인 이익은 충분하지 않다.

[469] 예: 건축을 하는 건설기업이, 건축을 위한 건축허가를 거부당했는데, 건설기업은 건축신청자의 의무이행소송에 있어서 참가할 수는 없다. 또한 단체 자체의 이익이 아니라 그의 구성원의 법적 이익만 관련되는 절차에서, 단체의 참가는 배제된다.

3. 필수참가

[470] 계쟁의 법률관계에, 제3자가 결정이 그에 대하여 통일적으로만 이루어질 수 있는 방식으로 참가된 경우에는, 참가는 강제적으로 이루어져야 한다. 왜냐하면 이를 통하여 동시에 제3자의 권리가 직접적으로 형성되고, 승인되고, 확인되고, 변경되고 또는 폐지되기 때문이다. 무엇보다도 제3자효 행정행위, 즉 이를 통하여 어떤 자는 수익을 받는 동시에 다른 자는 부담을 받는 행정행위에 대한 취소소송이 필수참가의 적용사안을 형성한다.

[471] 예: 연방이미씨온보호법 제4조에 의하여 이미씨온보호적 허가의 발급 후에, 자신의 법적 지위에 손해를 입은 인근주민이 취소소송을 제기한다면, 이러한 허가의 보유자는 필수적으로 참가되어져야 한다. 이러한 소송을 허가하는 결정은 허가를 직접적으로 폐지하고, 그래서 시설운영자는 허가를 직접적으로 결정을 통하여 잃어버릴 수 있다. -인인이 건축허가에 대

항하여 취소소송을 제기한다면, 필수적으로 참가되는 자는 또한 건축주이
다 (그에 반하여 다른 인근주민은 아니고). -그에 대하여 인인의 주관적 권
리를 건드리는 건축허가의 발급을 지향하는 의무이행소송에 있어서, 필수
적 참가의 경우는 존재하지 않는다. 여기서 종종 누가(Wer) 건축허가를 통
하여 건드려지는지를 조사하기에 심각한 어려움이 야기되기 때문에, 그것
은 이미 실제적인 이유로 수긍이 간다. 게다가 인인(隣人)은 건축허가의 추
후의 발급을 아직 취소소송으로 다툴 수 있다. -특정한, 행정행위에 표시된
자(者)를 상대로 하는 행정행위의 발급이 소구된다면, 그에 반하여, 필수적
참가의 제도로 추구되는 소송경제적 이유가 그러한 참가를 지지한다. -주
(州)에 대항하여 (건축감독청의 주체로서) 제기되는, 연방건설법 제36조에
따라서 게마인데의 협의를 요(要)하는 건축허가의 발급을 구하는 의무이행
소송에 있어서 게마인데는 필수적으로 참가되어져야 한다.

[472] 제65조 제2항에 의하여 참가가 50명을 넘는 경우에는 (소위 대량절
차), 법원은 제65조 제3항의 보다 상세한 기준에 따라서 단지 특정한 기한
내에 참가를 신청한 그러한 자(者)만 참가되도록 명령할 수 있다. 그러한
신청이 제기되지 않았거나 또는 기한 내에 제기되지 아니한 경우에는, 제
121조 제2호에 의한 결정이 그럼에도 불구하고 이러한 자들에 대하여 실질
적 확정력을 발한다.

4. 참가의 결과와 참가의 해태

[473] 소송에 있어서 참가자의 지위는 제66조로부터 도출된다. 단순참가
자는 - 단지 - 주된 당사자의 본안신청의 범위 내에서 독립적으로 공격- 그
리고 방어방법을 주장할 수 있다. 필수참가자는 이를 넘어서 주된 당사자
의 본안신청과 다른 본안신청을 제기할 수 있다. 필수참가의 해태는 - 단순

참가에서와는 달리 - 원칙적으로 중대한 절차하자를 의미하고, 상소심절차에서 판결의 파기와 사안의 환송을 가져온다. 형성판결은 단지 판결의 효력없음을 가져온다.

[474] 단순참가 내지 필수참가에 있어서든, 참가인은 제121조 제1호와 제63조 제3호에 따라서 내려진 결정의 실질적 확정력을 통하여 기속된다.

III. 공동소송

[474a] 참가와 구별되어야 하는 것은 공동소송이다(민소법 제59조에서 제63조와 연관하여 제64조). 공동소송(Streitgenossenschaft)은 원고의 측(側)에 (적극적 공동소송) 또는 피고의 측(側)에 (소극적 공동소송) 다양한 자가 분쟁의 동료(同僚)로서 등장하는 소의 주관적 병합을 의미한다. 소송경제적 이유로 또는 사안의 본질 때문에 공동소송에 있어서 통상적으로 여러 소송들이 공동의 행위와 결정으로 서로 결부되어 있다. 참가자와 달리 공동소송인들은 (원고 또는 피고) 절차의 주된 당사자이다.

구별되어야 할 것은 단순 공동소송과 필수적 공동소송이다. 단순 공동소송은 민사소송법 제59조와 제60조와 연관하여 제64조에 의하여 다수의 자(者)가 소송물의 관점에서 법적 공동체인 경우 또는 동일한 사실상의 토대로부터 권리나 의무가 부여되는 경우에 (예를 들면 연대채무자로서) 존재하며, 또한 동종이거나 또는 본질적으로 동종의 사실상 그리고 법률상 이유에 기초하는 청구권이나 의무들이 (예를 들면 건축허가에 대한 다수의 인인소송) 소송물을 형성하는 경우에 존재한다. 필수적 공동소송은 민사소송법 제62조와 연관하여 법 제64조46)에 의하여 법원의 본안판단이 통일적

---

46) VwGO § 64 Die Vorschriften der §§ 59 bis 63 der Zivilprozeßordnung über die Streitgenossenschaft sind entsprechend anzuwenden.

으로 내려져야만 하는 경우에 존재한다.

이 경우에 부진정 (비(非)본래의) 필수적 공동소송과 진정 (본래의) 필수적 공동소송으로 구별된다. 부진정 필수적 공동소송에 있어서 공동소송은 필수적으로 공동으로 제소할 필요는 없지만; 다수의 공동소송인이 공동으로 제소한다면, 결정은 필수적으로 통일적이어야 하며, 그래서 판결의 확정력이 다른 공동소송인에게 확장된다 (다수의 공동소유자가 건축허가의 발급을 소구하는 경우). 진정 필수적 공동소송에 있어서는 단지 제소하는 공동소송인에게 적극적인 소송수행권이 결여되어 있고 (예를 들면 공동의 부부이름의 변경에 대한 부부일방의 소송에 있어서), 다수의 공동소송인이 단지 함께 존재하는 소극적 소송수행권 때문에 공동으로 피소(被訴)되어져야만 한다. 필수적 공동소송에 있어서 기일이나 기한을 해태한 개별적 공동소송인은 민소법 제62조 연관 법 제64조에 의하여 해태하지 아니한 공동소송인을 통하여 대표된 것으로 간주된다.

시초사례의 해결

[475] 사례 1: 행동위원회에서 명시적으로 법인이 아닌 것이 문제가 되므로, 그의 당사자능력은 제61조 제1호로부터가 아니라 제61조 제2호로부터 도출될 수 있다. 이것은 위원회에게 권리가 부여될 수 있다는 것을 전제로 한다. 그러한 권리는 집회의 자유의 기본권, 집회법의 권리들(집회법 제1조와 제14조 이하) 내지 이러한 기본권을 구체화하는 상응하는 주(州)법상 규정들로부터 도출된다. 기본법 제19조 제3항으로부터 그러나 또한 집회법 제1조 제2항 제4호로부터, 집회권의 주체는 또한 그의 당사자능력이 제61조 제2호에 의거하는 권리능력이 없는 결사(結社)일 수 있다는 것이 도출된다. 이를 위한 요건은 그러한 결사가 일정한 기간 동안 지속되고 기관에 대한 최소한을 나타내는 것이다. 여기서 즉흥적으로 집회를 위한 구성된 행동위원회에 대해서는 그러한 것이 결여된다. 행동위원회는 그러므로 당

사자능력이 없다.

[476] 사례 2: a) 지방자치상 기관의 시의회의 구성부분으로서 시의회의 교섭단체(Fraktion)는 기관권리의 주체이고 또한 여기서 구체적으로 시의회 위원회의 회합에서 그러한 잠정적으로 침해된 기관권(Organrecht)을 둘러싼 분쟁이 존재하기 때문에, 제61조 제2호에 따라서 직접적 최소한 유추적용에서 당사자능력으로부터 출발될 수 있다.

b) 그에 반하여, 외부인에 대한 게마인데강당의 제공을 둘러싸고 다투어지는 한, 게마인데의 외부관계만이 관련되기 때문에, 교섭단체에게 권리주체성과 당사자능력이 거부된다.

c) 정당의 지역단체는 정당법 제3조에 따라서는 당사자능력이 없기는 하지만, 그러나 제61조 제2호에 따라서는 아마도 당사자능력이 있을 것이다. 왜냐하면 지역단체는 지속적으로 존속하는 법인(法人)적 구조 때문에 결여된 권리능력에도 불구하고 기본법 제19조 제3항과 연관하여 기본법 제3조 제1항에 따라서 기본권의 주체이기 때문이다.

제13절 소송능력, 소송대리, 변론능력

I. 소송능력

[477] 당사자능력으로부터, 소송능력은 구별되어져야 한다. 소송능력 (Prozessfähigkeit)은 스스로 또는 대리인을 통하여 효과적으로 소송행위를 수행할 자격이다. 모든 당사자능력자가 또한 소송능력이 있는 것은 아니다.

[478] 예: 유아(乳兒)는 제61조 제1호에 따라서 당사자능력자이지만, 그러나 제62조에 의하여 소송능력자는 아니다.

[479] 소송능력자는 제62조 제1항 제1호에 따라서 모든 민법상 법률행위 능력자(Geschäftsfähige)이다. 나아가 제62조 제1항 제2호에 의하여 민법 또는 공법에 의하여 절차의 대상을 위하여 행위능력자로 인정되는 모든 민법 상 법률행위능력에 있어서 제한된 자이다. 제한된 소송능력은 그에 따라서 예를 들면 민법 제112조와 연관한 제62조 제1항 제2호로부터 도출된다. 공법에 있어서 제한된 행위능력은 「종교적 자녀교육법에 대한 법률(RelK-ErzG)」 제5조, 체류법 제80조, 난민절차법(AsylfG) 제12조, 사회법전 제36조 또는 운전면허령(Fahrerlaubnis VO) 제10조를 통하여 근거 지워진다.

[480] 이러한 관련성에서 기본권행사능력 즉 기본권을 독립적으로 (법적 인 대리 없이) 행사할 수 있는 능력의 문제도 속한다. 다만 제한적인 행위 능력자가 분쟁상 중요한 기본권의 의의와 영향범위의 관점에서 인식능력

을 가지고 그래서 그러한 기본권행사능력이 긍정되는 한, 그에게 논리필연적으로 이러한 기본권의 소송상 방어와 관련하여 소송능력을 부여하여야만 한다. 제한적 행위능력자의 그러한 기본권행사능력의 문제는 여기서 상론(詳論)될 수는 없다. 인격권적 기본권과 (예를 들면 기본법 제5조) 재산권적 기본권 (예를 들면 기본법 제14조)은 구별되어져야 한다. 전자에서는 인식능력이, 후자에서는 그에 반하여 민법 제104조 이하의 유추에 근거할 수 있다. 자연인의 소송능력(Prozessfähigkeit)이 결여된 경우, 그를 위하여 그의 법률상 대리인 내지 특별한 소송대리인(Prozesspfleger)이 행위를 한다.

[481] 단체 내지 행정청을 위해서 그들의 법률상 대리인, 이사들, 특별관재인들이 행위한다(제62조 제3항). 바이에른 지방자치법에 따른 시장(市長)의 소송대리권의 영향범위의 문제에 대해서는 바이에른 행정고등법원 공보 2012, 340면 이하를 참조하라.

[482] 소송무능력자에 의하여 이루어진 또는 그에 대하여 이루어진 소송행위는 효력이 없다. 소송무능력자에 의하여 제기된 소는 허용되지 않는다. 그런데 이러한 소가 법률상 대리인의 추후의 승인에 의하여 치유(治癒)될 가능성이 존재한다.

II. 소송대리와 변론능력

[483] 당사자는 2008년 7월 1일자 시행된 제67조의 기준에 따라서 소송대리인을 통하여 대리할 수 있고, 그러나 제67조 제1항에 따라서 행정지방법원에서 대리되지 아니하고 스스로 소송을 수행할 수 있다. 대리되는 경우에는 제67조 제2항의 상세한 기준에 의하여 행정지방법원에서 - 지금까지의 법과는 달리 - 대리할 수 있는 자의 범위가 상당히 제한된다. 소송대리인은 제67조 제2항 제1문에 의하여 변호사 또는 법관자격을 가지고 고등

교육범주법 상 독일고등교육에서의 법학 교원(敎員) 그리고 나아가 제67조 제2항 제2문에서 언급된 다른 자만이 될 수 있다 (무엇보다도 당사자 또는 당사자와 결부된 기업의 직원, 당사자의 행정청 또는 다른 행정청 내지 공법인의 직원, 성년가족 그리고 제67조 제2항 제2문 제2호~제7호에 언급된 다른 자와 결사들). 행정고등법원과 연방행정법원에서는 제67조 제4항에 따라서 대리강제가 존재한다.

[484] 위임으로부터 구별되어야 할 것이 소송조력자(Beistand)의 선임이다. 소송조력자는 당사자를 돕기만 하고, 대리권한은 가지지 아니한다. 소송조력자를 위해서 입법자는 제67조 제7항에서 새로운 규정들을 마련하였다. 소송조력자는 제67조 제7항 제2문에 의하여 당사자가 법적 분쟁을 스스로 수행할 수 있는 절차에서 심리에 있어서 대리의 위임인으로서 자격이 있는 자만이 될 수 있다.

제14절 원고적격

시초사례

[485] 사례 1: 주(州)내무부는 그의 판단에는 암(癌)을 유발하는 식료품의 섭취를 경고한다. 식료품생산자 L, 이러한 물품을 판매하는 식료품소매상 D 및 그의 고객, 미식가 F는 각각 경고의 취소를 소구한다. 이러한 소는 허용되는가?

[486] 사례 2: 내무부가 이러한 경고를 추후에 취소하였다고 가정하고, 동시에 그렇지만 경고가 이전의 인식상황에 의하면 정당하였다고 안내하였다. 생필품의 불매로 상당한 손해를 겪은 D는, 이제 이러한 경고가 정당하지 못하였다는 것을 확인하고자 한다

a) 상응하는 소가 허용되는가?

b) 그가 특별히 소중하게 여겼던 식품의 섭취를 상당한 기간 동안 포기하여야만 했던 F의 소(訴)는 허용되는가?

[487] 사례 3: J는 민속축제 동안에 연시(年市)에서 시장(市場)가판대를 S시의 축제장소에 설치하고자 하였다. 사용가능한 자리들이 한정되었기 때문에, 그리고 분배될 수 있는 자리들보다 더 많은 사람들이 연시 시장가판대의 설치를 희망하였으므로, J는 자리를 얻을 수 없었다. 그에 반하여 P는 상응하는 신청을 J보다 늦게 신청하였음에도 불구하고, 시장(市長)과의 끈끈한 정치적 유대관계로 인하여 자리를 배정받았다. 연시(年市)가 그 사이

에 시작되었고, J는 자리의 분배에 대한 결정이 위법하였다는 확인을 구하는 소를 제기할 수 있는가?

[488] 사례 4: 승인된 환경보호단체가 연방이미씨온보호법상 승인을 요하는 시설의 설치허가에 대해서 소를 제기한다. 그 시설로부터 시설의 인근에 거주하는 환경보호단체의 구성원들에 대하여 유해한 환경영향이 유출된다. 환경보호단체가 원고적격이 있는가?

I. 서설

[489] 제42조 제2항은 소위 원고적격(Klagebefugnis)을 규정한다. 그에 의하면 법률적으로 다른 것이 규정되어 있지 아니한 한, 취소소송과 의무이행소송은 원고가 행정행위 내지 그의 거부 또는 해태를 통하여 자신의 권리에 침해를 받았다는 것을 주장하는 경우에만 허용된다. 취소소송과 의무이행소송과 체계적으로 밀접한 관련이 있고, 제113조 제1항 제4문의 직접적 또는 유추적용으로 개시되는 계속확인소송을 위해서도 동일한 것이 타당하다. 침해된 권리는 원고의 실체적 권리 일뿐만 아니라 절차적 권리도 있을 수 있다. 이것은 절차 하자있는 행정행위의 직권폐지를 구하는 원고의 실체법적인 청구권의 결여 때문에, 법원이 그의 침해를 제113조 제1항 제1문47)에 따라서 그의 폐지로의 권한이 없는 경우에도 타당하다.

---

47) VwGO § 113 (1) Soweit der Verwaltungsakt rechtswidrig und der Kläger dadurch in seinen Rechten verletzt ist, hebt das Gericht den Verwaltungsakt und den etwaigen Widerspruchsbescheid auf. Ist der Verwaltungsakt schon vollzogen, so kann das Gericht auf Antrag auch aussprechen, daß und wie die Verwaltungsbehörde die Vollziehung rückgängig zu machen hat. Dieser Ausspruch ist nur zulässig, wenn die Behörde dazu in der Lage und diese Frage spruchreif ist. Hat sich der Verwaltungsakt vorher durch Zurücknahme oder anders erledigt, so spricht das Gericht auf Antrag durch Urteil aus, daß der Verwaltungsakt rechtswidrig gewesen ist, wenn der Kläger

[490] 제42조 제2항으로 원고를 공익 또는 제3자의 법적으로 보호되는 이익의 대변인(Sachwalter)을 만드는 소위 만인소송(萬人訴訟: Popularklage)을 배제하는 것이 의도된다. 그런데 원고적격에 있어서 권리보호필요성의 특별한 형태, 적극적 소송수행권(예를 들면 권리를 자신의 이름으로 주장할 수 있는 권능)의 법률적 규율, 또는 독자적인 소송상 제도를 의미하는지에 대하여는 일치를 보지 못하고 있다. 이 문제에 대한 대답은 본질적으로 단지 이론적 의미를 지닐 뿐이다. 제42조 제2항의 특별성의 관점에서 원고적격은 우선적으로 적극적 소송수행권을 대상으로 하는 특별한 본안판단요건으로 이해되어져야 한다. 그의 적용영역에 있어서 원고적격은 그 때문에 적극적 소송수행권에게 타당한 일반적 기본원칙들로 회귀(回歸)하는 것을 배제한다.

[490a] 입법자에게는 제42조 제2항 전단에 따라서, 원고적격을 원고가 자신의 권리침해를 주장하지 않는 곳에서도 근거지우는 것이 허용되어 있다. 이것은 무엇보다도 종종 침해당한 주관적 권리가 결여되고 그 때문에 환경보호법과 자연보호법의 효율적인 집행을 위하여 단체의 주관적 권리의 주장에 기속되지 않는 이타적 단체소송이 - 또한 공동체법적 기준 때문에도 - 법률적으로 허용되는 환경보호법과 자연보호법에서 의미가 있다 (법적으로도 별문제가 없다)(문번 527a).

Ⅱ. 제42조 제2항의 일반적 이행소송 및 형성소송과 확인소송에 대한 유추적용

[491] 제42조 제2항[48])은 그의 규정내용에 있어서 권리보호필요성이라는

---

ein berechtigtes Interesse an dieser Feststellung hat.

48) VwGO § 42 (1) Durch Klage kann die Aufhebung eines Verwaltungsakts (Anfechtung-

제도(制度)뿐만 아니라 소송수행권이라는 제도까지 미치고, 그 때문에 후자를 통해서 대체되어질 수 없기 때문에(다툼 있음), 이 규정이 어느 범위까지 여기서 언급된 소송유형과 다른 소송유형에 적용할 수 있는 지가 문제된다.

[492] 만인소송(Popularklage)을 - 법적으로 허용되지 않는 한 - 처음부터 허용되지 않는 것으로 배제하는 이 규정의 의도는, 일반적 이행소송에서도 제42조 제2항의 유추로 원고적격을 요구하는 것을 암시한다. 의무이행소송 및 일반적 이행소송이 동일하게 청구권의 실행에 이바지하는 구조적 공통점도 이러한 유추를 지지한다. 원고적격의 관점에서 구분을 위하여 명쾌한 이유가 부족하고, 나아가 행정행위와 기타 고권적인 행위의 구분도 종종 어렵다. 제42조 제2항의 유추는 중요한 명문(明文)의 법적 지지를, 그 외에도 새로운 특별한 행정재판권을 관여하는 법률들에서의 규율들을 통해서 경험하였다. 이러한 법률들은 명시적으로 취소소송과 의무이행소송 뿐만 아니라 또한 일반적 이행소송을 위해서도 원고적격을 요청한다(예를 들면, 재정법원법(FGO) 제40조 제2항, 사회법원법(SGG) 제54조 제5항). 제42조 제2항의 유추적용은 이행(履行)의 실시뿐만 아니라 침해의 중지를 지향하는 일반적 이행소송도 포함한다. 일반적 형성소송 또는 취소소송 외에 다른 등장하는 주관적 권리의 실행에 이바지하는 특별한 형성소송이 개시될 수 있다는 것으로부터 출발하는 한, 제42조 제2항은 언급된 이유로 인하여 동일하게 유추 적용될 수 있다. 그에 반하여 최근에 여러 번에 걸쳐 고려되

---

sklage) sowie die Verurteilung zum Erlaß eines abgelehnten oder unterlassenen Verwaltungsakts (Verpflichtungsklage) begehrt werden(소송을 통하여 행정행위의 폐지(취소소송) 내지 거부되거나 해태된 행정행위의 발급으로의 판결(의무이행소송)이 청구될 수 있다). (2) Soweit gesetzlich nichts anderes bestimmt ist, ist die Klage nur zulässig, wenn der Kläger geltend macht, durch den Verwaltungsakt oder seine Ablehnung oder Unterlassung in seinen Rechten verletzt zu sein(법률로 다르게 규정되지 아니한 한 소송은 원고가 행정행위 또는 그의 거부 또는 해태를 통하여 자신의 권리가 침해되었다고 주장하는 경우에만 허용될 수 있다).

는 행정재판적 일반적 확인소송에 대한 제42조 제2항의 유추적용은, 그 필요성이 존재하지 않는다.

Ⅲ. 원고적격의 요건

1. 권리침해의 주장

[493] 제42조 제2항의 문언에 의하면 원고는 행정행위 내지 그의 거부 또는 부작위를 통하여 자신의 권리에 침해를 받았다는 주장을 하면 충분하다. 그러나 그러한 권리침해의 단순한 주장만 한다면, 제42조 제2항은 그에 의하여 추구된 만인소송을 배제하는 목적을 달성할 수 없을 것이다. 권리침해의 단순한 주장이, 명백하게 틀렸더라도, 그 자체로 원고적격을 근거지워서도 아니된다. 원고적격의 심사가 본안심리를 선취하고, 그래서 권리침해의 사실상 존재가 요청되어서도 아니된다. 어떻게 이 문제를 해결할 것인가에 대해서는 쟁론(爭論)이 있다.

[494] 소위 신빙성이론(Schlüssigkeitstheorie)은 원고적격을 위해서, 만약 행정행위 또는 그의 거부 또는 부작위가 객관적으로 위법하다고 입증되는 경우에, 원고가 - 즉 다른 사람이 아니라 바로 그가 - 행정행위 또는 그의 거부 또는 부작위를 통해서 자신의 권리에 침해를 받았다는 신빙성(信憑性) 있는 주장을 요구한다. 그에 반하여 소위 가능성이론(Möglichkeitstheorie)은 단지 원고에 의하여 주장된 권리침해가 가능(可能)한 지의 여부에만 근거한다. 그 범위 내에서 단지 경미한 요청만 요구 되어진다: 명백하고 명확하고 어떠한 고찰에 의하여도 원고에 의하여 주장된 권리가 존재하지 아니하거나 그에게 귀속되지 않는 경우에만, 주장된 권리침해가 불가능하다고 한다.

지배적 견해이면서 압도적 다수의 판결이 취하는 가능성이론을 따른다. 신빙성이론은 원고적격에 대해서 너무 지나친 요구를 하고, 허용성 심사를 종종 대답하기 어려운 질문들로 너무 무거운 짐을 지운다. 이것은 특히 원고적격을 전제로 하는 제80조 제1항에 따른 집행정지효(Suspensiveffekt) 규정과 연관하여 대단히 심각한 실제적인 문제들을 야기한다. 더구나 신빙성이론은 직권탐지주의를 충분하게 고려하지 못한다. 주의할 것은 가능성이론이 원고적격을 위해서 원칙적으로 원고의 법적인 관련성(Selbstbetroffenheit)을 요청하는 것인데, 왜냐하면 이러한 관련성이 없다면, 권리침해는 명백하게 배제되기 때문이다. 원고가 단지 주관적 권리의 침해를 주장하고 이것이 가능하다면 충족된다. 권리침해의 가능성이 도출되지 않는다는 후속 진술은 무해(無害)하며, 특히 소의 부분적 각하를 가져오지 않는다. 원고의 권리의 침해가 도출될 수 없는 법위반들은, 본질상 당연히 소의 이유 유무(Begründetheit)를 위해서 중요하지 않다(그렇지만 간접적인 자유권적 기본권의 침해에 대해서는 문번 498을 참조하라).

2. 원고의 직접관련성

가. 주관적 권리의 개념

[495] 원고적격은 제42조 제2항의 직접 또는 유추적용에 있어서, 원고가 고권적인 행정작용을 통해서 자신의 법적 지위에 관련되는 것을 전제로 한다. 소의 허용성은 주관적 권리의 존재에 의존된다. 그 때문에 규범이 어떠한 조건 하에서 의무 외에 동시에 주관적 권리를 구성하는 지가 설명되어져야 한다. 규범을 통해서 근거 지워지는 모든 의무가 반드시 주관적 권리와 상응하는 것은 아니다.

[496] 오늘날 지배적인 결합설(Kombinationstheorie)에 의하면, 규범이 법적 주체의 이익을 보호하고자 하고, 주체에게 이익의 실행을 위해서 법적 힘 또는 의지적 힘을 부여한다면 주관적 권리의 존재로부터 출발한다. 사법(私法)상 자연인 또는 법인의 주관적 권리는 행정을 의무지우는 법규범으로부터 공익 뿐만 아니라 사인의 이익 보호에도 이바지한다는 것이 도출될 수 있다면 이미 긍정된다. 이것은 국가적 작용의 소극적 대상으로부터 기본법 제1조와 개별적 실질적 기본권에서 표현되는 적극적 주체로의 국민의 평가절상으로부터 도출된다.

[497] 공법상 규범의 보호방향에 의거하여 공법상 규범의 주관화를 결정하는 보호규범이론은 본질적인 구별기준을 제시한다. 그에 반하여 단지 몇몇 경우에서 사실상 관련성으로부터 주관적 권리를 근거지우려는 반복된 시도는 지속되지 못한다. 자신의 안건(Angelegenheit)에서 관련성이 존재하는 지 여부를 확인하기 위하여, 즉 언제 이것이 그러한 경우이고 일반공중(Allgemeinheit)의 사안들만이 건드려지는 것이 아닌지에 대해서, 특정될 수 있는 기준이 요청된다. 어떤 자에 대하여 모든 고권적 조치의 단지 멀리 있는 사실상 중요성을 이미 주관법적으로 중요하다고 평가한다면, 필수적으로 주관적 권리의 팽창(Inflationierung)을 가져올 것이다. 그를 통하여 허용되는 개별적 권리보호에 이바지하는 소와 허용되지 아니하는 만인소송 사이에 구별이 사물의 본성에 따라서 광범하게 포기되어질 것이다. 주관적 권리위치의 이러한 정도를 벗어남으로 (특히 잠정적 권리보호를 통하여 -문법 937 이하를 보라 -조건 지워지는) 신속하고도 효율적인 법률집행에 대한 공익의 침해 외에 동시에 고권적 조치가 수혜를 의미하는 자들의 법적 지위의 약화와 연결된다. 제3자의 권리상실로 구매(購買)한 주관적 권리의 팽창을 가져오는 가정(假定)의 이중성은 동시에 모든 사실상 침해를 기본권침해로 평가하는 법도그마적인 시도의 약화를 명백하게 한다. 그럼에도 불구하고 이것을 긍정한다면, 재판적 권리보호의 확장을 통해서 입법자

에 의하여 조종할 수 없는 행정부와 사법부 사이에서 사법부를 위하여 중요한 힘의 관계의 이동(Verschiebung)이 발생할 것이다.

[497a] 주관적 공권에 있어서 지배권, 형성권 및 청구권으로 구분된다. 청구권은 다시금 특정 행위, 수인(受忍) 또는 중지의 청구권을 보장하는 실질적 주관적 공권과 재량 하자 없는 결정의 청구권만을 부여하는 형식적 주관적 공권으로 구분된다. 주목할 점은 한편으로 형식적 주관적 공권이 개별적 경우 재량의 영(零)으로의 수축을 통하여 실질적 주관적 공권으로 변모될 수 있고, 다른 한편으로는 실질적 주관적 공권이 기간의 도과(법적 구제기한의 실기)로 형식적 주관적 공권으로 전환될 수 있다.

[497b] 행정이 예를 들면 국민의 권리를 침해하는 행정행위를 발급한다면, 취소소송의 방식으로 추구될 수 있는 행정행위의 폐지를 구하는 청구는 실질적 주관적 공권이다. 이의신청(Widerspruch)과 취소소송이 적기에 제기되지 않으면 행정행위는 확정된다. 국민은 단지 취소에 대한 재량 하자 없는 결정을 구하는 권리만을 가진다. 수익적 행정행위의 발급을 구하는 청구권이 존재하는데 그 신청이 거부되었고, 국민이 이에 대하여 이의신청 내지 의무이행소송을 적기에 제기하지 못하였을 때도 마찬가지이다. 국민은 기간 도과 후에 다만 수익적 행정행위의 발급에 대하여 재량 하자 없는 결정을 구하는 권리만을 가진다. 이것은, 연방행정법원의 견해와는 달리, 건축법적 또는 영업법적 허가의 발급을 구하는 신청이 거부되었고 이에 대하여 권리구제절차가 적기에 제기되지 못하였을 때에도 해당된다. 단지 그러한 다툴 수 없는 거부행위의 기본권 관련성 만으로 - 허가유보부 예방적 금지에서 항상 있는 - 법치국가원칙에 정착된 법적 제도로서의 존속력(Bestandskraft)의 파괴는 정당화될 수 없다.

나. 주관적 권리의 근거지움(Begründung)

(1) 법규정의 주관화(Subjektivierung)

[498] 행정이 작용을 함에 있어서 준수하여야만 하는 법규범이 원고를 보호하고 있는 경우에만, 고권적 행정작용을 통해서 스스로 자신의 권리가 관련될 수 있다. 법규범이 개인의 이익을 보호하고 그와 함께 이러한 주관적 권리를 근거 지우는지 여부는 이러한 규범의 해석의 문제이다.

기본법에서 그리고 주(州) 헌법에서 인정된 기본권 내지 기본권 유사(類似)의 권리들이 주관적 권리로 규명되는 것에는 이견이 없다. 기본권은 명령 또는 금지를 포함하는 소위 전통적 기본권 침해로부터 그리고 특정의 범위 내에서 사실상 (간접) 기본권 침해로부터 보호한다. 원고적격이 이미 기본권으로부터 도출되는 한, 기본권의 규범 외부적 효력이라 부른다. 그렇지만 기본권적으로 보호된 이익에 대한 모든 고권적 작용의 반사적인 영향이 기본권 침해는 아니라는 점을 주목하여야 한다. 침해의 한도를 아직 도달하지 못한 반사적인 기본권 방해(Beeinträchtigung)와 사실상 기본권 침해(Grundrechtseingriff)와의 구별은 방해의 정도 및 개별적 기본권 주체에 대한 영향의 개인화(Individualisierbarkeit)가 중요하다.

기본권으로서 보호된 이익들은 개별법적 규정에서 보다 구체화된다. 상응하는 규정들은 헌법적으로 규정된 범위 내에서 머무르는 한, 특별법으로서 기본권보다 먼저 심사되어진다. 개별법적인 구체화 논리 안에 기본권으로서 보호되는 법적 지위들이 존재하고, 법적 지위들은 기본권을 확장하기도 하지만 일정한 한계 내에서 제한할 수도 있다. 기본권은 그 밖에 단순한 법률에 영향을 미치고 그의 주관화를 촉진시킨다. 여기서 기본권의 규범내부적 효력(norminterne Wirkung)을 말한다. 이러한 효력은 국가적 침해에 대하여 기본권의 방어적 기능의 보다 상세한 구성 뿐만 아니라, 기본권적 보호의무의 구체화와 사인(私人) 상호간의 이익조정에 이바지하는 개별법적인 규율과도 연관이 있다. 여기에 주관적 권리를 다극(多極)의 (예를 들면 많은 사람들에게 의미가 있는) 법률관계에서 구성하기 위하여 Schmidt-Preuß에 의하여 발전된 갈등조정공식(Konfliktschlichtungsformel)이 연결된다. 갈등조정공식에 따르면, 주관적 공권의 존재를 위한 필요한 그러나 또한 충분한 조건은 질서규범이 상반성과 관련성에 있어서 상충하는 사익(私益)들을 평가하고, 한계 짓고, 상호간에 형량하고 규범적 갈등조정프로그램으로 편입하여, 한 사인(私人)의 이익 실현이 필수적으로 타인의 비용으로 이전되는 것이다. 그로부터 예를 들면 건축법에서 인인권(隣人權)의 규정을 위하여 중요한 착점이 도출된다.

시초에 언급된 관점을 준수하면 자유권적 기본권의 보호영역에 대한 (직접적 또는 사실적) 침해가 존재한다면, 이러한 침해는, 객관적 권리만을 위반하더라도, (직접적인) 주관적 기본권침해를 근거 지운다. 그로부터 예를 들면 - 최고법원의 판례에 반하여 - 도로의 위법한 폐지(Einziehung)를 통하여 인접주민뿐만 아니라 다른 도로이용자도 주관적 권리를 침해 받는다는 것이 도출된다. 인접주민이 아닌 도로이용자에 있어서 도로의 폐지는, 그들에게 공용지정을 통하여 근거 지워지고 기본법 제2조 제1항을 통하여 보호되는 일반적 행동의 자유에 대한 권리를 침해한다. 그러므로 논리필연적으로 모든 도로이용자는 도로의 폐지에 대하여 소구할 수 있다. 동일한 이유로 여기서 주장되는 견해에 의하면, 이미 교통표지를 직면한 모든 교통참여자는 그가 교통표지에 의하여 생활환경에 따라서 특정의 규칙성을 가지고 또는 지속적으로 사실상 관련되는지 여부와 상관없이 이에 대해서 재판적으로 대처할 수 있다.

[498a] 원고적격을 근거지우는 주관적 권리는 기본법 제28조 제2항으로부터 헌법적으로 보장되는, 그렇지만 보다 상세한 법률적 형성이 허용되는 게마인데와 게마인데연합의 자치권(Selbstverwaltungsrecht)으로부터 도출된

다. 여기서 무엇보다도 개별적 지방자치단체의 자치권의 구체적인 표상(表象: Ausprägung)인 게마인데의 계획고권, 그리고 또한 게마인데의 생존배려와 조직고권, 인적고권 그리고 재정고권이 중요하다. 국가의 전문계획이 직접적으로 게마인데의 구체적 계획의 방해를 가져오는 한, 계획고권으로부터 이미 게마인데의 자치권을 침해한다는 것이 도출된다. 이것은 게마인데의 계획이 아직 법적 기속력을 지니지 않을지라도 타당하다. 동일한 것이 광역계획을 통하여 게마인데영역의 중요한 부분이 게마인데의 집행가능한 계획으로부터 법적으로 박탈되는 경우에도 그러하다. 게마인데의 계획고권의 사실상 (간접적) 방해(Beeinträchtigung)도, 방해가 계획고권을 중요하게 (그리고 단지 반사적으로만은 아니게) 건드리는 한, 게마인데의 자치행정권을 침해하는 것을 표현한다. 침해가 직접적으로 단지 객관법적 규정을 위반할지라도, 침해는 -연방행정법원의 견해와는 달리 -지방자치적 자치행정권의 (간접적) 침해를 포함한다. 게마인데의 자치행정권을 위해서 자유권적 기본권에 해당하는 것과 별반 다름없이 적용될 수 있다. 주의할 점은 그 밖에 지방자치적 계획고권이 단순법률적 법규정에서 구체화 되었고 그로 인해서 주관적 권리를 근거지우는 이러한 특별법률로 회귀될 수 있다. 그래서 건축허가가 연방건설법 제31조, 제33조~제35조에 의한 사업계획에 대하여 연방건설법 제36조 제1항 제1문에 따라서 요청되는 게마인데의 협의(Einvernehmen)없이 발급된 경우에는, 연방건설법 제36조 제1항 제1문으로부터 게마인데가 건축허가의 발급에 대항하는 취소소송을 제기할 수 있다는 것이 도출된다.[49]

[498b] 국내적 행정작용에 대하여 원고적격을 근거지우는 주관적 권리는, 유럽공동체법으로부터도 도출된다. 주관적 권리는 일차적(=원시적) 공동체법(primäres Unionsrecht) 뿐만 아니라, 이차적(=부수적) 공동체법(sekundäres Unionsrecht)로부터도 도출된다. 이차적 공동체법에는 유럽공동체 업무처리

---

49) BVerwG, NVwZ 1992, 878.

조약(AEUV)[50] 제288조 제2항에 따라서 항상 일반적이고 직접적으로 적용되는 법규명령(Verordnung) 외에, 또한 개별적인 사안에서 직접적인 효력을 요청하는 한 준칙(Richtlinie)도 포함된다. 원칙적으로 준칙은 먼저 국내의 입법자들에게로 향하지만, 준칙에서 규정된 수익적 조치에 있어서 준칙이 충분하게 특정되었고 무조건적으로 규정되었다면 이행기한이 도과한 경우에는 수혜자는 국가를 상대로 준칙에 근거하여 요청할 수 있다.

[499] 단순한 법률적 규정에서 - 최소한이라도 - 개인의 이익을 보호하는지 여부의 문제를 답하기란 종종 쉽지 아니하다. 규정의 문언으로부터 개인적 이익의 보호 의도가 도출된다면, 이러한 판단은 원칙적으로 어렵지 아니하다.

예: 연방이미씨온보호법 제5조 제1항 제1호에 의하여 승인을 요하는 시설은 일반공중과 인근주민에게 해로운 환경영향과 그 밖의 위험, 심각한 손해와 고통이 야기되지 않을 수 있도록 설치하고 운영하여야 한다. 여기서 일반공중의 이익뿐만 아니라 인근주민의 이익보호도 명백하게 드러난다. 그러므로 연방이미씨온보호법 제5조 제1항 제1호는 인근주민의 주관적 권리를 근거 지운다.

[500] 계획확정결정에 있어서도 계획에 의하여 관련되는 공익 외에 사익(私益)도 고려되어져야 한다는 것이 명시적으로 규정되어 있다면, 사익(私益) 주체의 주관적 권리의 존재로부터 출발되어야 한다(다툼있음). 주관적 사익은 단지 경미한 것보다는 더 크게 관련된 보호가치 있는 이익이 문제된다면 긍정되어진다.[51]

재산법적 이익의 관점에서 토지에 대한 권리자가 건축법적 형량명령을 통하여 기속적으로 보호되어지는 지 여부 또는 권리자는 그 범위 내에서

---

50) VERTRAG ÜBER DIE ARBEITSWEISE DER EUROPÄISCHEN UNION: 유럽공동체 업무처리조약.
51) BVerwG, NVwZ 1988, 363.

소유자를 통하여 대표되어지는 지는 논쟁이 있다(참조: 문번 518); 지구상 세계획과 연관하여 형량명령의 주관화에 대해서는 문번 894를 참조하라.

[501] 주관적 권리의 보호는 규범의 체계적 관련성과 목적으로부터 도출될 수 있다. 이것은 헌법적으로 기초 지워진 주관적 권리의 효율화에 이바지 하는 규범에 대해서 특히 타당하다. 이러한 규범은 상응하는 헌법적 규정의 광선(光線: Lichte) 하에서 해석되어져야 한다.

예: 도로교통법 제45조 제1b항 제1문 제5호가 도로교통청에게 질서정연한 도시건축적 발전을 지원하기 위한 명령을 발할 수 있도록 위임하면서, 게마인데의 교통구상의 조장을 가능하게 하고 그를 통하여 국가적 이익뿐만 아니라 동시에 자치행정영역에 속하는 해당 지방자치단체의 계획 및 발전이익에 이바지한다.

유럽 공동체법(특히 준칙)도 단순법률적 규정들의 주관화를 징표(徵標)할 수 있다. 이 경우에 준칙을 통하여 요청되는 자유권적 기본권의 적용영역에서의 소구가능성은, 준칙을 구체화하는 국내적 규정을 통하여 주관적 권리가 부여되어야 하는 것을 필수적으로 전제 하지는 않는다.

규범의 보호목적의 규정에 있어서, 나아가 이익보호의 긍정이 종종 사인(私人)에게 부과되는 부담을 상쇄(相殺)하여야 한다는 것이 의미가 있을 수 있다. 이것은 규범제정자를 통하여 의도된 특별한 관계에 서 있고, 그러한 범위 내에서 법적인 운명공동체의 유형을 형성하는 사인간의 법률적 이익 상쇄가 문제되는 경우에 특히 그러하다.

법규정들의 주관화(主觀化)는 사인(私人)에 대하여 법규범의 불준수로부터 전형적으로 발생하는 방해의 강도를 통하여 그리고 나아가 이를 겪는 관련자의 수(數)를 통하여 표징(標徵)될 수 있다. 주목할 점은 입법자는 광범하고 수적(數的)으로 미리 한계 지워지지 아니하는 범위의 사인들에게 주관적 권리를 부여할 수 있다는 점이다.

[501a] 끝으로 규범의 성립역사가 규범의 주관화를 위한 착점(着點)을 제

공할 수 있다. 당연히 규범에게 사후(事後)적으로 - 그의 성립역사에 반하여 객관적 해석방법론에 의하여 - 규범이 스며들어있는 변화된 법적 문맥을 통하여 주관법적 의미내용이 성장할 수 있다. 그래서 예를 들면 오늘날 경찰법에서 국민의 법익의 보호에 이바지하는 그러한 경찰법적 조치들과 관련하여, 국민의 형식적 주관적 공권이 긍정된다. 반면에 과거에는 경찰법적 규정들은 다만 공익의 보호에 이바지하고 그에 반하여 사인의 이익보호에 이바지하지는 않는다는 것으로부터 출발하였다. 그러한 범위에서 무엇보다도 기본권적 보호의무가 단순법률적 규정들의 주관화를 규범내재적으로 영향을 미쳤다.

[502] 행정행위와 관련하여 주관적 권리는 행정행위의 전(前)단계에 위치하는 행정절차와 관련하여 절차적 권리의 법률적 확립으로부터도 도출될 수 있다. 절대적 절차적 권리의 침해는 행정행위가 내용적으로 하자가 없을지라도, 공격받는 행정행위의 폐지를 가져온다.

예: 절대적 절차권은 예를 들면 환경구제법(UmwRG[52])) 제4조 제1항을 통하여 근거지워진다. 그에 의하면 환경구제법 제3조에 따라서 인정되는 환경보호단체는, 사업계획의 허용성에 대한 결정의 폐지를 환경구제법 제1조 제1항에 따라서 결정이 실체법적으로 적법하기는 하지만 그러나 환경구제법 제4조 제1항에서 언급된 하자가 존재하고 (예를 들면 환경영향평가가 개시되지 아니한 경우) 이러한 하자가 결정에 중요하였던 경우에도 요구할 수 있다. 환경구제법 제4조 제3항의 보다 상세한 기준에 따라서 이것은 원칙적으로 그 밖의 당사자에게도 제61조 제1호와 제2호에 의하여 적용된다. 행정절차법 제46조는 절대적인 절차권의 침해에 있어서 적용되지 않는다. 절대적 절차권의 그 밖의 경우는 예를 들면 게마인데의 공항허가절차에 대한 참가의 권리 또는 연방건설법 제36조 제1항 제1문에 따라서 협의요청의

---

52) Gesetz über ergänzende Vorschriften zu Rechtsbehelfen in Umweltangelegenheiten nach der EG-Richtlinie 2003/35/EG (Umwelt-Rechtsbehelfsgesetz - UmwRG).

정착을 통해서 건축허가의 발급에의 참가할 권리이다.[53]

주의할 점은 절차적 권리의 부여로부터 절차적 권리자에게 행정행위와 관련하여 실질적 권리가 부여되는 것이 기속적으로 도출될 수 있는 것은 아니라는 것이다.

절차적 권리의 존재를 위해서, 행정절차법 제46조에 따라서 그의 침해가 행정행위의 폐지를 가져오지 아니하는 권리가 문제되는 지는 의미가 없다. 행정절차법 제46조는 그의 적용영역에 있어서 절차적 권리를 제한하지 아니하고, 오히려 그의 구성요건의 충족시에 주관적 절차적 권리의 침해에도 불구하고 다만 제거청구권만을 배제한다. 제거청구권의 이러한 배제는 절차적 권리의 침해의 가능성을 관련시키는 원고적격을 위해서는 중요하지 아니하고, 취소소송의 이유유무를 위해서만 중요하다 (제113조 제1항 제4문을 유추하여 절차적 하자있는 행정행위의 위법성의 확인에 대하여는 문번 326 이하를 참조하라).

(2) 가능한 권리침해의 요건으로서 현재적, 직접적 관련성

[502a] 자기관련성의 특별한 측면은 (실무에서 종종 중첩하는) 권리침해 가능성을 위한 요건으로서, 현재적 그리고 직접적 관련성의 기준들을 제시하고 있다. 공격받는 고권적 행위가 장래에 비로소 어떤 자(者)의 법적인 침해를 가져올 수 있는 경우에는 현재적 관련성이 결여된다. 고권적 결과조치(hoheitliche Folgemaßnahme)들이 비로소 어떤 자(者)의 주관적 법적 지위를 침해한다면, 직접적 관련성이 결여된다. 여기서 직접적 그리고 현재적 관련성의 기준들은 권리보호의 관점에서 확장적으로 이해되어질 수 있다는 점이 고려되어져야 한다. 사법부도 올바르게도 토지소유자는 도로법적 계획확정결정을 통하여 이러한 결정이 그의 토지를 아직 관련시키지는 않

---

53) BVerwG, DVBl. 2016, 114.

으나, 그러한 결정에서 확정된 노선지정이 불가피하게 그의 토지가 노선의 추후의 후속조치를 통하여 포함되는 것을 가져온다면, 이미 현재적으로 그리고 직접적으로 관련된다는 것으로부터 출발한다.[54] 인인(隣人)의 현재적 그리고 직접적 관련성은, 건축사전결정(Bauvorbescheid)에서 인인보호적 규정들이 적용되는 한, 이미 건축계획의 건설계획법적 허용성을 확인하는 건축사전결정을 통하여 근거 지워진다. 인인(隣人)은 법적인 조치를 취할 수 있기 위하여, 여기서 후속하는 건축허가를 기다릴 필요가 없다.

[502b] 주목: 이러한 요청들은 행정의 개별조치들에 (특히 행정행위에 대하여) 대한 권리보호에 있어서 대부분 특별한 어려움을 가져오지는 아니하고, 그 때문에 특정의 사안에 있어서만 언급을 요한다.

[502c] 현재적 관련성은 예를 들면 토지의 매수인이, 매도인의 법적 지위를 침해하는 건축허가에 대하여 대응하고자 하는 경우에는 존재하지 않는다. 매수인은 여기서 소유자가 되었거나 또는 아무튼 소유권에 유사한 법적 지위를 획득한 경우에 비로소 현재적으로 (그리고 그와 함께 자신의) 관련되게 된다.

[502d] 직접적 관련성은, 예를 들면 감독청이 외부에 위치하는 자에 대한 하급행정청 내지 공법상 법인의 행태에 대하여 감독적 조치를 취하는 경우에, 행정의 외부에 위치하는 자(者)에 대하여는 부정된다. 그러한 점에서 통상적으로 지시를 받은 행정청 내지 공법인의 행동이, 비로소 외부에 위치하는 자의 주관적 권리를 침해하게 된다. 이것은 오히려 감독행정청의 조치가 행정행위라도 타당하다 (예를 들면 게마인데의 자치행정사안의 영역에서 법적 감독청의 지시와 같이: 문번 222를 보라). 지배적 견해는 그러한 점에 있어서 조치가 이중적 성격을 지니는 것을, 따라서 게마인데에 대해서만 행정행위를 의미하고 그러나 국민에 대해서는 행정행위가 아닌 것을 승인한다. 그 때문에 국민의 감독행정청의 조치에 대한 취소소송은 이

---

54) 연방행정법원결정(BVerwGE) 62, 342, 351.

미 개시불가능 하다. 이러한 이유설시는, 취소소송의 개시가능성을 위해서
는 다른 자(者)에 대하여 행정행위가 발급되었다면 충분하기 때문에, 설득
력이 없다. 올바르게도 여기서 단지 원고적격이 의문스러울 수 있다. 공법
인에 대한 국가적 감독은 (행정청에 대해서도 마찬가지로) 공익에 있어서
만 실행될 수 있기 때문에, 그러한 점에서 외부에 위치하는 자의 (현재적)
자기관련성은 원칙적으로 근거 지워질 수 없다. 상응하는 이유로부터 국민
의 직접적 관련성이 자치행정법인의 법정립행위의 허가를 통하여 부정될
수 있다. 국민은 법규범을 통하여 비로소 자신의 법적 지위가 건드려지고
그로 인해서 이러한 법규범에 대해서만 저항할 수 있다.

[502e] 주목: 사기업(私企業)에 대한 국가적 경제감독은 - 공법인에 대한
국가적 감독과는 달리 - 다툼이 없이 사기업의 기본권으로 보호되는 법적
지위를 침해한다.

(3) 주관적 권리의 차단(Präklusion)

[502f] 원고적격은 원고가 명백하게 더 이상 의지할 수 없는 그러한 주관
적 권리의 가능한 침해에 근거할 수 없다. 그 때문에 원고에게 주관적 권리
가 부여되어 있으나 원고의 이러한 권리가 명백하게 차단(遮斷: Präklusion)
되어 있는 경우에는, 원고적격이 결여된다.

주목: 주관적 권리의 차단의 문제는 원고적격 뿐만 아니라 소의 이유유
무를 위해서도 중요하다. 차단이 명백하고 원고가 차단된 주관적 권리만을
의지할 수 있는 한 (즉 다른 주관적 권리의 침해는 배제된다), 이미 원고적
격이 결여되고, 그래서 소송은 허용되지 않는 것으로 각하된다.

그러한 점에서 명백한 차단에 근거하여 이미 원고의 주관적 권리들이 침
해될 가능성이 배제된다. 그에 반하여 차단이 법적 상황의 깊이 있는 심사
후에 최종적으로 긍정될 수 있고, 차단이 원래에는 결코 명백하지 않았던

한, 원고적격은 긍정되고, 소송은 비로소 이유없음으로 기각된다. 차단으로 부터 확실하게 출발되어질 수 없기 때문에, 그러한 점에서 처음부터 원고 가 주관적 권리의 침해되는 것이 최소한 가능하고 그리고 이러한 가능성이 - 아무튼 지배적인 가능성이론에 의하여 - 원고적격을 긍정하기에 충분하다 고 보였다.

주관적 권리의 차단은 첫째로 행정결정의 단계화에 있어서 고려되고, 둘째로 원고가 자신의 권리를 행정절차에서 적기에 주장하는 것을 해태한 경우, 셋째로 원고가 자신의 권리를 다른 방식으로 (특히 포기 또는 실효를 통하여) 잃어버린 경우이다.

(가) 행정절차의 단계에 있어서 주관적 권리의 차단은 먼저 행정행위가 서로 쌓아올리고 조건 지워지는 다수의 부분적 행정행위로 나뉘어져 있는 경우에 개시된다.

[502g] 예: 건축계획의 건설계획법적 허용성에 대하여 이미 건축사전결정에서 결정되었고, 이러한 건축사전결정이 인인(隣人)에 대하여 존속력이 발생하였다면, 인인(隣人)은 건축계획을 위한 추후의 건축허가를 더 이상 그것이 지구상세계획의 인인(隣人)보호적 지정과 부합되지 않는다는 이유로 공격할 수 없다. 이러한 이의(異議)를 인인(隣人)은 이미 건축사전결정의 취소라는 길을 통하여 주장하였어야만 했다. 그가 이것을 해태하였고 건축사전결정이 존속력이 발생하도록 내버려둔 것은, 그의 모든 건설계획법적 이의제기는 명백하게 차단(遮斷)되는 것을 가져온다. 건축허가에 대한 인인의 취소소송은 결과적으로 - 그가 건설계획법 외(外)에 주관적 공권을 의지할 수 없는 한 - 원고적격의 결여로 허용되지 않는다. 인인이 그에 반하여 이미 건축사전결정을 공격하였고 행정청이 그럼에도 이러한 법적 분쟁의 도중에 종국적 건축허가를 발급하였다면, 건축사전결정의 재판적 폐지는 동시에 - 연방행정법원의 견해와는 달리 - 건축허가의 효력있음을

제거한다. 왜냐하면 건축허가는 사전에 발급된 건축사전결정의 효력을 통하여 조건 지워지기 때문이다. 이것은 이미 다단계 행정결정과 법원결정을 위한 일반적 기본원칙으로부터 도출된다; 행정절차법 제44조 제4항의 법적 사고로의 회귀(Rückgriff)는 필요로 하지 않는다.

> (나) 행정절차의 단계에 있어서 주관적 권리의 차단은, 원고가 사전에 위치하는 행정행위를 공격하는 것을 해태하였다면 나아가 서로 쌓아올리는 행정행위에 있어서(bei aufeinander aufbauenden VA) 도출될 수 있다.

[502h] 예: 지방자치감독의 범주에서 법적 감독청이 그의 이의제기권을 행사하였고, 관련되는 게마인데는 그에 반하여 어떤 조치를 취하지는 않았다면, 게마인데는 이의제기 위에 구성되는 추후의 대집행(Ersatzvornahme)에 대하여 (예를 들어 바덴 뷔어템베르크 게마인데법 제123조에 의하면), 이미 이의제기권의 행사에 있어서 결정되었던, 모든 항변들을 차단당한다. 게마인데가 대집행에 대하여 재판적으로 대응하려고 한다면, 게마인데는 그의 원고적격을 단지 이의제기의 위법성으로부터는 더 이상 도출할 수 없다. 상대방은 계획확정결정의 변경을 그의 지정을 통하여 처음으로 또는 변경된 계획확정결정을 통하여 보다 광범위하게 관련되는 한도에서만, 공격할 수 있다.55)

행정절차의 단계를 통한 주관적 권리의 차단은 결과적으로 집행절차에서도 발생한다. 여기서 - 다른 규정들의 유보하에 - 이미 집행할 수 있는 행정행위 또는 이전의 집행행위의 대상이었던 이러한 법적인 관점들은, 더 이상 추후의 집행행위에 대하여 주장되어질 수 없다. 그 때문에 예를 들면 집행수단의 (예를 들면 대집행) 계고(戒告)에 대항하는 취소소송의 원고적격을, 계고의 토대에 놓인 존속력이 발생한 경찰처분이 위법하였다는 것에

---

55) BVerwG, BayVBl. 2006, 191 f.

근거하는 것은 불가능하다. 이것은 여기서 주장되는 견해에 의하면 경찰처분이 사실적 또는 법적 상황의 변경에 기초하여 비로소 위법하게 되었는 경우에도 타당하다. 또한 예를 들면 집행채무자가 강제금의 부과에 대항하는 소를 성공적으로 과거의 계고가 위법하였다는 것에 지지(支持)할 수 없다. 행정행위에 대항하는 대처를 위한 원고적격은, 상대방을 위하여 이러한 차단에도 불구하고 물론 통상적으로 집행행위가 항상 자유권적 기본권을 (아무튼 기본법 제2조 제1항) 침해하는 것으로부터 도출된다. 소송의 가능한 이유유무는 아무튼 차단된 권리의 침해에 지지되지 아니할 수 있음으로써, 여기서 제시된 차단은 그 때문에 결과적으로 단지 이유유무에 대해서만 영향을 (그러나 원고적격에 대해서는 아니고) 발한다.

주목: 집행되는 (기초) 행정행위와 그 위에 구축되는 집행행위는 단지 기초행정행위(Grundverwaltungsakt)의 유효성이 (적법성이 아니라!) 집행행위의 적법성을 위한 요건이라는 점에서 상호간 연결되어 있다. 집행행위를 피하기 위하여 내지 집행행위에 대하여 효과적으로 보호하기 위하여 상대방은 취소로써 집행가능한 위법한 행정행위의 폐지에 영향을 미쳐야만 하고 그와 함께 집행으로부터 그 기초를 빼앗아야만 한다.

기초행정행위(Grundverwaltungsakt)의 폐지 (그리고 이와 함께 초래된 구성요건적 효력의 탈락)는 이러한 경우들에 있어서 집행행위의 효력없음을 가져오지는 아니하나, 그러나 그의 위법성을 가져오고 그리고 그와 함께 상대방의 제거청구권을 근거 지운다. 동시에 기초행정행위의 폐지와 원상복구 내지 기초행정행위 위에 토대로 하는 집행행위의 폐지가 소구(訴求)됨으로써, 이러한 청구권은 제113조 제1항 제2문 내지 제4항에 따라서 및 이러한 규정들의 근거가 되는 법적 사고에 연관되어서 소송상 단순화된 형식으로 주장될 수 있다.

예: 즉시 집행가능한 위법한 금전지급명령의 폐지를 지향하는 취소소송으로, 금전지급명령에 규정된 청구를 만족시키기 위한 압류의 폐지를 구하

는 소송이 병합될 수 있다. 이행강제금 계고의 폐지를 구하는 소송으로, 그 동안에 발급된 이행강제금결정의 폐지를 구하는 소송이 병합될 수 있다.

(다) 권리의 명백성의 경우에 권리에 근거하는 원고적격을 탈락시키는 권리의 차단은 나아가 행정행위를 통하여 관련된 자가 행정행위의 발급에 대한 항변을, 이를 위하여 규정되어 있는 행정절차에서, 적기에 주장하는 것을 해태한 경우에 주어질 수 있다.

[502i~502j] 주관적 권리의 그러한 배제는 배제가 법률적으로 규정되어 있는 경우에만 고려된다(예를 들면, 환경구제법 제2조 제3항, 원거리도로법 제73조 제4항). 환경구제법 제2조 제3항과 장거리도로법 제73조 제4항은 유럽최고재판소(EuGH)의 판단에 의하면, 준칙 2011/92EU 제11조와 준칙 2010/75/EU 제25조를 통하여 추구된, 재판적 절차에서 공격받는 행정결정의 광범한 실체법적 및 절차법적 적법성 통제를 가능하게 하는 목표와 준칙의 적용영역에 해당되는 사업계획과 관련되는 점에서 부합되지 않는다.

(라) 주관적 공권의 차단은 포기 내지 실효를 통하여 근거 지워질 수 있다.

[502k] 국민은, 지배적 견해에 따르면, 고권주체와 함께 체결한 공법상 계약을 통해서 뿐만 아니라, 고권주체에 대하여 표시한 일방적 공법상 의사표시를 통하여서도 주관적 공권을 포기할 수 있다. 물론 포기가능한 주관적 공권이 문제되어야만 한다. 예를 들면 인인(隣人)이 건축감독청에게 제시된 인인보호적 규정으로부터의 면제(免除) 하에 설치되어야만 하는 건축계획을 대상으로 하는 건축신청 또는 건축신청에 첨부된 건축서류들을 (함께) 서명하였다면, 포기(抛棄)는 간주될 수 있다.

포기와 권리의 실체법적인 실효는 구별될 수 있다. 예를 들면 인인이 그의 방어권을 사업시행자와의 사법(私法)적인 합의를 통하여 판매(verkauft)하였는데 그럼에도 불구하고 추후에 방어권을 끌어들인다면 실효는 존재한다. 여기서 인인은 혹시나 존재할지도 모르는 방어청구권을 실효하였다. 실체적 권리의 포기와 실효로부터 엄격하게 구별되는 권리구제의 포기와 실효에 대해서는 문번 675 이하와 문번 682b를 참조하라.

(4) 중지청구권의 근거

[503] 예방적 중지청구소송을 위한 원고적격은, 고권적 행위의 중지에 대한 원고의 청구가 가능한 경우에만 존재한다. 그 근거로서 아무튼 원고의 이익을 보호하고 원고를 위하여 주관적 권리를 구성하는 법규가 필요하다. 그러나 단지 법규의 존재로부터는 아직 원고가 그와 함께 주관적 권리의 침해의 중지를 구하는 청구권을 가지는 것은 아니다. 그래서 특히 국민의 자유권적 기본권을 중지청구권과 동일시하는 것은 배제된다; 오히려 중지청구권과 제거청구권 같은 자유권적 기본권의 보호에 이바지하는 (이차적) 보조청구권은 법도그마적으로 엄격하게 자유권적 기본권으로부터 구별되어져야만 한다. 민사법에서 (소극적 또는 준(準)소극적) 중지청구권의 성립으로부터 출발되어져야만 하는 것과 똑같이, 절대적 권리의 또는 (주관적 권리를 근거지우는) 보호법률의 침해가 구체적으로 임박하다면, 이것은 공법에서도 타당하여야만 한다. 주관적 공권은 보조적 권리를 통하여 중지청구권과 제거청구권의 모습으로 그의 침해에 대하여 보호되는 주관적 사권보다 약화된 보호를 받지 아니한다. 침해 없이는 그러한 보조적 권리의 긍정을 의미 없게 만드는, 양자 모두 중지청구권의 성립은 주관적 권리의 구체적으로 임박한 침해에 기속된다.

[504] 예: 주(州)는 기업에게 통지를 하기를, 주(州)는 공중에게 그 기업의 물품을 구입하는 것에 대해서 경고하고자 하는데, 왜냐하면 이것들로부터 위험이 발생하기 때문이다. 이러한 위험성이 존재하지 아니하였다면, 기업을 위하여 설치되고 행사되어진 영업경영에 대한 권리의 임박한 침해로 인

해서 중지청구권이 발생한다.

[505] 공법적 중지청구권은 공법적 제거청구권과 같이 자유권적 기본권의 주관적 권리성으로부터 도출될 수 있고, 자유권적 기본권처럼 헌법적 지위를 향유한다. 공법상 중지청구권은 그렇지만 권력분립원칙의 관점에서 임박한 권리침해에 있어서 아직 제정되어지는 법규범을 통하여 최소한 규범적 의사형성이 아직 종결되지 아니하는 동안은 배제된다.

(5) 제거청구권의 근거

[506] 행정행위의 폐지를 구하는 취소소송이 아니라 그 밖의 고권적 행위의 제거를 구하는 일반적 이행소송으로 제소된다면, 원고적격은 제42조 제2항의 유추에 의하여 아마도 제거청구권이 존재하는 경우에만 긍정될 수 있다.

[507] 공법상 제거청구권(결과제거청구권)은, 오늘날 결과에 있어서 일반적으로 인정되는데, 고권주체의 위법한 침해로부터 상대방의 법적 지위 안으로 지속적인 침해가 도출되는 경우에는 주어진다.

[508] 이러한 청구권의 도그마적 도출은 아직 다툼이 있다. 근거로서 행정의 법률적합성의 원칙, 기본법 제19조 제4항, 법치국가원칙, 민법 제12조, 제862조, 제1004조의 유추 또는 - 가장 설득력이 있는 것으로 보이는 - 자유권적 기본권의 주관적 권리성이 언급된다. 결과제거청구권을 행정의 법률적합성으로부터 이끌어내는 것은, 이 원칙이 단지 객관법적 의미를 지니고 행정에게 위법한 행위를 금지하기는 하나 그러나 그러한 행위의 결과에 대해서는 아무 말도 하지 않는다는 점에서 좌절된다. 기본법 제19조 제4항은 다르게(anderweitig) 근거 지워진 주관적 권리를 전제로 하고, 다만 그의 소송상 관철을 규정하기 때문에 결과제거청구권의 근거로서 고려되지 않는다. 절대적 권리의 본질로부터 행정작용을 통한 그러한 권리의 지속적인

위법한 침해에 있어서, 그의 제거를 구하는 청구권이 존재한다는 것이 도출되기 때문에, 민법 제12조, 제862조, 제1004조의 유추는 필요치 않다. 이것은 논리필연적으로 자유권적 기본권을 위해서도 타당하다. 그러한 이차적 보조적 권리의 전제 없이 자유권적 기본권은 단지 불완전하게 보호될 것이다 (기관권리의 지속적 침해에 있어서 제거청구권의 근거의 상응하는 문제에 대해서 문번 867을 참조하라).

[509] 주목: 일반적 이행소송에 있어서 - 취소소송에서와는 달리 - 여기서는 우선적으로 원고에 대하여 행해진 작용이 아마도 원고의 권리를 침해하는 지가 아니라, 오히려 훨씬 더 원고가 고권적 행위의 (예를 들면 사실행위) 제거를 구하는 청구권을 가지는 지가 문제된다. 이러한 청구권의 존재를 위하여 선결문제로서 고권적 작용을 통하여 침해되어진 규정이 최소한 원고의 보호에 이바지하는지 여부가 중요하다. 그러한 경우에만 제거청구권이 주어질 수 있다.

다. 소위 상대방이론

[510] 원고는 원칙적으로 명령 또는 금지의 상대방인 경우 원고적격을 가진다. 최소한 사법(私法)상의 자연인 또는 법인에 있어서 - 이미 보다 특별한 자유권적 기본권이 적용되지 않는 한 - 아무튼 기본법 제2조 제1항의 포괄기본권(Auffanggrundrecht)으로부터 도출된다. 이것은 자유권 영역의 광범한 보호를 근거지우며, 그래서 명령 또는 금지는 통상적으로 법적인 관련성과 권리침해의 가능성을 가져온다. 여기에 소위 상대방이론(Adressaten-theorie)이 연결되며, 그에 따르면 행정행위가 원고를 지향하는 경우에는 언제나 그의 원고적격은 긍정되어 진다. 상대방이론은 그러나 여타의 고권적 행정작용에도 승계될 수는 없다. 여기서는 행정행위를 위하여 특징 지워지는 의도된 외부효가 결여될 수 있고, 그래서 상대방의 주관적 법적 지위에

대한 침해가 존재하지 않는다. 이것은 무엇보다도 소위 특별지위관계(특별권력관계)에서 조치에 있어서 내지 공법상의 법인에 대한 국가적 감독조치에 있어서 승계된 효력범위에 있어서 중요하다 (조치들이 행정행위를 의미하지 않는 한).

[511] 예: 건축감독청에서 공무원이 청장을 통하여 건축허가를 발급하도록 지시를 받는다면, 이러한 지시는, 지시가 공무원을 상대방으로 하더라도, 기본법 제2조 제1항을 침해하지 않는다. 소위 경영관계에서는 행정의 효율성의 이유로부터 원칙적인 기본권의 적용에도 불구하고 행정의 기능성의 요청과 공무원의 기본권보호 사이의 형평이 이루어져야만 한다. 그러한 결과로 예를 들면 공무원 관계에 있어서는 - 여기서처럼 - 경영관계와 관련된 그러한 조치들은 공무원을 향하여 이루어지더라도 원칙적으로 그의 법적 영역을 침해하지 않는다는 것이 도출된다. 상응하는 제거청구권의 가능성이 부정되어지고 그래서 공무원에 대하여 이루어진 지시의 취소를 지향하는 공무원의 소송은 원고적격의 결여로 허용되지 않는다. 하급건축감독청으로서 게마인데에 대한, 건축감독청의 건축허가를 발급하라는, 지시에 있어서는 원칙적으로 게마인데의 원고적격이 결여된다; 특히 여기서는 기본법 제28조 제2항 제1문이 적용되지 않는다.

[512] 신청된 직무행위가 (행정행위이든 또는 기타 고권적 작용이든) 신청자에 대하여 거부되는 경우에는 원고적격은 항상 받아들여진다는 견해는 거부된다. 여기서 상대방이론과의 결부는, 이미 기본법 제2조 제1항이 원칙적으로 단지 방어권이지 이행권이 아니기 때문에 금지된다. 원고적격을 긍정하기 위하여 신청의 거부만으로 이미 족하다고 한다면, 원고는, 그에 의하여 신청된 이행에 대해서 명백하게 법적 청구권이 존재하지 않을지라도, 이행소송의 허용성을 그가 이행을 신청하였고 그와 함께 거부를 야기한 것을 통하여 가져올 수 있다. 거기에 더하여 상대방이론의 토대(土臺)하에 제42조 제2항은 거부대항소송에서 독자적인 의미를 잃어버릴 것이다.

왜냐하면 그의 허용성은 이미 제68조 제2항에 의하여 행정행위의 발급에 대한 신청의 거부를 전제로 하기 때문이다.

라. 사인의 인인소송 및 게마인데 인인소송에서의 원고적격

[513] 사인(私人)의 원고적격의 문제는 표본적으로 특히 건축법에서, 그러나 또한 예를 들면 이미씨온보호법과 음식점법에서 대단히 실무적으로 중요한 소위 인인(隣人)소송에서 제기된다. 허가관청을 통한 허가의 발급에 있어서 고려되어져야 하는 건축질서법적 건축계획법적 그리고 기타 공법적 규정들이 어느 범위까지 인인(隣人)의 보호에 이바지하는가가 각각 규명되어져야 한다. 대규모 소매업과 같은 공간의미적 대규모사업계획의 승인에 대한 게마인데의 인인소송에 대하여 문번 520a를 참조하고, 건축허가의 발급에 대한 게마인데의 소송에 대하여 일반적인 것은 문번 498a를 참조하라.

[514] 건축질서법적인 규범에 있어서 건축토지의 인근에 위치하는 토지를 위한 이미씨온과 다른 영향들에 대한 보호를 의도하는 경우에는, 인인보호적 성격으로부터 출발할 수 있다. 이것은 무엇보다도 이격거리규정과 화재보호규정들에게 타당하다. 토지의 건축적 형성에 대한 규정들은, 그에 반하여 원칙적으로 인인보호적 성격이 없다.

[515] 건설지도계획법의 영역에서 지구상세계획의 지정과 연방건설법 내지 토지의 건축적 이용에 대한 명령(토지이용령: BauNVO)에서의 규율들은 구별되어져야 한다.

지구상세계획의 지정으로부터, 연방행정법원의 판례에 의하면, 그러한 지정들은, 토지이용령의 규율들은 지정들을 통하여 토지이용령 제1조 제3항 제2문에 따라서 건축적 이용의 유형의 관점에서 지구상세계획의 구성부분이 되었는데, 연방법에 따라서 즉 조례제정자의 의사로부터 독립하여 원칙적으로 인인보호적 기능을 가진다. 다음의 고려들이 연방행정법원의 이유를 위해서 이바지한다: "개별적인 토지를 상호간 비례적으로 계약적인 이용으로 인도하는 것은, 건설계획법의 임무에 속한다. 그것은 이러한 방식으로 가능한 토지이용갈등의 조정을 목표로 하면서, 그것은 동시에 토지소유권의 내용을 결정한다. 건설계획법적인 인인보호는 그에 따라서 상호간의 교환관계의 사고에 근거한다. 토지의 소유자가 그의 이용에 있어서 공법적인 제한을 받기 때문에 그리고 받는 한도 내에서, 그는 그의 준수를 원칙적으로 인인과의 관계에서도 실시할 수 있다. 건설계획법에서 이러한 기본원칙을 위한 주된 적용의 사례는 건축적 이용의 유형(Art)에 대한 지구상세계획의 지정(指定)이다. 지정을 통하여 계획상대방들은(Planbetroffenen) 그의 토지의 이용의 관점에서 법적으로 운명공동체(Schicksalsgemeinschaft)로 연결된다. 자신의 토지의 이용가능성의 제한은 다른 토지소유자들이 이러한 제한들에게 복속되는 것을 통하여 조정된다.[56]" 그로부터 연방행정법원은 인인의 지정된 지역유형(Gebietsart)의 보존청구권을 도출한다. 이러한 청구권은 위법적 건축계획이 그 때마다의 개별적인 경우, 아직 사실상 체감할 수 있고 증명될 수 있는 인인(隣人)침해를 가져오지 아니한 경우에도 주어진다.

그에 반하여 다수의 견해에 의하면, (조례제정자가 아직 다른 의견표명을 하지 아니한 한) 건축적 이용 기준의 관점 하에 지구상세계획에서 내려진 규율들은 인인보호적 성질을 지니지 아니한다. 그럼에도 불구하고 개인화되고 실질화된 관련성에 있어서 건축법상 고려명령과 관련한 연방건설법 제31조 제2항 제3호의 법적 사고로부터 인인(隣人)의 이익의 요청되는 가치평가로 인하여 인인의 주관적 권리가 도출될 수 있다 (예를 들면 지구상세계획은 다만 2층의 건축유형을 지정하고 있음에도 불구하고, 인접하는 토지 상에 고층건물이 허가된다면). 건축법적 고려명령과 관련한 건축이용

---

56) BVerwG, DVBl. 1994, 284(285).

령 제15조 제1항 제2문으로부터 인인(隣人)의 주관적 권리가 도출될 수 있다.

연방건설법 제34조와 제35조의 건설계획법적인 규정들에게는 그에 반하여 지배적 견해에 의하면 원칙적으로 인인보호적 기능이 부여되지 않는다. 제한들은 두가지 관점에서 의도된다: 첫째로, 이러한 지역이 그의 사실상 건축에 따라 건축이용령(BauNVO)의 건축영역유형에 부합되고 그리고 연방건설법 제34조 제2항에 대한 규정들이 적용 가능한 한, 인인보호가 계획되지 아니한 내부영역에서 - 지구상세계획에 있어서와 같이 동일하게 - 건축의 유형과 관련하여 긍정된다.

[516] 결과적으로 이러한 판례에 전폭적으로 동의한다. 이러한 주관화의, 그의 도그마적 도출에서 전적으로 의심스러운, 건축법적 고려명령과의 결부는 하지만 문제가 없는 것이 아니다. 고려명령의 일반조항적 운신(運身)의 관점에서, 윤곽조차 없는 형평적 판례로 흐를 염려가 있다. 그에 반하여 연방건설법 제34조와 제35조에게, 만약 이들 규정들을 준수하지 아니하는 것을 통하여 인접토지의 건축적 이용이 침해된다면, 그들의 계획대체기능 때문에 - 지구상세계획들처럼 - 그들 내에서 건축적 이용의 유형에 대하여 내려진 규율들의 관점에서, 아직 연방건설법 제34조 제2항을 넘어서 나아가는 아무튼 인인보호적 기능을 부여하는 것이 도그마틱적으로 설득력이 있다. 이것은 예를 들면, 외곽지역에서 인접토지에 해로운 환경영향을 가져오거나 또는 거꾸로 인접토지로부터 해로운 환경영향이 발산되는 건축이 허가된다면 타당하다.

[517] 판례와는 다르게 건축법적 인인소송에 있어서 주관적 권리들이 보충적으로 기본권에로의 직접적 회귀(Rückgriff) 하에, 특히 인인의 재산권적 기본권이, 근거 지워질 수 있다. 이러한 관련성에 있어서 기본권들이 사실상 (간접적) 침해로부터 보호한다는 것은 의미가 있다. 건축허가의 발급이 토지상황을 지속적으로 변경하고 이것이 인인에게 중대하고 감당할 수 없을 정도로 이루어지는 경우에는, 이전에 이것을 그러한 건축허가와 관련하

여 직접적으로 기본법 제14조 제3항으로부터 취소소송으로 추구가능한 인인(隣人)의 방어권을 도출하면서, 연방행정법원이 그것을 긍정하였다. 그러한 회귀는 나의 견해로는 (더구나 운명공동체라는 개념의 고려하에) 수용의 문턱 전에 놓여있는 침해가 이미 중대한 것으로 제시되는 그래서 간접적인 기본권침해를 포함하는 재산적 기본권 안으로 개시된 곳으로 데리고 왔다.

[518] 건축법상 인인(隣人)은 인접주민 (즉 직접적으로 건축토지에 인접하는 토지의 소유자) 뿐만 아니라, 건축토지의 인근에 위치하는 다른 토지의 소유자 또는 소유권 유사의 권리자들이거나 (지상권자, 물적 용익권자) 그 때문에 건축토지를 위하여 기준이 되는 건축법적 규범을 통하여 그들의 이익이 함께 보호되어져야만 하는 모든 자들이다. 법률적 규정은 이익보호가 사실상 침해의 존재와 결부되어져야 하는지 또는 이로부터 분리되어서 부여되어져야 하는지에 대하여 결정한다 (사실상 침해의 결여에 있어서 권리보호필요성에 대하여는 문번 591을 참조하라). 그에 반하여 매수인, 세입자 또는 인접토지의 임차인(다툼 있음)은 건축법상 인인(隣人)이 아니다(이견 있음).

[518a] 위에서 언급된 건축법적 인인보호의 기본원칙들은 주(州) 건축법에 따라 건축허가의 발급이 의제되는 경우에도 타당하다. 그에 반하여 특정의 건축계획이 허가의무로부터 면제된다면, 건축금지, 건축중지, 이용금지 내지 이용제한 또는 제거처분의 발급을 지향하는 의무이행소송과 관련하여 원고적격의 문제가 제기된다. 원고가 그러한 권리를 건축계획의 가정(假定)되어지는(unterstellter) 허가의무에 있어서 가졌다면, 원칙적으로 주관적 권리의 가능한 존재로부터 출발할 수 있다. 건축허가의무의 면제에 있어서 특정한 건축경찰법적인 행위에 대한 법적 청구권이 가능한 것처럼 보이는 지 또는 원칙적으로 단지 재량하자없는 결정을 구하는 권리만이 긍정될 수 있는 지 여부는 원고적격을 위해서는 의미가 없다. 오히려 이것은 의

무이행소송의 이유유무를 위해서 비로소 중요하다. 법률적으로 건축허가절차의 실행으로부터의 면제가 규정되고 이것이 신고절차, 인지부여절차 또는 유사한 것을 통해서 대체된다면, 지배적 견해로서 인인의 이익을 보장하는 건축허가의 탈락에 대한 상쇄(相殺: Kompensation)로서, 인인보호적 규정들이 침해되고 인인의 이익이 경미하지 아니하게 방해되어진다면 건축금지 또는 유사한 조치의 발급을 통해서 건축감독청의 개입을 구하는 인인의 청구권이 존재한다는 것으로부터 출발할 수 있어야만 한다. 건축계획이 단지 제한된 허가의무에 놓여지는 경우들에서의 인인보호에 대하여, 경우에 따라서는 취소소송과 의무이행소송의 병존이 필요하게 될 수 있다.

[519] 인인보호적 규정들은 이미씨온보호법과 원자력법 (예를 들면 연방이미씨온보호법 제5조 제1항 제1호)에서 발견된다. 인인(隣人)이라는 개념은 여기서는 그러한 시설에 걸맞는 광범한 영향의 관점에서, 건축법에서보다 더 넓게 이해된다. 인인(隣人)에는 그래서 소유권자 또는 소유권 유사의 권리자들 뿐만 아니라, 그들의 생활환경에 의하여 시설에게 점유자와 인접토지의 주민과 같은 방식으로 노출되는 그러한 자(者)도 포함된다 (예를 들면 세입자와 임차인). 후자들은 하지만 연방이미씨온보호법 제22조가 건축허가의 발급에 있어서 고려되어지는 상황을 통해서, 건축허가와 관련하여 주관적 권리를 얻지 못한다. 연방이미씨온보호법 제22조로부터 도출되는 권리의 침해를, 그들은 연방이미씨온보호법 제24조 이하에 의지하는 명령과 관련하여서만 주장할 수 있다.

[520] 음식점법과 관련된 허가의 발급에 있어서 고려되는 음식점법 제4조 제1항 제3호의 규정은, 인인보호적 의미를 지닌다. 이 규정은 연방이미씨온보호법 상 해로운 환경영향에 대해서 그리고 그와 함께 일반공중 외에 또한 명시적으로 인근주민을, 보호되어질 수 있는 인적 범위로 언급하는 연방이미씨온보호법 제3조의 개념정의에 대해서 주목하게 한다.

[520a] 건축허가에 대해서 인근(隣近)게마인데의 권리보호는, 그의 계획

고권이 다른 게마인데에서 허가된 건축계획을 통하여 심각하게 침해되는 경우에는 고려된다(소위 게마인데 인인소송). 여기에는 올바른 견해에 의하면, 모든 위법한 침해를 통하여 손상되는 인근게마인데의 자치행정권에 대한 침해가 존재한다(대단히 다툼있음). 그러나 단순법률적인 규정들로부터 이미 인근게마인데의 보호가 도출되는 한, 그러한 특별규정을 통해서 배제되는 기본법 제28조 제2항 제1문에로의 회귀(回歸)는 금지된다. 게마인데 인인소송은, 내부영역에서의 건축계획으로부터 해로운 영향이 인근게마인데의 중심적 급부영역(zentrale Versorgungsbereiche)으로 발산된다면, 그 때문에 예를 들면 연방건설법 제34조 제3항에 지지될 수 있다.

마. 경쟁자소송에서 원고적격

[521] 주관적 권리의 존재에 대한 물음은 경쟁자소송과 관련하여 많이 논의된다. 경쟁자소송은 공무원법과 무엇보다도 경제행정법에서 중요하다. 경제행정법에서는 기업적으로 활동하는 자가 원치 않는 경쟁을 방어하는 사실상 이익은, 결코 원고적격을 근거지울 수 없다는 것이 타당하다. 이것은 오히려 법규범을 통하여 이러한 이익이 법적으로 보호되고 승인되는 경우에만 긍정될 수 있다.

[522] 그러한 법적으로 보호된 이익의 결여로 소매업의 경영자는 경쟁자에 대한 건축허가의 발급에 대해서 계획된 건축계획에 있어서 건축이용령 제11조 제3항 제1문 제1호에 따라서 허가될 수 없는 쇼핑중심가 내지 건축이용령 제11조 제3항 제1문 제2호에 따라서 허용되지 않는 대규모소매업이 문제되므로 건축허가가 발급될 수 없다라는 언급(言及: Hinweis)으로 방어할 수 없다. 운수사업법(PBefG) 제13조 제4항의 요건이 존재하므로, 택시기업이 다른 기업에 대한 택시면허의 발급에 대하여 저항하는 경우에도 유사한 것이 타당하다.

원고적격의 부정(否定: Verneinung)을 위한 이유는 이러한 경우들에 있어서 허용금지는 단지 공익의 이유로부터 이루어지고 그 안에 있는 존재하는 기업의 수혜(受惠)는 다만 반사적 효력을 의미하는 것에 있다.

[523] 그 밖에 원고적격은 사실상 침해에 대해서 보호하는 기본권에로의 직접적 회귀(Rückgriff)를 통하여 근거 지워질 수 있다. 이것은 (개별법률적 구체화의 유보 하에) 무엇보다도 경쟁을 왜곡하는 국가적 고권조치와 관련하여 중요하다. 다른 자(者)의 경제적 활동의 국가적 허가에 근거하여 새로운 경쟁자가 등장하는 것을 통하여, 물론 어떤 기업에게 아직 기본권 침해가 근거 지워지지는 않는다. 기본법 제2조 제1항에 정착한 경쟁의 자유의 기본권으로부터 출발하는 지 또는 기본법 제12조와 제14조에서 경쟁제한에 대한 보호를 장착하고 있는 지 여부와는 무관하게, 이러한 보호는 아무튼 기업을 (또는 처음으로 기업적 활동을 시작하려는 자에 대해서도) 경제적 경쟁으로부터 보호하는 것처럼 그렇게 멀리 가지는 않는다. 경제적 경쟁에로의 국가적 침해에 대항하는 기본권의 활성화를 위하여 그에 따르면 실질적인 상황들이 요청된다. 이것은 확실하게 국가가 경쟁자를 자의적(恣意的)으로 우선(優先)하는 경우에는 존재하지 않는다. 올바른 견해에 의하면, 법률적인 위임근거가 요청되는 기본법 제12조 내지 제14조에로의 침해가, 국가적 행위를 통해서 경쟁의 제한이 존재하고 그를 통하여 다른 기업과의 관계에서 기업(企業)의 경제적 활동이 민감하게 방해되는 곳에서 이미 긍정될 수 있다.

[524] 취소소송을 위한 원고적격을 근거지우는 헌법규범은, 단순법률적 공무원법적 규정들에서 선언적으로 반복되는 기본법 제33조 제2항이다. 기본법 제33조 제2항에 의하면, 모든 독일인은 그의 적성, 자격 그리고 전문적 능력에 따라서 공무에 동등한 접근을 한다. 이 규정으로부터 오늘날 지배적 견해는 타당하게도, 국민은 최소한 기본법 제33조 제2항의 기준을 준수하면서 공무원의 임명에 대해서 (고용이든 승진이든) 결정되도록 형식적

주관적 공권을 지닌다는 것이 도출된다.

바. 단체소송의 문제

[525] 제42조 제2항의 관점에서 단체(團體)소송은 특별한 문제들을 야기한다. 구분되어야 할 것은 이 때 이기적 그리고 이타적 단체소송이다. 이기적(利己的) 단체소송에서는 단체는 자신의 권리의 침해를 주장하고 (제42조 제2항 후단), 이타적(利他的) 단체소송에서는 다른 자의 권리침해 또는 전적으로 공익에 이바지하는 법규정의 침해를 주장한다 (제42조 제2항 전단). 이기적 단체소송을 위해서 단체의 원고적격은 통상적으로 긍정될 수 있는 반면에, 이타적 단체소송은 (연방자연보호법 제64조 또는 환경구제법 제2조에서처럼 다른 법률적 규율들의 유보(留保) 하에) 원칙적으로 원고적격의 결여로 좌절된다. 제42조 제2항은 그에 따라서 - 임의적 소송담당에 대한 민사소송상 규율과는 달리 - 원칙적으로 단체가 개별적 구성원의 권리의 침해만을, 그에 반하여 자신의 권리의 침해가 아니라, 주장하는 것을 배제한다. 이것은 사법(私法)상의 단체뿐만 아니라, 또한 공법인을 위해서도 타당하다. 그래서 예를 들면 게마인데는 그의 주민의 권리침해를 주장할 수 없다.

[526] 그러나 단체소송은 단체구성원의 가능한 권리침해가 동시에 단체의 권리침해로 나타나는 경우에는 허용된다. 그래서 단체금지를 통해서 단체구성원뿐만 아니라 단체 자체도 관련되고, 집회의 금지 또는 제한을 통하여 집회를 주최하는 협회와 집회에 참여하려고 하는 협회의 구성원이 관련된다. 허용되는 이기적 단체소송은 원칙적으로 단체가 자신의 재산권의 침해를 (예를 들면 계획확정결정을 통하여) 주장하는 경우, 더구나 단체가 이러한 재산권을 단지 원고적격을 가지기 위하여 획득한 경우에는 존재한다. 단체의 주관적 권리는 헌법적 규정 뿐만 아니라 헌법하위의 법규정들

을 통하여서도 근거 지워질 수 있다. 단체에게 그의 구성원의 권리의 보장
을 의무지우거나 내지 위임하는 사법(私法)적 정관(Satzung)를 통하여, 이것
은 그에 반하여 가능하지 않다. 그러한 경우에는 단체의 기본권보호가, 문
언에서 부분적으로 주장되는 견해와는 달리, 기본법 제9조 제1항을 통하여
정당화될 수 없다.

[527] 단체들에게 주관적 권리를 부여하고 그와 함께 그들의 원고적격을
근거지우는 가능성에 대하여, 입법자는 여러 번 사용하였다. 그래서 승인된
자연보호협회에게 연방자연보호법 제63조 제1항 제3호의 상세한 기준에
따라서 계획확정절차에서 자연과 경관에 대한 침해와 관련되는 사업계획
에 대하여 의견표명의 기회 내지 해당되는 감정의견서에 대한 열람 기회가
주어질 수 있다. 이를 통하여 연방자연보호법 제64조에 의하여 소송으로
주장될 수 있는 주관적 공권이 근거 지워진다.

[527a] 연방자연보호법 제64조 제1항에 의하면, 연방자연보호법의 규정
내지 연방자연보호법 제64조에서 언급된 다른 규범의 침해에 터잡은, 승인
된 자연보호협회의 소송은, 소(訴)로써 자연보호협회의 자신의 권리의 침해
를 주장하는 것을 전제로 하지 않는다. 그 범위 내에서 연방자연보호법 제
64조에 있어서, 원고적격은 주관적 권리의 침해가능성에 결부되지 않는 제
42조 제2항 전단 상 다른 규정들이 중요하다. 공동체법으로 야기된 환경구
제법 제2조 제1항 제1문에 의하여, 승인된 환경보호협회에게 부여된 소구
가능성은 단지 객관법적 환경보호규정의 위반의 주장만을 요구하고 그에
반하여 환경보호협회의 자신의 권리의 위반을 요구하지 아니하고, 그래서
그와 함께 마찬가지로 제42조 제1항 전단에 따라서 객관법적 이의제기절차
의 성격을 나타낸다. 그의 직접적인 적용범위를 넘는 원고적격의 확장을
위해서, 환경구제법 제2조는 그렇지만 기초를 제공하지 않는다. 그러한 확
장은 국가내적으로 아직 법적 효력이 없고, 계약국가들을 다만 그의 국내
법적으로 구체화의 의무를 부담하는 국제법적 계약인 오르후스 협약의 제9

조 제3항에 근거될 수도 없다.

[527b] 환경단체들이 공동체법적인 규준에 근거하여 환경보호법적인 규정들의 위반을 환경구제법 제2조를 넘어서 주장하는 권능을 가지는 한, 이러한 규준들을 광범하게 이해되어진 보호규범이론을 수단으로 - 즉 제42조 제2항 후단을 통하여 - 국내법의 공동체부합적인 해석을 통하여 고려될 수 있다. 연방이미씨온보호법 제47조가 이미씨온한계수치의 초과에 의하여 직면하는 자(者)들을 위하여 그들의 건강보호의 이익에 있어서 주관적 권리를 근거 지운다는 상황으로부터 연방행정법원은 그 때문에 환경보호협회가, 그들을 위하여 관련되는 개인과 동일한 실체적 권리가 근거 지워지면서, 개개인에게 공동체법으로부터 생장(生長)하는 권리의 보호를 보장하는, 권리를 가져야만 한다는 것을 도출한다.

사. 소위 자기소송

[528] 원고적격과 관련하여 소위 자기소송(Insichprozess)의 문제가 제기된다. 그러한 자기소송에 대해서 행정청을 통해서 대표되는 공법상 법인이 다른 행정청을 통해서 대표되는 자기 자신에 대항하여 제소하는 경우를 일컫는다. 이러한 개념 속으로 제61조 제3호에 따라서 주(州)입법자를 통하여 당사자능력이 부여되어 있는 행정청이 소송담당에 있어서 동일한 법주체의 다른 행정청에 대항하여 또는 - 결론적으로 상정할 수 있는 - 그의 법주체에 대항하여 제소하는 사안구성도 포섭될 수 있다.

[529] 예: 국고로서 주(州)는 재무부장관을 통해서 대표되는데, 그에 대하여 발급된 동일한 주(州)의 경찰행정청의 경찰처분에 대하여 제소한다.

[530] 그에 반하여 기관 내지 기관의 부분이 그들에게 부여된 기관권한을 동일한 공법인의 다른 기관에 대하여 주장하는 기관쟁의(Organstreitigkeit)는, 자기소송의 경우가 아니다.

[531] 제61조와 제63조도 또한 자기소송을 방해하지 아니한다. 왜냐하면 이들 규정으로부터 원고와 피고가 다양한 공법인에게 소속되어야만 한다는 것이 도출되지 않기 때문이다. 연방행정법원은 적절하게 민사소송법이 양당사자체계라는 원칙으로부터 출발하기는 하지만, 이러한 기본원칙은 행정소송에 그대로 승계될 수는 없다는 것을 언급한다. 행정소송에 있어서 자기소송의 허용성의 기준은 오히려 국내법이(das positive Recht) 행정청을 통하여 대표되는 공법인의 다른 행정청에 의하여 대표되는 동일한 공법인에 대항하여 주관적 권리들을 의제하는 지 여부에 달려있다. 이것은 상대적으로 드문 경우이다. 그래서 연방행정법원은 타당하게도 원고적격의 결여로 인해 시(市)법제위원회가 시(市)에게 건축허가의 취소를 의무지우는 재결의 폐지를 구하는, 시(市)의 소송을 허용되지 않는 것으로 보았다. 법질서가 주관적 내적 권리를 긍정하는 한, 법질서는 그와 함께 원칙적으로 그의 소구(訴求)가능성으로부터 출발하고 결과적으로 자기소송을 위한 권리보호필요성을, 분쟁을 상급행정청을 통하여 해결하는 가능성이 존재하기 때문에, 탈락시키지 말아야만 한다는 것을 표현한다. 다른 것은 이미 상급행정청이 분쟁을 즉시 해결하는 것이 확정되는 경우에만 타당할 것이다.

3. 원고적격과 유럽공동체법

[531a] 많이 논의된 문제들은 유럽 공동체법과 관련하여 도출된다. 공동체법적 규율들이 국내 행정청에 의하여 집행되는 경우에 행정의 통제는 국내법원에 놓이게 된다. 그래서 통제는 국내 소송법에 의하여 집행된다. 제42조 제2항이 직접적으로 또는 유추적으로 적용가능한 한, 원고적격의 존재는 심사되어져야 한다. 공동체법은 요청들을 이러한 심사의 결과에 정착시킨다: 준칙들이 개개인에게 특정한 권리를 매개한다면, 유럽최고재판소

의 판례에 의하면, 국내법적 이행은 수혜자에게 그의 권리로부터 인식하고
권리들은 국내 법원에서 실현시키는 위치에 앉게 한다. 여기서 다양한 사
안구성들이 구분될 수 있다.

[531b] 공동체법의 이행을 위하여 (독일의) 입법자에 의하여 주관적 권리
가 근거 지워지거나 또는 직접적으로 적용가능한 공동체법이 주관적 권리
를 포함한다면 별다른 특별함은 없다. 규범의 해석은 이러한 경우에 있어
서 유럽법 부합(符合)적으로 이루어져야만 한다. 그를 통하여 보호규범이
론의 적용은 공동체법의 내용적 규준에 복속된다는 것이 특별함을 의미하
지는 않고, 오히려 우리의 소송법의 결정으로부터 원고적격의 문제를 (실
체법적) 주관적 권리의 존재에 결부시키는 것이 도출된다.

예: 환경정보법 제3조 제1항은 환경정보의 통지에 대한 절차와 무관한
청구권을 포함한다. 이러한 청구권은 주관적 권리의 모든 정의(定義) 표지
(標識)를 충족한다(인(人)의 이익보호와 법적 힘의 부여). 입법자를 부여(附
與)로 움직인 동기는 중요하지 않다. 개인이 소위 일반공익의 보호자로서
도구화 되어졌다고 하더라도, 이것은 독일법에서 완전히 이상한 것이 아니
고 입법자에 의하여 보장된 청구권과 그의 소구가능성의 주관법적 성격에
변함이 없을 것이다.

직접적으로 적용가능한 공동체법원칙들도, 독일 재판권에 놓여지는 한,
원고적격을 근거지울 수 있다. 공동체법원칙들이 주관적 권리를 부여하는
지 여부는 올바른 견해에 의하면 전적으로 공동체법에 의하여 판단된다.
그에 반하여 과거에는 개별적 행정고등법원들이[57] 국내법에서 발전된 보
호규범이론의 해석을 제한없이 공동체법에 승계하였고 그 때문에 (그 당시
에는 아직 독일법으로 이행되지 아니하였던) 환경영향평가-지침으로부터의
소송에 있어서 원고적격을 부인하였다. 그러한 결과는 공동체법 내지 오늘
날 공동체법적 요청들을 충족하지 못한다. 그것은 무엇보다도 개인의 이익

---

57) VGH Mannheim, DÖV 1994, 527; BayVGH, UPR 1993, 274.

과 그와 함께 반드시 일치하지는 아니하는 전형적인 전체의 이익은 구별되어야 하고, 그 때문에 그러한 규정들의 주관법적 중요성은 부정되어야 한다는 가정에 근거한다. 이러한 가정은 그러나 이미 순수하게 국내의 경우들에 있어서도 문제가 있고, 그래서 공동체법이 세부적인 것들에 있어서 부정합성의 제거보다는 여기서 행정소송법 안으로 훨씬 덜 급진적인 체계침입을 강요한다. 공동체법적인 규정들을 항상 제42조 제2항 전단의 의미에 있어서 다른 규정들로서 이해하는 것은, 아무튼 요청되지 아니한다.

이러한 방식으로 직접적으로 공동체법으로부터 그러한 국내의 규정들의, 그러한 규정들에게 국내법에 의하면 단지 객관법적 의미만 부여될 것인데, 주관화가 이루어질 수 있다.

[531c] 해석으로 주관법적 중요성이 부여될 수 있는 규범이 결여되는, 이러한 사례들이 실제적인 어려움을 제기하는 것으로 보인다. 여기서 개인이 그의 불준수로부터 불리하게 직면될 수 있는 한, 개인이 국내법원에서 기속적 규정들을 의지할 수 있어야 한다는 유럽최고재판소(EuGH)의 요청들이 보호규범이론의 독일적 이해(理解)와 조화될 수 있는지의 문제가 제기된다. 이러한 문제들도 또한 도그마적으로 극복될 수 있다. 유럽최고재판소도 개인에게 필수적으로 주관적 공권들이 직접적으로 준칙 또는 그의 집행에 이바지하는 국내규정들을 통하여 부여되어져야만 한다는 것을 요구하지 않는다. 오히려 준칙의 중요한 보호법익이 개인에게 유익한 것이면 유럽최고재판소에게 족하다; 어떻게 이것이 법적으로 일어나는지는, 공동체법적으로 규정되어 있지 않다. 그와 함께 객관법적 규정들의, 기본법을 통하여 매개되는 간접적인 주관화는 충분하다. 순전히 객관법적 규정들의 침해로부터 일반적 행동의 자유의 주관법적 기본권침해가 아무튼 도출되는 병렬하는 사례들을 엘페스 판결(Elfes-Rechtsprechung)의 결과로 독일 법은 알고 있다. 애매한 유럽최고재판소-결정의 대상이었던 준칙들을 통하여 보호되는 법익들, – 즉 건강과 재산 –, 양자는 기본법적으로 보호되기 때문

에, 그 법익들은 엘페스 판결의 단초에 접근할 수 있다. 그러므로 원고적격
은 이러한 준칙들에 있어서, 원고가 준칙과 연관된 기본법 제2조 제2항 제1
문, 제14조 제1항으로부터 자신의 권리를 침해당할 가능성으로부터 도출할
수 있다.

4. 자기관련성의 결여와 원고적격

[532] 제42조 제2항 전단은 명시적으로, 소송이 원고가 행정행위 또는 그
의 거부 또는 해태를 통하여 스스로 자신의 권리가 침해당하였다는 주장할
수 없는 거기에서도 허용될 수 있다는 것을 법률적으로 특정할 가능성을
허용한다. 그러한 절차에 있어서 재판적 권리보호가 아니라, 행정작용의 객
관법적 재판적 통제만이 문제된다.

[533] 제42조 제2항 후단 상 법률은 동시에 제68조 제1항 제2문에 있어서
와 유사하게 연방법률 뿐만 아니라 주(州)법률일 수도 있으며, 제42조 제2
항 전단을 통해서 근거 지워지는 주(州)의 입법권한은, 연방행정청에 대항
하여 소송을 허용하는데까지 이르지는 아니한다. 연방입법자는 상응하는
권리보호절차로서가 아니게 구성된 소송가능성을 아마도 상공회의소를 위
하여 수공업질서법(HandwO)[58] 제12조에서 규범화하였다. 자연보호법과 환
경보호법의 영역에서 연방자연보호법 제64조와 환경구제법 제2조는 단체
를 통하여 개시될 수 있는 객관법적 이의제기절차를 포함한다. 이러한 규
정들은 자연보호법적 및 환경보호법적 규정들의 구조적 이유로 배타적인
개인적 권리보호의 수단으로 달성될 수 없는 효율화에 이바지한다.

---

58) Das Gesetz zur Ordnung des Handwerks.

시초사례의 해결

[534] 사례 1: 여기서 고려되는 일반적 이행소송의 허용성의 관점에서 의심이 원고적격과 관련하여 제기될 수 있다. 제42조 제2항의 이성(理性)은 규정을 유추하여 일반적 이행소송에 적용하는 것을 명령한다. 원고는 경고의 불취소를 통하여 자신의 권리가 침해되었음을 주장하였어야만 했을 것이다. 이것은 제한된 신빙성이론 뿐만 아니라 가능성이론에 의하여서도 L과 D에게 해당된다. 왜냐하면 여기서 결과제거청구권이 경고의 가정된 위법성에 있어서 주어지고 내지 아무튼 가능할 것이기 때문이다. 결과제거청구권은 각각 L과 D의 권리가 그들의 설치되고 행사된 영업운영이 침해되었다는 것으로부터 도출된다. F와 관련하여 원고적격은 그에 반하여 거부되어진다. 결과제거청구권은 그에 있어서는 처음부터 배제된다. 왜냐하면 F는 경고를 통해서 자신의 주관적 법적 지위가 관련되지 않았고 그와 함께 경고의 취소에 대한 청구권을 주장할 수 없었기 때문이다.

[535] 사례 2: a) 여기서 D를 위하여 제43조에 따른 확인소송이 고려된다. 확인되어질 법률관계는 경고에 대한 주(州)의 권한과 이러한 권한과 상응하는 D의 수인의무를 통하여 근거 지워진다. D는 그 밖에 경고의 중지에 대한 청구권의 (이전(以前)의) 존재를 주장할 수 있다. D가 법률관계에 당사자였고 그와 더불어 확인가능한 법률관계가 존재하였기 때문에, 이러한 확인소송의 허용성으로부터 출발될 수 있다. 여기서 연방행정법원과 함께 제42조 제2항을 유추 적용 하였다면, 동일한 결과에 이르렀을 것이다.

b) F의 확인소송은 그에 반하여 허용되지 않을 것이다. 왜냐하면 그는 여기서 고려되는 법률관계들에 당사자이지도 않고, 이러한 법률관계들이 그가 당사자인 다른 법률관계를 위하여 예상되기 때문이다.

[536] 사례 3: J는 제113조 제1항 제4문의 유추로 소송의 범주에서 분배결정이 기본법 제3조 제3항에 위반된다고 주장할 수 있을 것이다. 이러한 소송의 허용성도 동일하게 원고적격의 존재에 기속된다. 그는 그 때문에

원고적격이 있다.

[537] 사례 4: U는 승인된 환경보호단체로서 환경구제법 제2조 제1항 제1문에 의하여, 환경영향평가법 제2조 제3항(여기에 이미씨온보호법적 허가가 포함되는)과 관련하여 환경보호법 제1조 제1항에 의하여 결정에 대항하여 소구할 원고적격이 있다.

제15절 소송수행권

시초사례

[538] B는 연방이미씨온보호법 제4조에 따라서 게마인데 G에서 설치될 시설을 위한 허가를 신청하였다. 관할행정청(Landratsamt) 대신에, 그는 신청을 G의 게마인데행정에 제기하였다. 그의 신청이 G를 통하여 4개월 동안 결정되지 않은 후에, 그는 G를 상대로 허가의 발급을 구하는 소를 제기하였다. G는 소송수행권이 있는가?

I. 서설

[539] 모든 소송법령에 의하면 본안판단요건에 소송수행권(Prozessfüh-rungsbefugnis)이 속한다. 여기에는 주장되고 소송에서 다투어지는 권리에 대하여 자신의 이름으로 법적 분쟁을 이끄는 권능을 의미한다. 소송수행권은 당사자로서 등장하는 자가 올바른 당사자인지 아닌지의 문제에 대답한다. 구분되어야 할 것은 당사자(當事者)의 역할에 상응하여 주장된 권리에 대하여 원고 (내지 신청인으로서)로서 자신의 이름으로 절차를 수행하는 권능인 적극적 소송수행권과 그의 의무가 원고를 통하여 주장되는 자를 위하여 피고(신청상대방)로서 자신의 이름으로 소송을 수행할 권능인 소극적

소송수행권이다.

[540] 적극적 소송수행권은 행정소송법의 영역에서 제42조 제2항에서 배타적 특별법적 규율을 하고 있다. 이러한 규율 외에 그 밖의 다른 소송법령에서 특히 민사소송법에서 타당하는 적극적 소송수행권에 대한 일반적 기본원칙들이 더 이상 회귀(Rückgriff)될 필요가 없다. 적극적 소송수행권은 행정소송법에서 원고적격에 상응한다. 제3자에게 (권리보유자 외의 다른 자) 권리를 주장할 권능을 보장하는 (소위 법률적 소송담당) 법률적 규정들은, 제42조 제2항 전단이 명백하게(expressis verbis) 그들의 허용성으로부터 출발하는, 법률적 특별규정들이다.

[541] 예: 파산관재인(참고 파산법 제80조)과 유언집행인은 당사자로서 직권으로 그들에게 위임된 재산범위와 관련하여 자신의 이름으로 소송을 수행할 권한이 있다. 부분권한자들도 예를 들면, 건축법상 인인소송과 관련하여 상속공동체를 위한 어느 공동상속인도 전체를 위하여 소송을 수행할 권한이 있을 수 있다.

[542] (적극적 그리고 소극적) 소송수행권으로부터 실체법에 속하는 적극적 그리고 소극적 정당성을 포함하는 사안정당성(Sachlegitimation)의 문제는 구별되어야 한다. 적극적으로 정당화되는 자(者)는 권리가 사실상 부여된 자이고, 소극적으로 정당화 되는 자(者)는 이러한 권리를 통하여 사실상 의무 지워지는 자이다. 소송수행권에 있어서 본안판단요건이 문제되는 반면에, 적극적 또는 소극적 정당성의 존재는 소(訴) 내지 신청(申請)의 이유 유무의 문제이다.

II. 제78조의 규율

1. 소극적 소송수행권 또는 소극적 정당성

[543] 제78조[59]는 누구를 상대로 취소소송 내지 의무이행소송을 지향하여야 하는 지를 규율하고 있다. 동 조(條)는 이러한 소송과 밀접하게 연관된 제78조가 직접 또는 유추 적용되는 계속확인소송을 위해서도 타당하다. 제78조에서 소극적 소송수행권 또는 소극적 정당성(Passivlegitimation)이 규정되어 있는 지는 다툼이 있다. 이 문제에 대한 대답은 특히 제80조 제1항, 제109조, 제111조의 범주에서 실제적 의미를 가진다.

[544] 예: 지배적 견해에 반하여 허용되지 않는 소(訴)는 일반적으로 집행정지효를 가져오지 않는다는 것으로부터 출발한다면, 제78조의 불준수는 - 그리고 단지 그 경우에만 - 제78조가 소송수행권을 규정한다면, 제80조 제1항이 적용될 수 없다는 것으로 귀결된다.

제78조의 규율내용은 그 밖에도 시험답안구성에도 영향을 미친다: 제78조에서 소극적 소송수행권의 규율을 보는 자는, 이 규정을 허용성의 범주에서 심사하여야만 한다. 그에 반하여 제78조에서 소극적 정당성이 규율되어 있다고 간주하는 자는, 이 규정을 이유유무에서 비로소 언급하여야 할 것이다.

---

59) VwGO 8. Abschnitt Besondere Vorschriften für Anfechtungs- und Verpflichtungsklagen § 78 (1) Die Klage ist zu richten 1. gegen den Bund, das Land oder die Körperschaft, deren Behörde den angefochtenen Verwaltungsakt erlassen oder den beantragten Verwaltungsakt unterlassen hat; zur Bezeichnung des Beklagten genügt die Angabe der Behörde, 2. sofern das Landesrecht dies bestimmt, gegen die Behörde selbst, die den angefochtenen Verwaltungsakt erlassen oder den beantragten Verwaltungsakt unterlassen hat. (2) Wenn ein Widerspruchsbescheid erlassen ist, der erstmalig eine Beschwer enthält (§ 68 Abs. 1 Satz 2 Nr. 2), ist Behörde im Sinne des Absatzes 1 die Widerspruchsbehörde.

[545] 지배적 견해는, 특히 연방행정법원은, 제78조에서 소극적 정당성 (Passivlegitimation)의 규범화를 보고 있다. 바로 뒤에서 볼 수 있는 소수의 견은 제78조를 그에 반하여 소극적 소송수행권의 규율로 보고, 그래서 그 불준수는 취소소송과 의무이행소송 또는 계속확인소송의 불허용성을 가져 온다.

[546] 제2의 견해에 동조한다. 이를 위하여 이미 제78조의 문언(소송은 지향된다)이 언급하고 그리고 체계적 위치(位置)도 취소소송과 의무이행소 송의 특별한 허용요건을 규율하는 행정소송법 제8장에 있다. 제78조가 실 체법에 속하는 소극적 정당성의 문제를 규범화하지 아니하였다는 것은 그 밖에 특히 제78조 제1항 제2호에서 분명하게 된다. 후자는, 주(州)법이 이 것을 규정하는 한, 소송은 공격받는 행정행위를 발급하였거나 또는 신청된 행정행위를 해태한 행정청 자체에 대하여 지향(指向)된다는 것을 규정한다. 여기서 이미 행정청이 외부에 위치한 국민과의 관계에서, 원칙적으로 의무 의 귀속주체가 아닐 수 있기 때문에 소극적 정당성의 규율이 문제되지 않 는다. 제78조는 소극적 소송수행권의 규범화로서 등장하고 그와 함께 제42 조 제2항에서 적극적 소송수행권의 규율에 상응한다.

2. 제78조 제1항의 규율

[547] 제78조 제1항 제1호에 의하면, 소송은 원칙적으로 그의 행정청이 공격받는 행정행위를 발급하였거나 또는 신청된 행정행위를 해태한 법인 에 대하여 지향되어야 한다. 피고의 표시는 행정청의 기입(記入)으로 족하 다. 법인의 개념은 광의로 이해 된다: 그것은 모든 공법인을 포함하고 공권 력이 부여된 사인(私人)도 포함한다. 행정행위가 이의제기절차에서 변경되 었다면(제79조 제1항 제1호), 원칙적으로 단지 처분행정청의 주체만이 소극

적으로 소송수행권을 가진다. 이것은 재결이 독립적으로 공격받는 경우에는 그렇지 않다(제79조 제2항). 피고가 실체법에 따라서 올바른 청구의 상대방인지 여부는, 제78조 제1항 제1호에 따른 소극적 소송수행권을 위하여 의미가 없다.

[548] 처분행정청의 주체(Träger der Ausgangsbehörde)는 이 행정청이 다른 공법인의 행정청에게 조직법적 내부위임(Mandat: 처분행정청의 이름으로 행위할 권능)을 발급하였더라도 소송수행권이 있다. 이것은 - 대표에 있어서와는 달리 - 수임인(Mandatar)의 행위가 위임인(Mandant)의 이름으로 이루어지고, 그로 인하여 위임인에게 형식적으로 귀속된다는 것으로부터 도출된다.

[549] 어떤 행정청이 양(兩) 공법인의 조직이라는 의미에서 이중적 지위를 가진다면, 각각 어떤 임무영역에서 이 행정청이 활동하는 지가 명확하게 밝혀야만 한다.

그로부터 구분되어야 하는 것은 자치행정단체(특히 게마인데)을 통한 국가편에서 위임된 임무의 수행이다. 그러한 임무를 게마인데는 고유의 공법상 법인으로서 (주의 행정청으로서가 아니라) 수행하고, 그래서 상응하는 조치에 대한 소송은 주(州)가 아니라 게마인데에 대하여 지향하여야만 한다. 거꾸로 국가의 행정청이 대체집행(Ersatzvornahme)의 방식으로 게마인데를 위하여 활동하고, 그의 법적 감독청으로서의 자격으로 행정행위를 발급한다면, 소송은 주에 대항하여 제기되어야 한다.[60]

[550] 주(州)법이 - 예를 들면 니더작센에서 일어난 것처럼(니더작센주 사법(司法)법[61] 제79조 제2항) - 이것을 규정하는 한, 소송은 공격받는 행정행위를 발급하였거나 또는 신청된 행정행위를 해태한 행정청 자체를 지향할 수 있다. 이것은 법률적으로 규정된 소송담당의 경우이다. 기관분쟁에

---

60) 참조, OVG Münster, NVwZ-RR 1990, 23.
61) Niedersächsisches Justizgesetz(NJG).

있어서 기관의 소송수행권에 대해서는 문번 555a를 참조하라.

3. 제78조 제2항과 제79조 제2항 제3문의 규율

[551] 처음으로 고통(Beschwer)을 포함하는 재결이 발급된다면(제68조 제1항 제2문, 제2호), 제78조 제1항 상 행정청은 재결청이다(제78조 제2항).

[552] 예: 인인(隣人)의 이의신청으로, 게마인데가 건축감독청으로서 발급한 건축허가가 폐지되었다면, 제78조 제2항 제1호에 따라서 건축신청인의 소송은 게마인데가 아니라, 오히려 (재결청이 국가적 행정청인 한) 주(州)를 향하여야 한다. 주(州)입법자가 제78조 제1항 제2호, 제61조 제3호의 위임에 대하여 사용을 하였다면, 피고는 재결청이 된다. 고통받은 자가 이의신청절차에 참여하였는지는 중요하지 않다.

[553] 제78조 제2항의 규율은 재결이 이의신청인에 대하여 추가적 독자적 고통을 포함하고 소송은 단지 이러한 재결에 대해서만 지향한다면, 제79조 제2항 제3문이 준용된다. 제79조 제2항 제3문은 올바르게도 법적 근거 참조(Rechtsgrundverweisung)로서가 아니라 법적 결과 참조(Rechtsfolgen-verweisung)로 해석 되어져야 한다. 왜냐하면 동 조(條)는 그렇지 아니하면 제78조 제2항 외에 불필요하기 때문이다.

III. 기타 소송유형에서 소극적 소송수행권

[554-555] 취소소송과 의무이행소송 그리고 계속확인소송 외에 다른 소송들에 대해서 제78조는 원칙적으로 적용되지 않으므로, 그래서 그 범위 내에서 일반적인 소송수행권을 위해서 적용되는 기본원칙들이 고려되어져

야 한다. 그러므로 일반적 이행소송에 있어서 소송은 원칙적으로 원고가 어떤 자에 대하여 자신의 권리를 주장하는 그 자(者)를 향하여 한다. 제78조 제1항 제1호 후단은 이 경우에 준용될 수 있을 것이다. 그래서 공법상의 법인 대신에 그를 위하여 행위능력이 있는 행정청이 표시될 수 있다면 족하다. 제43조에 따른 확인소송에 있어서 이전의 언급으로부터 그러한 소송은 피고가 다투어지는 법률관계의 스스로 당사자이거나 내지 행정행위가 그의 법적 지위에 영향을 미치거나 또는 법률관계 내지 행정행위가 최소한 선결적으로 원고와 피고가 참여하고 있는 법률관계를 위하여 중요한 경우에만 허용된다는 것이 도출된다. 그를 벗어나는 소극적 소송수행권의 심사를 위하여는 원칙적으로 여지가 없다. (계속확인소송에 있어서와는 달리) 제78조 제1항 제2호의 직접적 또는 유추적 적용은 배제된다.

[555a] 기관쟁의에 있어서 다른 그 범위 내에서 침해행위가 전가(轉嫁)된 당사자능력이 있는 기관이 제소된다. 이러한 기관이 속한 법인은 그에 반하여 소극적 소송수행권이 없다. 여기서도 제78조 제1항 제1호 후단과 결부하여 선해(善解: Umdeutung)가 고려된다. 지방자치적 주민청원과 관련하여 지방자치의 기관에 대하여 제기된 소송의 불허용성과 게마인데에 대한 소송으로의 새로운 해석에 대하여 문번 462를 참조하라.

시초사례의 해결

[556] G의 소극적 소송수행권은, B의 청구권이 사실상 주(州)에 대항하여 지향하고 이것이 소극적으로 정당화 되는 것을, 방해하지 아니한다. 오히려 B가, 허위일지라도, G가 소극적으로 정당화되고, 그 때문에 그에게 이미씨온보호법상의 허가의 발급을 구하는 신청을 제기하였다는 가정으로부터 출발하는 경우에만 상응한다. 그래서 G는 제78조 제1항 제1호에 따라서 소극적으로 소송수행권이 있다. 관계된 연방주(州)에 있어서 78조 제1항 제2호의 위임에 대하여 사용하였다면, 소송은 이미씨온보호법상 허가의 발급

신청이 제기된 게마인데의 행정청을 상대로 제기되어져야 한다. 소송은 일반적 주(州)행정의 하급행정청으로서 주(州)행정청이 (그리고 게마인데가 아니라) 관할하기 때문에 이유가 없다.

제16절 권리보호필요성

시초사례

[557] 사례 1: 행정절차법 제48조 제2항상 이행결정의 취소 후에, 연방은 수령자 E에게 이미 그에게 지급된 금액의 반환을 소구한다.

[558] 사례 2: 경찰을 통하여 B에게 물건의 반출의 의무가 부과된다. B는 이러한 행정행위가 중대한 하자로 인해서 무효라고 생각하고 그로 인해서 그의 무효확인을 구하는 소를 제기한다. 피고 주(州)는 B는 먼저 주(州)행정절차법 제44조 제5항에 따라 무효에 대한 행정청의 확인을 구하는 신청을 제기하였어야만 하기 때문에, 소는 허용되지 않는다고 항변을 한다. 법적 상황은 어떠한가?

[559] 사례 3: 데모에 있어서 강압적인 진압 후에 경찰은 데모자 D를 경찰상 안녕의 이유로 그가 더 이상 참가하지 못하도록 하기 위하여 한 시간 동안 집회장소로부터 약 3km 떨어진 곳에 보호조치를 하였다. D는 이러한 조치가 위법하였다는 것을 확인하고자 한다. 이를 위하여 권리보호이익이 존재하는가?

Ⅰ. 서설

[560] 권리보호필요성(Rechtsschutzbedürfnis)이라는 본안판단의 전제요건은 (이를 위해서 권리보호이익 또는 정당한 이익이라는 개념도 사용된다), 그에 의하여 추구되는 재판적 권리보호절차로써 권리보호가치가 있는 이익을 추구하는 자(者)만이 재판적 본안판단(Sachentscheidung)의 청구권을 가지며, 그래서 그러한 이익의 결여 시 소송상 청구는 허용되지 않고 각하(却下)되어야만 한다는 고려에 기초한다. 행정소송법에 권리보호필요성이라는 용어가 사용되지 않을 지라도(단지 제43조 제113조 제1항 제4문에서 '정당한 이익'이라고 한다), 권리보호필요성은 모든 절차유형을 위하여 일반적 본안판단의 요건이라는데 의견이 일치한다.

[561] 주목: 이행의 소와 형성의 소에 있어서는 통상적으로 권리보호필요성은 긍정된다. 왜냐하면 실체적 권리를 보장하는 법질서는 항상 이러한 권리의 보유자로서 간주되는 자의 권리의 재판적 보호에 대한 이익을 인정하기 때문이다. 이로부터 예외는, 특별한 상황이 존재하여야만 한다. 그러므로 이러한 소송절차에서는 구체적으로 의문이 존재하는 경우에만 권리보호필요성을 언급한다.

[562] 권리보호필요성이라는 용어는 권리보호와 연관되고, 주관적 권리의 보호에 이바지하는 그러한 절차에 맞게 재단(裁斷)된다. 그러므로 권리보호필요성은 주관적 권리의 보호를 목적으로 하지 않고, 오히려 객관적 통제절차로서 구성되어지는 절차에서는 의미가 없다. 그렇지만 이를 위하여 객관적 통제이익 또는 불복이익으로서 표현될 수 있는 정당한 이익이 존재한다면 객관적 통제절차의 개시는 허용된다.

[562a] 권리보호이익의 문제와 구별되어야 하는 것은, 소송에 따라 주장되어진 주관적 권리의 존재의 문제이다. 후자의 문제는 본안(本案) 내지 원고적격 너머의 영역에 위치한다. 이러한 이유로 예를 들면 기본법 제33조

제2항에 반하여 이루어진 임명이 행정 또는 법원을 통하여 취소될 수 없다면, 공무원법상 경쟁자소송은 권리보호필요성의 결여로 허용되지 않는다라는 견해는 수긍하기 어렵다. 권리보호필요성(Rechtsschutzbedürfnis)의 결여를 이유로 소송이 본안에서 성공하지 못할 수 있다면 또는 이미 소송이 이유없음이 명백하다면, 소송이 이유없음으로(허용되지 않는 것으로가 아니라) 기각되는 것이 권리보호필요성의 의미와 목적에 부합된다는 것을 주목하여야 한다. 원고가 이미 확정적으로 거부되어진 행정행위로부터 결과이행을 구하는 경우라면 권리보호필요성이 긍정된다. 여기서는 확정적으로 거부된 행정행위의 구성요건적 효력이 미치기 때문에 수익적 결과행위에 대한 청구권은 결여되지만, 그러나 이것은 원고적격 또는 본안판단의 범주에서만 의미가 있다.

예: 보조금결정의 발급이 이전에 확정적으로 거부되었다면, 보조금급여의 지급을 구하는 소송은 권리보호필요성의 결여 때문에 허용되지 않는 것은 아니다.

II. 다른 소송법적 제도로부터 권리보호필요성의 구별

[563] 권리보호필요성은 목표설정에서 부분적으로는 중첩되기는 하지만 다른 소송상 제도들과 구별되어져야 한다. 이러한 소송상 제도들은 통상적으로 특별법적 규정을 두고 있다. 이들은 권리보호필요성과는 다른 목표를 추구하기 때문에, 구별되어져야 한다. 그 때문에 예를 들면 의무이행소송은 제68조 제2항 및 제75조 제1문 상 요청되는 신청의 결여에 있어서 권리보호필요성이 아니라, 신청요건의 특별한 허용요건의 결여로 좌절된다. 완료된 행정행위에 대한 취소소송도 결여된 권리보호필요성의 일반적 관점으

로부터가 아니라 제113조 제1항 제4문을 통한 개시가능성의 제한으로부터
허용되지 않는다는 것이 도출된다.

[564] 권리보호필요성(Rechtsschutzbedürfnis)으로부터 분리되어져야 하는
것은 무엇보다도 원고적격(Klagebefugnis) 그리고 또한 절차경쟁규율(Verfa-
hrenskonkurrenzregelung)들이다. 절차경쟁규율이란 보호가치 있는 권리보호
사안이 그 자체로 다양한 법률에서 규정된 모든 구성요건적으로 고려되어
지는 절차로서 실현되어질 수 있는데, 그럼에도 입법자가 단지 하나의 절
차만이 개시가능하다고 규정하는 경우를 의미한다.

1. 제43조 제2항 제1문의 절차경쟁규율

[565] 이를 위한 예는 제43조 제2항 제1문의 보충성규정이다. 행정소송상
일반적 확인의 소는 - 제43조 제2항 제2문의 유보 하에 - 원고가 그의 권리
를 이행의 소 또는 형성의 소를 통해서 추구할 수 있다면 배제된다. 여기서
확인의 소를 통해서 추구하는 소송상 목표와 관련하여 권리보호가치가 있
는 이익이 결여된 것이 아니고, 입법자가 오히려 확인의 소를 배제하였다.
이러한 특별법적 절차경쟁규율(Verfahrenskonkurrenzregelung)의 관점에서 연
방행정법원이 제43조 제2항에 의하지 아니하고, 행정소송상 확인의 소의
적용영역을 제한하기 위하여 공공부문에 대한 확인의 소에 있어서 권리보
호필요성을 위한 민사소송상 기본원칙들로 회귀한다면 설득력이 없다.

2. 제44a조의 절차경쟁규율

[566] 올바른 견해에 의하면, 종종 권리보호필요성의 각인으로서 간주되

는 제44a조는 절차경쟁규율(Verfahrenskonkurrenzregelung)이다. 제44a조 제1
문에 의하면 행정청의 절차적 행위에 대한 권리구제는, 동시에 본안판단에
대항하여 허용되는 권리구제로서 주장될 수 있다. 이로써 행정청의 절차행
위의 하자는 동시에 종결적인 본안판단에 대항하여 선행되는 절차에서 주
장될 수 있다는 의미이다. 그래서 예를 들면 행정절차법 제28조에 반(反)하
는 청문의 거부는, 행정절차를 종결하는 행정행위의 취소의 범주에서만 주
장될 수 있다. 제44a조 제1문은 제44a조 제2문에 따라서 행정청의 절차행위
들이 집행될 수 있거나 당사자가 아닌 자에 대하여 이루어지는 경우에는
적용되지 않는다. 그에 반하여 행정청의 절차행위가 행정행위라는 것은 제
44a조 제1문의 적용에 방해되지 않는다.

[567] 제44a조 제1문 때문에 행정절차에 참여하는 국민에게 예를 들면 원
칙적으로(grds.) 행정청의 정보발급의 거부 또는 서류열람의 거부를 독립적
으로 대응하는 것이 가능하지 않다. 제44a조에 의하여 건축신청인은 연방
건설법 제36조 제1항 제1문 내지 제2문에 따른 건축허가의 발급을 위해서
요청되는 협의(Einvernehmen)의 거부에 대해서 방어할 수 없다. 게마인데도
연방건설법 제36조 제2항 제3문에 따른 그의 협의의 대체에 대하여 제44a
조 때문에 소구할 수 없고, 협의의 대체의 위법성을 단지 건축허가의 취소
의 범주에서 주장할 수 있다.

[568] 권리보호의 효율성이 추후의 본안판단에 대한 대응을 통하여 (또한
예방적 권리보호의 방법으로) 예외적으로 보장되지 않을 수 있는 한, 제44a
조를 제한적으로 해석하여야만 할 것이다.

3. 행정행위에 대한 예방적 권리보호의 제한

[569] 법도그마적 명확성의 관점에서, 지배적 견해에 반(反)하여, 또한 그

러한 명시적으로 법률적으로 규정되지는 않았으나 예를 들면 행정소송상 권리보호의 체계로부터 도출될 수 있는 절차경쟁규율들을 권리보호필요성에 귀속시키지 않는 것이 추천된다. 사물의 이치에 따라서 그 밖에 지배적 견해가 이것을, 여기서 예외적으로 질적인 권리보호필요성을 요청한다면, 지지한다.

4. 고립된 취소소송

[570] 지배적 견해로서 수익적 행정행위의 거부(拒否)에 대하여 특별한 소송유형으로서 수익의 거부에 대한 소위 고립된 취소소송(isolierte Anfech-tungsklage)을 배제하는 원칙적으로 거부대항소송의 수단으로써만 대응될 수 있다는 것으로부터 출발한다면, 그 범위 내에서 권리보호필요성으로의 회귀(Rückgriff)를 불필요하게 만드는 절차경쟁규율이 존재한다. 그에 반하여 특별성을 부인한다면, 취소소송을 위한 권리보호필요성에 대하여 상세하게 언급되어져야만 한다. 왜냐하면 의무이행소송은 취소소송보다 더 멀리 도달하는 권리보호를 제공하기 때문이다.

Ⅲ. 제43조 제1항과 제113조 제1항 제4문의 경우에 있어서 권리보호필요성

1. 정당한 이익

[571] 행정소송상 일반적 확인소송 및 계속확인소송의 허용성을 위하여 제43조 제1항, 제113조 제1항 제4문에 의하면 정당한 이익(확인의 이익:

Feststellungsinteresse)의 증명이 요청된다. 법적, 경제적 또는 정신적 유형의 법률적 규율 또는 일반적 법원칙을 고려하여 합리적 헤아림 하에 인정될 수 있는 모든 보호가치 있는 이익이 정당한 이익(ein berechtigtes Interesse)으로 간주된다. 완료된 행정작용에 대한 권리보호 내지 과거의 법률관계의 확인이 문제되는 한, 제43조와 제113조 제1항 제4문에서의 정당한 이익의 개념은 동등하게 해석될 수 있다.

2. 제43조 제1항상 정당한 이익

가. 서설

[572] 정당한 이익의 존재를 위한 필수적 (그러나 단독으로 충분하지는 아니한) 요건은 항상 법률관계의 존재 또는 행정행위의 무효가 다투어지는 것이다. 왜냐하면, 그 경우에만 확인소송이라는 수단으로 만족을 추구할 동인(動因: Anlass)이 존재하기 때문이다. 정당한 이익은 나아가 분쟁의 종식이 법원의 개입 없이도 보장되는 경우에는 결여된다.

나. 의문의 사례

(1) 확인적 행정행위와 권리보호필요성

[573] 국가에 있어서는 국가에 의하여 주장되는 권리를 행정행위의 발급을 통해서 확인할 가능성이 주어지는 경우에도, 법률관계의 확인에 대한 정당한 이익이 존재하는 지는 다투어진다. 올바르게도 여기서 재판적 확인에 대한 국가의 정당한 이익이 아무튼 국민이 행정행위를 통하여 내려진 확인을 수긍하지 않거나 그에 대하여 재판적으로 대응한다는 가정(假定)을

위한 동인이 존재하는 경우에는 긍정되어져야만 한다. 이것은 신속화된 재판적 석명(Klärung)에 대한 공익과 절차경제(Verfahrensökonomie)의 기본원칙으로부터 도출된다. 양자(兩者)는 행정이 즉시 재판적 도움을 요청할 수 없고, 오히려 - 오직 사전절차의 실시 후에 비로소 - 행정행위의 발급을 강요당한다면, 그런 행정행위에 대항하여 상대방은 아마도 재판적으로 대처할 것인데, 서로 모순될 것이다.

[574] 예: 주(州)는 그녀에게 자신의 보존의무를 다투는 보존의무자에 대하여 방수로의 관점에서 공법적 보존권이 부여된다는 확인을 구한다. 권리보호필요성은 여기서 주(州)의 법적 상황을 행정행위를 통하여 규명할 가능성을 통해서 배제되지 않는다. 다른 것은 그러한 행정행위의 발급에로의 의무가 존재하는 경우에만 적용될 것이다.

[575] 거꾸로 국민이 국가에 대하여 재산법적 청구를 주장하고 국가적 의사의 자유(Entschließungsfreiheit)가 이를 통하여 침해되지 아니하는 한, 소극적 확인소송에 대한 국가의 정당한 이익은 그에 반하여 부정된다. 그러한 범위에서 국민을 통한 이행소송의 제기를 기다리는 것이 국가에게는 수인가능하다.

[576] 어떻게 제43조에 따른 무효확인소송이 해당하는 행정행위의 무효를 행정절차법 제44조 제5항에 따라서 행정내부적으로 확인시킬 상대방의 (Betroffenen) 가능성으로 행동하는가 라는 문제는 논쟁의 여지가 있다. 행정청의 행정행위의 무효확인이 재판적 해결보다 단순하고 저렴하다는 것이, 정당한 이익에 반(反)하여 말하는 것처럼 보이기는 하지만, 다른 한편으로는 그러한 견해는 행정소송적 무효확인소송은, 그러한 원칙적으로 단지 제68조62) 이하의 경우들에 있어서 규정되어 있을지라도, 실제적으로 항

---

62) § 68 (1) Vor Erhebung der Anfechtungsklage sind Rechtmäßigkeit und Zweckmäßigkeit des Verwaltungsakts in einem Vorverfahren nachzuprüfen. Einer solchen Nachprüfung bedarf es nicht, wenn ein Gesetz dies bestimmt oder wenn 1. der Verwaltungsakt von einer obersten Bundesbehörde oder von einer obersten Landesbehörde

상 전심절차를 선행시키는 것을 가져온다는 의문이 제기될 수 있다. 행정절차법 제44조 제5항은, 국민에게 추가적으로 행정절차법적인 권리구제를 부여하면서, 국민의 법적 지위를 향상시키는 것을 목적으로 한다. 동 조(條)는 그에 반하여 행정절차법 제44조 제5항의 제정 전에 일반적으로 인정된, 직접적으로 행송소송상 확인소송을 제기할, 가능성을 제한하고자 하지는 않는다. 그렇지 아니하면 필연적으로 거기에서, 예외적으로 제68조 이하에 따른 전심절차를 요구하지 아니하는 곳에서, 권리보호필요성의 관점에서 부담적 행정행위에 대한 취소소송의 제기 전에 먼저 행정절차법 제48조에 따른 취소(取消)의 신청이 제기되는 것을 요청하여야만 했을 것이다. 그것은 - 고찰되는 한 - 누구에 의하여서도 주장되지 않는다.

[577] 주목: 확인소송의 제기 전에 행정절차법 제44조 제5항에 따른 무효의 행정적 확인을 구하는 신청이 제기된다면, 신청에 따른 행정적 무효확인은 제43조에 따른 추가적 무효확인소송을 위한 권리보호필요성을 원칙적으로 배제한다.

(2) 민사소송절차를 위한 확인의 선결적 의미로 인한 권리보호필요성

[578] 행정소송상 확인소송을 위한 권리보호필요성이 홀로 이미, 공법적 법률관계가 민사법적 또는 아무튼 민사법원에서 주장될 수 있는 청구권의, 특히 직무책임으로부터, 존재를 위하여 선결적인 의미를 가지는 것으로 인하여, 근거 지워질 수 있는 지는 의문스럽다. 올바르게도 법률관계의 행정소송상 확인의 선결적 의미로부터는 아직 행정소송상 확인소송의 제기에 대한 정당한 이익이 도출되지는 않는다. 행정법원이 공법상 법률관계의 확

---

erlassen worden ist, außer wenn ein Gesetz die Nachprüfung vorschreibt, oder 2. der Abhilfebescheid oder der Widerspruchsbescheid erstmalig eine Beschwer enthält.

인을 위하여 (내지 행정행위의 무효의) 사안에 보다 가깝고 전문적 지식이
있고 그리고 그와 결부하여 사안적으로 올바른 결정을 내릴 수 있다(다툼
있음)는 것에 근거할 수가 없다. 정당한 이익은 원고가 먼저 일반적 이행의
소를 제기하였고, 이러한 청구가 소제기 후에 완료되었고, 이제는 예비적
배상청구권 때문에 청구권이 이전에 존재하였다는 확인이 구하여진다면
긍정될 수 있다. 정당한 이익은 그에 반하여 원고가 이미 완료시키는 사건
전에 그의 행정소송상 일반적 이행소송을 동시에 병렬적으로 민사법원상
손해배상청구를 제기하였다면 원칙적으로 부정된다. 다툼이 있는 공법상
법률관계의 존재가, 다수의 민사법적 분쟁을 위한 동인을 제공할 수 있는
민사법적인 관계의 다수(多數)를 위하여 선결적 의미를 제시하는 한, 그렇
지만 소송경제의 이익에 있어서 행정소송상 확인소송을 위한 정당한 이익
은 긍정되어져야 한다.

3. 제113조 제1항 제4문의 정당한 이익

[579] 제113조 제1항 제4문의 직접적으로 또는 유추적용으로 완료된 행
정행위에 대한 계속확인소송을 위하여 정당한 이익의 특별한 증명을 요한
다. 정당한 이익의 개념은 제113조 제1항 제4문에서 제43조 제1항에 의한
과거의 법률관계의 확인과 연관하여서처럼 똑같이 해석되어질 수 있다. 입
법자의 통일적인 단어사용을 위한 추측도 이를 위하여 말한다. 연방행정법
원의 반대하는 입장에 의하면, 제113조 제1항 제4문에 있어서 용어는 그에
반하여 제43조 제1항에서 보다 포괄적인 의미로 이해되어져야 한다. 왜냐
하면, 제113조 제1항 제4문에 따른 계속확인소송에 있어서 이미 그 전에
정당한 이익을 위하여 중요한 소송상 비용이 발생하였기 때문이다. 계속확
인소송은 오늘날 지배적인 견해에 의하면 행정행위의 완료가 이미 소제기

전에 발생한 거기서도 개시가능하다고 보는데, 이에는 반대한다. 관련된 이행청구권이 소송계속 후 소실되거나 그 밖의 방식으로 완료되었고 그리고 이제는 단지 그의 이전의 존재만을 주장할 수 있다면, 제43조의 계속확인소송도 예를 들면 사실행위의 실행을 지향하는 이행소송의 계속을 의미할 수 있다는 것을, 연방행정법원은 오인하고 있다. 정당한 이익이라는 개념은 제113조 제1항 제4문에서 뿐만 아니라 제43조 제1항에서도 신축적으로 충분하고, 경우에 따라서는 평가절하될 수 없는 이전에 소송상 비용이 추진되었다는 상황도 고려한다는 것을 증명하고 있다.

판례와 법이론은 제113조 제1항 제4문 상의 정당한 이익이 존재하고 여기서 주장되는 견해에 의하면 동시에 제43조 제1항과 연결하여 상응하게 결실있게 될 수 있는 특정한 사안그룹을 만들어 냈다. 이 때 완료된 행정행위의 위법성의 확인에 대한 정당한 이익이 통상적으로, 행정행위의 완료가 그의 위법성에 기초하는 취소로부터 도출되는 경우에는 탈락된다는 것이 주목되어져야 한다. 그에 반하여 행정행위의 철회는 정당한 이익의 긍정을 아직 배제하지는 않는다. 왜냐하면 철회에 있어서 행정청은 여전히 그의 적법성으로부터 출발하기 때문이다.

가. 반복의 위험

[580] 정당한 이익은 장래(einmal) 반복의 위험이 존재하는 경우에는 주어진다. 여기서 행정행위의 위법성을 확인하는 것은 그의 반복을 예방하는 것이다.

[581] 예: 관할행정청은 A에게 특정한 일자에 예정된 정치적 집회의 실시를 금지한다. 그 사이에 그 일자가 사라졌다. A는 그러나 장래 유사한 행사를 개최하고자 의도하고, 그 때문에 제113조 제1항 제4문의 유추로 그러한 금지의 위법성의 확인을 신청한다.

나. 차별에 있어서 명예회복의 이익

[582] 정당한 이익은 나아가 공격받는 행정행위가 상대방에 대하여 차별(差別)하는 성격을 지난다면 인정될 수 있다. 여기서 명예회복(Rehabilitation) 내지 배상에 대한 존재하는 이익은 기본법 제1조 제1항과 연관하여 제2조 제1항을 통한 기본권적인 인격보호로부터 도출된다.

다. 전형적으로 단기에 완료되는 행정행위

[583] 정당한 이익은 그와 같이 전형적으로 단기(短期)에 완료되는 행정행위가 문제되는 경우에는 긍정될 수 있다(지배적 견해; 다툼이 있음). 이러한 유형의 사안에서는 그러한 행정행위의 적법성이 실제적으로 결코 재판적 석명에게 이끌어질 수 없다는 것으로부터 확인의 필요성이 도출된다. 그로 인하여 기본법 제19조 제4항의 권리보호의 보장 내지 기본권을 보호하는 실체법적 기본권이 상당부분 공허하게 될 것이다. 이것은 올바를 수가 없다. 기본법 제19조 제4항이 권리보호를 가능한 권리침해의 정도에 의존시키지 않기 때문에, 연방행정법원이 단지 중대하거나 내지 심도 깊은 기본권침해에 있어서만 정당한 이익을 긍정하고자 한다면 이는 설득력이 없다.

[584] 예: 관할경찰청은 집회의 해산 후에 퇴장명령을 발한다. 여기서 중대한 기본권침해가 존재하는 지 여부는 문제됨이 없이, 항상 완료된 행정행위의 위법성의 확인에 대한 이익이 긍정된다.

라. 민사소송상 직무책임소송 또는 손실보상소송의 준비

[585] 정당한 이익은 판례에 의하여 마침내, 행정행위가 소제기 후에 완료되었고 그리고 재판적 확인에, 제113조 제1항 제4문에 의하여 민사법원

에서 의도된 직무책임소송을 위하여 선결적 의미가 부여되는 경우에는 긍정된다. 같은 것이 수용유사 내지 희생보상유사침해로부터의 청구권에 근거하는 손실보상소송에서도 타당하다. 요건은 그러나 그러한 소송이 명백하게 승소가능성이 없지는 않아야 한다. 이러한 판례는 손해배상 내지 수용보상에 대하여 판단하는 민사법원이 제한없이 공법적 선결문제를 석명하여야만 하고 그리고 게다가 직무책임소송에서 (수용유사 내지 희생유사침해로부터의 청구권에 있어서와는 달리) 책임을 위법성이 아니라 오히려 직무담당자의 행태의 직무의무위반에 결부시키기 때문에 문제가 많다. 이러한 판례에 대해서는 항상, 행정행위가 소제기 후에 완료되었다면, 행정법원이 종종 이미 행정행위를 다루었다는 것이 제시될 수 있다. 행정행위의 위법성의 확인에 대한 정당한 이익이 부정된다면, 이러한 비용은 가치가 없을 것이다. 정당한 이익은 그러므로 아무튼 행정이 소제기 후에 완료된 행정행위의 위법성의 행정소송상 확인 후에, 원고에 의하여 주장된 손해배상 내지 수용보상청구권을 승인하고자 하는 것을 판결하는 곳에서 긍정되어져야만 한다. 완료된 행정행위의 위법성의 확인에 대한 정당한 이익이, 행정행위의 완료가 이미 소제기 전에 등장한 경우에는, 더 이상 승인되지 않는다면, 연방행정법원에 확실히 동조한다.

마. 기본권 침해

[586] 행정행위가 기본권을 침해하는 경우에는 행정행위의 위법성의 확인에 대한 정당한 이익은 일반적으로 긍정되어져야 한다는 견해는 설득력이 없다. 기본법 제2조 제1항을 통한 국민의 법적 영역의 포괄적인 기본권적 보호의 관점에서 볼 때, 정당한 이익을 경계(境界) 짓는 기준은, 행정행위의 취소의 경우 외에는 실제적으로 공허하다. 왜냐하면 모든 부담적 행정행위는 국민의 기본권영역에 대한 침해를 포함하고 있기 때문이다. 완료

된 행정행위의 위법성의 행정청의 확인을 구하는 청구는, 그 청구는 계속 확인소송의 수단으로 실행될 수 있을 것인데, 존재하지 않는다. 상상할 수 있는 것은 완료된 행정행위로부터 지속적인 사실상 기본권침해가 도출되는 것이고, 그러한 침해는 그의 위법성의 확인에 대한 정당한 이익을 근거지운다(예를 들면 예술품전시의 금지가 완료된 것을 통하여 직업적이고 예술적 활동의 지속적인 침해).

바. 절차하자의 그러나 폐지불가의 행정행위

[586a] 행정행위의 위법성의 (그리고 그와 함께 주관적 권리침해의) 확인에 대한 정당한 이익은, 행정행위의 폐지가 이러한 행정행위를 통하여 근거 지워진 주관적 권리침해에도 불구하고 배제되고, 그리고 원고가 제113조 제1항 제4문의 유추적용으로 상응하는 확인을 신청한 경우에는 긍정될 수 있다. 특히 절차하자의 행정행위는 주관적 권리침해에도 불구하고 폐지할 수 없다(예를 들면 행정절차법 제46조). 여기서 그러나 그의 위법성을 확인토록 하는 가능성이 존재하여야만 한다. 왜냐하면 그렇지 않으면 제44a조와 행정절차법 제46조 그리고 유사한 규정들의 "불순한 동맹(unheiligen Allianz)"으로 인하여 통상적으로 기본권침해를 야기하는 절차법적 침해를 재판적으로 확인토록 할 가능성이 없기 때문이다. 이러한 가능성의 배제는 기본법 제19조 제4항 그리고 또한 종종 관련되는 실체법적 기본권의 관점 하에서 중대한 헌법적 우려를 야기한다. 유럽 공동체법의 집행에서 도출되는 절차하자의 행정행위에 있어서, 그러한 배제는 공동체법인 절차법에게 부여하는 고양된 의미의 관점에서 볼 때, 추가적으로 공동체법적 관점 하에서 문제가 많다고 사료된다.

IV. 형성의 소와 이행의 소에 있어서 일반적 권리보호필요성

[587] 이행소송과 형성소송에 있어서 원칙적으로 권리보호필요성의 존재로부터 출발할 수 있다. 예외적으로 그렇지만 원고가 그에 의하여 추구하는 권리보호목표의 관점에서 법질서를 통하여 인정되는 보호가치 있는 이익을 갖지 못하거나 또는 그에게 그의 목표달성을 위하여 단순한 수단이 부여되어 있거나 또는 다른 방식으로 보다 광범한 권리보호가 가능한 경우에는 그것이 결여된다.

권리보호필요성은 그에 반하여 소가(訴價)에 의존되지는 않는다. 그것은 특별권력관계 내에서의 소송을 위해서도 존재한다. 결과적으로 그것은 사소한 불법(Bagatellunrecht)의 관점 하에서 부인될 수는 없다. 왜냐하면 법치국가에서 불법은 결코 사소한 것이 아니기 때문이다.

1. 장래효(Wirkung ex nunc)를 지닌 행정행위의 완료에 있어서 원칙적으로 권리보호필요성의 부재

[588] 행정행위의 폐지를 위한 권리보호필요성은 행정행위가 순전히 장래효로 완료되었고, 행정행위의 폐지가 완료시키는 사건의 등장 전의 기간을 위하여 원고에게 - 이것이 통상적으로 그러한 경우인데 - 어떠한 이점(利點)도 가져다 주지 못하고 그래서 무의미 한 경우에는 탈락된다. 그렇지만 과거에 행정행위의 효력있음이 원고를 위하여 지속적인 불리한 결과와 결부된 경우에는 다른 것이 타당한다.

예: 행정행위의 폐지가 완료의 등장 전에 활동한 집행행위에 대항하는 유효한 권리보호를 위한 전제조건이라면, 과거에 대한 행정행위의 효력의 제거를 추구하는 취소소송을 위한 권리보호필요성이 존재한다.

2. 소의 실효, 소 취하 그리고 권리남용에 있어서 권리 보호필요성의 부재

[590] 원고가 그의 선행(先行)하는 행동을 통하여 그의 권리보호를 상실하였거나 또는 재판적 권리보호의 청구가 다른 이유로 인하여 권리남용으로 증명된다면, 그러한 권리의 재판적 추구는 권리보호필요성의 결여로 허용되지 않는다. 소송법에서 타당하는 신의성실의 기본원칙의 결과로서 당사자적격자가 그의 소권을 오랜 시간 행사하지 아니하였고 소송상대방은 (제3자효 행정행위에 있어서는 또한 수혜자) 그에 대한 보호가치 있는 신뢰를 쌓은 경우에는 소의 실효(失效: Klageverwirkung)로부터 출발될 수 있다. 그러나 권리보호의 실효는 종종 소송법을 통하여 보호되는 실체법적 권리의 실효를 동반하므로, 아무튼 국민의 재판적 권리보호를 위한 실체법적 권리의 명백한 실효에 있어서 이미 제42조 제2항의 직접적 또는 유추적용에 있어서 요청되는 원고적격이 결여될 수 있으며, 이러한 결여는 이러한 근거로 인하여 이미 소의 불허용성을 가져올 수 있다. 소 취하(取下) 내지 권리구제의 취하에 있어서도 권리보호필요성이 결여된다. 이것은 (당사자 행위로 규명되어질 수 있는) 법원이나 소송상대방에 대한 일방적 의견표명으로, 그러나 또한 실체법에 귀속되는 법률관계의 당사자 사이의 법률행위적 합의를 통해서도 야기되어질 수 있다. 일방적 소취하 내지 권리구제의 취하는 조건불친화적 소송행위로서 (실체법상 포기와는 달리) 행정결정의 발급 후에 비로소 가능하다. 권리보호필요성은 권리남용적 소송수행에 있어서 결여된다. 토지가 원고적격의 근거지움의 목적으로 취득되어진다는 (소위 방해토지) 상황 만으로부터는 아직 권리남용이 도출되지 않는다. 양도된 재산권이 내용적으로 상당하게 공허한 경우라면 다른 것이 타당할 수도 있을 것이다.

3. 권리보호목표에서 보호가치 있는 이익의 결여의 기타 경우

[591] 일련의 다른 사안들에서 권리보호이익의 결여는, 원고에게 그의 권리보호취지의 성공조차 아무런 유익을 가져다 주지 못하는 것으로부터 도출된다. 토지가 민사법적 이유로 명백하게 건축불가하고 이러한 하자가 또한 장래에 의심의 여지가 없이 제거 되어질 수 없는 경우, 건축허가의 발급을 구하는 의무이행소송에 있어서 그러하다. 그렇지만 주목할 점은 건축인인(隣人)법에 있어서 주관적 권리의 존재가 부분적으로 의도적으로 인인의 사실상 침해에 의존하지 않도록 하는 법질서의 결정이, 인인소송을 위한 권리보호필요성이 사실상 침해의 결여에 있어서 부인되는 것을 통하여, 방해되어져서는 아니된다.

4. 권리보호의 보다 간편하고 효과적인 실현가능성의 관점에서 권리보호필요성의 결여

가. 다른 권리구제수단에서의 권리보호

[591a] 권리보호필요성이 소위 보조적 행정행위의 취소를 위하여 긍정되어질 수 있는 지는 다툼이 있다. 이 경우에 그의 발급이 상대방의 보호를 위한 (대부분 민사법적인) 의사표시의 효력을 위하여 추가적으로 규정되는 행정행위가 문제된다.

예: 모자보호법 제9조 제3항 또는 사회법전 제9장 제85조에 따른 해고에 대한 허가 또는 동의.

이러한 경우들에 있어서 권리보호필요성이 의문이다. 왜냐하면 부차적인 행정행위의 발급을 위한 요건이 동시에 (민사법적인) 의사표시의 효력을 위한 요건이고 민사소송에서는 그 때문에 완전하게 심사되어지기 때문이다. 여기서도 그렇지만 권리보호필요성이 긍정될 수 있다. 왜냐하면 행정행위의 발급 또는 해태에 대한 주관적 공권을 부여하는 것이, 동시에 중지의 무위반의 경우에 취소를 허용하지 않는 것은 설득력이 없기 때문이다(이견 있음).

나. 권리의 재판외적 실현가능성에 있어서 권리보호필요성의 결여

[592] 소송을 위한 권리보호필요성은, 나아가 권리보유자가 그의 권리를 법원에 청구하지 아니하고서 실행할 수 있는 경우에는 결여된다. 중요한 적용사례는 이미 행정행위에서 집행권원이 부여된 국가의 이행청구권이다. 상응하는 이행소송을 위하여 국가에게 권리보호필요성이 결여된다. 왜냐하면 국가는 그의 이행결정이 준수되지 아니한다면 법원의 집행권원이 없이도 행정집행의 방식으로 강제적으로 실행할 수 있기 때문이다. 그 외에도 채무자는 행정행위를 그러한 경우에 있어서 그의 존속력을 피하기 위하여 다투어야만 한다. 그로부터 구분되어야 하는 것은 행정청이 그의 재량에 따라서 행정행위의 발급을 통하여 집행권원을 창출할 가능성을 가지기는 하지만 이러한 권한을 아직 사용하지 아니한 경우이다. 여기에서는 원칙적으로 고권주체의 이행소송을 위한 권리보호필요성이 긍정될 수 있다. 상대방이 행정행위를 수용하지 않고 긴급한 경우 그에 대하여 행정소송상 대처하는 것을 분명하게 한다면, 통상적으로 제68조 이하의 규정들에 따른 전심절차가 이루어지는 재판적 절차로 오게 될 것이다.

행정소송상 기관쟁의를 위한 권리보호필요성은 아마도 상급의 고권주체(예를 들면 법적감독관청) 내지 기관이 분쟁을 권위적으로 결정할 수 있는 상황에 있다는 것을 통하여 배제되지 않는다.

다. 행정절차에서 권리보호의 가능성으로 인한 권리보호필요성의 결여

[593] 원고가 행정절차에서 권리보호의 가능성을 아직 충분하게 소진(消盡)하지 아니하였다면, 권리보호필요성에 대하여 의문을 품을 수 있다. 이와 관련하여 특히 예방적 금지소송의 형태로서의 일반적 이행소송의 허용성이, 다만 원고에게 행정절차에서 권리보호의 가능성이 열려있다는 것 때문에 부인될 수 있는 지의 문제가 제기된다. 그것은 원칙적으로 부정(否定)되어져야 한다. 예방적 금지소송의 허용성을 위한 기준으로는 행정소송법의 소송체계에 내재하는 절차규율의 관점에서, 취소소송을 통하여 보장되는 억제적 재판적 권리보호가 효율적이고 그리고 원고에게 이것으로의 인도(引導: Verweisung)가 수인가능한지 여부이다.

[594] 재판적 권리보호와 행정절차에 있어서 권리보호의 관계는, 다른 관련성에 있어서 문제가 많다: 입법자가 행정재판적 소송의 제기 전에, 성공 없이 행정에게 신청을 하였거나 또는 전심절차가 이루어졌어야만 한다는 것을 규정하지 않은 한, 이러한 입법적 결정은 권리보호필요성의 일반적 제도로의 회귀(Rückgriff) 하에 교정되어서는 아니된다. 그 때문에 일반적 이행소송을 위하여 사전에 행정에 있어서 행위의 실행이 신청되어졌어야 한다는 것이 요구되어서는 아니되고, 제68조 제1항 제2문에 따른 취소소송이 전심절차를 전제하지 않는 거기에서 행정행위의 취소의 성공 없는 신청이 요청되어질 수도 없다. 제80조 제5항에 따른 집행정지효의 명령이나 회복을 위한 권리보호필요성도 신청인이 사전에 제80조 제4항을 넘어서 행정청의 중지(Aussetzung)를 시도하지 아니하였다는 언급(言及: Hinweis) 하에 부인(否認)될 수 없다.

라. 다른 효과적인 소송의 가능성으로 인한 권리보호필요성의 결여

[593a] 수익적 행정행위의 거부에 대항하는 고립된 취소소송을 이미 개

시불가하다고 간주하지 않는다면, 고립된 취소소송은 아무튼 수익적 행정행위의 발급을 구하는 의무이행소송을 보장하는 광범한 권리보호의 관점에서 결여되는 권리보호필요성으로 인하여 원칙적으로 허용되지 않는다. 그에 반하여 건축신청의 보류에 대항하는 취소소송은, 건축허가의 발급을 구하는 의무이행소송의 가능성을 통하여 배제되어서는 아니될 것이다.

시초사례의 해결

[595] 사례 1: 행정청이 행정절차법 제49a조 제1항 제2문에 의하여 이행처분을 발급할 의무가 주어져 있기 때문에, 이행소송을 위한 권리보호필요성은 존재하지 않는다.

[596] 사례 2: 행정소송상 무효확인소송은 권리보호필요성의 관점 하에서, 소제기 전에 주(州)행정절차법 제44조 제5항에 따라서 무효확인소송이 신청되어진 것을 전제로 하지 않는다. 그렇지 아니하면 무효확인소송을 위하여 사실상 추가적인 전심절차가 도입되는 것이 될 것이다. 이 소송은 그 때문에 (최소한 그 범위 내에서는) 허용된다.

[597] 사례 3: 체포에 있어서 그 사이에 완료된 경찰상 행정행위가 문제된다. 제113조 제1항 제4문의 유추로 정당한 이익이 체포가 차별적인 성격을 지니는 것으로부터 도출되는 계속확인소송이 고려된다. 그에 더하여 그러한 임시적인 자유의 제한에 있어서 (기본법 제104조 제2항 상(上)의 구금(Ingewahrsamnahme)은 아닌) 전형적인 단기적으로 완료되는 조치가 존재한다. 그래서 이러한 관점 하에서 위법성의 확인에 대한 정당한 이익은 존재한다. 체포에 있어서 단지 사실행위만 본다면, 그에 반하여 동일한 이유로 정당한 이익이 존재하는 일반적 이행소송이 열려 있을 것이다.

제17절 소송계속의 결여와 확정력의 결여

시초사례

[598] 사례 1: G지역의 수도공급이 게마인데를 통해서 공법상의 계약에 의한 이용관계에 기초하여 이루어지고 있다. 게마인데의 공무원의 초과된 클로르 첨가로 인해서, 이용자 B는 건강상 손해를 입었다. B는 이로 인하여 행정법원에 의료적인 처치에 대한 비용전보를 구하는 소송을 제기하였다. 추후에 그는 민사법원에 게마인데로부터 치료비용의 전보를 구하는 추가적인 소를 제기하였다. 이 경우에 제2의 소송이 허용되는가? **[문번 636]**

[599] 변형: 행정법원은 소를 확정력 있게 기각한다. 왜냐하면, 그에 의하여 유일하게 심사된 공법상 계약의 적극적 이행침해(민법 제280조)로 인한 청구는, 이른바 결여된 책임으로 인하여 배제되기 때문이다. B는 이제 희생과 직무상 책임의 관점에서 민사법원에 손해전보를 청구한다. 게마인데 공무원에게 실제로 과실이 있다면, 소송이 성공할 수 있는가?

[600] 사례 2: 경찰이 A에게 속한 대상을 압류하였다. 압류에 대한 취소소송에서, 압류명령이 제113조 제1항 제1문에 의거하여 소급적으로 취소되었다. 판결의 확정력에 따라서 A는 관할통상법원에 압류동안 상실한 이용가치로 인하여 수용유사침해에 근거한 손해전보를 청구하였다.

a) 법원이 수용유사침해에 의거한 청구를, 압류가 적법하다고 하여 기각할 수 있는가?

b) A가 자신의 손해배상청구를 직무책임에 근거한다고 가정한다면, 통상 법원이 행정법원의 판결에도 불구하고 직무의무위반을 부인할 수 있는 가? [문번 638]

Ⅰ. 소송물의 개념

1. 서설

[601] 이미 다른 법원의 재판적 절차의 대상이거나(소송계속에 대하여 문 번 612 이하) 그런 절차에 있어서 이미 불가쟁(unanfechtbar)으로 결정된 (확 정력에 대하여 문번 615 이하) 법적 분쟁을, 법원들은 사법(司法)의 부담, 모순되는 결정의 위험 그리고 그로 인한 법적 안정성의 침해 때문에 기본 적으로 다시 취급하여서는 아니된다. 그래서 모든 소송법령들은 동일한 사 안에 대해서 새로운 법적 분쟁을 불허한다고 규정한다. 이로 인해서 필수 적으로 어떠한 조건 하에서 법적 분쟁의 동일성(同一性)을 인정할 수 있는 가 즉 어떠한 기준에 근거하여 이러한 동일성이 결정될 수 있는가라는 핵 심적 문제를 제기하게 된다. 이에 대한 판단을 위해서 소송물이론이 노력 한다. 이 문제에 대한 법률적 규율은 결여되어 있다.

[602] 소송물이라는 개념에 대해서 무엇보다도 민사소송법에서 엄청난 문헌들이 존재한다. 행정소송법적 문헌과 판례에서의 서술들은 그에 비해 서는 매우 빈약하다. 이는 민사소송법에 존재하는 분쟁의 문제들에게, 행정 소송법에서는 제173조를 통해서 민사소송법에 연결되는 고리에도 불구하 고, 상응하는 의미가 부여되지 않기 때문이다.

2. 행정소송상 소송물

가. 개설

[603] 소송절차의 대상을 소송물(Streitgegenstand)이라고 한다. 부분적으로
는 절차대상(Verfahrensgegenstand), 소송상 청구(prozessualen Anspruch) 혹은
청구취지(Klagebegehren)라고도 부른다.

　주목: 소송상 청구는 실체법적인 청구와는 엄격하게 구분되어야 한다. 청
구취지가 실체법적인 청구의 확인에 있을 뿐만 아니라, 예를 들면, 지배권
이나 형성권의 확인에도 향하고 있음을 통해서 알 수 있다.

　소송물의 특정은 결여된 다른 소송계속과 결여된 확정력이라는 본안심
리요건을 위하여 중요한 의미를 지닌다. 소송물에 대한 명확성이 없이는
법적 구제의 허용성, 소의 종류, 관할법원 및 소변경 혹은 객관적 소병합의
존재 등에 대해서 종종 판단할 수 없다.

[604] 소송물은 원고(Kläger)에 의하여 특정한 사실관계에 기초하여 법원
을 향한 보다 상세하게 표현된 내용을 가진 결정의 발급을 통한 권리보호
의 청구이다. 지배적인 소위 이원적 소송물개념에 의하면, 소송물은 사물적
인 관점에서 청구취지를 통해서 그리고 이것의 기초에 놓여있는 사실관계
를 통하여, 인적(人的)인 관점에서 주된 소송당사자(원고와 피고 내지 청구
인과 피청구인)를 통하여 특정된다. 이에 반해서 청구취지가 어떠한 실체
법적 기초를 가지는가는 소송물에 있어서 중요하지 않다. 소송상 청구, 즉
소송물은 그러므로 청구취지(Klagebegehren)를 지지하는 실체법적인 청구와
동일시하여서는 아니된다. 법원은 실체법(das materielle Recht)이 청구취지
를 정당화하는 지에 대해서 오히려 포괄적으로 심사하여야 한다. 이것은
법원조직법 제17조 제2항 제1문에 의거하여 원칙적으로 소위 혼합된 법률
관계에 있어서도 타당하다. 법원이 이때 가능한 실체법적인 청구기초 혹은

그 밖의 법적인 측면을 간과하더라도, 절차가 그 한도 내에서 소송계속 (rechthängig) 되었다는 것에는 변함이 없다.

[605] 예: 위법하고 추후에 취소된 급부명령에 기초한, 국민의 금전급부의 환급청구는 실체적인 공법상 부당이득반환청구(Erstattungsanspruch) 뿐만 아니라 또는 결과제거청구권에 의하여 지지될 수 있다. 환급을 구하는 소는 법원이 양자(兩者)를 심사하는지 또는 심사하였는지에 관계없이, 양자의 가능한 실체법적인 청구기초와 관련하여 소송계속(Rechtshängigkeit)을 근거지운다.

[606] 법원조직법(GVG) 제17조 제2항 제2문이 분명하게 하듯이, 행정법원에 소가 제기되는 한, 헌법률적으로 근거 지워지는 민사법원관할의 경우들에 있어서만(기본법 제14조 제3항 제4문, 제34조 제3문) 다른 것이 타당하다.

[607] 예: 공무원이 공법인의 보호의무위반으로 인하여 손해배상을 구하는 행정소송을 제기한 경우에, 손해배상청구는 법원조직법 제17조 제2항 제2문 때문에, 손해배상청구가 직무책임에 근거되어질 수 있는 한, 소송계속이(rechtshängig) 되지 않는다. 이에 반해서 통상법원에 소의 제기에 있어서 직무책임청구 외에 보호의무위반에 기인한 청구도 소송계속(rechtshängig)이 된다.

나. 취소소송의 소송물

[608] 원고의 소송상 청구를 통하여 특정된 소송물(訴訟物)은, 본성적으로 소의 종류에 따라서 구분된다. 취소소송에 있어서는 다양한 입장이 주장된다. 한 견해에 따르면, 소송물은 행정행위의 폐지를 구하는 청구라고 하고, 다른 두 번째 견해에 따르면, 공격받는 행정행위의 위법성이라고 하며, 제3의 견해에 의하면, 자신의 권리가 침해되었다는 원고의 법적 주장이

라고 한다. 소송물이 법원의 판결을 통해서 나타나는 구속력의 범위를 위하여 기준이 되므로, 이러한 견해의 대립은 무엇보다도 공법적인 전보급부(Ersatzleistung)의 구성요건의 충족에 대한 판단에 있어서 매우 중요한 실제적 의미를 지닌다.

[609] 예: 이전의 성공적인 행정법원의 취소 후에 수용유사침해로 인한 청구를 결정하여야만 했던 통상법원이, 첫 견해에 의하면 그러한 행정행위를 그럼에도 불구하고 적법하다고 유지하거나 주관적 권리침해를 부인하는 것을 방해받지 아니한다. 두 번째 견해에 의하면 객관적 법위반은 더 이상 부정되어질 수 없으나, 주관적 권리침해는 부정될 수 있다. 제3의 견해에 의해서만 객관적 위법 뿐만 아니라 원고의 주관적 권리침해를 기속적으로 확인할 수 있다.

[610] 이러한 견해들은 각각 옳은 점들을 지니고 있기 때문에, 이들 이론들의 장점을 잘 결부시켜야 한다. 취소소송의 일차적 목표는 폐지(Aufhebung)에 있으므로, 행정행위의 폐지가 소송물의 특정에 있어서 쉽게 도외시될 수 없다(ausblenden). 취소소송에 있어서 또한 행정행위의 폐지청구가 주장되므로, 이러한 청구는 - 의무이행소송에 있어서 거기서 주장된 청구의 관점에서 오늘날 일반적으로 인정되는 것처럼 - 소송물과 함께 존재하여야만 한다. 이러한 방식으로만 취소소송의 소송물과 계속확인의 소(訴) 사이에 차이가 있다. 이러한 방식으로만 취소소송의 소송물과 계속확인소송의 소송물 사이의 구별이 고려되어진다. 제113조 제1항 제4문은 취소소송의 소송물을 단지 행정행위의 폐지의 청구로만 보는 것이 옳지 않다는 것을 보여준다. 제113조 제1항 제4문으로부터 계속확인소송의 소송물은 공격받는 행정행위의 위법성의 확인이라는 것을 부정할 수는 없다. 취소소송을 통한 권리보호가 체계에 반하는 방식으로 계속확인소송의 권리보호 뒤에 위치한다는 것은, 계속확인소송을 절단된 취소소송(amputierte Anfechtungsklage)으로서 취소소송과 동일한 심사기준을 가진다고 하더라도, 올바

를 수가 없다고 할 수 있다. 폐지청구와 객관적 위법성의 확인 외에 또한 주관적 권리의 침해가 취소소송의 소송물이어야만 한다. 이에 대해서는 제42조 제2항이 규정한다. 동 규정에 의거하여, 원고는 취소소송에서 행정행위를 통하여 자신의 권리가 침해당하였다는 것을 주장하여야 한다(geltend machen). 행정행위의 객관적 위법성 만의 주장은, 허용성을 긍정하기 위하여 충분하지 아니하다. 그 외에도 제113조 제1항 제1문은 원고의 권리침해가 인정되어야 한다는 것에 대해서 명시적으로 규정하고 있다. 그 때문에 행정행위의 객관적 위법성은 그 자체만으로 주관적 권리보호에 이바지하는 취소소송 내지 계속확인소송의 소송물이 될 수 없다. 취소소송의 소송물은 결과적으로 - 각각 단지 소송물의 부분적 측면을 포함하는 견해들에 반하여 - , 첫째로 공격받는 행정행위가 원고의 주관적 권리를 침해한다는 것과 (확인이 행정행위가 객관적으로 위법한다는 것을 암시하는 것), 둘째로 그러므로 공격받는 행정행위의 폐지에 대한 원고의 청구가 존재한다는 것을 확인하는 것이어야만 한다.

주목할 점은 행정행위의 폐지의 신청이 성공하지 못하였다는 것으로부터, 아직 주관적 권리침해가 존재하지 않는다는 것이 반드시 도출된다는 것은 아니라는 점이다. 그것은 이미 행정절차법 제46조의 경우처럼 예외적 경우들에 있어서 주관적 권리침해가 존재하기는 하지만 그럼에도 불구하고 행정행위의 폐지가 배제되는 것으로부터 설명된다. 게다가 행정법원은 그러한 경우에 행정행위가 절차권에 있어서 원고를 침해하였는지에 대하여 전혀 판단을 하지 않아야만 하고 소송은 폐지청구권의 결여로 인해서 전부 기각되어야만 한다.

다. 다른 절차종류의 소송물

[611] 행정행위의 거부나 부작위를 통한 원고의 주관적 권리침해 내지

행정행위 발급청구가, 의무이행소송의 소송물을 구성한다. 주목할 점은 여기서, 수익적 행정행위의 발급을 구하는 청구권이 존재하지 않고 소송이 그 때문에 이유없음으로 기각되는 경우에도, 그로 더불어 아직 행정행위의 거부 또는 부작위가 적법하였고 그리고 원고의 주관적 권리를 침해하지 아니하였다는 것이 확인되는 것은 아니라는 것이다. 행정행위의 거부는, 현재적으로 행정행위의 발급을 구하는 청구권이 존재하지 않더라도, 오히려 위법하고 원고의 주관적 권리를 침해할 수도 있다. 예를 들어 어떤 경우냐 하면, 행정행위가 절차 하자의 방식으로 (예를 들면 행정절차법 제39조를 충족하는 이유 없이) 거부되었거나 거부의 시점에 그의 발급을 구하는 청구권이 아직 존재하였던 경우이다. 동일하게 주관적 권리침해는, 피고가 수익적 행정행위의 발급을 구하는 신청에 대하여 (적기에) 결정하는 것을 부작위 한 경우에 존재할 수 있다. 행정행위의 거부 또는 부작위를 통하여 근거지워지는 원고의 주관적 권리침해에 대하여, 그러한 경우에 그렇지만 제113조 제1항 제4문의 유추로 그러한 확인이 소구되어지는 경우에만 결정되어질 수 있다.

완료된 (내지 주관적 권리침해에도 불구하고 폐지될 수 없는) 행정행위를 대상으로 하는 계속확인소송의 소송물은, - 이것을 제113조 제1항 제4문의 문언이 일견(prima facie) 암시하듯이 - 행정행위의 위법성 뿐만은 아니다. 계속확인소송은 제42조 제2항에 상응하게 권리침해의 주장을 요구하고 이것은 다툼이 없이 행정행위가 원고의 주관적 권리를 침해하는 경우에만 존재하기 때문에, - 취소소송에서처럼 - 소송물은 아무튼 원고의 주관적 권리침해의 확인이다. 이것은 동시에 행정행위의 객관적 위법성의 확인을 포함한다. 연방행정법원의 견해에 의하면, 계속확인소송으로 나아가 완료된 행정행위의 효력없음도 확인되어진다. 이것은 행정행위의 완료가 주관적 권리침해의 확인을 위해서 단지 선결문제적 의미만(vorfrageweise Bedeutung) 가지기 때문에 문제가 없지 아니하다. 법원이 과오로(fälschlich) 행정

행위가 완료되었다고 출발하는 사안들에 있어서, 원고의 필요한 권리보호
는 그러한 체계위반적인 확정력의 확장 없이도 이루어질 수 있다. 왜냐하
면, 피고행정청이 행정행위의 효력있음을 주장하는 것은 신의칙 위반이기
때문이다.63)

행정행위가 아직 완료되지 아니하였고 그러나 그의 직권취소를 구하는
청구가 예외적으로 존재하지 않고 그로 인해서 단지 제113조 제1항 제4문
의 유추로 그의 위법성의 확인을 구하는 확인소송만이 가능하다면, 다툼이
없이 다만 원고의 주관적 권리침해만이 확인될 수 있다. 행정행위의 거부 또
는 부작위의 위법성의 확인을 지향하는 소송에도 상응하는 것이 타당하다.

일반적 이행소송의 소송물은 이행(Leistung)의 청구이다. 일반적 확인소
송에 있어서 법률관계의 존재 또는 부존재 내지 행정행위의 무효가 소송물
이다. 제47조에 의한 행정고등법원의 규범통제에 있어서는 법규범의 효력
없음 외에 또한 그의 객관적 위법성이 소송물이다. 규범의 무효를 확인하
는 신청에, 규범의 위법성을 확인하는 신청이 포함된다는 것은, 교정되어야
하는 위법한 규범이 예외적으로 유효하다면 행정고등법원을 통해서 그의
위법성이 확인될 수 있다는 사실로 인하여 분명하다. 확정력을 규범이 위
법하다는 확인에까지 확장하는 것을 위하여, 그러한 사안에 있어서 연방헌
법재판소의 규범통제가 병행된다는 것이 지지한다.

II. 다른 소송계속의 결여

1. 소송계속의 소송법상 실체법상 의의

[612] 절차의 허용성에 대한 요건은 이미 동일한 소송물을 가진 절차가

---

63) Schenke, JZ 2003, S. 31 ff.

달리 소송계속 되었지 않았어야 한다(법원조직법 제17조 제1항 제2문과 연관된 제173조). 본안판단요건으로서 결여된 소송계속은 직권으로 심사하여야 한다. 법원조직법 제17조 제1항 제1문과 연관하여 제173조에 의하면 제기된 법적 구제의 허용성(Zulässigkeit)은, 소송계속 후에 등장한 허용성을 근거지우는 사정의 변경에 의하여, 영향을 받지 아니한다. 제83조 제1항에 의하여 소송계속 후에 등장한 법원의 사물적 그리고 지역적 관할을 근거지우는 사정의 변경도 마찬가지이다(소위 관할의 지속(perpetuatio fori)).

[613] 그 외에도 소송계속은 또한 실체법적인 의의를 지닌다. 소송계속은 공법상 유추적용될 수 있는 민법 제204조 제1항 제1호의 규정에 의하여 소멸시효(Verjährung)의 정지(Hemmung)를 가져온다. 나아가 민법 제291조에 따라서 이행의 소에 있어서 소송이자의 청구를 근거 지운다. 권리의 관점에서 실체법적인 처분권능은 권리의 소송상 주장(Geltendmachung)을 통하여 영향을 받지 아니한다(제173조).

2. 소송계속의 근거와 종료

[614] 행정소송에 있어서 소송계속은 이미 소의 제기 시점, 즉 법원에 소의 도달과 함께 시작된다. 민사소송에서와는 달리, 소송계속은 피고에게 소장의 송달을 전제로 하지 아니한다(민사소송법 제261조). 소송계속은 판결의 확정력의 개시, 소송상 화해(제106조), 소의 취하(제92조) 그리고 지금까지의 청구취지(Klagebegehren)의 취하와 결부된 소변경으로 종료된다. 이미 법적 분쟁이 본안에 있어서 완료되었다라는 일치된 의견표명(Erklärung)이 소송계속을 종료시키기에 충분한 지에 대해서는 논란이 있다.

Ⅲ. 확정력 있는 결정의 결여

1. 확정력과 존속력(Bestandskraft)

[615] 주장된 청구취지와 관련하여, 이미 확정력 있는(rechtskräftig) 결정이 존재한다는 것은 소송의 허용성에 방해가 될 수 있다. 확정력에 있어서 형식적 그리고 이에 연결된 실질적 확정력을 구분한다. 양자(兩者)는 행정절차법으로부터 알려진 행정행위의 형식적 그리고 실질적 존속력의 개념과 행정소송상 상응을 형성한다. 형식적 존속력은 행정행위가 더 이상 이의신청(Widerspruch)과 취소소송(또는 의무이행소송)을 통해서 공격될 수 없다는 것을 의미한다. 반면에 실질적 존속력은 형식적으로 존속력이 발생한 행정행위로부터 도출되는 그리고 행정절차법 제48조 이하에 의거하여 제한된 취소가능성을 표현하는 구속력을 의미한다. 존속력은 구성요건적 효력과 확인적 효력과는 구별되어야 한다. 구성요건적 효력은 유효한(반드시 불가쟁력이 있는 것은 아닌) 행정행위가 - 그의 적법성 여부에도 불구하고 - 그의 (직권적 혹은 사법적) 폐지 전까지는 모두에 의하여 존중되어야 한다는 것을 뜻한다. 확인적 효력에 있어서는 그를 넘어서 행정정행위의 근거에 있어서 사실적인 혹은 법적인 확인에게 구속력이 부여되는 것이다. 예: 제70조와 제58조에 따른 이의신청기간 내에 공격하지 아니하면, 수수료 통지(내지 부과처분: Bescheid)는 형식적으로 존속력이 있다. 이 순간부터 수수료 통지는 동시에 발생한 실질적 존속력으로 인하여, 강화되어 변경에 대하여 보호된다. 행정은 그러므로 수수료 통지의 위법성의 경우에조차 취소(Rücknahme)할 의무가 없다. 행정행위가 폐지되지 아니하는 한, 그의 구성요건적 효력의 관점에서 행정청이나 법원에 의하여 존중되어야 하며 (그의 적법성에 관계없이) 수수료 지불의 법적 근거가 된다. 공법상 손해전보청구권(Erstattungsansprüche)뿐만 아니라 결과제거청구권도 배제되

며, 행정행위의 위법성의 경우에 그의 폐지(Aufhebung)를 통하여 정지적으로 조건 지워진다. 수수료 통지를 근거지우는 사실적 그리고 법적 이유들의 관점에서 확인적 효력은, 그에 반해서, 발생하지 아니한다, 왜냐하면 확인적 효력이 법적으로 규정되어 있지 아니하기 때문이다. 행정은 상응하는 수수료 통지의 추후의 발급에 있어서, 다른 사실적 혹은 법적 평가로부터 출발할 수 있다.

[615a] 행정행위의 형식적 그리고 실질적 존속력과 혼동하지 말아야 할 것은, 다단계 행정절차에서 이미 선행된 행정행위에 있어서 존재하였던 문제들에 대해서 여기에 덧붙여 구성된 후행 행정행위에서 더 이상 결정되지 아니하는 것으로부터 도출되는, 실체법적인 차단(Präklusion)이다.

2. 형식적 확정력

[616] 형식적 확정력(die formelle Rechtskraft)은 더 이상 통상적인 법적 구제수단으로는 공격되어질 수 없는 결정이다. 형식적 확정력은 그러므로 법원의 결정에 대해서 상소(上訴)가 허용되지 아니하거나, 모든 관계인에 대해서 상소기한이 도과하였거나, 관계인들이 상소를 포기한 경우에 등장한다. 비상적인 법적 구제를 제기할 수 있는 가능성은(예: 제153에 의하여 절차재개를 시도하거나 연방헌법재판소법 제90조에 의거하여 헌법소원을 제기하는 것) 형식적 확정력의 발생을 방해하지 아니한다.

3. 실질적 확정력(Die materielle Rechtskraft)

[617] 형식적 확정력은 실질적 확정력의 발생을 위한 요건이다. 실질적

확정력은 당사자와 그 법적 승계인 및 제65조 제3항의 경우에 또한 참가신청을 하지 아니하였거나 신청기간을 준수하지 아니한 자는 소송물에 대하여 결정된 형식적 확정력이 있는 결정들에 기속된다(참조 제121조).

가. 실질적 확정력이 있는 결정들

[618] 원칙적으로 형식적으로 확정력이 있는 모든 법원의 결정들은 실질적 확정력이 인정될 수 있다. 다만 중간결정들이(Zwischenentscheidungen) 형식적 확정력을 가지게 되더라도, 중간결정들에게는 실질적 확정력이 인정되지 아니한다. 중간결정들에게는 (민사소송법 제318조, 제512조, 제557조 제2항과 관련하여) 제173조에 의거하여 소송절차 내에서 약화된 기속력이 인정될 뿐이다. 중간결정들과 혼동되지 말아야 할 것은 (민사소송법 제256조 제2항과 관련하여) 제173조에 따라서 중간확인의 소(Zwischenfeststellungsklage)에 의거하여 내려지고, 소송으로 주장되는 청구를 위한 선결문제(präjudizielle Vorfrage)에 대하여 확정력 있게 결정하는 부분판결이나 종국판결이다.

나. 실질적 확정력의 의의

[619] 실질적 확정력을 통하여 근거 지워지는 기속(참조 제121조)은 다양하게 규정되어 있다. 실체법적 확정력이론에 의하면, 실질적 확정력은 참가인 사이에 실질적 법적 상황을 변경시킨다. 지배적인 소송법적 확정력이론에 의하면, 그에 반하여, 실질적 확정력은 단지 모든 법원이 법적 분쟁에 있어서 이를 통해서 실질적 법적 상황은 변화가 없이 당사자와 그의 법적 승계인 사이에 소송물과 관련하여 내려진 결정들에 기속된다는 것이다. 이러한 이론적 분쟁은 그러나 무익하다(müßig). 왜냐하면 두 이론 모두 동일

한 결론이 이르기 때문이다. 법원의 결정의 실질적 확정력을 통하여, 참가인에게 소송물의 범위 내에서 기속력이 발생한다.

[620] 실질적 확정력이 있는 결정의 소송물이, 당사자 사이의 다른 법적 분쟁을 위하여 선결문제로서 의의가 있는 경우에, 선행판결의 실질적 확정력으로부터 후자의 법적 분쟁에 대해서 차단효(präjudizierende Bindungswirkung)가 발생하게 된다.

[621] 예: 확인의 소에서 제43조에 따라서 공무원관계의 존재가 확인된다면, 행정법원은 공무원관계가 존재하지 아니하였다는 이유로서, 그 공무원이 행정주체에게 공무원관계로부터 봉급(Dienstbezüge)을 청구하는 후소를 기각할 수 없다. 연방행정법원의 견해와는 달리, 금전지급을 명하는 판결이 내려졌고, 이제는 후소에서 당해 청구로부터 이자의 지급을 구하는 경우에 동일한 것이 적용된다. 행정법원은 여기서 이전의 확정력 있게 선언된 청구로부터 출발하여야 한다(다른 견해: BVerwGE 12, 266 이하).

[622] 소송이 각하되는 경우에는, 확정력 있는 본안결정(Sachentscheidung)은 내려지지 아니한다. 이런 경우에 각하(Klageabweisung)는 각하(却下)가 사안이나 법적 상황의 변경없이 동일한 소송상 청구를 하는 새로운 소의 제기를 방해하고 이러한 소를 불허하는 한 실질적 확정력을 발휘한다.

행정행위를 폐지하는 판결의 실질적 확정력은, 행정이 동일한 하자를 가진 행정행위를 새로이 발급하는 것을 방해한다. 실질적 확정력은 사안이나 법적 상황의 결정적인(maßgeblich) 변경이 없는 경우에, 행정행위의 반복을 금지한다. 그럼에도 불구하고 동일한 행정행위가 반복하여 발급된다면, 이에 대항하여 제기된 취소소송은 항상 인용된다(begründet). 소를 허용되지 않는다고 각하하는 것은 당연히 금지된다. 왜냐하면 이해당사자들에게 행정이 확정력을 무시하는 것에 대해서 이해당사자를 보호하지 않는 것이 되기 때문이다. 취소소송을 기각하는 것은 행정이 스스로 행정행위를 폐지하는 것을 방해하지는 않는다. 왜냐하면 그러한 기각판결은 단지 행정행위가 원고의 권리를 침해하지 않으며 폐지를 구할 청구권이 존재하지 아니한다는 것을 확인하는 것이기 때문이다. 의무이행소송의 성공에 있어서 행정은 행정행위의 발급이 의무화되지만, 행정이 자유로이 발급한 수익적 행정행위에 있어서와 같이, 행정은 행정절차법 제49조 제2항의 요건 하에 그 행정행위를 철회(撤回)하는(widerrufen) 것을 방해받지 아니한다. 의무이행판결의 확정력의 제한들은 판결이 사실관계가(sachlich) 부정확하고, 판결을 원용하는 자들이 이것을 인식하고, 그리고 판결의 남용이 특별한 상황에 의거하여 공서양속에 반하는 경우에는 존재한다.

다. 실질적 확정력과 결정이유

[623] 결정의 이유는 기속력을 발휘하지 아니한다. 이것은 소위 방론(obiter dicta: 법원에 의하여 결정의 기회에 있어서 이루어지지만 결정의 출구를 위해서는 중요하지는 아니한 법적 또는 사실상 서술들)뿐만 아니라, 재판적 결정을 근거지우는 이유에 대해서도 그러하다.

[624] 그럼에도 불구하고 근거지우는 이유들은 재판상 결정의 효력범위(Reichweite)를 결정하기 위한 필수적인 해석 도구이다. 법원이 행정행위를 그의 위법성을 이유로 폐지한다면, 어떠한 이유로 인하여 폐지가 이루어지게 되었는지는 결정의 확정력을 위하여 매우 중요한 의미를 지닌다. 행정이 법원에 의하여 판결이유에서 확인된 원고의 권리침해를 근거지우는 하자를 피한다면, 행정은 행정행위를 새로이 발급하는 것을 방해받지 아니한다.

[625] 사례: 경찰 압류(Beschlagnahme)가 절차하자로 인하여 행정법원에 의하여 제113조 제1항 제1문에 근거하여 폐지되었다. 취소판결의 실질적 확정력은 동일한 내용을 가진 절차의 하자가 없는 새로운 행정행위의 발급을 방해하지 않는다. 행정청의 재량에 속한 행정행위는 행정청이 행정행위의 발급에 있어서 그에게 부여된 재량여지를 인식하지 못하였고, 그 때문

에 재량고려를 하지 아니하였기 때문에 폐지되었다(재량불행사). 행정이 그 재량을 하자없이 행사하는 한, 행정은 행정행위를 동일한 내용으로 새로이 발급할 수 있다.

[626] 법원이 피고에게 법원의 법적 견해를 존중하여 원고에게 행동할 의무를 지우는 소위 적법재량행사판결(Bescheidungsurteil)에 있어서 결정의 이유는 매우 중요하다. 나아가 결정이유는 청구취지를 (허용되지 않는다거 나 또는 이유없다고) 각하 혹은 기각하는 법원 결정의 효력범위를 결정함 에 있어서 포기될 수 없다.

라. 실질적 확정력과 기준이 되는 사실적 혹은 법적 상황의 변화

[627] 실질적 확정력은 소송물에 대한 결정만 포함한다. 행정법원의 결정 을 통한 기속은 결정을 위하여 기준이 되는 사실적 그리고/또는 법적 상황 이 변경된 경우에는 결여된다. 여기에는 새로운 소송물이 존재하게 된다.

[628] 사실적 상황(Sachlage)의 변경으로서, 행정절차법 제51조 제1항 제1 호에 있어서처럼 소송물에 의하여 포함되는 사실관계를 변경하는, 모든 실 제적인 경과들을 고려한다. 법적 상황의 변경은, 예를 들면, 입법자가 청구 를 위한 요건을 수정한 것처럼 실체법적인 결정근거가 변경되었다면 인정 될 수 있다(BVerwGE 79, 33, 36). 법적 상황의 변경은, 규범이 헌법재판소 에 의하여 혹은 제47조에 의거하여 규범통제절차에서 행정고등법원에 의 하여 (소급적으로) 무효 내지 효력없음으로 선언된다면 인정될 수 있다. 그 러나, 그러한 무효선언의 결과는 부분적으로는 특별법적으로 규정되어 있 다(참조, 연방헌법재판소법 제79조와 제183조: 더 이상 공격될 수 없는 결 정은 통상적으로 - 형법을 제외하고 - 무관하다). (최고) 법원의 규범에 대 한 변경된 해석은 법적 상황의 변경이 아니다. 이것은 그러나 장래의 행태 (Verhalten)를 관련시키는 결정이, 특히 지속적 효력을 가진 행정행위에 있

어서, 더 이상 변경될 수 없다는 것을 의미하는 것은 아니다. 오히려 그러한 행정행위는 그 밖의 존속력있는 행정행위와 같이 일반적인 규정들을 통해서 폐지될 수 있다(다툼있음).

[629] 행정행위가 취소소송에 의거하여 폐지되었다면, 이전 판결의 확정력에 의하여 방해받음이 없이, 행정은 기준이 되는 사실적 혹은 법적 상황의 변경에 따라서 행정행위를 새로이 발급하여야 한다. 이와 반대로 행정행위에 대하여 취소소송이 성공하지 못하였다면, 그 동안에 사실적 혹은 법적 상황의 변경에 의거하여 행정행위가 원고의 주관적 권리를 침해하게 되었다면, 이러한 행정행위의 폐지를 새로이 소구할 수 있다.

[630] 행정이 행정행위의 발급 혹은 그 밖의 이행의 집행을 명하는 판결을 받았고, 확정력의 발생 후에 청구권이 변경된 사실적 혹은 법적 상황에 의하여 소멸된 경우에, 행정은 제167조 제1항에 의한(민사소송법 제767조와 결부하여) 집행이의의 소(Vollstreckungsgegenklage)를 통하여 이것을 주장할 수 있다. 행정이 미래의 도래하는(wiederkehrende) 이행 혹은 어떤 부작위를 하도록 판결 받은 경우에, 행정은 제173조(민사소송법 제323조와 관련하여)에 의거하여 변경의 소(Abänderungsklage)를 제기할 수 있다. 행정이 미래에 도래하는 이행을 대상으로 하는 행정행위의 발급이 의무 지어졌고, 그리고 행정은 이러한 의무를 이미 행정행위의 발급을 통해서 이행한 경우에는 해당이 없다. 행정절차법 제48조 제1항 제2문, 제2항에 따라서(추후의 위법하게 되는 경우) 혹은 제49조 제2항 제1문 제3호와 제4호에 따라서 행정은 행정행위를 취소 내지 철회할 수 있고, 그것으로 인해서 변경의 소를 위해서 권리보호이익이 결여된다.

마. 실질적 확정력의 인적 한계

[631] 법원의 결정의 실질적 확정력은 제121조에 따라서 당사자와 그의

법적 승계인 사이에 효력이 있다. 결정에 따라서 원고(또는 신청인), 피고, 참가인(제65조) 그리고 연방행정법원에서 연방이익의 대리인 또는 공익의 대리인은 기속된다. 당사자의 법적 승계인도 기속된다. 법적 승계인은 - 민 사소송법 제325조의 해당되는 규정에 있어서와 같이 - 소송계속 후에 법률 행위, 법률 또는 국가행위(Staatsakt)를 통해서 당사자의 법적 지위를 전적으로 혹은 부분적으로 승계하는 자이다. 행정행위를 통하여 성립되는 권리 또는 의무에 있어서 권리승계가 개시되는지 여부는, 실체법에 따라서 결정된다. 제121조 제2호는 제65조 제3항의 경우에 참가를 신청하지 아니하였거나 기한에 맞게 신청하지 아니한 자도 확정력에 의하여 기속된다고 규정한다. 제113조 제1항 제1문에 따라서 행정행위를 형성적으로 폐지하는 것은, 모든 사람에게 효력을 발하는 것과 함께(mit Wirkung inter omnes) 그의 구성요건적 효력의 상실을 가져온다는 점에 주목하여야 한다(참조 문번 615).

IV. 재판상 결정의 구성요건적-, 확인적- 그리고 차단적 효력

[632] 확정력으로부터 분리하여야 하는 것은 법원 결정의 구성요건적 효력이다. 실체법에 있어서 판결의 존재와 법적 결과가 연결되는 경우에 구성요건적 효력을 언급할 수 있다.

[633] 예: 형사소송의 판결의 결과로 시민권(bürgerliche Ehrenrechte)의 박탈. 공무원지위법(BeamtStG) 제24조 제1항 제1호에 의하여, 통상의 형사절차에 있어서 독일 법원의 판결을 통하여 고의로 최소 1년 이상의 자유형에 처해진 공무원의 공무원관계는 판결의 확정력과 함께 종료한다.

[634] 실질적 확정력과 구별하여야 하는 것은 재판상 결정의 확인적 효

력이다. 그러한 효력이 법률적으로 규정되어 있는 한, 판결이유에서 내려진 확인은 기속력을 가질 수 있다.

[635] 예: 영업법(GewO) 제35조 제3항에 의거하여, 영업허가거부절차 (Untersagungsverfahren)에서 형사절차에서 판결발견(Urteilsfindung)의 대상이었던 사실관계가 고려되어져야 하는 한, 판결의 내용으로부터 무엇보다도 형사소송상 판결의 기초로 놓여진 사실관계의 확인이 문제되는 한 상대방의 불이익으로 귀결되어져서는 아니된다.

[635a] 개별적 문제들에 대해서 미리 독립된 중간결정이 내려졌다면, 이러한 문제에 대해서는 이에 근거하는 결정에서 더 이상 판단될 필요가 없다. 이러한 범위 내에서 차단효(Präklusionswirkung)가 발생한다. 종국결정의 효력은 중간결정의 효력을 통하여 조건 지워진다. 이러한 종류의 차단으로부터 구분되어야 하는 것은, 협력의무의 침해로부터 발생하는 것이다(제87b조 제3항).

시초사례(Ausgangsfälle)의 해결(문번 598 이하)

[636] 사례 1: 두 번째 소송의 허용성에 대해서는 첫 번째 소송의 소송계속이 대립하고 있다. B는 행정법원에 제기된 소송을 민법 제280조와 결부된 행정절차법 제62조 제2문으로부터 도출되는 청구권(공법상 계약의 적극적 채권침해)에, 이러한 청구권에 대해서는 제40조 제2항 제1문에 따라서 행정법적 구제가 근거지워지는데, 의지할 수 있다. 법원조직법(GVG) 제17조 제2항 제1문 때문에, 행정법원은 그 밖에 존재하는 희생보상청구권에 대해서도 결정할 수 있다. 이러한 두 청구권의 관점에서 첫 번째 소송의 소송계속은 두 번째 소를 불허한다. 그러나 그 밖에도, 행정법원이 법원조직법 제17조 제2항 제2문 및 기본법 제34조 제3문에 따라서 판단할 수 없는, 국가배상청구권(직무책임청구권)이 고려된다. 그 때문에 통상법원에서 국가배상청구권의 주장은 행정소송의 소송계속을 방해하지 아니한다.

[637] 변화(Abwandlung): 제40조 제2항 제1문에 따라서 원칙적으로 통상법원의 구제가 적용되는(einschlägig) 희생보상청구권에 대하여, 제121조에 따라서 행정소송의 판결의 확정력의 관점에서 더 이상 결정되어질 수 없다. 제40조 제2항 제1문에 따라서 적극적인 채권침해(=불완전이행)로부터 도출되는 청구권에 대한 결정을 위하여 관할이 있는 행정법원은, 법원조직법 제17조 제2항 제1문에 따라서 희생보상의 관점으로부터 그러한 청구권이 존재하는 지에 대하여 판결을 내려야 한다.

[638] 사례 2: a) 취소소송을 허용하는 판결을 통하여, 지배적인 견해에 의하면 또한 여기서 주장되는 견해에 의할 때도, 압류가 원고의 권리를 침해한다는 것이 확정력 있게 확인된다. 이러한 결정의 실질적 확정력(=기판력) 때문에 통상법원은 수용유사침해로부터 도출되는 청구권을 그러한 청구권을 위하여 요청되는 침해의 위법성이 결여되어 있다는 이유로 거절하여서는 아니된다.

b) 원칙적으로 통상법원은 직무의무위반을 부정할 것이다. 왜냐하면 위법의 확인으로 기본법 제34조와 결부하여 민법 제839조에 의거하여 책임이 결부되는 직무위반이 아직 확정되지 아니하기 때문이다. 그러나 (위법한 지시의 경우를 제외한다면) 원칙적으로 적법한 행위로의 의무는 직무수행자의 직무의무에 속하기 때문에, 행정재판적 확인은 간접적으로 기본법 제34조와 결부하여 민법 제839조에 따라서 직무의무위반에 대해서 의미를 가지게 될 수 있다.

제18절 전심절채(Vorverfahren)의 이행(Durchführung)

시초사례

[639] 사례 1: B는 인인보호규정의 면제(Befreiung)하에 주택건축허가를 득하였다. 이웃주민 C에게 관할 건축행정청에 의하여 건축허가의 발급이 통지되지 않았다. 그는 자신에게 건축도면을 보여주는 B와의 대화 중에, 이에 대해서 인지하게 되었다. 이러한 대화로부터 1년 이상 경과한 후에, C는 건축허가에 대해서 이의신청(=행정심판)을 제기하였다.

a) 이러한 이의신청이 허용되는가?

b) C가 B와의 대화에서 건축에 동의하였고, 그러나 주택의 건축 3개월 후에 이의신청을 제기하였다면, 이러한 이의신청이 성공할 수 있을까?

[640] 사례2: I는 연방이미씨온보호법 제4조 이하에 의거하여 부담부 허가를 득하였다. I는 이러한 부담에 대해서 이의신청을 제기하였다.

a) 부담이 재결청(Widerspruchsbehörde)을 통하여 강화될 수 있는가?

b) 이의신청기간을 I가 도과한 경우에, 재결청이 이의신청을 부분적으로 인용할 수 있는가?

c) 아직까지 잔존하는 부담의 부분에 대해서, I의 취소소송이 허용되는가?

d) I로부터 허가를 완전히 박탈하는 것이 재결청에게 허용되는가?

[641] e) 재결청이 부담을 다만 객관법적 관점에서 보아 강화하였다면,

법적 상황은 어떻게 되는가?

f) I는 분리하여 이러한 결정(Bescheid)에 대항하여 취소소송을 제기할 수 있는가?

g) 인근주민 N이 이의신청을 제기하는 대신 즉시 강화된 부담의 발급을 구하는 소를 제기하였다고 가정한다. 피고는 소송절차에서 소송의 불허용성을 주장하고, 동시에 보조적으로 발급된 허가는 적법하고 소송은 이유없다고 주장한다. 이러한 소송은 허용되는가?

I. 일반론

1. 전심절차의 이중성

[642] 제68조 이하에 의하면 취소소송 내지 거부대항소송의 형태로서의 의무이행소송의 제기 전에 근본적으로 행정관청의 전심절차의 실시가 요청된다(이의신청절차: Widerspruchsverfahren= 행정심판). 전심절차에서는 행정행위의 적법성과 경우에 따라서는 (재량행위에 있어서는) 행정행위의 합목적성이 심사된다. 행정심판절차는 한편으로는 행정절차이면서 동시에 본안판단요건이며, 행정법원의 결정시까지는 실시되어져야만 한다. 이러한 이중성에 부합되게, 행정절차는 부분적으로는 제68조 이하의 행정소송규정에서, 부분적으로는 연방의 또는 주(州)의 행정절차법에서 규정되어 있다. 이때 행정소송법의 규정들이 행정절차법의 규정들보다 우선권이 있다. 주의할 것은 행정소송규정들은 (예를 들면 당사자능력과 행위능력) 부분적으로 단지 행정재판절차에만 적용된다는 것이다. 행정심판절차에 있어서 기간계산이 제57조에 의하는지 혹은 행정절차법 제31조에 의하는 지가 논란이 있다.

[643] 개개의 행정절차법에 포함된 당사자능력(행정절차법 제11조), 행위능력(행정절차법 제12조), 당사자(행정절차법 제13조) 또는 대리인과 후견인(행정절차법 제14조), 및 직권탐지주의(행정절차법 제24조), 증거수단(행정절차법 제26조 이하) 그리고 당사자의 청문(행정절차법 제28조)에 대한 규정들이 적용된다. 그러나 행정절차법 제28조는 부분적으로 제71조의 특별규정에 따라서 배제된다. 이러한 제71조의 규정에 의하여 이의신청절차에서 행정행위의 폐지나 변경이 처음으로 고통(Beschwer)과 결부된다면, 당사자는 구제결정 혹은 재결의 발급 전에 청문을 거쳐야 한다.

[644] 행정절차법 제73조 제3항 제1문은 행정절차법 제39조에 비하여 특별규정을 포함한다. 동 규정에 따르면 재결은 이유가 있어야 하며, 권리구제절차를 고지하여야 하고 송달되어져야 한다. 이유의 하자는 물론 행정절차법 제45조 제2항에 의거하여 행정소송의 제기 후에도 치유될 수 있다.

[645] 이의신청절차는 다양한 기능을 수행한다. 첫째로 이의신청인에게 자신에게 부담이 되는 행정행위의 적법성과 합목적성을 다시 한 번 행정으로 심사하도록 기회를 제공함으로써, 이의신청인의 권리보호에 기여한다. 이러한 권리보호는 이의신청에 대하여 기본적으로 상급관청이 결정하고(소위 이심효: Devolutiveffekt), 이의신청은 행정소송법 제80조 제1항에 의거하여 집행정지효(Suspensiveffekt)를 가져오는 것을 통해서 효과적으로 작용한다.

[646] 이러한 권리보호기능 외에 둘째로 행정의 자기통제와 셋째로 행정법원의 부담경감기능을 수행한다. 이의신청이 실패하더라도, 재결청을 통한 행정행위의 통제는 이의신청인을 종종 별 가망성이 없는 소의 제기를 멈추도록 한다. 중요한 기능은 특히 이의신청인에게 소제기를 감행할 지 여부에 대한 결정의 기초를 형성하는 이의신청결정의 이유에 있다.

[647] 전심절차는 제77조 제1항에 따라서 제40조의 적용영역에서 기본적으로 불복 내지 이의절차에 대한 모든 연방법적인 규정들을 대체한다. 제77조 제2항에 의하여 동일한 것이 상응하는 주(州)법적인 규정을 위한 행

정소송의 요건으로서 작용한다. 행정소송상 권리보호의 청구를 위한 요건이 아닌 행정청의 법적 구제는 여기서 다루지 아니한다. 이러한 법적 구제는 주(州)의 입법자들에 의하여 광범하게(weitgehend) 폐지되었다.

2. 이의신청의 심사

[648] 재판상의 절차에 있어서처럼, 이의신청절차에 있어서 법적 구제의 허용성과 이유의 심사가 구분된다. 이러한 심사를 위한 기준시점은 원칙적으로 재결의 발급시점이다. 제기된 이의신청의 허용성과 이유에 대하여 재결청(Widerspruchsbehörde)은, 미리 처분행정청이 제72조, 제73조 제1항 제1문에 따라서 이의신청을 심사하였고(소위 구제절차) 구제를 하지 아니하였을 경우에, 비로소 결정할 수 있다. 구제절차의 실시가 이의신청인의 책임영역 밖에 놓인다면, 그러한 실시는 이의신청의 허용성이나 이유를 위해서 의미가 없다. 사전의 구제절차 없이 발급된 재결이 위법하다는 것도 주장 가능하다. 이의신청의 제기에 대해서 원칙적으로 당사자행위에 대한 규정들이 준용된다.

[649] 허용성의 요건과 관련하여 재판상 절차에 대한 설명이 준용된다. 허용성의 요건의 심사 전에 이의신청으로 추구하는 목표가 먼저 결정되어야 한다. 무엇보다도 이의신청이 행정행위의 폐지를 구하는 이의신청(소위 취소이의신청: Anfechtungswiderspruch)인지 혹은 거부된 행정행위의 발급을 구하는 이의신청(소위 의무이행이의신청: Verpflichtungswiderspruch)인지가 설명되어져야 한다. 나아가 제40조의 의미에서의 공법적인 분쟁의 존재, 이의신청의 개시가능성, 이의신청권한, 그리고 사안(Sachverhalt)이 그에 대한 동기(Anlass)를 제공하는 경우에는 이의신청기한에 대해서 설명되어져야 한다. 이의신청권한과 관련하여 주목할 점은, 이의신청인에게 자신의 권리

를 침해하는 행정행위의 부당성을 주장하는 것이 충분하다는 것이다. 권리
보호이익을 이의신청절차에서는 이의신청이익 또는 사안이익이라고 한다.
이의신청이익은 특별한 이유 없이는, 원칙적으로 심사하지 아니한다.

[650]

> 이의신청의 이유에 있어서는 심사되어져야 한다.
> 1. 공격받는 행정행위의 적법성 그리고 (재량행위에 있어서) 합목적성
> 2. 공격받는 행정행위를 통하여 근거 지워지는 이의신청인의 주관적 법적 지위에 대한
>   침해. 주목할 점은, 제3자효 행정행위에 있어서 제3자(der Dritte)는 침해된 혹은 부
>   당하게 적용된 법규정의 관점에서 주관적 권리를 가져야만 한다는 것이다. 여기 열
>   거된 점들에 대해서 다음에서 이의신청절차의 범주에서 특별한 문제를 야기할 수 있
>   는 것들에 대해서 보다 상세하게 다루기로 한다.

[651] 소송의 허용성은 원칙적으로 원고에 의하여 전심절차의 규정에 부
합된 실시를 요청하기 때문에, 이의신청의 허용요건의 준수는 동시에 소의
허용성의 요건이다. 전심절차의 요청에 대해서 다투어지는 견해에 의하면,
피고가 이의 없이 사안을 인정하는 경우를 통해서 또는 재결청의 행위로부
터 도출되는 이의신청은 그 신청에 있어서 성공하지 못한다는 것을 통해서
또는 재결청(Widerspruchsbehörde)의 잘못된 법적 견해에 따라서 이의신청
이 필요하지 아니하다는 것을 통해서도 면제되지 아니한다. 주목할 것은
이의신청인에게 귀속시킬 수 없는 이의신청절차의 하자는 소의 각하를 가
져오는 것이 아니라, 소의 이유의 범위에서 발견되어지는 재결의 위법성을
가져온다. 재결청(Widerspruchsbehörde)이 이의신청의 불허용성에도 불구하
고 (예를 들면 기간 도과 후에 제기된) 본안에 있어서 결정을 하였다면, 재
결에 대한 소의 이유에 있어서 - 특히 제3자효 행정행위에 있어서 중요하
게 되는데 - 중요하다. 이러한 경우에 재결은 폐지되어야 하며, 처분행정청
(Ausgangsbehörde)의 결정에 대한 소송은 각하되어야 한다.

[651a] 부록: 이의신청의 허용성에 대한 심사

1. 형식(제70조)
2. 공법적 분쟁(제40조 유추)
3. 이의신청의 개시가능성
a) 필수적 이의신청 - 행정행위의 존재, 행정행위의 발급촉구 　취소소송의 제기 전(제68조 제1항 제1문) 혹은 거부대항소송형식의 의무이행소송의 　제기 전(제68조 제2항) - 소제기 전에 행정행위의 완료에 있어서: 계속확인소송의 제기 전 제113조 제1항 제4 　문의 유추(다툼있음; 다른 취지의 판례) - 공무원관계로부터의 모든 소송(공무원법의 통일화를 위한 골격법(BRRG) 제126조 제 　3항)
b) 예외: 이의신청 불가 - 제68조 제1항 제2문 제1호: 최고 (연방 혹은 주) 행정청의 행정행위 - 제68조 제1항 제2문 제2호: 구제결정 혹은 재결을 통한 최초의 고통(Beschwer) - 제68조 제1항 제2문 제1단: 특별법을 통한 제외(예: 계획확정법에 있어서, 연방행정절 　차법 제70조, 제74조 제1항 제2문 또는 주법을 통하여) - 행정청의 부작위(제75조 있어서 "부작위이의신청"이 아님)
c) 특수 경우: 임의적 이의신청, 그렇지만 허용되지 않는 것은 아님 - 선행하는, 중요한 부분에 있어서 동일한 행정행위와 관련하여, 전심절차가 이미 실행된 　경우 - 제91조에 따라서 허용되는 소변경(예: 일반적 이행소송으로부터 의무이행소송으로) **예외가 아님** 예: 소송절차에 있어서 본안에 대한 행정청의 진술(다툼있음, 부분적으로 다른 취지의 판례)
4. 관할행정청에의 제기 - 처분행정청(제70조 제1항 제1문) - 재결청(제70조 제1항 제2문) 원칙적으로 직근상급관청(제73조 제1항 제2문 제1호): 예외적으로 처분행정청(제73조 제1항 제2문 제2호 및 제3호)
5. 이의신청인의 당사자능력(제79조 이하, 행정절차법 제11조와 연결하여)

6. 행위능력, 대리(제79조 이하, 행정절차법 제12조 및 제14조와 연결하여)
7. 이의신청적격(Widerspruchsbefugnis)
제42조 제2항의 유추
재량행위에 있어서 행정행위의 부당을 주장하여도 됨
8. 이의신청이익/본안결정이익(권리보호이익에 상응)
9. 이의신청기간(제70조, 제58조)
- 행정행위에 있어서 법령에 부합되는 권리구제통지 1개월, 그렇지 아니하면 1년
- (소송상) 실권가능성 (제3자에 대하여 행정행위의 하자있는 통지에 있어서)
- 본안에 대한 결정을 통한 기한의 불치유(다툼있음)

II. 이의신청의 형식합당한 제기

[652] 이의신청은 제70조 제1항 제1문에 의거하여 문서로 행정행위를 발급한 행정청(처분행정청)에 제기하여야 한다. 제70조 제1항 제2문에 따라서 재결청에 신청도 가능하다. 문서형식의 요청과 관련하여 소장에서 언급된 것이 적용된다. 이의신청서로부터 또는 이에 추가된 부속서류로부터 이의신청인으로부터 그의 의사에 따라서 제출되었음을 충분히 확실하게 알 수 있다면 충분하다. 서면형식은 행정절차법 제3a조 제2항 제1문에 따라서 전자형태로 대체될 수 있다. 이 경우에 전자문서(elektronische Dokument)는 서명법(Signaturgesetz)에 따라서 공인된 전자서명이 있어야 한다(행정절차법 제3a조 제1항 제2문).

[653] 이의신청은 명시적으로 표시될 필요는 없다. 국민이 권리구제의 표시(Bezeichnung)에 있어서 잘못이 있더라도 그리고 권리구제를 이의 또는 불만으로 표시하였더라도 문제가 없다. 제출된 설명이 상대방이(der Betroffene) 그를 괴롭히는 행정행위의 심사를 청구하였고 무형식의 권리구제의 신청과 관련이 있다고 해석되어질 수 있다면 족하다. 의문의 경우에는 상

대방이 자신을 위하여 권리보호에 효과적인 구제 즉 이의신청을 제기하고
자 하는 것으로부터 출발할 수 있다.

[654] 제113조 제1항 제2문, 제80조 제5항 제3문의 법적 사고의 적용에
있어서, 집행결과제거신청이 공격받는 행정행위의 폐지를 구하는 신청과
함께 결부될 수 있다. 그러한 신청은 암묵적으로(konkludent) 제기될 수 있
고, 일반적으로 원하는 것으로 간주될 수 있다. 이의신청인은 나아가 제113
조 제4항의 유추로 행정행위의 폐지신청과 함께, 그 적법성이 행정행위의
효력에 의존하는 그 밖의 행정작용(Verwaltungshandlungen)의 폐지 내지 폐
지신청을 제기할 수 있다.

Ⅲ. 이의신청절차의 허용성(Statthaftigkeit)

1. 전심절차의 실시의 원칙적 요청

[655] 이의신청은 제40조에 규정된 공법상의 분쟁에 있어서 법률이 그러
한 절차를 규정하는 경우만 허용된다. 전심절차의 실시(Durchführung)는 제
68조 제1항에 따라서 원칙적으로 취소소송의 제기 전에 그리고 제68조 제2
항에 따라서 거부대항소송의 형식의 의무이행소송에 있어서(거부이의신청:
Versagungswiderspruch) 요청된다. 취소소송과 거부대항소송과 계속확인소
송의 밀접한 연관성으로 인해서, 다툼이 있는 법적 견해에 의할 때, 이러한
계속확인소송에 있어서도 이의신청절차가 요청된다(계속확인이의신청). 부
작위이의신청은 이에 반해서 이의신청절차가 요청되지 아니한다. 다른 소
송을 제기하기 전에 전심절차는 원칙적으로 허용되지 아니한다. 다만 공무
원지위법(BeamtStG) 제126조 제3항에 의거하여 공무원관계로부터 유래되
는 모든 소송에는 이의신청절차가 요청된다.

2. 예외

[656] 행정행위가 최고의 연방 또는 주행정청에 의하여 발급된 경우에는, 이의신청절차는 제68조 제1항 제2문 제1호에 따라서 예외적으로 허용되지 아니한다. 최고의 연방 또는 최고의 주행정청은 정부 또는 정부의 구성원(연방수상, 국무총리, 각부장관) 및 연방대통령이다. 연방상급행정청(Bundesoberbehörde)은 여기에 포함되지 않는다.

[657] 제68조 제1항 제2문 제2호에 따라서 구제결정(Abhilfebescheid) 혹은 재결이, 처음으로 이의신청제기자의 불만 혹은 제3자의 불만을 포함하는 경우에도 전심절차가 필요없다.

[658] 예: 재결서에 이의신청제기자에 의하여 공격받는 수수료통지서가 보다 부담적인 결정에 의하여 대체된다. 건축허가가 인인의 이의신청에 기초하여, 구제결정 혹은 재결서에 의하여 폐지되고, 그 후에 처음으로 건축신청자가 부담을 받는다.

[659] 제68조 제1항 제2문이 명백하게 하듯이, 법률을 통하여 규정된 경우에는 사전절차가 필요없다. 제68조 제1항 제2문의 의미에서 법률은 단지 형식적인(förmlich) 연방 또는 주법률이다. 이것은 행정절차법 제70조에 의거하여 형식적인 행정절차에서 그리고 난민절차에서 발급되는 행정행위에도 타당하다. 행정소송법에 대한 새로운 실시법률들에서 개별적인 연방 주들은 이의신철절차의 적용영역의 제한의 가능성에 대해서 대단히 광범하게 사용하였다.

[660] 이의신청절차는 처분행정청이 신청된 행정행위에 대해서 결정을 내리지 아니한 경우에는 개시될 수 없다. 여기서 국민은 즉시 소송을 제기하도록 고지된다. 행정소송법은 부작위이의신청(Untätigkeitswiderspruch)을 규정하고 있지 아니하다. 허용된 방식으로 제기된 부작위소송 후에 거부하는 행정청의 결정이 발급된 경우에는, 더 이상 이의신청이 요청되지 아니

한다(BVerwGE 66, 342, 344). 그러나 원고는 처분의 발급을 소구할 수 있고, 이를 통해서 간접적으로 행정행위를 강요할 수 있다. 이러한 행정행위에 대해서 원고는 이의신청을 제기할 수 있다.

3. 임의적인(entbehrlich) 그러나 허용되는 이의신청의 특수한 사례들

[661] 법률적으로 배제되는 경우들에 있어서 이의신청절차의 실시는 항상 허용되지 아니하는 반면에, 지배적인 견해에 의하면, 이의신청절차의 실시가 임의적이기는 하지만 그러나 허용되지 아니하는 것은 아닌 경우들이 있다. 제기된 이의신청이 허용되지 않는 지의 문제와 그리고 제기된 소가 결여된 전심절차로 인하여 허용되지 아니하는 지의 문제 등이 제시된다. 국민은 이와 함께 즉시 소를 제기할 수 있다. 국민이 전심절차의 실시를 위하여 결정한다면 이도 허용된다.

[662] 공격받는 행정행위가 (단지) 이미 전심절차가 실시되었던 그리고 동일한 사실적 그리고 법적 문제들을 대상으로 하는 행정행위를 전적으로 혹은 부분적으로 대체하거나 반복한다면 이에 해당된다. 재판절차에서 소변경이 적절한(sachdienlich) 것으로서 허용되는 경우에도 동일한 것이 타당하다.

[663] 다수의 원고가 동일한 법적 기초로부터 청구하였고, 그 중에서 단지 일인(一人)이 전심절차를 이미 거쳤다고 하더라도, 판례에 의하면 나머지는 전심절차를 실시할 필요가 없다.

예: 건축허가가 인근토지의 공유자의 법적 지위를 침해한다. 공유자의 일인(一人)만이 전심절차를 실시하였다.

[664] 판례에 의하면 재결청이 소속된 피고 행정청이 재판절차에서 전심

절차의 결여를 책하지 아니하고 사안에 대해서 의견을 제출하였다면, 전심절차를 요하지 아니한다. 이러한 판례는 그러나 제68조 제1항에 의하여 기속적으로 규정된 전심절차의 관점에서 심각한 우려(Bedenken)에 직면한다. 피고가 전심절차의 결여를 책망하면서도 보조적으로 소송을 수락하고, 그의 기각이 사안적으로 이유없다고 신청하는 경우에도 소송이 허용된다고 하는 연방행정법원의 견해는 보다 문제가 많은 것처럼 보인다. 이를 통하여 피고의 방어가능성이 비합리적으로 제한되기 때문에 이것은 추가적으로 우려를 조장한다. 이의신청절차가 재결청의 행위로부터 이의신청이 성공하지 못할 것이라는 것이 나타난다면(BVerwG, DÖV 1970, 248) 혹은 행정청이 잘못하여(fälschlich) 전심절차가 필요없다고 간주하는 경우에는 (BVerwGE 39, 261, 265), 이의제기절차가 임의적이라는 연방행정법원의 견해는 따를 수 없다. 결국 이를 통하여 전심절차의 실시는 당사자의 처분에 놓여있고, 이로써 당사자들의 이익을 위하여 처분이 불가한 공익이 침해될 것이다.

4. 이의신청절차와 계속확인소송

[665] 계속확인소송의 제기 전에 전심절차가 실시되어야만 하는지에 대해서는 논란이 있다. 소제기 후에 완료(Erledigung)의 경우들에 있어서(제113조 제1항 제4문이 직접적으로 적용되는 경우들), 통설은 원고가 공격받는 행정행위에 대하여 적기의 이의신청을 제기하는 것을 간과하였다면 전심절차의 실시를 긍정한다. 이의신청기한의 도과는, 완료 전에 제기된 취소소송뿐만 아니라, 완료 후에 제기된 계속확인소송도 불허한다. 이에 반하여 이의신청절차가 아직 실시되지 아니하였고 이의신청기한이 소제기 후에 완료된 시점에 아직 도과되지 아니하였다면, 계속확인소송의 허용성은 행

정행위의 완료 후에 이의신청절차를 필요하다고 간주하는 지 여부에 의존한다. 이것이 부정된다면 계속확인소송은 원칙적으로 허용된다. 이것이 긍정된다면 원칙적으로 불허된다; 이러한 흠결은 이의신청기한의 도과 전에 - 이의신청절차의 추완을 통해서 - 제거될 수 있다.

[666] 소제기 전에 완료된 경우들에 있어서(제113조 제1항 제4문이 유추적용될 수 있는 경우들), 만약 이의신청제기기한의 도과 전에 완료가 이루어졌다면, 전심절차가 요구되는 지에 대한 다툼이 있다.연방행정법원은 전심절차가 개시될 수 없다고 보는데, 그 이유는 완료된 행정행위의 제거가 더 이상 고려되지 않기 때문이다. 그러나 제기된 계속확인소송에 있어서 제113조 제1항 제4문의 유추적용으로 전심절차는 원칙적으로 요청되어야만 한다. 연방행정법원에 의하여 주장된 반대견해는, 취소소송과 계속확인소송 사이의 밀접한 연관성을 충분히 고려하지 못한다. 무엇보다도 전심절차는 행정행위의 완료 후에도 그의 권리보호기능을 수행하고 있다. 왜냐하면 재결청은 행정행위의 위법성과 이를 통하여 근거 지워지는 권리침해를 확정할 수 있기 때문이다. 이에 더하여 여기서는 (재량행위의 반복에 중요한) 합목적성통제도 개시된다. 또한 행정의 자기통제 내지 행정법원의 부담경감에도 이바지한다. 행정의 그러한 확인은 특별한 것은 아닌 것을 행정절차법 제44조 제5항이 보여준다. 행정절차법 제44조 제5항에 의하면, 행정이 무효인 행정행위에 있어서 유사한 확인을 내려야만 한다. 그 때문에 이의신청절차의 제기 전이나 절차 도중에 행정행위의 완료에 있어서도, 행정청에게 행정행위가 위법하다는 것의 확인을 신청하는 것은 요청된다.

Ⅳ. 관할관청에 이의신청의 제기와 구제결정 (Abhilfebescheid)

1. 처분행정청에 이의제기

[667] 제70조 제1항 제1문에 따라서 이의신청은 원칙적으로 행정행위를 실제로 발급한 행정청에(소위 처분행정청: Ausgangsbehörde) 제기하여야 한다. 이에 반하여 누가 원처분을 발급했어야만 하였는가는 중요하지 아니하다. 처분행정청에 이의신청의 제기는 처분행정청이 새로이 구제절차에서 행정행위를 깊이 숙고하도록 하고, 이의신청의 허용된 제기에 있어서 행정행위의 적법성과 합목적성을 심사하도록 하는 상황을 고려한 것이다. 처분행정청이 이의신청을 전적으로 혹은 부분적으로 이유있다고 간주한다면, 제72조 따라서 구제하여야 하고, 구제결정(Abhilfebescheid)에서 - 전부구제에서 - 비용에 대해서도 결정하여야 한다. 구제결정은 이의신청이 허용되고 이유있는 경우에만 적법하다. 처분행정청이 이의신청을 전부구제하지 아니한다면, 처분행정청은 재결청에 결정토록 회부한다.

[668] 구제절차의 실시는, 제79조 제2항 제2문에 따라서 그의 침해는 재결에 대한 독립의 폐지를 근거지우는, 중요한 절차규정을 두고 있다. 처분행정청의 구제권능은 그 밖에도 행정행위를 이미 그의 적법성 내지 합목적성을 심사하였고, 이의신청절차가 이제는 재결청에 계속되는 경우에도 계속하여 존재한다. 소송의 계속 후에 (그리고 이의신청절차의 종료 후에) 처분행정청은 행정행위를 행정절차법 제48조 이하의 기준에 따라서 폐지할 수 있다.

2. 재결청에의 제기

[669] 제70조 제1항 제2문에 따라서 이의신청은 허용된 방식으로 재결청에 제기될 수 있다. 재결청은 이의신청을 우선 처분행정청에 회부하여야 한다. 누가 재결청이 되는가는 제73조 제1항 제2문과 제73조 제2항 내지 부분적으로 특별규정에 규정되어 있다. 법률에 의하여 다른 상급관청이 규정되어 있지 아니한 한, 제73조 제1항 제2문 제1호에 따라서 직근상급행정청이 재결청이 된다. 누가 직근상급행정청인가는 적용되는(einschlägig) 연방과 주의 행정조직법률에 의거한다. 그러나 제73조 제1항 제2문 제2호에 따라서, 직근상급행정청이 최고연방행정청 혹은 최고주행정청인 경우에는 처분행정청이 재결청이다. 이로써 최고연방행정청과 최고주행정청이 과중한 행정임무로부터 경감되어야 한다.

[670] 자치행정사안(Selbstverwaltungsangelegenheiten)에 있어서는 제73조 제1항 제2문 제3호에 따라서 자치행정청이, 법률에서 다르게 규정하지 아니하는 한, 재결청이다. 자치행정사안에는, 국가위임사무와 또한 소위 지시에 의한 의무사무는 포함되지 아니한다. 제73조 제1항 제2문 제3호의 규정은, 자치행정사안에 있어서 자치행정청의 행위를 그의 합목적성에 대하여 통제하는 것이 국가의 행정청에게 금지되어 있다는 것으로부터 설명된다. 자치행정법이 - 게마인데에 있어서와 같이 - 헌법적으로 보장되어 있다면 특히 더 타당하다. 제73조 제1항 제2문 제3호의 위임에 근거한 주(州)법이 다른 규정을 두고 있고 다른 행정청을 재결청으로 규정하였다면, 또한 이러한 행정청에게는 합목적성통제가 금지된다.

[671] 제73조 제2항 제1문에 따라서 전심절차에서 위원회들이 행정청의 위치에 등장하는 규정들은 관계없다(unberührt). 그러한 위원회들은 제73조 제1항 제1문 제1호로부터 벗어나서 행정행위를 발급한 행정청 내에서 형성될 수도 있다(제73조 제2항 제2문). 연방법적 차원에서 그러한 위원회는 사

회보장법(SGB) 제118조 이하에서 규정되어 있다.

V. 이의신청기간

1. 제70조, 제58조의 기한요구

[672] 제70조 제1항 제1문에 의거하여 이의신청(Widerspruch)은 행정행위 가 이의제기자에게 통지된 지 일개월 이내에 문서로(schriftlich) 또는 직무 담당자가 문서로 작성하고 신청인이 서명함으로서(zur Niederschrift) 행정행 위를 발급한 행정청에 제기되어야 한다. 기한은 제70조 제1항 제2문에 의 거하여 재결청에 제기를 통해서도 준수된다. 이에 반하여 법원에 소장의 제출은 이의신청기한을 충족시키지 못한다. 행정행위의 발급 전에 이의신 청의 제기는 허용되지 아니한다. 이는 또한 추후에 행정행위가 발급된 것 을 통해서도 허용되지 아니한다.

[673] 이의신청의 제기를 위한 일개월 기한은 제70조 제2항, 제58조 제1 항에 따라서 단지 규정에 적합한 고지에 있어서만 진행한다. 일개월 기한 은 제58조 제1항에 의하여 이의신청의 제기의 가능성, 이의신청이 제기되 는 행정청, 그의 소재 및 준수하여야 할 기한에 대하여 문서로서 또는 전자 적으로 통지되었다는 것을 전제로 한다. 권리구제의 형식에 대해서도 고지 가 이루어져야 하는 지에 대해서는 다툼이 있다. 판례에 반(反)하여(BVerw-GE 57, 190) 형식규정의 준수가 이의신청의 유효한 제기를 위한 강제적인 요건이라면, 형식의 고지가 명령되어질 것이다. 이의신청의 전자적 제기가 가능한 한, 그에 대해서도 고지되어야 한다. 형식규정들의 준수가 강제적이 지 않다고 간주되더라도, 문서적 제기 또는 행정청에서의 작성제기 외에 전자적 제기의 가능성의 불고지는 그러한 전자적 제기는 허용되지 않는다

는 잘못된 인상을 심어줄 수 있을 것이다. 법률적 체계와 이의신청절차의 이중기능 (이의신청절차가 동시에 소송상 허용요건을 의미하는) 으로부터 도출되듯이, 이의신청기한의 기산은 제57조에 따라서 이루어진다(다툼있음). 기한 계산을 위한 기준은 민사소송법 제222조와 민법 제188조 제2항 이하와 관련하여 제57조 제2항이다. 이러한 규정들에 의하여 송달일(Tag der Zustellung)은 - 송달일이 규정되어 있지 아니하다면 행정행위의 공포일 - 계산에 포함되지 아니한다. 이의신청기한은 문서로 개시된 - 규정에 따른 법적 구제고지가 첨부된 - 행정행위에 있어서 행정행위의 고지에 잇따르는 다음 달의 그 날, 즉 숫자를 통하여 시초일(공포일)에 해당하는 날 내지 그 바로 다음에 오는 날에 종료한다. 반대견해로서 제70조가 제57조를 준용하지 아니한다는 주장 하에 기한계산을 위하여 행정절차법 제31조에 근거를 둔다고 해도, 다른 결과에 오지 아니한다. 왜냐하면 이 규정이 민법 제187조 이하와 연관되어 있기 때문이다.

[674] 어떠한 종류의 고지(Bekanntgabe)가 제70조의 기한의 진행을 발생시키는지는 행정행위의 고지를 위하여 제각각 기준이 되는 규범에 의거한다. 행정행위는 행정절차법 제37조 제2항 제1문에 따라서 원칙적으로 서면으로, 전자적으로, 구두로 혹은 다른 방식으로 발급될 수 있다. 전자적 고지는 수신자가 이를 위하여 접근을 개시한 경우에는 행정절차법 제3a조에 의거하여 허용된다. 물론 단지 적절한 기술적 의견교환설비의 객관적인 존재만으로는 부족하고, 수신자가 의견교환설비를 주관적으로 이를 위하여, 물론 묵시적으로도 일어날 수 있는바, 제공하여야 한다. 이에 대하여 기준이 되는 것은 교통이론(Verkehrsauffassung)이다. 행정청, 회사 혹은 변호사가 그의 편지머릿말에 E-Mail 주소를 제시하는 경우에는 교통이론에 의하여 이러한 방식으로 전자적 수신을 위한 준비를 표명한 것이다. 이와 반대로 이것은 국민에 있어서는 타당하지 아니하다. 전자적 고지는, 전자적 방식으로 고지가 이루어져서는 아니된다는 금지표시를 통하여 분명하게 되

는 경우에는, 일반적으로 배제된다. 법규정을 통하여 명령된 문서형식은, 법규정을 통하여 다르게 명령되지 아니한 한, 전자적 형태로 대체되어질 수 있다. 이를 위한 요건은 전자문서가 서명법(Signaturgesetz)에 의거하여 양질의 전자서명이 준비되어 있어야 한다. 서명열쇠소지자의 인적 식별을 불가능하게 만드는 가명(假名: Pseudonym)의 서명은 허용되지 않는다. 전자적 송달의 허용성에 대해서는 행정송달법 제5조와 제5a조 그리고 문번 674b를 참조하라.

[674a] 서면의 행정행위는 우송에 있어서 국내에서 우체국으로의 발송 후 제3일에, 전자적으로 보내지는 행정행위는 발송 제3일에 공표된 것으로 된다(행정절차법 제41조 제2항 제1문). 행정행위가 도착되지 않았거나 지연 도착된 경우에는 타당하지 아니하다. 의심스러운 경우에는 행정청은 행정행위의 도착과 도착시점을 증명하여야 한다(행정절차법 제41조 제2항 제2문). 서면행정행위가 이미 제3일째 전에 도착한 경우에는, 그럼에도 불구하고 법률로 명령된 간주가 적용된다. 제3일이 일요일, 법정공휴일 혹은 토요일이더라도, 이 날은 기준이 된다. 행정절차법 제31조 제3항에 의거하여 기한의 말일이 이러한 날에 해당된다면, 기한은 다음 날의 경과로 종료한다. 행정절차법 제31조 제3항은 행정절차법 제41조 제2항에 직접적으로나 유추적으로 적용될 수 없다. 행정행위는 특정된 혹은 침익을 받은 당사자에게 고지되어야 한다(행정절차법 제41조 제1항 제1문). 대리인(Bevollmäch-tigter)이 있다면 고지는 그에 대해서 이루어질 수 있다.

[674b] 행정행위가 법률의 규정에 의하여(예를 들면 연방이미씨온보호법 제10조 제7항에 따라서) 송달되어져야 한다면, 행정절차법 제41조 제5항에 의하여 고지는 행정송달법(VwZG) 제2조 이하를 충족시키는 송달이 이루어진 경우에 비로소 존재한다. 송달은 행정송달법 제3조에 의하여 송달장이 부착된 우편을 통하거나, 행정송달법 제4조에 의하여 인도를 통한 우송 또는 우편 송달물 수령증과 함께 우송을 통하여 이루어진다.

[674c] 송달의 하자는 행정송달법 제8조에 따라서 치유될 수 있다. 서류의 형식에 부합하는 송달이 증명되지 아니하거나 서류가 기속적인 송달규정을 위반하여 송달된 경우에는, 원칙적으로 수신격자에게 사실상 도달한 시점에 즉 수신자격자가 서류를 소유하고 그의 내용을 인식할 수 있는 시점에 송달된 것으로 간주된다(BVerwGE 104, 301, 313). 수신자격자는 송달이 법률에 의하여 그에게 이루어졌어야 할 자이고, 그러나 행정송달법에 의하여 송달이 이루어져도 되는 인적 범위가 아니다(BVerwGE 104, 313). 수신자격자는 결코 행정행위가 지향하는 자일 필요는 없다(참조 서류상 대리인과 관련하여 행정송달법 제7조 제1항 제2문). 행정송달법 제5조 제5항에 따른 전자적 송달에 있어서 치유는 수신자가 수신확인을 회신한 시점에 등장한다. 행정송달법 제8조의 치유규정은 연방행정법원에 의하여 넓게 해석되어서, 송달과정의 하자뿐만 아니라 송달대상의 하자에도 적용된다.

상대방에게 규정에 부합한 통지가 결여되고 치유되지 아니한다면, 이의신청은 제70조, 제58조의 기한으로부터 분리되어 원칙적으로 기한의 제한 없이 제기될 수 있다. 이것은 인인보호적인 규정으로부터 면제 하에 발급되었던 건축허가와 같은 제3자효 행정행위에 있어서 중요하다. 이러한 행정행위는 수익자에게 통지되었다면 이미 유효하다. 수익자에게의 통지 만으로는 행정행위에 의하여 자신의 법적 지위가 관련된 제3자에 대해서 제58조와 관련하여 제70조 제2항에 따라서 법적 구제기한을 준수토록 하는 데는 충분하지 아니하다.

[675] 제3자에게 행정청을 통하지 아니하고 다른 사람을 통하여 행정행위의 발급에 대한 통지가 이루어졌을지라도, 제70조와 제58조 제2항은 직접적으로 혹은 유추적으로 적용될 수 없다. 공적(公的)인 통지는 법적 안정성의 관점에서 우연적이고 종종 증명이 어려운 제3자를 통한 인지와 동일시 될 수 없다. 이의신청의 제기에 대한 법에서의 시간적 제한은, 신의성실의 관점에서 도출된다. 신의성실원칙은 소송법에서도 타당하고, 이의신청

이익을 배제하는 권리구제의 실권(失權)을 가져오기도 한다.

[676] 연방행정법원은 신의성실의 원칙으로부터, 그의 법적 지위를 건드리는 건축허가의 발급에 대해서 행정청의 통지 외에 다른 방식으로 신뢰할 수 있는 인식을 하게 된 인인은, 그에게 건축허가가 신뢰할 수 있는 인식의 시점에 공적으로 - 그러나 법적 구제 통지는 없이 - 통지된 것처럼 다루어져야만 한다는 것을 도출하였다. 이것은 특히 인인(隣人)적 공동체관계로부터도 도출된다. 연방행정법원에 의하면, 통상적으로 인인이 건축허가에 대해서 신뢰할 수 있게 인식을 할 수 있었음이 틀림 없었더라면 또한 동일한 것이 적용된다. 왜냐하면, 건축허가의 존재가 그 인인에게 압박이 되었음에 틀림이 없고 그리고 그에게 이에 대하여 - 예컨대 건축주에 또는 건축허가행정청에게 문의를 통하여 - 확실성을 형성하는 것이 가능하고 또한 수인 가능하였기 때문이다. 그러한 범위에서 신의성실의 원칙은 통상의 경우에 (항상은 아닐지라도) 실제적으로 제70조와 제58조 제2항의 유추적용과 같이 동일한 결과에 이른다.

[677] 이의신청권의 실효로부터 분리하여야 하는 것은, 동일하게 신의성실의 원칙으로부터 도출되는 실체적 권리의 실효이다. 후자는 명백한 경우에, 이의신청권의 배제와 그로 인하여 이의신청의 불허용성을, 그렇지 아니하면 이의신청의 이유없음을 가져온다.

[678] 귀책사유 없는 부담자(der Belastete)가 (특히 행정절차법 제45조 제3항의 경우에 있어서) 제70조, 제58조의 이의신청기한을 준수하는 것을 방해받았다면, 제60조 제1항 및 제4항과 관련하여 제70조 제2항에 따라서 처분행정청 내지 재결청을 통한 신청에 의거하여 이전단계로의 절차재개(Wiedereinsetzung in den vorigen Stand)가 보장된다. 신청은 장애의 제거 후 2주 이내에 처분행정청 내지 재결청에 제기하여야 한다. 신청의 이유유무를 위한 사실들은, 신청에 있어서나 신청에 대한 절차에서 주장하여야 한다. 신청 기한 내에 이의신청이 추완될 수 있다(제60조 제2항 제2문과 연관

하여 제70조 제2항). 이것이 일어나면, 재개가 신청없이 직권으로 보장될 수 있다. 직권에 의한 재개(再開)에 대한 결정은, 원칙적으로 처분행정청 내지 재결청의 재량에 놓여 있다. 그러나 재개 이유의 존재가 명백하다면, 재개의 의무가 존재한다.

예: A는 이의신청기한의 도과 수일 전에 서신으로 이의신청을 제기한다. 우편을 통한 적정한 우송에 있어서, 이의신청은 기한에 맞게 도달되었을 것이다. 우편의 송달결함으로 인하여 서신이 이의신청기한의 도과 일주일 후 비로소 처분행정청에 도달하였다. 분명하게 인식할 수 있는 우편소인으로부터 정확한 발송일이 나타난다. 여기서 이의신청에 대하여 결정할 행정청은 제60조 제2항 제4문과 관련하여 제70조 제2항에 따라서, 신청없이 직권으로 이전 단계로의 절차재개를 보장할 의무가 있다.

해태된 기한의 도과 1년 후에는 신청이, 일년 기한의 경과 전에 불가항력(höherer Gewalt)으로 불가능하지 아니한 한, 불허된다(제60조 제3항과 관련하여 제70조 제2항).

행정이 불법적으로 재개를 허락하였다면, 법원은 여기에 기속되지 아니하고 취소소송을 각하하여야 한다.

2. 이의신청기한의 해태의 결과

[679] 이의신청기한의 해태(Versäumung)는 행정행위의 존속력(Bestandskraft)의 발생을 가져온다. 해태는 행정행위를 통하여 부담을 받는 자가, 행정행위의 폐지에 영향을 미칠 가능성을 제한한다. 행정행위를 통하여 침해받은 자가, 존속력의 발생 전에, 원칙적으로 처분행정청을 통한 폐지청구권을 가지는 반면에, 존속력의 발생 후에는 그는 폐지에 대한 재량하자없는 결정청구권만을 가진다.

행정행위의 존속력으로부터 동시에, 이의신청의 지체된 제기 후에는 국민이 재결청에 대해서 본안판단을 하도록 하는 청구권을 가지지 못한다는 것을 의미한다. 재결청에게 이러한 경우에 본안에 있어서 결정을 하는 것이 금지되어 있다는 말은 아니다. 판례는 기한의 해태가 재결청이 이의신청을 허용되지 않는다고 각하하는 것을 정당화하기는 하지만, 그러나 해태가 일방적으로 부담지우는 행정행위에 있어서 여기에로 의무지워지지는 않는다는 것으로부터 출발한다. 제70조는 지체되어 제기된 이의신청을 본안에 있어서 결정을 내리는 것을 방해하지는 아니한다. 재결청의 결정이 이전단계로의 절차재개를 위한 이유가 있다고 그릇된 가정에 기초하더라도, 본안에 있어서 판단하는 재결의 적법성으로부터 출발하여야 한다. 제3자효 행정행위에 있어서, 판례는 재결청이 지체된 이의신청에 있어서 더 이상 본안에 있어서 결정할 수 없다는 것으로부터 출발한다. 여기서는 수익자에게 형식적으로 존속력이 있는 행정행위를 통하여, 그로부터 원칙적으로 박탈될 수 없는 보호받는 법적 지위가 발생하였다고 한다. 행정절차법 제48조 이하에 따라서 폐지는 재결청에게 불가하다. 그러한 폐지는 행정절차법 제50조에 의하여 지지될 수도 없다. 왜냐하면 거기에 규정된 신뢰보호의 제한들은 이의신청의 허용성을 전제로 하기 때문이다. 그런데 이의신청기한이 해태된 경우에는 이의신청의 허용성이 결여된다.

[680] 일방적으로 부담을 지우는 행정행위와 관련하여, 판례의 견해는 처음부터 따를 수 없다. 재결청에게 본안결정권한을 근거지우는 이심효(der Devolutiveffekt)는, 일반적으로 인정되듯이, 제기된 이의신청의 허용성을 전제로 한다. 판례는 제70조의 이의신청기한이 재결청의 이익과 관련되어 있을 뿐만 아니라, 이의신청절차의 규정에 따른 실시는 원칙적으로 추후의 행정재판절차를 위한 본안결정의 요건이라는 것을 너무 적게 고려한다. 행정청의 본안결정을 통하여, 그의 허용성의 경우에 동시에 그러한 결정으로의 법원의 의무를 근거 지운다. 그 밖에 제70조의 이의신청기한과 이에 결

부된 행정행위의 형식적 존속력의 제도는 공익에 이바지한다. 재결청이 제 3자효 행정행위의 상대방의 이익에 대해서와 같이, 또한 공익에 대해서도 똑같이 거의 마음대로 할 수 없다. 판례는 제3자효 행정행위의 상대방의 이익을 위하여 제70조의 규정을 기속적으로 본다.

[681] 판례에 의하여 주장되는 재결청의 결정권능은, 종종 처분행정청이 새로운 처분을 발급하도록 지시하는 권능을 재결청이 가진다는 것으로부 터 도출될 수 없다. 그래서 - 반대 견해의 근거 - 재결청에게 직접적으로 결정권을 부여하는 것 보다, 이처럼 번거로운 길을 제시한다는 것은 순수 한 형식주의이다. 여기에는 한편으로는 그러한 지시권이 항상 존재하여야 만 하는 것은 결코 아니고, 다른 한편으로 충분한 이유를 가지고 상급행정 청의 지시권의 단순한 존재로부터 그의 자체등장권(= 개입권: Selbsteintrittsrecht)을 도출하는 것이 거의 전적으로 거부된다는 것이 너무 적게 고려된다.

[682] 재결청의 결정권능을 이의신청기한의 경과 후에, 긍정하는 것은 문 제가 많다. 이는 결과적으로 이의신청기한의 경과 후에, 이의신청자에게 본 안심리를 하여야 하는 지 여부에 대해서 재량하자 없는 결정청구권이 부여 되어지는 것이라는 것을 통해서도 추가적으로 명백하게 된다. 이것은 다시 금 재결의 발급을 소구할 수 있는 의무이행소송의 허용성을 가져온다. 소 송의 이유는 재결청이 형식적 주관적 공권에 대해서 재량하자 없는 방식에 의하지 아니하고 있고, 그 때문에 재결청을 통한 재(再)결정권이 존재한다 는 것이다.

[682a] 이에 반하여 제3자효 행정행위에 있어서 선고되는 본안에 있어서 이의신청에 대한 결정이 - 부담자가 이의신청기한을 해태하였더라도 - 지 배적 견해에 의하여 언급된 이유로부터 위법하고, 그 때문에 원래의 수익 자의 취소소송에서 폐지하여야 한다는 판례에 의심의 여지없이 동의한다. 이것은 행정청이 불법으로 이전 단계로의 절차재개를 선언한 경우에도 타 당하다. 제44a조 때문에 재개의 별도의 폐지를 필요로 하지 않는다. 이러한

견해를 지지하는이유로, 행정법원은 행정청이 불법적으로 재개를 거부하는
경우에도 그의 결정을 고려하지 않을 수 있다는 사정과 실현가능성을 들
수 있다.

VI. 이의신청이익

[682b] 이의신청은 이의신청 내지 본안결정이익이라고 표시하는 권리보
호이익이 존재하여야만 허용된다. 이러한 이의신청이익을 위해서는 원칙적
으로 권리보호이익과 동일한 기본원칙이 타당하다. 일반적으로는 그것이
존재하는 것으로부터 출발할 수 있다. 수익적 행정행위의 거부에 대해서
취소이의신청으로 진행한 경우에는, 대부분 이의신청이익이 결여된다. 나
아가 행정행위를 통하여 부담을 받는 자가, 그의 이의신청권을 실권하거나
혹은 그의 이의신청권을 포기한 경우이다. 그러한 포기는 처분행정청 혹은
재결청에게 명시적으로 통지되었거나 혹은 부담자의 행위로부터 해석을
통하여 나타날 수 있다. 포기는 그러나 - 실체적 권리의 포기와는 달리 -
행정행위의 발급 후에 고려된다. 그 때문에 예를 들면 인인을 통한 건축서
류의 혹은 건축감독청에게 제출될 건축신청의 하나에 (공동)서명은 이의신
청의 포기가 아니라, 오히려 명백한 경우에 이의신청권의 배제를 가져오는
실체적 인인권(Nachbarrechte)의 포기가 존재한다.

Ⅶ. 이의신청의 이유유무(Begründetheit)

1. 공격받는 행정행위의 적법성과 합목적성 심사

[683] 이의신청이 허용되는 한, 재결청은 그의 이유유무(Begründetheit)에 대해서 결정하여야 한다. 이유유무는 이의신청인의 이의신청권을 통하여 제기된 범위 내에서 적법성과 - 재량결정에 있어서 - 원칙적으로 행정행위의 합목적성에 있다. 이의신청은 결과적으로 행정행위가 그의 부당성 때문에 폐지되는 경우에도 이유가 있다. 이의신청은 정식적(förmlich) 법적 구제이므로, 이의신청인은 제73조 제1항 제1문으로부터 도출되는, 주장된 권리의 주관적 권리성으로부터, 그리고 기본법 제19조 제4항으로부터 도출되는 이의신청의 처리(Bescheidung) 청구권을 가진다. 적법재량행사청구소송의 형태로 이러한 청구권의 실행에 대해서 제75조 혹은 권리보호필요성의 관점과는 대립하지는 않는다(다툼이 있음).

[684] 재결청은 취소이의신청의 경우에 법적으로 온전히 기속된 행정행위에 있어서 그 행정행위가 재결의 발급시점에 위법한가 그리고 이의신청인의 권리를 침해하는가를 심사하여야 한다. 재량행위에 있어서 재결청은 추가적으로 이의신청이의 부담이 합목적적인가를 심사를 하여야만 한다(제68조 제1항 제1문). 행정행위가 위법하게 발급되었거나 또는 사후적으로 위법하게 되었다면 행정행위는 위법하고 이의신청인의 권리를 침해한다. 왜냐하면 사실적 그리고/또는 법적 상황의 변경에 근거하여 그의 폐지의 의무가 존재하기 때문이다. 그에 반하여 - 종종 오해되는 바 - 행정행위가 재결의 발급의 시점에 아직 발급될 수 있었는지 여부는 기준이 아니다. 공격받는 행정행위가 위법한지 아닌지의 문제는 법이론적으로 그리고 법도그마적으로 행정행위가 재결의 시점에 발급되어질 수 있었는지의 문제와는 엄격하게 구별되어져야 한다. 후자의 문제는 제68조 제1항에 따라서 명

령되는 공격받는 행정행위의 심사 대상이 아니다. 예를 들면 적법하게 발급된 건축허가가 인인으로부터 이의신청을 통해서 공격받는다면, 이의신청은 행정이 건축허가를 그 동안의 새로 발급된 지구상세계획으로 인해서 재결의 시점에 더 이상 발급되어질 수 없을지라도 성공할 수 없다.

행정행위의 원래적 위법성에 있어서, 행정절차법 제45조에 따라서 절차하자는 치유되고, 절차하자의 행정행위의 폐지는 행정절차법 제46조에 의하여 배제되어질 수 있다는 것이 고려되어져야 한다. 재결청이 위법하거나 또는 부당한 행정행위에 있어서 이의신청인을 원래의 행정행위보다 더 강하게 부담지우는 새로운 결정을 할 수 있는가의 문제는 문번 제691 이하를 참조하라!

[685] 거부이의신청의 성공은 이의신청인이 재결시점에 원하는 행정행위의 발급을 구하는 법적 청구권을 가지는가에 달려 있다. 그에 따라서 이의신청은 처분행정청이 신청된 행정행위를 우선 적법하게 거부하였고, 그 사이에 그러나 사실적 그리고/또는 법적 상황의 변경에 근거하여 행정행위의 발급에 대한 법적 청구권이 존재하는 경우에도 성공할 수 있다. 재량적 행정행위에 있어서 이의신청은, 이것을 넘어서 재결청이 그에게 부여된 재량을 행정행위를 발급하는 방식으로 행사하는 경우에도 성공할 수 있다. 주의할 점은, 재결청이 다단계 행정행위에 있어서 (예를 들면 연방건설법 제36조) 예를 들면 협력 의무가 있는 관청이 요청되는 협의(Einvernehmen)를 (위법하게) 거부하는 건축허가의 발급에 대한 법적 청구권이 존재하는 경우에도, 거부이의신청을 허용하는 것에 방해를 받는다는 것이다. 재결청이 행정의 부분이기 때문에, 재결청은 - 행정법원과는 달리 - 연방건설법 제36조의 경우에 게마인데의 협의의 위법한 거부에 대하여 무시할 수 없다. 그러나, 협의를 지방자치감독의 방식으로 대체조치를 통해서 성취할 가능성은 존재한다. 그에 대해서 건축신청인은 그러나 주관적 공권을 가지지 못한다. 추가적으로 연방건설법 제36조 제2항 제3문은 주법에 따른 관할행정

청이 - 재결청과 전적으로 동일할 수 있지만 그러나 동일하여야한 하는 것은 아닌 - 게마인데의 위법하게 거부된 협의를 대체할 수 있다고 규정한다. 그러나 최소한 건축신청인이 상응하는 주관적 공권을 가지는지 여부는 의문스럽다.

2. 재결청의 결정

[686] 취소이의신청이 이유 있는 한, 재결청은 공격받는 행정행위를 폐지한다. 공격받는 행정행위가 이미 무효인 경우에도 타당하다. 이유 있는 거부이의신청에 있어서, 원칙적으로 이심효의 결과로 재결청은 처분행정청의 위치에서 행정행위를 발급한다. 재결청은 원칙적으로 단지 - 거부결정의 폐지 후에 - 처분행정청을 신청된 행정행위의 발급을 의무지우는 것에 제한되지 아니한다. 이것은 재결청이, 처분행정청의 재량 혹은 판단여지가 존재하는 거부된 행정행위에 있어서, 예외적으로 적법성 통제에 한정된다면 타당하지 아니하다. 재결청은 처분행정청이 이의신청인의 신청을, 재결청의 법적 견해를 존중하여 새로이 결정하도록 의무지울 수 있다.

[686a] 행정행위가 이미 집행되었다면, 재결청은 이유 있는 이의신청에 있어서 제113조 제1항 제2문의 유추적용으로 그 집행을 폐지할 수 있다. 완료된 행정행위에 있어서 재결청은, 이의신청이 이의신청이익의 관점에서 허용된다면, 위법성과 - 재량행위에 있어서 - 부당성(Unzweckmäßigkeit)을 확인할 수 있다. 재결정본(Widerspruchsbescheid)은 제73조 제3항 제1문과 제2문에 따라서 이유가 제시되어야 하고, 불복 고지(Rechtsmittelbelehrung)가 있어야 하고, 행정송달법에 의하여 송달되어야 한다. 제73조 제3항 제1문의 문언, 체계 그리고 목적으로부터 도출되듯이, 이 규정은 - 판례의 견해와 달리 - 관계된 제3자(einen beteiligten Dritten)를 처음으로 부담을 주고

제3자에게 그로 인하여 행정절차법 제79조 제41조 제1항 제1문에 따라서 통지되어져만 하는 재결에도 적용될 수 있다. 재결은 제73조 제3항 제3문에 따라서 누가 비용을 부담하는지를 결정하여야만 한다.

재결청의 결정은 처분행정청을 기속하고, 처분행정청에 의하여 독립적으로(isoliert) 폐지될 수 없다. 재결정본의 양식에 있어서 행정절차법 제48조에 근거하는 원처분(Ausgangsbescheid)의 폐지는, 사실적 또는 법적 상황의 변경 없이는 원칙적으로 허용되지 않고, 아무튼 통상적으로 재량하자가 있다(BVerwG, NVwZ 2002, S. 1252 ff.).

재결정본의 송달로 원칙적으로 재결청의 본안결정권한은 종료된다. 원처분에 대한 재결정본이 독자적인 고통을 포함한다면, 그래서 재결정본이 그 때문에 제79조 제1항 제2호와 제2항에 따라서 독립적으로 공격받았고, 절차가 아직 확정력 있게 종료되지 않았고 그리고 이제 재결청이 그 고통(Beschwer)을 구제한다면, 다른 것이 타당하다. 처분청과 재결청이 동일하다면, 재결의 폐지는 행정절차법 제48조 이하에 따른 일반적인 규율에 따른다.

Ⅷ. 불이익변경(reformation in peius)의 허용 요건

[687] 전심절차에서 불이익변경(reformatio in peius)이 허용되는지에 대하여 커다란 다툼이 있다. 즉, 재결청이 분쟁대상인 행정행위와 관련하여 이의신청인의 법적 지위를 보다 훼손하는 결정을 내릴 수 있는지의 문제이다.

[688] 불이익변경의 문제는 이의신청절차의 대상을 통하여 확정된 범위 내에 머무르는 결정에 있어서만 문제된다. 재결청이 이에 반하여 이를 초과하는 결정을 내린다면, 재결청은 이의신청절차의 기회에 있어서만 결정하기 때문에, 처음부터 그의 결정권한의 사물적 정당성을 잃게 된다.

[689] 예: 집주인에게 건축감독청의 견해에 따라서 무너져 내릴 위험이 있는(baufällig) 주택의 이용을 금지하게 되고, 집주인은 이에 대해서 이의신청을 제기한다면, 재결청은 불이익변경금지의 허용과 관련하여 철거명령(Abrissverfügung)을 발할 수 없다. 이의신청이 행정행위의 부분에 한정되고 (예를 들면 일응 위법한 부관), 나머지 행정행위가 분쟁에 들어있지 않다면 동일한 것이 타당하다. 그러한 경우에 행정행위의 공격받지 아니하는 부분과 관련하여 결과적으로 행정절차법 제48조에 따른 행정행위의 폐지에 대한 일반적인 기본원칙이 처분행정청을 통하여 적용될 것이다. 당연하게도 다르게 근거 지워지는 이의신청의 제기와 무관한 (예를 들면 재결청에게 부여된 자체등장권) 권한을 행사하고, 이에 근거하여 이의신청인의 부담을 근거지우는 것에 대해서, 재결청에게 재량이 있다.

[690] 불이익변경의 문제와 분리할 것은, 제3자효 행정행위가 부담을 받는 제3자를 통하여 공격받고, 이에 근거하여 발급된 재결(Widerspruchsentscheidung)이 행정행위를 통하여 보장되었던 수익의 (전부 혹은 부분적) 폐지를 가져오는 경우들이다. 이 경우에 불이익의 허용은, 이의신청을 다만 수익의 폐지를 통해서만 고려할 수 있기 때문에 발생한다.

1. 행정소송법에서 불이익 변경의 불(不)규정

[691] 불이익 변경은, 이의신청의 권리보호기능과 제88조, 제129조, 제141조 제1항에 표현된 일반적 법적 사고와 관련하여 허용되지 아니한다고 간주된다. 권리구제의 권리보호기능 만으로부터, 불이익변경의 금지(Verbot einer reformation in peius)가 아직 도출되지는 않는다. 이것은 이미 재판적 절차에서도 알 수 있는데, 왜냐하면 여기서 절차참여자가 추구하는 재판결정의 개선은, 상대방(Gegner)의 부대상소(Anschlussrechtsmittel)에 기초하여

그의 불이익으로 변경될 수 있기 때문이다. 특히 언급될 수 있는 것으로는 이의신청과 비교할 수 있는 법적 구제를 위한 다른 행정절차법적인 규정에서도 (예를 들면, 부담공평법(Lastenausgleichsgesetz) 제337조 제2항; 세법(AO) 제367조 제2항 제2문), 불이익변경이 명시적으로 허용되고, 법적 구제의 권리보호기능이 불이익변경을 본질 필수적으로 배제하지는 않는다는 것으로 되어 있다. 이의신청절차처럼 행정의 자기통제에 이바지하는 행정절차에서 불이익변경의 가능성은, 법정책적으로 의미가 있다. 물론 (Ohnehin) 이의신청인은 그에 의하여 제기된 법적 구제를 통하여, 행정행위의 존속에 대한 신뢰를 약화시켰다.

2. 행정절차법에 따라서 불이익변경의 허용

[692] 불이익변경이 허용되는 지 여부에 대한 행정절차법과 관련된 문제는, 행정절차법의 적용범위에 있어서는 연방입법자를 통하여, 그 밖에 있어서는 주입법자를 통하여 규율되어야 한다. 이 경우에 두 가지 문제가 제기된다: 첫째, 재결청이 불이익변경으로 표현되는 결정을 위하여 관할권이 있는지 여부와 있다면 어느 범위까지 있는 지이다. 둘째, 어떠한 실체법적 기본원칙에 의거하여 재결청을 통하여 - 재결청이 관할권이 있는 한 - 처리된 불이익변경을 판단할 수 있는 지이다. 명시적인 법률규정이 없으므로, 어느 범위까지 행정절차법으로부터 혹은 그 밖의 일반적 법적 사고로부터 문제의 해결을 위한 출발점(Ansatzpunkt)을 도출하여야 하는가가 검토되어야 한다.

가. 재결청의 관할

[693] 행정절차법의 규정들은 직접적으로 처분행정청의 행정행위의 폐지

만을 대상으로 한다(참조 행정절차법 제48조 제5항, 제49조 제5항). 동 규정들은 관할문제를 처분행정청과 재결청이 예외적으로 동일한 경우에만 해결한다. 동일하지 않다면 재결청의 관할을 위한 시발점은, 제73조 제1항 제2문 제1호에 의거하여 재결청이 직근상급관청이고, 처분행정청을 행정행위의 변경 내지 폐지의 권능을 사용할 수 있도록 지시할 수 있는 것으로부터 발생한다. 지시권은 이의신청절차 동안에도 존재한다. 재결청이 자체등장권(Selbsteintrittsrecht)[64]을 가진다는 것을 의미하지는 않는다. 그러한 자체등장권은 이의신청절차와 함께 사물적 관련성으로부터 도출된다. 그 밖에 이의신청절차의 범주에서, 불문의 자체등장권(=개입권)의 인정에 반하는 주장은 상대화된다. 재결청의 자체등장권은 제68조 제1항 제2문 제2호 때문에, 자체등장권의 실시의 다른 경우와는 달리, 심급의 연기(Verschie-bung)를 가져오지는 않는다. 그로부터 행정법원이 오늘날 불이익변경과 관련하여 왜 재결청의 결정권능으로부터 출발하는지 그리고 그러한 자체등장권을 가능한 한 나아가 그 동안에 개개의 연방주들에 있어서 관습법적으로 인정되는지가 설명된다.

나. 불이익 변경으로의 실체법적 권한

[694] 그러한 자체등장권을 인정한다면, 공격받는 행정행위의 폐지의 실체법적 허용성은 단지 행정절차법 제48조 이하에 따른다. 이것은 충분하게 그의 적용에 있어서, 이의신청의 제기로부터 도출되는 이의신청인의 신뢰보호의 약화를 고려할 여지를 준다. 그를 넘어서는 처분행정청과 재결청의 결정권능을 위한 유인(誘引: Anlass)은 존재하지 않는다. 이는 행정행위의 심사는 이의신청인의 신청된 개선(Besserstellung)의 목표를 추구하는 이의신청절차의 의미와 목적과 부합하지 않는다. 불이익변경으로의 권한이 단

---

64) 대행권이라고 번역할 수도 있을 것임.

지 전문성 감독으로 불리워지는 재결청의 전문성 감독권으로부터 도출된다는 것은 충분하지가 않다. 왜냐하면 이러한 지시권은 어떻든 처분행정청의 이미 발급된 행정행위의 폐지로의 권능보다 더 넓게 미치지는 않기 때문이다.

[695] 행정절차법 제48조 이하에 비하여 행정행위를 폐지할 수 있는 완화된 가능성을 위하여 연방행정법원의 원칙적 결정(리딩케이스)(BVerwGE 51, 310)은 착점들(Anhaltspunkte)이 없다. 연방행정법원이 신뢰보호와 신의성실의 원칙의 핵심내용을 통하여 재결청의 폐지권한의 한계를 표명한다면, 이것은, 연관성으로부터 도출되듯이, 명백하게 단지 어느 범위까지 주(州)입법자에게 불이익 변경의 허용에 있어서 연방(헌)법을 통하여 한계를 지울 수 있는가의 문제이다.

IX. 허용되지 않는 또는 이유없는 제3자 이의신청에 있어서 재결청의 폐지권한

[696] 제3자효 행정행위를 통하여 부담을 받는 제3자의 이의신청이 허용되지 않는다면 (예를 들면 이의신청권의 결여로), 공격받는 행정행위를 폐지하거나 변경하는 것이 재결청에게 금지된다. 제3자의 이의신청이 이유없는 한, 왜냐하면 그의 보호에 이바지하는 규정들이 준수되었고 (재량결정에 있어서) 이것과 관련하여 또한 부당한 행위가 존재하지 않기 때문에, 이에 반하여 재결청이 행정행위를 그럼에도 불구하고, 다른, 제3자보호적이 아닌 법규정의 관점에서, 위법 내지 부당하다고 간주하기 때문에 폐지할 수 있는 지는 의문스럽다. 이것은 원칙적으로 부정되어야 한다. 제68조 이하의 규정들이 이유없는 이의신청에 있어서 재결청을 통한 행정행위의 폐지를 위한 법적 근거를 제공하지 않기 때문에, (예외적으로 다른 위임근

거가 존재하지 않는 한) 이것은 단지 처분행정청과 재결청이 같은 경우에
만 행정절차법 제48조 이하로부터 근거지워질 수 있다.

시초사례의 해결

[697] 사례 1: a) 건축감독행정청이 C에게 건축허가의 발급을 고지하지
아니하였기 때문에, 제70조와 제58조의 기한들이 직접적으로나 유추적으로
적용될 수 없다. 이의신청은 이로써 원칙적으로 허용될 것이다. 인인공동생
활관계의 고려 하에 신의성실로부터 도출되듯이, C는 그의 이의신청권을
실권하였고, 그래서 그의 이의신청은 이의신청이익의 결여로 허용되지 아
니한다.

　b) 인인의 동의(同意) 선언이 사안구성에 따라서 인인보호적 방어권의
　　실권을 가져오고, 그와 함께 명백한 경우에 이의신청권의 결여로, 그렇
　　지 아니하면 이의신청의 이유없음을 가져온다.

[698] 사례 2: a) 불이익변경의 문제가 제기된다. 이것과 관련하여 제68조
이하로부터 규정을 발견할 수는 없다. 행정절차법으로부터 재결청의 불이
익변경으로의 권한이 도출되는 지가 문제된다. 재결청이 허가관청과의 관
계에서 전문감독청이라면 연방이미씨온보호법 제17조의 요건이 존재한다
면, 아무튼 허가행정청을 보다 강화된 부관을 발급하도록 지시할 가능성을
가진다. 전문감독청이 이에 상응하는 명령을 스스로 발급할 수 있는지에
대해서만 의문이 제기된다. 이것은 주(州)조직법에 따라서 (명문 혹은 불문
으로) 자체등장권(Selbsteintrittsrecht)이 존재하는지에 달려있다. 지시권의 존
재로부터 당연히 자체등장권이 도출되는 것은 아니다.

　b) 제70조에 따라서 이의신청기한의 도과 후에 판례는 기간 도과 후의
　　이의신청에 대하여, 사후적으로 본안에 대한 결정을 하는 것은 재결청의
　　재량에 놓여있다는 것으로부터 출발한다. 보다 나은 이유로서, 제70조를
　　기속적인 본안판단요건으로 보는 것이다. 왜냐하면 본안판단요건은 재결

청의 이익에 이바지하기 때문에, 재결청의 처분권이 박탈되기 때문이다. 재결청은 이의신청을 그에 따라서 더 이상 허용하여서는 아니된다.

c) I의 아직 존재하는 부담에 대한 취소소송은, 여기서 주장되는 견해에 따르면, 허용되지 않는다.

d) 불이익변경의 관점에서 허가의 전적인 박탈(Entziehung)은 후자를 원칙적으로 허용된다고 간주한다고 해도 배제된다. 행정행위는 단지 부분적으로 공격받고, 그 때문에 이러한 부분과 관련하여 재결청의 결정권한에 놓인다. 그러나, 연방이미씨온보호법 제21조의 요건의 충족에 있어서 재결청은 하급의 처분행정청에게 철회하도록 지시할 수 있다.

[699] e) 재결청의 결정권한은 기속적 행정행위에 있어서, 공격받는 행정행위가 위법하고 이의신청제기인이 그의 권리를 침해당한 경우에만 존재한다. 재결청이 행정행위를 그의 객관적 법적 하자의 관점에서만 폐지한다면, 재결청은 제73조에 따라서 존재하는 결정권한을 유월하는 것이다.

f) 재결(Widerspruchsbescheid)은 제79조 제2항 제1문에 따라서 추가적인 이의로 인해서 I를 통해서 독자적으로 공격받을 수 있다.

g) N이 즉시 소를 제기했다면, 제68조 이하에 따라서 요청되는 전심절차의 실시가 결여되었을 것이다. 연방행정법원은 그러나 이전에 이러한 하자는 피고의 본안에 대한 응소(Einlassung)를 통하여, 이것이 보조적(hilfsweise)으로만 이루어졌더라도, 치유되는 것으로부터 출발하였다. 제68조 이하의 강제적인 성격의 관점에서 볼 때, 이것은 받아들이기 어렵다. 제70조에 의거한 이의신청의 제기를 위한 기한이 도과되지 아니하였다면, 전심절차는 그러나 추완 되어야 한다. 이의신청기한이 도과하였다면, 이의신청 내지 소의 불허용성을 가져오고, 재결청은 제3자효 행정행위에 있어서 이의신청기간의 준수를 포기할 수 없으며, 법원은 행정과 독립하여 제70조의 준수를 심사하여야 한다.

제19절 제소기간

시초사례

[700] 제1사례: A는 게마인데 G의 부담금통지에 대해서 이의신청을 제기하였다. 일반우편으로 보내온 권리구제가 설명된 통지에 살펴보니, 그의 이의신청은 기각되었다. 3개월 후에 그는 취소소송을 제기하였다. 이러한 취소소송이 허용되는가?

[701] 제2사례: C는 상가건물을 건축하기 위하여 건축허가(Baugenehmigung)를 신청하였다. 건축행정청에 신청이 도달한지 4개월이 지나도록 결정이 되지 않고 있자, 그는 관할 행정법원에 의무이행소송(부작위에 대한 의무이행소송으로서 부작위소송: Untätigkeitsklage)을 제기하였다. 행정법원은 건축행정청을 통하여 갖추어야 할 광범한 자료들을 살펴볼 때 건축신청에 대하여 지금까지 결정하지 아니한 것이 합리적이라고 보았으며, 그래서 건축행정청에게 건축허가의 발급을 위한 결정을 위하여 1개월의 기한을 부여하였다. 이 기간 내에 건축행정청은 거부처분의 고지 후 1개월 내에 이의신청을 제기할 수 있다는 권리구제고지(Rechtsbehelfsbelehrung)와 함께 건축신청을 거부하였다. C가 이의신청을 제기하지 아니하였기 때문에, 행정법원은 C의 의무이행소송을 각하하고자 한다. 정당한가?

[702] 제3사례: 인인 N은 인인보호규정의 면제(Befreiung) 하에 발급된 건축허가에 대한 이의신청을 제기하였다. 1년 반이 지나도록 여전히 그의 이

의신청에 대하여 결정되지 아니하자, 그는 이제 행정법원에 건축허가의 폐지를 구하는 소를 제기하였다. 소송은 허용되는가?

I. 제74조의 적용범위

[703] 취소소송의 제기를 위한 허용조건은 제74조 제1항에 의하면 제소기간의 준수이다. 제소기간의 도과(Versäumung)는 행정행위의 형식적 그리고 실질적 확정력을 가져온다. 제74조 제2항에 의거하여, 제소기간은 거부대항소송에도 해당된다. 소제기 후에 행정행위의 완료(Erledigung)에 있어서 취소소송의 기한도과(Verfristung)는, 제113조 제1항 제4문의 직접적인 적용으로 추구하는 계속확인소송의 불허용성을 가져온다는데 이론이 없다. 제74조가 소제기 전에 완료된 행정행위에 대하여, 제113조 제1항 제4문의 유추적용으로 제기된 계속확인소송에 적용되는 지 여부는 이론이 많다. 본서의 입장과 같이 절단된(amputierte) 취소소송으로서 계속확인소송에게 취소소송의 허용요건이 적용될 수 있다고 전제한다면, 이 문제는 긍정된다. 이에 반해서 완료된 행정행위에 대한 이의신청절차의 실시가 허용되지 아니하면서, 소의 허용요건을 제113조 제1항 제4문을 유추하여 취소소송의 허용요건으로부터 분리한다면(abkoppeln) 가능하다. 이러한 경우에 실제로는 연방행정법원의 새로운 판결과 부합하여, 제74조는 적용할 수 없다는 명제가 지지될 수 있다. 제74조의 제소기간은 행정행위의 존속력을 보장한다는 논리는, 완료된 행정행위에 있어서는 더 이상 유지될 수 없다. 계속확인소송의 대상인 행정행위의 위법성은 결과적으로 국가배상청구권 혹은 수용유사침해로 인한 청구권의 범주에서 제한받지 아니하고 주장될 수 있다.

[704] 일반이행소송 및 제43조에 의한 확인소송에 있어서 원칙적으로 제소기간이 적용되지 아니한다. 불성실한 그리고 신의성실에 반한 소제기의

지체는, 소권의 실권(Verwirkung)을 가져온다. 공무원관계로부터 도출되는 공무원소송에 대해서는 제74조 제1항이 공무원법의 통일화를 위한 골격법 (BRRG) 제126조 제3항을 거쳐서 준용된다. 그러므로 재결(Widerspruchsbescheid)이 발급된 후에는 제74조가 적용된다.

II. 제74조를 통한 소제기의 시간적 한계

[705] 소는 제74조 제1항 제1문에 의하여, 재결정본의 송달 후 1개월 이내에 제기되어야 한다. 제소기간은 적법한 송달과 제소고지가 있어야만 진행한다. 제3자를 처음으로 괴롭히는 재결정본에 대해서, 제74조 제1항 제1문은 제74조 제1항 제2문의 특별규정으로 인하여 적용되지 아니한다. 상대방이 귀책 없이 제소기간을 준수하지 못했다면, 제60조에 의거하여 이전단계로의 절차재개신청(Antrag auf Wiedereinsetzung in den vorigen Stand)이 보장된다.

[706] 재결정본의 송달은 제73조 제3항 제2문에 의거하여 연방행정송달법(Verwaltungszustellungsgesetz)의 규정에 따라서 이루어진다. 재결청이 주(州)행정청인 경우에도 연방행정송달법의 규정들이 적용된다. 적법한 송달이 결여되었고 이러한 하자가 행정송달법 제9조에 따라서 치유되지 아니한 경우에는, 제소기간은 진행하지 아니한다. 소의 시간적 한계는 신의성실의 원칙, 특히 실권의 관점에서 발생한다.

[707] 예: 부부가 함께 공동소유주로서 인인이의신청을 제기하였고, 그런데 재결정본은 부부의 일방에게만 송달된 경우에, 공동생활관계의 관점에서 부부가 송달 1년이 지난 후에 비로소 소를 제기한 경우에 이의신청권은 실권된다.

[708] 제73조 제3항(제58조 제1항과 연결하여)의 요청을 충족시키는 적법

한 권리구제통지의 결여는, 제58조 제2항에 따라서 소제기는 원칙적으로 이의신청의 송달, 개시 또는 고지(Verkündung)로부터 일년 이내에만 허용된다. 제58조 제2항은 권리구제고지가 제58조의 요청들에 상응하지 못하거나 부정확한 부가문(附加文)을 포함하는 경우에 적용된다.

[709] 예: 재결정본에 포함된 권리구제고지에 있어서 소는 제소기간 내에 서면으로 근거 지워져야 한다고 틀리게 기재되었다.

[710] 제68조에 근거하여 전심절차가 요청되지 아니하는 한, 제74조 제1항 제2문에 따라서 소는 행정행위의 적법한 고지 후 한달 내로 제기되어야 한다. 이 경우에 제58조가 적용된다. 이 규정은 제3자를 처음으로 부담지우는 재결정본에게도 적용된다(적법한 고지가 재결정본의 송달을 요청하는지에 대해서는 의문이 있다). 제74조는 또한 지체되었고 제소기간의 도과 후에 비로소 이루어진 EG 법적지침(Richtlinie)의 전환에 기초하는 그러한 행정행위에도 적용될 수 있다. 제소기간이 도과되었다면, 제60조에 의한 절차재개가 고려된다. 이러한 절차재개는 행정법원이 암묵적(stillschweigend)으로가 아니라 명시적인 결정을 통해서만 보장된다. 제3자효 행정행위가 이로부터 침해를 받는 자에게 고지되지 아니한 경우, 시간적인 한계는 제58조 제2항이 적용될 수 없기 때문에, 신의성실의 원칙으로부터 발생한다.

[711] 제소기간의 계산을 위해서 제57조 제2항은 민사소송법의 규정들을 준용한다. 그러므로 민사소송법 제222조 제1항으로 계산을 위해서는 민법 제187조 이하가 적용된다. 기간의 계산에 있어서 송달일 또는 통지일은 포함되지 아니한다. 제74조의 일개월이란 기간은 원칙적으로 그의 명명(命名)에 의하여 고지일 또는 송달일에 해당하는 다음 달의 그 날의 24시에 도과한다.

[712] 기간계산의 예: 결정이 어떤 달의 30일에 송달된다면, 기간은 다음 달의 30일 24시에 도과한다. 다음 달이 2월이라면, 기간은 이미 2월 28일에 혹은 윤년인 경우에는 2월 29일에 도과한다. 다음 달의 30일이 토요일인

경우에는 기간은 그 다음 월요일에 도과한다(민사소송법 제222조 제2항).

[713] 기간은 적법한 소제기에 있어서만 인지된다. 소가 관할이 없는 법원에 제기된 경우에는, 원칙적으로 해롭지 아니하다. 이 때 요건은 단지 소가 원고에 의하여 실제로 관할이 있다고 생각하는 법원에 제기되는 것이다.

[714] 예: 소가 제기되어야 할 법원에 대한 권리구제고지가 없는 경우에, 법적 지식이 없는 상대방이 일 년의 기간 내에 (관할이 아닌) 통상지방법원에 소를 제기하였다 하더라도, 제소기간은 준수된 것이다. 변호사 사무실 직원의 사무처리의 하자로, 행정지방법원에 제기되어야 할 소가 통상지방법원의 우편함에 넣어진 경우는, 다른 것이 적용된다.

[714a] 공격받는 행정행위가 이미 소의 제기로 명백하게 표시되어졌다면, 제소기간의 도과 후에 피고의 교체(주관적 소변경)는 기한 해태로 인한 소의 불허용성을 가져오는 것은 아니다.

III. 부작위소송(Untätigkeitsklage)에 있어서 그리고 재결의 해태(Unterlassung)에 있어서 제소기간 (제75조)

1. 신청된 행정행위에 대한 재결 내지 결정 없이 소의 허용

[715] 이의신청이나 혹은 행정행위의 발급신청에 대하여 충분한 근거 없이 적절한 시간 내에 사안에 대해서 결정되지 아니하였다면 제75조가 적용된다. 소는 이 경우에 이전의 결정 없이 내지 나아가 제68조에 의한 전심절차의 이행 없이 허용된다. 사안의 특별한 이유로 보다 단기의 기간이 명령되지 아니하는 한, 제75조 제2문에 따라서, 소(訴)는 이의신청의 제기 후 혹은 행정행위의 발급신청 후 3개월의 경과 전에 제기될 수 없다. 그러한 특

별한 이유는, 예를 들면 원고가 즉시결정(alsbaldige Entscheidung) 없이는 중대하고도 회복할 수 없는 손해를 입을 경우이다.

[716] 예: 원고는 다른 국가로의 추방에 있어서, 신체와 생명의 위험을 부담하여야 한다.

2. 조기(早期) 소제기(verfrühte Klageerhebung)의 결과

[717] 제75조 제2항에 따라서 이미 3개월의 기간 도과 전에 소송의 제기를 정당화하는 특별한 사정이 결여되어 있다면, 소송은 허용되지 아니한다. 그러나 최종의 구두변론시점처럼 결정에 기준이 되는 시점(maßgeblicher Zeitpunkt)에 3개월 기한이 도과하였다면, 우선 허용되지 않게 제기된 소송이 이제는 허용되게 된다. 소송이 각하되는 것을 방지하기 위해서, 법원은 조기(早期)에 제기된 소송에 있어서 3개월 기간의 도과까지 제75조 제3문을 유추하여 절차를 중단하여야 한다(aussetzen).

[718] 제75조 제2문의 3개월 기간의 도과 후에 이의신청을 아직 결정하지 않았거나 신청된 행정행위가 아직 발급되지 아니한데 대한 충분한 이유가 존재한다면, 법원은 법원 자신에 의하여 특정된 기한의 도과까지 절차를 중단시킨다(제75조 제3문). 이 기간은 연장될 수 있다. 제75조 제3항으로부터 조기에 제기된 소송의 각하는 3개월 기간의 도과 후에는 항상 배제된다는 것이 도출된다.

[719] 행정청이 법원에 의하여 설정된 기간 내에 결정한다면, 두가지 경우를 상정할 수 있다. 원고의 이의신청 혹은 행정행위의 발급신청이 법원에 의하여 설정된 기간 내에 인용된다면, 제75조 제4문에 따라서, 본안은 종료되었음이 선언된다. 이에 반하여 행정행위의 발급신청에 대하여 거부결정이 내려진다면, (제68조 제1항 제2문의 경우가 존재하지 아니하는 한)

전심절차가 실시되어야 한다. 법원은, 재결의 발급이나 재결청(Widerspru-chsbehörde)이 제75조 제1문에 따른 재결정본의 발급을 위하여 가지는 기한의 도과까지, 본안결정(Sachentscheidung)을 하여서는 아니된다. 제69조 이하 규정들은 이미 적정하게 제기된 재판청구에는 적용될 수 없기 때문에, 부담자(der Belastete)는 전심절차의 실시를 위하여 이의신청을 제기할 수 없다. 소제기는, 그러한 범위 내에서 이전에 절차단계에 속하는 이의신청의 제기를 필수적으로(notwendigerweise) 포함한다.

3. 제75조의 경우에 있어서 소의 시간적 제한

[720] 이의신청에 대해서 혹은 행정행위의 발급신청에 대해서 충분한 근거가 없이 적절한 시간내에 사안적으로 결정되지 못한 경우에, 소송을 언제까지 제기할 수 있는지에 대해서 제75조는 규정하고 있지 아니하다. 이전(früher)에 제76에 따라서 통상적인 경우에 규정된 연한(Jahresfrist)은 폐지되었다. 이로 인하여 소송은 원칙적으로 시간적 제한 없이 제기될 수 있다.

[721] 기한의 제한은 소송상 실권(prozessuale Verwirkung)을 통해서도 발생할 수 있다. 그러나 이 경우에 실권이 통상적인 경우에 이전에 제76조에서 규정된 기한의 도과로 등장한다고 볼 수는 없다. 이러한 견해는 제76조의 폐지 뒤에 존재하는 입법자의 의도에 반한다. 제76조는 신법(Gesetzes-novelle)의 고려 하에 아무튼 1년 기한의 도과 전에는 원칙적으로 실권이라고 볼 수 없다는 것과 이해관계자에게 소제기를 위하여 존재하는 기한은 일반적으로 1년 보다는 길다고 측정할 수 있는 것에 확실한 의미가 있다. 기한의 특정에 있어서 공격받는 행정행위가 제3자효를 가진다는 상황이 중요하다. 일방적인 부담적 행정행위보다도 오히려 수익자(Begünstigte)의 이익의 고려 하에 오히려 부담자(Belastete)에 의한 소제기가 기대될 수 있다.

시초사례의 해결

[722] 사례 1: 재결이 제73조 제3항 제2문과 행정송달법(VwZG) 제2조 이하에 따라서 송달되지 않았고, 제74조 제1항 제1문의 기한은 재결의 송달에 있어서만 진행되기 때문에, 제소기한은 (재결정본에 포함된 권리구제고지에도 불구하고) 도과하지 않았다. 신의성실 특히 실권의 관점에서 제한이 고려될 수 있다. 그러나 여기서 제58조 제2항에서 내려진 입법적인 평가의 고려 하에서 이러한 제한은 거절되어야만 한다.

[723] 사례 2: 처분행정청의 결정 후에, 전심절차의 실시가 요청된다. 그러나 C는 전심절차의 실시를 위하여 더 이상 이의신청을 제기할 필요는 없다. 왜냐하면 C는 이미 이전에 소를 제기하였고, 이러한 소제기는 이전의 절차단계에 속하는 이의신청의 제기를 포함하기 때문이다. 이의신청기한의 도과(Versäumung)는 결과적으로 배제된다. 행정법원은 그 때문에 소를 각하하여서는 아니된다. 이의신청에 대하여 부정적으로 결정되거나, 제75조에 따라서 재결청에게 이의신청에 대한 결정을 위하여 주어진 기한이 도과될 때까지, 그의 본안결정(Sachentscheidung)을 기다려야 한다.

[724] 사례 3: 이전에 제76조에 규정된 소권(訴權)의 기한은, 오늘날 더 이상 존재하지 아니한다. 소의 제기는 그 때문에 소송상의 실권의 관점 하에서만 허용되지 아니한다. 이인(二人)의 공동생활관계의 고려 하에 사실상 이의신청의 제기 후 1년 반에 비로소 제기된 소는, 신의성실의 관점 하에서 이미 허용되지 아니한다는 것으로부터 출발할 것이다.

[724a] 부록: 통합적 고찰

부록(Anhang): 중요한 소송과 그의 허용요건
1. 적법한 소제기를 위한 (필수) 요건의 존재(제81조 이하)
2. 독일의 재판권(법원조직법 제18조 이하와 연관된 제173조)
3. 행정법적 구제의 개시(제40조)
- 법적인 분쟁 - 공법적 분쟁

- 비헌법적 분쟁
- 특별관할의 부재
- 특수한 경우

4. 가능한 소송유형

취소소송 (제42조)	의무이행소송 (제42조)	일반적 이행소송 (제40조, 제43조 제2항 제1문)	일반적 확인소송 (제43조)
대상 a) 행정행위의 취소 b) 부분취소, 부관 및 시간적으로 제한된 행정행위의 취소취 소에 대한 권리 보호 제한: 행정행위가 종료되지 않았어야 한다.	대상 a) 행정행위의 발급 청구 b) 행정행위의 보충 제한: - 행정청에의 사전적 신청 - 취소소송을 통한 권 리구제가 가능한 경 우에 허용되지 아 니함 세부적 경우 - 거부대항소송 - 부작위소송	대상 a) 고권적 행정작용 의 발급의 청구 b) 공법상 국가의 국 민에 대한 청구 c) 고권적 행정작용 의 금지(예방적 금 지소송) - 행정행위에 대하여 - 법규범의 금지를 구하며	대상 a) 법률관계의 존재/부존재 b) 행정행위의 (부분)무효 c) 행정행위의 (부분)유효 제한 - 법률관계 내지 행정행위 가 원고와 피고사이의 권리관계여야 한다. - 제43조 제2항에 따라서 이행소송이나 형성소송 에 대하여 보충성
계속확인소송(제113조 제1항 제4문 유추)			
a) 행정행위의 종료시 - 소제기 후 - 소제기 전 b) 취소청구의 결여	제113조 제1항 제4문 의 유추		

5. 법원의 관할: 사물관할, 지역관할, 심급관할(제45조 이하)

6. 당사자적격(제61조)
   비교. 제1호-제3호, 기관소송에 있어서 기관의 일부들 제2호 유추

7. 소송능력, 소송대리, 변론능력(제62조, 제67조)

8. 원고적격

제42조 제2항	제42조 제2항	제42조 제2항	특별규정이 없으면 심사하지 아니함

9. (소극적) 소송수행권 - 적법한 소송상대방

제78조	원고의 주장에 의하여 청구의 상대방	원칙적으로 심사하지 아니함
10. 권리보호필요성/정당한 이익		
원칙적으로 주어짐	원칙적으로 주어짐	항상 심사하여야 함
11. 다른 소송계속 또는 확정력의 부재(제121조)		
12. 전심절차(제68조 이하)		
일반적으로 요청됨 예외아님: - 계속확인소송 - 소송에 있어서 행정청의 인락 - 재결청이 이의신청의 제기전에 성공불가 또는 법적으로 요청되지 아니하다고 한 경우	원칙: 전심절차 없음 예외: 공무원법적 분쟁, 공무원지위법 제54조 제2항과 연방공무원법 제126조 제3항(그러나 제70조의 부적용)	
13. 제소기간		
- 취소소송, 거부대항소송 및 계속확인소송에 있어서 제74조 - 부작위소송 및 실권에 있어서 제75조	기한없음(예외: 연방공무원법 제126조 제3항), 그러나 실권의 가능성	

제20절 취소소송의 이유유무(Begründetheit)에 대한 결정

시초사례

[725] 사례 1: F가 간헐적 의식장애(Bewusstseinstörung)와 결부된 질병으로 인하여 차량운행에 더 이상 적합하지 않다고 판명되어서, 그의 운전면허가 폐지되었다(도로교통법 제3조 제1항). 전심절차에서 성공을 거두지 못하자, F는 행정법원에 면허박탈의 폐지를 구하는 소를 제기하였다. 소송이 계속된 후에 새로운 의학적 약품이 개발되었고, 그로 인해서 F는 완전히 치유되었다. F의 소송이 성공가능성이 있는가?

[726] 사례 2: 바덴-뷔르템베르그 주(州)에 소재하는 사업자 G에게 영업법 제35조에 근거한 불성실성(Unzuverlässigkeit) 때문에 사업의 영위가 금지되었다. 금지처분이나 실패한 전심절차 후에 발급된 재결정본에서도 주(州) 행정절차법 제39조 내지 제73조 제3항을 충족시키는 이유가 제시되지 않았다. 영업법 제35조의 의미에서 G의 불성실성이 법원에게 다르게(anderweitig) 알려지게 되었다고 가정한다. G가 이제 거부처분에 대하여 재판에서 성공적으로 방어할 수 있는가?

[727] a) 형식적으로 적법하게 발급된 거부처분이 한 번뿐이고 단지 경미한 액수에 해당하는 조세포탈에 기초하였으나, 그러나 추후에 재판절차에서 G가 그의 영업의 영위에 있어서 수년전부터 광범한 사기(詐欺)를 벌였다는 것이 타당하게 진술되었다고 한다면, 법적 상황은 어떠할까?

[728] b) G가 거부처분의 시점에는 불성실하였지만, 행정법원에서의 9개월 뒤에 개시되는 구술심리에 있어서 다시금 영업법 제35조의 의미에서 성실하게 되었다면, 그의 소송이 성공할 수 있을까?

[729] c) 만약 G가 이미 재결의 발급시점에서(거부처분 후 3개월) 다시금 성실하였고, 그리고 13개월 후에 개시되는 행정법원의 구술심리 이전에 관할 행정청에게 자신의 영업행사를 다시 허용할 것을 신청하였다면, 법적 상황이 변할까?

Ⅰ. 심사공식(Prüfungsschema): 제113조 제1항 제1문의 구성요건

[730] 취소소송의 모든 허용요건이 충족된다면, 행정법원은 본안(本案: Sache)에 대해서 결정하여야 한다. 제113조 제1항 제1문의 문언에 따르면, 행정행위가 위법하고 원고가 그로 인하여 자신의 권리를 침해당한 경우에는 행정행위와 그 밖의(etwaig) 재결은 폐지될 수 있다. 취소소송의 성공을 위해서 원칙적으로 주관적 권리침해는 충분하다. 이러한 주관적 권리침해는 최소한 원고의 이익에 이바지하는 규범이 침해된다면 존재한다. 입법자가 원고에게 결여된 주관적 권리침해에도 불구하고 (예외적으로) 원고적격을 인정한다면, 소송은 행정행위가 단지 위법하기만 하면 이유가 있다.

[731] 행정행위가 원고의 권리를 건드린다면, 다음의 기준에 따라서 행정행위의 적법성의 심사가 요청된다.

(I) 고려되는 위임의 근거
그러한 설명 없이는 행정행위의 형식적 적법성은 심사될 수 없다. 그러나 여기에서 위임근거의 구성요건의 존재는 아직 광범하게 다 언급되지 아니하여도 된다. 이것은 오히려 행정행위의 실체적 적법성의 심사에서 이루어진다(이에 대하여 Ⅲ).

(II) 행정행위의 형식적 적법성

(1) 행위형식으로서의 행정행위의 개시가능성

(2) 행정행위의 발급을 위한 관할

(3) 절차와 형식규정의 준수

 (a) 행정절차법 제11조 이하의 절차규정의 준수

 (b) 행정행위의 형식

 (c) 행정행위의 적법한 통지(Bekanntgabe)

 (d) 형식적으로 충분한 근거의 존재

(III) 행정행위의 실질적 적법성

(1) 행정행위의 내용적 특정성

(2) 부담적 행정행위를 위하여 법적 근거가 존재하여야만 한다. 개별위임은 일반위임보다 우선한다.

(3) 공격받는 행정행위가 그 밖의 권리를 침해하여서는 아니된다. 여기서 특히 과잉금지원칙이 중요하다. 불확정 법개념과 관련하여 판단여지가 존재하는 한, 판단여지가 판단하자 없이 행사되어졌는지 여부가 검토되어져야 한다. 나아가 행정행위는 이견이 있지만 타당한 견해에 의하면 내용적으로 올바르게 근거지워져야만 한다.

[732] 법규정들(Rechtsvorschriften)에의 위반에 있어서, 법규정들은 주관적 권리를 근거지우고 또는 법규정들에 (그들이 스스로 주관화되지 않았을 지라도) 대한 위반은 자유권적 기본권 내지 자치행정권의 침해 때문에 주관적 권리침해를 가져온다는 것에 대해서 다시 한 번 지적될 수 있다.

[733] 행정행위가 원고의 주관적 권리를 침해함에도 불구하고, 행정행위의 폐지를 구하는 원고의 청구가 배제된다는 가정(假定)을 위한 시사점이 예외적으로 존재한다면, 심사의 끝에서 이에 대해서 논의될 수 있다.

Ⅱ. 재판적 통제의 밀도(Kontrolldichte)

[734] 이유유무심사에 있어서, 행정법원은 행정행위를 어느 범위(Umfang)에서 통제할 수 있는가 하는 문제가 제기된다(소위 재판통제의 밀도). 특히 행정의 재량결정이 어느 범위에서 재판상 통제될 수 있는가가 문제이다. 나아가 행정에게 불확정 법개념의 해석 내지 포섭(Subsumtion)과 관련하여 재판상 제한적으로만 심사가능한 판단여지(Beurteilungsspielraum)가 부여되는지도 문제이다. 행정작용에 대한 재판적 심사가능성의 제한들은 목적적으로 규정된 계획- 그리고 규율재량과 관련하여 발생한다. 설명이 필요한 것은, 어느 범위에서 행정법원이 스스로 제113조 제3항, 제2항 제2문에(§ 113 Abs. 3, 2 S. 2) 따라서 그의 심사범위를 제한할 권한을 가지는 지의 문제이다.

1. 재량결정에 대한 재판적 심사

[735] "행정청은 할 수 있다", "해도 된다", "권한이 부여되어 있다" 등의 규정형식(Formulierung)을 통해서 행정에게 행위재량이 부여된다면, 행정법원은 제114조를 통해서 설정된 범위 내에서 이러한 재량영역을 존중하여야 한다. 이것은 제114조에서 법률적으로 규정된 권력분립원칙의 결과이다.

[736] 주목(Beachte): 종종(verschiedentlich) "할 수 있다"는 규정 형식들은, 특히 헌법합치적 해석, 그러나 또한 위임(Ermächtigung)의 의미에서만 해석되어지도록, 이용되어져야만 한다. "할 의무가 있다(soll)"는 규정 형식에 있어서, 행정청은 원칙적으로 미리 규정된 법적 결과를 실현시킬 의무가 지워지지만, 그러나 특별한 이유에 의하여 여기로부터 벗어날 수 있다.

[737] 재판상 심사권한의 이러한 제한은, 행위의 여부(Ob)에 해당하는 결

정재량(Entschließungsermessen)에 뿐만 아니라, 행위의 양태(Wie)와 관련있는 선택재량(Auswahlermessen)에도 해당된다. 행정에게 재량영역이 부여된다면, 행정법원은 행정작용의 합목적성(合目的性)을 심사하는 것이 금지된다. 행정법원은 오히려 제114조에 따라서 행정작용을 재량하자에 대해서 심사하는 것에 한정된다. 여기서 재량일탈(a), 재량불행사(b) 그리고 재량남용(c)의 경우들이 구분된다.

가. 재량일탈(Ermessensüberschreitung)

[738] 행정이 법규정에 의하여 결과적으로 허용되지 아니하는 결정을 내려 그 재량을 일탈하면, 이는 행정행위의 위법을 가져온다. 행정결정은 그러므로 여하튼 위임근거에 의하여 덮여져야 한다.

[739] 예: 작위, 수인 혹은 부작위를 지향하는 행정행위를 따르지 아니한 경우에, 10유로에서 250유로의 범위에서 이행강제금(Zwangsgeld)을 부과할 수 있다고 행정집행법에서 규정되어 있다. 행정청은 그러나 500유로를 부과하였다.

[740] 기타의 권리에 저촉되는, 특히 재량의 수축(Ermessensschrumpfung)으로 인도하는 기본권에 저촉되는 재량행사는, 재량일탈을 야기할 수 있다. 이와 관련하여 행정의 자기기속을 근거지우는 평등의 원칙(기본법 제3조 제1항)과 과잉금지(Übermaßverbot)에 특별한 의미가 부여된다.

[741] 예: 행정은 특정한 행정행위를 준수하지 아니하는 경우에 규칙적으로 50유로의 이행강제금을 부과하였다. 객관적인(sachlich) 근거가 없이 집행의무자에게 여기로부터 벗어나서 100유로의 이행강제금을 부과하였다. 개별적인 경우에 일반적 행사로부터 벗어나는 것은 평등의 원칙에 위반되고, 따라서 위법하다.

기본권에 부여되어 있는 국가의 보호의무는, 재량의 수축이라는 방향으로 작용한다. 이러한 보호의무는 특별하게 중요한 법적 이익이 침해되고, 그로 인하여 소위 유해성한계(Schädlichkeitsgrenze)를 넘는 경우에는, 위험에 처해진 자가 자신의 보호를 위하여 경찰개입에 대한 법적 청구권을 가지는 것을 요청한다. 그 범위에서는, 단지 조치의 양태(Wie)의 관점에서만 재량영역이 존재한다. 제3자효 행정행위의 집행이 폐지되어야 한다면, 결과제거청구권 내지 결과제거부담의 관점에서 고권적 주체가 재량의 위임을, 집행을 폐지하도록 사용하여야만 하는 점에서 재량의 수축이 긍정된다. 인인권(Nachbarrecht)을 침해하는 건축허가의 폐지에 있어서 (과잉금지의 고려 하에) 이미 완성된 건축물의 철거가 요청될 수 있다. 건축이 허가에 부적합하고, 인인이 이를 통해서 자신의 권리에 침해받는 한, - 판례와는 달리 - 불법건축물(건축허가가 필요함에도 불구하고 건축허가 없이 건축된 건축물: Schwarzhaus)의 경우에 있어서도 동일한 것이 타당하다. 주의 건축법들이 건축계획(Bauvorhaben)을 허가의무로부터 면제하는 경우에는, 어려운 실체법적인 문제를 야기한다. 허가면제가 임의적(fakultativ)인 한, 건축주(Bauherr)는 허가를 신청할 수 있고, 동일한 기본원칙들이 허가절차에서처럼 허가의 폐지 후에도 타당할 수 있다. 인인(隣人)의 건축감독적인 개입의 청구가 행정의 위법한 행위(Verhalten)의 결여로 결과제거청구권으로서 나타날 수 없을지라도, 그럼에도 불구하고 개입청구는 그렇지 아니하면 건축주가 인인보호의 범위를 결정할 수 있으므로(disponieren) 긍정된다. 의무적인 허가면제의 경우에는 통상적인 재량수축이 - 과잉금지의 준수 하에 - 금지처분 또는 건축중지처분(Baueinstellungsverfügung)의 발급의 관점에서 뿐만 아니라, 철거명령의 발급의 관점에서도 나타난다. 이것은 가명령(die einstweilige Anordnung)을 통하여 달성할 수 있는 잠정적 권리보호를 위해서도 중요한 의미가 있다. 기본권의 (또한 건축법에서 인인권의) 보호를 위한 책임으로부터 국가의 제한적으로만 허용되는 후퇴의 관점에서, 재량규정들은 건축감독적 개입과 관련하여 상응하게 합헌적으로 해석되어야 한다. 인인에게 건축주에 대항하여 인인보호규정과 함께 민법 제1004조, 제 906조, 제823조 제2항에 따른 민사법적 인인보호가 보장된다면, 건축감독 행정청의 재량영역은 확장되지 아니한다. 민사법적인 인인보호를 통하여, 공법적인 인인소송을 위한 권리보호필요성은 배제되지 아니한다.

재량의 수축은 소위 의도적 재량(intendierten Ermessen)의 경우에 있어서 도 긍정된다. 의도적 재량의 경우들은, 행정에 의하여 내려지는 결정이 입 법자를 통하여 "통상적 경우"(Normalfall)에 있어서 이미 주어져 있고, 단지 특별하게 주어진 예외적인 경우에만 이로부터 벗어날 수 있다는 것을 통해 서 표현된다. 그러한 의도적 재량은 종종 "의무규정((Sollregelungen)"을 통 해서 표현되지만, 그러나 다른 방식으로 법률상 행동의 수권의 해석을 통 해서도 발생된다. 그러나 그러한 해석을 위해서는 특별한 착점 (Anhaltspunkte)이 필요하다. 이로 인해서 법률적으로 근거 지워지는 의도적 재량은, 매우 드물게 추론된다. "통상적 경우(Normalfall)"가 존재하는 경우 에, 행정법적인 재량은 0으로 수축하여, 행정은 행동의 수권을 이용하여야 만 한다.

예: 통지서로 추구하는 목적의 위반 혹은 이와 결부된 부관에 대한 위반 으로 인하여, 행정절차법 제49조 제3항에 규정된 과태료통지서(Geldbes-cheid)의 철회와 관련하여 이러한 규정 뒤에 서 있는 예산의 경제성 및 절 약성 원칙을 고려하면 그러한 의도적 재량이 긍정된다 (BVerwG, DVBl. 1998, 145 f.).

나. 재량불행사(Ermessensnichtgebrauch)

[742] 재량하자는 제114조에 의거할 때 행정작용의 결과가 아니라, 재량 결정이 이루어진 유형과 방식이 법적으로 비난 받는다면 존재한다. 행정이 그의 재량으로부터 전혀 사용하지 아니한 경우도 해당된다(재량불행사).

[743] 예: 경찰이 그에게 알려진 국민의 행태를 경찰법 제1조와 제3조의 경찰상 일반조항의 의미에서 위험으로 평가될 수 있는 것을 인식하지 아니하였고, 그 때문에 개입의 여부(Ob)의 관점에서 그의 재량을 행사하지 아니하였다. 재량고려(Ermessenserwägungen)들이 이루어지지 아니하였다는 것은, 연방행정법원의 판례에 따르면, 소위 의도된 재량(intendierten Ermessen)의 사례들에 있어서는 원칙적으로 문제되지 아니한다. 결정이 통상의 경우(Normalfall)와 관련이 있고, 그리고 통상의 경우를 위하여 법률에 규정된 법적 결과가 행정에 의하여 표명된 경우에는, 재량고려들은 그에 따라서 아무튼 요청되지 아니한다. 이와 반대로 특별히 존재하는 예외적 경우에 있어서는, 또한 여기에 재량고려의 작동이 기속적으로 요청된다.

다. 재량오용(Ermessensfehlgebrauch)

[744] 재량의 남용의 경우에는 재량이 행사되었으나 그러나 위법한 방식으로 행사된 경우이다. 본질적인, 재량결정을 위하여 중요한 요소들이, 행정의 의사형성에 있어서 고려되지 아니한 경우에 존재한다(재량결핍). 행정청이 재량결정에 있어서 불완전하거나 혹은 부정확한 사실관계로부터 출발한 경우도 해당된다.

[745] 예: 경찰이 불충분한 조사에 기초하여 위험의 범위에 대하여 확신하지 못한다(nicht im klaren).

[746] 나아가 행정청이 사안과 거리가 있는, 재량부여의 목적에 의하여 덮여지지 아니하는 고려를 작동시켰고, 이로부터 그의 결정에 있어서 이끌어지도록 하였다면, 재량오용이 존재한다(재량남용).

[747] 예: 경찰이 위법하게 천막을 친 휴가자들에 대해서, 단지 고향의 호텔영업을 장려하기 위하여 조치를 취한 경우이다.

2. 불확정 법개념(unbestimmter Rechtsbegriff)과 판단 여지

가. 문제의 의의

[748] 부담적 행정행위의 법적 근거에 있어서뿐만 아니라, 행정행위의 발급을 제한하는 법률적인 규범에 있어서도, 소위 불확정 법개념이 자주 발견된다. 불확정 법개념이란, 그의 구체화를 위해서 평가(評價: Wertung)에 의존되어 있는 법적 개념을 의미한다. 그의 법기술적 기능은 행정에게 개별적 타당성의 이익에 있어서 행위의 충분한 탄력성을 가능하게 하는데 있다. 그러한 불확정 법개념의 예로서 "성실성(Zuverlässigkeit)", "적성(Eignung)", "필요(Bedürfnis)", "공익(öffentliches Interesse)", "요청성(Erforderlichkeit)", "수인가능성(Zumutbarkeit)" 등의 용어들을 들 수 있다. 불확정 법개념들은 입법자에 의하여 규범의 구성요건 부분에 뿐만 아니라 법적 결과 부분에도 적용될 수 있다.

[749] 예: 법률이 위험의 방지를 위하여 요청되는(zur Abwehr einer Gefahr erforderlich) 한, 행정이 조치를 수행하여야만 한다고 규정한다면, 불확정 법개념 "요청되는(erforderlich)"은 구성요건부분에 존재한다. 이에 반해서 법률에서 행정이 위법이 존재하는 경우에는 "요청되는 조치들(die erforderlichen Maßnahmen)"을 취해야만 한다는 것이 규정된다면, 이러한 불확정 법개념은 규범의 법적 결과 부분에 자리 잡는다.

[750] 불확정 법개념과 관련하여, 첫째로 그의 해석과 그리고 둘째로 생활사실관계(Lebenssachverhalt)의 불확정 법개념 아래로의 포섭이, 어떠한 범위에서 재판상 심사가 가능한가라는 문제가 제기된다. 이러한 질문의 중요한 의미는 불확정 법개념의 구체화를 위하여 요청되는 평가들이, 종종 명백하지 아니하고 따라서 행정청의 평가 또는 법원의 평가 중 누구의 평가가 더 중요한 지가 설명되어져야만 한다라는 것으로부터 발생한다. 규범의

해석을 위해서 이미 판단여지가 긍정되는지 또는 사실관계를 규범 아래로 포섭하기 위해서 비로소 판단여지를 인정하는지 여부는, 단지 두 번째로 중요하다. 실무에 있어서는 아무튼 불확정 법개념의 해석과 생활관계의 불확정 법개념으로의 포섭 사이에는 분명한 구별선을 거의 그을 수 없다.

나. 판단여지의 일반적 인정의 부정

[751] 울레와 바호프에 의하여 문헌에서 주장된 법적 견해는, 불확정 법개념에 있어서 원칙적으로 행정작용의 단지 제한적인 재판적 통제를 표현하고, 여기서 판단여지를 가정한다(postulieren). 이러한 견해는 그러나 이러한 모호함에 있어서 타당하게도 지속되지 못하였다. 불확정 법개념의 최종 기속적인 해석과 사안의 포섭의 권능은, 민사소송법과 같은 다른 절차규정들처럼, 법관의 전형적인 임무에 속한다. 법관의 신빙성통제(Vertretbarkeits-kontrolle)에 대한 일반적인 제한은, 재판적 권리보호의 심각한 손상을 가져오고, 기본법 제19조 제4항의 권리보호보장과 부합되지 아니한다. 기본법 제19조 제4항의 권리보호보장은 불확정 법개념의 구체화를 원칙적으로 인적 그리고 물적 독립성이 보장된 그리고 그 임무를 위하여 특수하게 교육받은 법관에게 맡겨진다.

다. 판단여지의 법률적인 근거에 대한 원칙적 의문은 없음

[752] 불확정 법개념의 사법심사 가능성의 일반적인 제한은 근거가 없다는 것은, 일반적인 입법자에게 행정에게 특별한 이유로 불확정 법개념을 위하여 판단여지 내지 구체화여지를 부여하고 그 범위에서 자유영역을 만들어 주는 것이 금지된다는 것을 의미하는 것은 아니다. 이러한 자유영역은 규범의 법적 효과 부분에 위치하는 행정재량을 수단으로 할 뿐만 아니

라, 규범의 구성요건부분 혹은 법적 효과부분에 위치하는 법적인 판단수권 (Beurteilungsermächtigung)을 수단으로 보장될 수 있다.

[753] 보통의 경우, 결정여지를 규범의 구성요건 부분에 혹은 법적 결과 부분에 위치시킬 것인가는 법률기술의 문제이다. 규범이 "공공의 안전 혹은 질서를 위하여 위험이 존재하고 경찰의 견해에 따를 때 조치들이 요청되는 한, 경찰은 조치들을 취해야 한다"고 규정되어 있는 지 또는 이에 대신하여 입법자가 다음과 같이 "공공의 안전 혹은 질서를 위하여 위험의 존재에 있어서, 경찰은 요청되는 조치를 취할 수 있다"라고 규율하는 지가, 법적으로 중요한 차이를 가져오는 것인가? 주목할 점은 지배적 견해에 의하면 판단여지와 행정재량이란 용어로 다르게 표현된 행동여지를 대동소이한 것으로 보고, 재판적 심사도 판단여지에 있어서 본질적으로 전통적인 행정재량에 있어서처럼 동일한 기본원칙에 의한다. 또한 그러한 행정재량은 자의로의 자유를 부여하지는 않는다. 오히려 행정은 스스로 고려하여 합목적적인 결정으로의 의무를 부담한다. 단지 행정작용의 재판적 통제만이 합목적성과 관련하여 제한된다.

[754] 불확정 법개념을 위하여 존재하는 판단여지의 행정재량과의 구조적 동질성에도 불구하고 사용되는 용어를 존치하고, 광범한 통일적 재량개념으로부터 출발하지는 않는다. 왜냐하면 판단여지의 개념이 불확정 법개념과의 연결에서 행정에게 (예외적으로) 부여된 구체화수권(Konkretisie-rungsermächtigung)을 의미하는 것이 이미 고착화되었기 때문이다.

라. 판단여지를 가지는 불확정 법개념

[755] 원래의 문제는 어떠한 경우에 입법자를 통하여 소위 판단여지가 규정되어 있는가를 조사하는 것에 존재한다. 이미 강조하였듯이 - 불확정 법개념의 최종적·기속적인 구체화는 원칙적으로 법관의 임무에 속하기 때

문에, 행정에게 판단여지를 부여하는 것은 단지 예외적으로만 인정될 수 있다. 오늘날 지배적인 규범적 수권이론에 의하면 이것은 그러한 판단여지의 부여가 명시적으로 행정의 법률적 행위수권으로부터 도출되거나 또는 다른 상황으로부터 그러한 규범을 통하여 근거 지워지는 판단여지가 도출될 수 있는 경우에만, 그러한 경우이다.

(1) 판단여지의 명시적 법률적 규범화

[756] 입법자가 이미 규범의 구성요건측면에 합목적성 개념을 사용한다면, 이것은 판단여지를 표식한다(indiziert). 왜냐하면 합목적성이라는 불확정 법개념은 - 행위재량과 연결 지어서 오늘날 매우 일반적으로 인정되듯이 - 법률적으로 의도된 행정의 활동영역(Spielraum)의 부호(Kürzel)이다. 법률이 명시적으로 불확정 법개념의 행정청의 구체화를 준용한다면, 통상적으로 판단여지로부터 출발할 수 있다. 입법자가 여기서 매우 특정한 행정청의 판단을 지지한다면, 불확정 법개념과 관련하여 그 행정청에게 판단여지를 부여한 것이라고 볼 수 있다.

[757] 예: 기본법 제7조 제5항 제1문에 의거하여 사립초등학교는, 교육행정이 특별한 교육적인 이익을 인정하는 경우에만 허용될 수 있다. 특별한 교육적 이익의 존재에 대하여 교육행정의 판결이 기준이 된다. 그 때문에 연방행정법원은 올바르게도 불확정 법개념과 관련하여 판단여지를 인정하였다.

(2) 행정청의 조직법적 그리고/또는 절차법적 지위로 인한 판단여지

[758] 마지막으로 언급된 경우들과 밀접하게 연결되어 있는 경우들이 있다. 이러한 경우들에서는 불확정 법개념으로 포섭을 하도록 권능이 부여된

행정청의 특별한 조직법적 그리고(혹은) 절차법적 지위로부터, 특히 이러한 기관을 통한 불확정 법개념의 구체화가 중요하다는 것이 입법자에게 도출된다. 독립적 감정위원회 그리고(혹은) 자치적 복수적으로 구성된 행정위원회에게 불확정 법개념으로의 포섭이 부여된다면, 이것은 타당하다.

[759] 예: 청소년보호법(JuSchG) 제17조 이하에 의거하여 청소년유해매체를 위한, 청소년보호법 제19조에 의하여 특정한 직업그룹과 사회그룹의 대표들이 임명된 연방검사소(Bundesprüfstelle). 연방헌법재판소가 설시하듯이, 청소년유해서적들이 예술의 자유의 기본권과 특별한 관련성을 나타낼 수 있기 때문에, 연방검사소에게 판단여지를 부여함에 있어서 입법자에게 헌법적인 한계들이 발생한다. 행정법원은 연방검사소의 결정의 통제를, 연방검사소가 예술의 자유의 의미와 범위의 원칙적으로 그릇된 관점에 기초하는지 여부에 대해서 한정하여서는 아니된다. 연방헌법재판소는 연방검사소가 그릇되게 포르노그라피가 예술일 수 없다는 것으로부터 출발하였기 때문에 연방검사소의 결정을 폐지하였다. 연방헌법재판소는 그러나 동시에 기본법 제5조 제3항이, 서적이 청소년 유해적인지 여부에 대한 평가에 있어서, 연방검사소에게 어떠한 판단여지도 배제하는 것을 말하는 것은 아니라는 것을 강조하였다.

(3) 정치적으로 의미있는 행정결정에 있어서 판단여지

[760] 판단여지는 또한 구체화를 위하여 정치적 결정을 필요로 하는 불확정 법개념의 관점에서 존재한다. 재판적 심사권능의 제한을 위한 중요한 근거는, 민주주의원리가, 의회에 의하여 통제되는 행정부의 평가들에게 사법부의 평가보다 원칙적으로 우선권을 부여하기를 요청하는데 존재한다.

[761] 예: 특정한 물품의 수입(Einführung)을 위하여 허가가 요청되는 경우이다. 이러한 수입허가의 발급에 대하여, 무역법(Außenwirtschaftsgesetz:

AWG) 제12조에 따라서 특정한 물품의 수입에 대하여 "무역과 그 밖의 경제정책적인 요청을 고려하여" 결정된다. 무역과 경제정책의 규정은 관할 장관의 권한영역에 속하기 때문에, 무역법 제12조에 의하여 관할 장관에게 재판적으로, 다만 제한적으로 심사가능한 판단여지가 부여되었다. 동일하게 군사적 저고도비행(Tiefflüge)의 허용에 있어서, 국방부장관에게 국방정책적인 판단여지가 부여되어 있다. 외국인법(AuslG) 제54조에 따라서, 연방공화국의 정치적 이해의 보장을 위하여 추방(Abschiebungen)의 정지에 있어서도 동일한 것이 타당하다. 게마인데의 경제적 활동의 게마인데 정치적인 의미로부터, 게마인데법적 요건이 이를 위하여 존재하는 지 여부에 대한 문제와 관련하여 판단여지가 인정될 수 있다는 것이 도출된다.

[761a] 판단여지는 특히 불확정 법개념이 정치적 내용으로 법률하위의 규범제정자를 향한다면 발생한다.

예: 지방자치적 접속 또는 이용강제를 위한 "공공의 필요성(öffentliche Bedürfnis)" 또는 임금협약법 제5조에 따라 요청되는 임금협약의 일반기속공고의 공익. 그러나 대학입학허용총량규정에서 최대숫자의 지정에 있어서 단지 자의통제만 허용하는 연방행정법원은 너무 나간 것이다(BVerwGE 85, 36).

(4) 판단여지와 기술법(Technikrecht)

[762] 기술법에서 친근한 불확정 법개념의 관점에서 판단여지는, 법률이 불확정 법개념의 구체화를 (그리고 규범해석으로만이 아니라) 위하여 명시적으로 행정규칙을 준용한다면 인정된다. 이로써 입법자는, 행정규칙에 내포된 기술적인 규율들은 원칙적으로 존중되어야만 하고 결과적으로 행정법원은 행정규칙에서 포함된 신빙성 있는 평가를 자신의 평가로 대체할 권능이 없다는 것을 표현한다. 법률이 관련 짓는 행정규칙들은 선취된 전문

가 감정서(antizipierte Sachverständigengutachten)보다는 더 중요하다. 행정규칙들은 행정결정의 조직과 절차로부터 판단여지가 도출되는 경우들과 밀접한 관련이 있다. 연방행정법원의 견해에 의하면, 유전자기술법(GenTG) 제6조 제2항, 제13조 제1항 그리고 제16조 제1항에서의 "학문과 기술의 기준(Stand von Wissenschaft und Technik)" 개념의 사용은 - 이것이 이미 이전에 원자력법(AtomG) 제7조 제2항 제3호에서 주장되었듯이 - 판단여지를 징표한다. 그 밖에 기술법에서 불확정 법개념은 통상적으로 완전하게 사법심사 된다.

(5) 시험결정, 근무평가 그리고 적합판정에 있어서 판단여지

[763] 오늘날 지배적으로 행정의 판단여지가 인정되는 중요한 경우들로서, 국가의 시험결정(Prüfungsentscheidung)과 근무평가(dienstliche Beurteilung)이다. 판단여지의 긍정은 그러한 행정청의 결정과 함께 전형적으로 연결되어 있는 재판적으로 단지 제한적으로 재구성할 수 있는 행정의 결정상황으로부터 정당화된다. 덧붙여서 그러한 결정은 사리있게 순수하게 개별사안과 관련하여 심사되어질 수 없고, 오히려 비교되는 행정청의 일반적인 판단실무의 관련의 도움으로만 심사되어질 수 있다. 연방헌법재판소는 올바르게도 국가시험과 관련하여 시험특유의 평가에 있어서 평가자의 판단여지의 인정을 위하여 기회평등의 기본원칙에 다가가는 의미를 지적한다. 이 기본원칙에 의거하여 비교가능한 수험생(Prüflinge)을 위하여, 가능한 한 멀리, 비교가능한 시험조건들과 평가기준들이 적용되어야만 한다. 개별적인 지원자들이 행정소송을 추구하면서 비교범주로부터 독립적인 평가의 기회를 얻는다면 이와 부합되지 아니할 것이다.

[764] 예: 행정법원은 시험결정을 원칙적으로 단지 평가자의 문제들이 너무 어려웠다 내지 평가자가 평가에 있어서 너무 엄격한 기준을 적용하였다

라는 근거로만 폐지할 수 없다. 오히려 평가자에게는 판단여지가 부여된다.

[765] 국가적 직업진입시험에 있어서, 심사자와 피심사자 사이에 전문적인 의견차이와 관련하여, 심사행정청의 판단여지는 제한된다. 여기서는 시험 특유의 평가의 문제가 아니라, 오히려 전문지식적 평가에 있어서 재구성할 수 없거나 단지 제한적으로 재구성할 수 있는 시험상황으로부터 벗어나서, 법원에 의하여 조사될 수 있는 전문적 지식이 핵심이다.

[766] 예: 법학적 논란 있는 문제에 있어서 판례와 법학적 문헌에 있어서 다양한 견해들이 주장되고, 수험생은 상응하는 이유로 이러한 견해의 하나를 추종한다면, 심사자는 이러한 견해를 따르지 아니하더라도 그러한 시험 답안지를 틀린 것으로 평가할 수 없다.

[767-768] 시험문제의 고유성으로 인하여 해결책이 어느 정도로 올바르고 적정한 지는 명백하게 특정할 수 없는 한, 중요한 근거로 결과적으로 합당하게 근거 지워진 해결은 더 이상 그릇되었다고 평가 되어져서는 아니된다. 오히려 수험자에게 그 범위에서 답변여지가 부여된다. 연방헌법재판소는 연방행정법원의 이전의 순수하게 자의통제에 한정하였고, 그 때문에 평등원칙과 부합하기 어려운 결과를 가져왔던 판례를 파기하였다. 그래서 시험결정의 평가는 중요한 부분에 있어서 시험관이 어떠한 전문적 견해를 주장하는 지에 의존되었다. 연방헌법재판소의 최신의 판례에 의하면, 시험고유의 그리고 전문지식적 평가들의 분명한(trennscharfe) 구별은 실무에 있어서 어려움을 제기하고 그리고 복합 상황이 존재하는 경우에 있어서는 여전히 시험관의 판단여지가 존재하는 한에서 어려운 문제가 발생한다.

(6) 의심스러운 경우

[769] 언급된 사안그룹의 하나가 아니라면, 불확정 법개념 하의 해석 내지 포섭은 원칙적으로 재판적으로 완전하게 심사할 수 있다. 특히 여러 번

주장된 견해와 달리, 오직 불확정 법개념이 나타내는 예측적 내용으로부터, 추가적인 위에 언급된 관점의 존재 없이 아직 판단여지의 존재가 추론될 수 없다. 행정청의 결정이 기초가 되는 행정청의 예측이, 이 후에 이루어지지 아니하더라도 적법할 수 있다는 것이 판단여지의 존재를 긍정하는 것은 아니다. 오히려 법원이 행정청의 예측을 사후의(ex post) 관점으로부터가 아니라, 오히려 사전의(ex ante) 관점으로부터 심사를 하여야만 하고, 그 때문에 사실상 추후에 사안경과가 그 범위에서 법적으로 중요하지 않다. 입법자가 재판적으로 단지 한정적으로 심사 가능한 판단여지를 가진다는 상황은, 개별조치의 실행에 있어서 행정의 판단여지를 추론할 수 없다. 왜냐하면 직접적 민주적으로 정당화된 입법부와 법률에 의존하는 행정 사이에 커다란 기능법적인 차이가 존재하기 때문이다. 불확정 법개념과 재량결정의 결부로부터, 불확정 법개념과 관련하여 판단여지가 존재하여야만 한다는 것이 도출되지는 않는다.

(7) 구성요소론(Faktorenlehre)

[770] 불확정 법개념들이 원칙적으로 사법심사가 가능하더라도, 행정은 드물지 않게, 불확정 법개념 하에 포섭에 있어서 간접적으로 중요한 개별적 요소들에게 영향을 끼치고 포섭의 결과를 각인할 수 있는 범위 내에서, 형성의 가능성을 소유한다. 여기에 있어서, 행정은 재판적 통제에 놓이지 아니하거나, 혹은 단지 제한적으로만 놓인다. 소위 구성요소론(Faktorenlehre)은 법적용은 종종 행정의 선결정에 의하여 결정된다는 인식과 연관된다. 특히 이것은 입법자가 그러한 선결정(Vorgaben)을 영접하는 소위 계수개념(Rezeptionsbegriffe)들을 사용하는 곳에서 특별하게 두드러진다.

[771] 예: 공무원지위법 제15조 제1항에 따라서 공무원의 전보(Versetzung)를 위한 요건인 직무상 이유들의 개념이 완전하게 사법심사가 가능한

법적 개념이기는 하다. 그러나, 직의 설치 그리고 그의 특별한 임무개요와 관련하여, 간접적으로 공무원의 전보를 직무상 이유가 존재하는지 여부의 문제의 대답을 위하여 중요한 행정정책적인 결정이 존재한다.

마. 판단여지에 있어서 사법적 통제

[772] 행정이 판단여지를 가진다는 것은, 행정이 그 범위에서 모든 재판적 통제로부터 면제되는 것을 의미하지는 않는다. 행위재량의 경우들과 구조적인 친근성 때문에, 오히려 제114조에 규정된 재량결정의 재판적 심사를 위한 기본원칙들에 상응하게 연결된다. 단지 재량불행사(Ermessensnichtgebrauch)만이, 다수의 견해에 의하면, 불확정 법개념에 있어서 판단여지와 상응하지 아니한다, 왜냐하면 여기서는 이론적으로 단지 결정이 적법하여야 하기 때문이다. 단지 판단유월(Beurteilungsüberschreitung)과 판단여지의 오용(Fehlgebrauch) 사이에서만 구별되어진다.

(1) 판단의 결여

판단의 결여(Ausfall)은 행정청이 자기에게 판단여지가 부여되어 있고 그리고 행정정이 이러한 판단여지를 사용하는 것을 인식하지 못한다면 존재한다.

(2) 판단의 유월(Beurteilungsüberschreitung)

[773] 종종 행정이 판단의 결과로 불확정 법개념을 통하여 마련된 범위를 넘었는지 여부에 대한 사법적 심사는 개시되어야 한다. 아무튼 불확정 법개념의 해석이 더 이상 신빙성이 없거나 또는 그 밖의 권리를 침해하였다면, 그로부터 출발하여야 한다(판단유월). 법원에 의하여 심사되어질 수

있는 법적인 기속은, 특히 기본권으로부터 발생한다. 시험법에 있어서 무엇보다도 일반적으로 유효한 평가원칙들이 중요하다(전문지식의 평가의 심사가능성에 대하여 문번 765 이하를 참조하라). 예를 들면 직무 평가에 있어서, 모든 승진지원자가 최고평점으로 평가되어진다면 그 채용이 명백한 표준화는, 하자가 있고 기본법 제33조 제2항과 부합되지 않는다.

(3) 판단의 오용(Beurteilungsfehlgebrauch)

[774] 법원은 나아가 행정이 자신에게 부여된 판단여지를 하자있는 방식으로 사용하였는지를 심사하여야 한다. 이는 행정청이 그의 판단여지의 행사에 있어서 모든 결정에 중요한 이익들을 고려하지 아니하였거나, 이익들을 잘못 평가하였거나 또는 불완전한 혹은 부정확한 사안(Sachverhalt)으로부터 출발한 경우이다(판단의 결여: Beurteilungsdefizit).

[775] 예: 구술시험에 있어서 착오로 올바른 답을 다른 후보자에게 귀속시켰다. 판단의 오용은 종종 절차 하자로부터 도출된다(resultieren). 판단오용은 절차하자를 통하여 야기된 형식적 위법성 외에도, 동시에 행정행위의 실질적 위법성을 근거 지운다.

[776] 평가를 위하여 사안과 관련이 없는 고려(sachfremde Erwägungen)들이 기준이었는지 여부가 심사되어야 한다.

[777] 예: 심사자는 수험생의 평가에 있어서 수험생이 이전의 수업시간에 불쾌하였기 때문에 개인적인 반감(Antipahtie)에 이끌렸다.

3. 계획재량과 규제재량

[777a] 재판적으로 단지 제한적으로만 심사가능한 형성의 여지들은 계획

에 본질적으로 내포되어 있다. 이것은 행정행위의 형식으로 발급되는 계획들 뿐만 아니라 (예를 들면 계획확정결정들), 또한 법규범의 형식으로 발급되는 그러한 계획들에게도 (특히 지구상세계획들, 그러나 또한 예를 들면 공간질서계획들) 해당된다. 계획주체에게 부여된 형성의 여지의 다른 말로서 흔히 계획재량이라는 개념이 사용된다. 계획주체에게 목적적 (목적지향적) 프로그램화로 인하여 종종 재량결정에서 보다 광범한 여지가 부여된다손 치더라도, 행정법적 재량결정과 판단여지에 대한 심사를 위하여 적용되는 기본원칙들은, 대부분 또한 소위 계획재량에게도 이전된다. 행정법적 재량결정을 위하여 특징적인 것은, 목적적으로 각인된 규범의 토대 위에 존재하는 계획적 목표의 지정 내지 우선순위고려 그리고 이러한 목표의 추구에 있어서 상호 대립하는 이익들 다수의 조정(Ausgleich)에 있어서 계획입안자(Plangeber)의 형성의 자유이다. 그러한 범위 내에서 목표개방적 계획재량은 재량의 여지뿐만 아니라 판단여지의 요소들을 함께 나타내고 있고, 그래서 단지 양적인 차이만 존재할 뿐, 그러나 질적인 차이는 존재하지 않는다. 계획재량의 통제는 연방행정법원에 의하면 두가지 단계로 이루어진다. 먼저 형량요소의 취합(Zusammenstellung)과 그에 결부하여 형량요소의 무게평가(Gewichtung), 즉 본래의 형량이 심사되어진다. 주의할 점은 첫 번째 단계에서 이루어지는 형량요소의 취합은 종종 불확정 법개념의 사용을 통하여 조종되고, 취합과 관련하여 계획주체에게 경우에 따라서는 이미 판단여지가 부여된다는 것이다. 이전의 연방행정법원의 주장된 견해에 반하여, 이것은 최소한 부분적으로 연방건설법 제1조 제6항에서 형량요소의 표시를 위하여 이용된 불확정 법개념, 예를 들면 연방건설법 제1조 제6항에 언급된 주민의 사회적 그리고 문화적 필요성 또는 연방건설법 제1조 제6항 제8a호에 의한 경제의 이익에 대해서 적용된다. 이러한 개념들은 그 자체로 다시금 고도의 복합적인, 형성적인 요소들을 포함하는 형량과정들을 준용한다. 계획의 두 번째 (본질적) 단계로서 형량은 - 첫째 - 형량이 아무튼 개시되는 것, - 둘째 - 사안의 본질에 따라(nach Lage der Dinge) 형량으로 포함되어야만 하는 이익들이 형량으로 포함될 것, - 셋째 - 관련되는 공익의 의미가 왜곡되지 아니하고 또는 공익들 사이의 조정이 개별적 이익의 객관적 무게가 비례를 잃는 방식으로 이루어지지 아니할 것이 요청한다. 형량의 불개시 그리고/또는 형량의 결여가 존재하는지에 대해서 재판적으로 심사되는 형량의 첫 번째 요소들은 형량과정에 해당된다. 형량오판 그리고/또는 형량불비례가 존재하는 지에 대하여 심사되는 세 번째 요소는 (아무튼 중점적으로) 형량결과를 대상으로 한다.

[777b] 연방행정법원의 새로운 판례에 의하면 규제행정청으로서 관할하는 연방네트아겐투어(Bundesnetzagentur: 연방통신위원회)에게 통신시장에서의 한정된 용량으로 인하여 통신법(TKG)을 통해서 부여되는 소위 규제재량(Regulierungsermessen)에 대해서도 유사한 것이 적용된다. 여기에서 법적 결과의 측면에서 광범한 선택여지와 조성여지가 - 구성요건측면에서 다수의 불확정 법개념을 통하여 조종되는 - 평가하는 그리고 예측하는 요소들을 포함하는 형량과 결부되어 있다. 이러한 관련성에서 규제행정청을 통하여 실시되는 무게달기의 심사와 - 부분적으로 상충하는 규제목표 내지 기타의 공익과 사익 - 이익들의 다수의 조종에 있어서 연방행정법원은 계획재량의 재판적 심사를 위해서 적용되는 기본원칙들을 결부시킨다. 그에 상응하게 시장분석에(TKG 제13조와 관련한 제9조 제2항) 기초하여 규제의무의 부과에 대한 결정에 있어서, 예를 들면 접근의무(TKG 제21조) 또는 이용료규제(TKG 제30조), 재판적으로 형량불개시, 형량결여, 형량오판 또는 형량불비례가 존재하는 지에 대해서 심사 되어질 수 있다.

4. 제113조 제3항, 제2항 제2문에 따른 사법적 심사의 제한으로의 권한

[778] 행정법원이 추가적으로 사안설명이 필요하다고 간주하는 경우에, 제113조 제3항 제1문에 따라서 행정행위 혹은 재결을, 법원에 행정청서류의 접수 후에 6개월 이내에, 본안에 있어서 결정함이 없이, 폐지하여야 한다. 이를 위한 요건은, 아직 유형 혹은 범위에 대하여 필요한 조사가 현저하고, 폐지가 참가자의 이익을 고려할 때 적절한(sachdienlich) 것이다. 이 경우에 법원은 신청에 의하여 새로운 행정행위의 발급 때까지 가규율(einstweilige Regelung)을 발할 수 있다. 결정(Beschluss)은 항상 변경 혹은 폐지될 수 있다(제113조 제3항 제3문).

[779] 제113조 제3항 제1문에 의하여 결정은, 행정행위가 위법하기는 하지만 그러나 행정행위가 자신에게 붙은 하자(瑕疵) 없이도 발급되어져야만 했는지 여부가 확정되지 아니하였고, 그리고 이러한 문제의 대답을 위하여 사안설명에 근거하여 상응하는 조사가 행정법원을 통하여가 아니라 이를 위하여 보다 더 적합한 행정청을 통하여 이루어지도록 하는 것이 적절하다고 판단되는 광범한 사안설명이 요청되는 경우에 고려된다. 내용적으로 하자있는 이유로 점철(點綴)된 행정행위에 있어서, 행정이 사안을 그의 부정확한 법적 견해 때문에 불충분하게 설명하였을 때에도, 준용된다. 제113조 제3항은 권력분립의 법치국가에서 법원과 행정 사이에서 원칙적인 임무분배의 보장에 이바지한다. 그의 실제적인 의미는 그러나 제113조 제3항 제4문의 짧은 시간적인 기한을 통하여 현저하게 줄어든다.

예: 절차하자가 행정청이 요청되는 사실관계설명을 도외시하도록 야기하였다.

[780] 고려되어야 할 것은, 불충분한 사실관계규명에 기초하는 행정청의 재량결여에 있어서 이미 실체법으로부터 - 제113조 제3항과는 독립적으로 -

행정행위의 폐지의무가 발생한다. 이것은 원자력법상의 허가에 있어서도 타당하다(BVerwGE 85, 368, 379). 상응하는 것은 이미씨온보호법을 위해서도 받아들여진다. 이에 반하여 계획법의 영역에서는 폐지권능은 행정절차법 제75조 제1a항 그리고 이에 상응하는 전문계획법적 규정을 통한 중대한 형량하자의 관점에서 제한되는데, 형량하자가 계획보완이나 보충절차를 통해서 제거되지 아니하는 한에서만, 계획확정결정 혹은 계획허가의 폐지를 가져온다. 여기서 고려되는 계획확정결정의 위법성과 그의 하자 제거까지 비(非)집행가능성의 확인은, 실무적으로 행정행위의 폐지와 본질적으로 구별되는 것은 아니다.

[781] 제113조 제2항 제2문은 금액을 지정하거나 그에 관련된 확인을 하는 행정행위의 변경(부분폐지: Teilaufhebung)을 지향하는 취소소송에 있어서, 제113조 제3항처럼 유사한 목표를 추구한다. 계산이 적지 아니한 비용을 요구하고 행정청에 의하여 이용할 수 있는 보조수단으로 보다 잘 처리할 수 있다면, 법원은 행정청에게 지정될 금액의 조사를 맡긴다. 제113조 제2항 제2문과 제3문은 이 때 그 적용영역에 있어서 제113조 제3항에 우선한다. 제113조 제3항도 제113조 제2항 제2문처럼 의무이행소송에는 적용될 수 있다.

Ⅲ. 행정행위의 사법적 판단을 위한 기준시점

1. 문제의 제기

[782] 공격받는 행정행위의 재판적 판단을 위하여, 어느 시점이 기준이 되는 지는, 여전히 논란이 있다. 토론은 극히 다양한 의견들과 광범한 개별적 사안을 처리하기 위한 규율(Kasuistik)을 가져왔다. 이처럼 혼미스러운

의견 다양성의 원인은 소송법적으로 뿐만 아니라 실체법적 문제들이 제기되고, 그의 혼합이 토론과 이해를 현저하게 어렵게 만들었다. 덧붙여서 이미 행정행위의 위법성의 개념에 대하여, 불명확성이 존재한다. 그리고 위장전투(Scheingefechten)로 이끄는 용어상 부정확성으로 인하여 설명(Klärung)이 어려워졌다. 또한 주목할 점은, 행정행위의 공포 후에 등장하는 사실적 혹은 법적 상황의 변화가 어느 정도로 행정행위의 적법성의 평가에 영향을 미치는지의 실체법적 문제는, 행정법의 가장 어려운 그리고 가장 적게 해명된 문제에 속한다.

2. 문제의 소송법적 그리고 실체법적 차원

[783] 취소소송의 범주에서 행정행위의 재판적 평가를 위해서 어느 시점이 기준이 되는가의 문제는, 소송법적 그리고 실체법적 차원을 가진다. 평가에 있어서 행정행위가 적법한지 여부 그리고 취소소송으로 주장된 제거청구권이 존재하는지 여부를 어느 시점을 기준으로 할 것인가가 소송법적으로 중요하다. 행정행위의 발급 후에 등장한 사실적 혹은 법적 상황의 변화가, 어느 정도로 행정행위의 적법성의 (추후의) 평가와 실체법적인 제거청구권의 존재에 영향을 미칠 수 있는지가 실체법적으로 규명되어야 한다. 사실적 혹은 법적 상황의 사후적 변화가 행정행위의 적법성의 평가에 영향을 미칠 수가 없다고 가정한다면, 적법하게 발급된 행정행위는 항상 적법하고 위법하게 발급된 행정행위는 항상 위법하게 존재하기 때문에, 기준이 되는 시점의 소송법적 문제는 더 이상 제기될 수 없고, 단지 가장(假裝)문제(Scheinproblem)일 뿐이다. 소송법이 제113조 제1항 제1문에서 공격받는 행정행위의 평가에 있어서 어느 시점을 기초로 하는 것과 관계없이, 법원은 결론적으로 항상 적법성의 동일한 평가에 이르러야 한다. 물론 오늘날

최소한 적법하게 발급된 행정행위가, 위법하게 될 수 있다는 것에 모두가 동의한다. 적법하게 발급된 행정행위는 결코 위법하게 될 수 없다는 이전에 종종 주장된 반대견해는, 그의 제거가 행정절차법 제48조에 따라서 행정청의 폐지에 있어서도 또한 제113조 제1항 제1문에 따른 재판적 폐지에 있어서도 중요한, 행정행위에 체화(體化)된 법적인 규율내용이, 위법하게 행정청의 작용을 통해서 이루어졌기 때문에 위법할 수 있을 뿐만 아니라, 또한 행정청이 사실적 혹은 법적 상황의 사후적인 변경에 근거하여 행정행위에 체화된 법적인 규율내용을 제거할 의무가 있음에도 그러나 이러한 의무를 이행하는 것을 해태하기 때문에 위법할 수 있다는 것을, 충분하게 고려하지 않았다. 행정행위의 위법한 발급에 대하여 위법한 부작위에 있어서의 차이점은, 행정행위의 위법성이 그의 폐지로의 행정청의 의무가 근거지워지는 순간에 비로소 등장하는 한도에 있어서 존재한다.

가. 행정행위의 발급시점의 기준에 있어서 귀결

[784] 제113조 제1항 제1문이 행정행위가 위법한지 여부의 문제의 평가에 있어서 행정행위의 발급시점에 (내지 재결로 변경된 행정행위의 폐지에 있어서 재결절차의 종료에) 근거한다면, 이 시점 이후에 등장하는 사실적 혹은 법적 상황의 변경은 취소소송의 범주에서 항상 중요치 않다. 그러한 변경이 그 등장의 시점으로부터 행정행위의 위법성을 가져온다고 할지라도, 취소소송의 이유없음에 아무런 변동이 없다. 왜냐하면 그의 발급시점에서 행정행위는 적법하였기 때문이다. 그러나 추후에 등장한 위법성은 취소소송이 아니라 다른 방법으로 즉 의무이행소송을 통하여 소송적으로 주장될 수 있다. 적법하게 발급된 행정행위는, 그 폐지로의 행정청의 의무가 존재할 때에만, 위법하게 될 수 있다. 상대방(Betroffenen)의 행정행위의 폐지청구권은 이러한 의무에 상응한다. 행정청이 폐지를 하지 아니하거나 거부

하면서 청구권을 충족시키지 아니하면, 상대방은 제42조 제68조 제2항에 따라서 의무이행소송으로서 행정행위의 폐지를 소구하고, 그의 폐지청구권을 소송적으로 실행할 가능성을 가진다. 변경된 사실적 내지 법적 상황 때문에, 이전의 소기각 판결의 효력은 의무이행소송의 제기를 방해하지 아니한다.

[785] 행정행위의 평가를 위하여 단지 그의 발급시점이 기준이 되고, 이로써 취소소송으로서 실행시킬 제거청구권의 존재에 대한 결정에 있어서 추후의 사실적 혹은 법적 상황의 변화를 배제한다면, 행정법원은 결과적으로 행정행위가 추후에 장래에 대하여(ex nunc) 적법하게 되는 경우에 있어서도, 그럼에도 불구하고 행정행위를 전체로서 폐지하여야 한다. 행정에게는 그러면 행정행위의 새로운 발급의 가능성만이 존재한다. 취소소송의 범주에서 행정행위의 발급 후에 등장한 사실적 혹은 법적 상황의 변화가 중요치 아니하였다면, 취소판결의 효력은 행정행위의 새로운 발급을 방해하지 아니한다.

예: 절차 하자있게 발급된 그리고 그와 함께 위법한 행정행위가 추후에 행정절차법 제45조 제2항의 기준에 의하여 치유되었고, 그래서 장래에 향하여 적법하게 된다면, 여기서 주장된 견해에 의하면, 행정법원은 행정행위를 폐지하여야만 할 것이다.

나. 행정법원에서의 최종구두심리시점기준에 있어서 결과

[786] 공격받는 행정행위의 적법성의 평가에 있어서 그리고 제거청구권의 존재문제의 평가에 있어서, 항상 최종적 구두심리 시(時)에 기초한다는 제113조 제1항 제1문의 해석은 - 다음 문번 789이하에서 설명되듯이 타당하게도 -, 행정법원은 행정행위 내지 재결정본의 발급 후에 비로소 등장한 그러한 변화에 기초하여 적법하게 발급된 행정행위가 위법하게 될 수 있는

사실적 혹은 법적 상황의 변화를, 항상 고려하여야만 한다. 그 때문에 - 상응하는 접점이 존재한다면 - 소송계속 후에 사실적 혹은 법적 상황의 변화가 발생하였는지 여부와 이러한 변화로 인하여 실체법에 의거하여 행정행위가 이 시점으로부터 위법하게 되었는지를 심사하여야 한다. 이것이 해당된다면, 행정법원은 행정행위를 위법하게 된 그 시점으로부터 폐지한다. 사실적 혹은 법적 상황의 변경 전의 시점을 위한 행정행위의 폐지는, 이에 반하여 배제된다. 취소소송은 (그리고 의무이행소송은 아니고) 행정행위가 위법하게 된 시점으로부터 행정행위의 폐지를 지향하는 제거청구권들의 실행에 이바지한다.

[787] 예: 위에 언급된 사례에서 압류가 이의신청절차의 종료 후에 위험의 소멸로 인하여 위법하게 되었다면, 행정법원은 압류를 위법하게 된 시점으로부터 장래효력으로 폐지하여야 한다. 원고가 이를 넘어서 압류의 폐지를 그의 압류의 순간으로부터 폐지시키고자 한다면, 취소소송은 그러한 한에서는 이유가 없다.

[788] 사실적 혹은 법적 상황의 변경이, 폐지로의 의무를 근거지우지 아니하므로, 행정행위의 적법성을 위하여 실체법적인 의의가 없다면, 적법하게 발급된 행정행위는 제113조 제1항 제1문에 의하여 그의 적법성의 평가를 위하여 기준이 되는 최종구두심리의 시점에서도 적법하다. 물론 이것이 그러한 경우에 행정행위의 법적인 평가를 위하여 더 이상 최종구두심리의 시점이 중요치 않다는 것을 의미하는 것은 아니다. 이러한 시점은 여전히 기준으로 남는다. 여기서 행정행위의 적법성이, 제113조 제1항 제1문에 의하여 기준이 되는 최종구두심리의 시점에서 그의 발급의 시점에서 행정행위의 적법성과 동일하게 평가되어져야 한다는 상황은, 평가를 위하여 기준이 되는 시점이 이제는 행정행위의 발급시점이라는 것으로 이끌지는 아니한다.

3. 소송법적 기준시점

[789] 행정행위의 적법성의 평가에 있어서 소송법은 어느 시점을 기준으로 하는 지의 문제에 답하기 위한 출발점은, 제113조 제1항 제1문의 해석이어야만 한다. 이러한 규정이, 행정행위가 행정절차의 종료시점에 혹은 최종구두변론시점에 적법한지 여부 혹은 이러한 문제가 가능한 한 통일적으로 대답되어질 수 없는지 여부를 규정한 것인지가 해명되어야 한다. 제113조 제1항 제1문의 문법적 해석은, 행정행위의 적법성의 평가를 위하여 최종구두변론의 시점이 중요하다는 견해를 지지한다. 제113조 제1항 제4문의 의도적인 변화(Abweichung)에 있어서는 다음과 같다: "행정행위가 위법한 한". 그로써 최종구두변론시점에 의거한다.

[790] 행정절차의 종료 후에 등장한 사실적 혹은 법적 상황의 변경들을 고려하는 것이 필요하다는 것은, 나아가 무엇보다도 제113조 제1항 제1문의 체계적-목적론적인 해석을 확정한다. 취소소송은 즉 실체법적인 제거청구권의 실행에 이바지한다. 이러한 제거청구권의 존재를 위하여 제거청구권이 이미 행정행위의 발급이 위법하였기 때문에 처음부터 존재하였는지 여부는, 또는 제거청구권이 행정행위의 위법성을 가져오는 사실적 혹은 법적 상황의 사후적 변경을 통하여 근거 지워지는지 여부는 중요치 않다. 행정행위가 사후적으로 위법하게 된다면, 이것은 단지 행정행위가 그의 발급시점으로부터가 아니라 바로 이 시점으로부터 행정재판적으로 폐지되어질 수 있다는 한도에서 의미가 있다. 그러한 행정행위에 대한 취소소송이 그의 발급시점으로부터 폐지를 지향한다면, 취소소송은 그 때문에 부분적으로 기각된다(이것은 비용법적으로 중요하다).

[791] 소송경제(Prozessökonomie)와 권리보호의 효율성의 관점은, 취소소송으로 사후적으로 발생한 제거청구권의 소송상 주장을 지지한다. 원고가 그러한 사후적으로 발생한 이의를 취소소송의 방식으로 더 이상 주장할 수

없다면, 그는 행정행위의 원래의 위법성을 주장하는 취소소송 외에, 사실적
혹은 법적 상황의 사후적 변경 때문에 신중을 기하기 위하여(vorsich-
tshalber) 추가적으로 의무이행소송을 제기하도록 강제될 것이다.

나아가 이행청구권의 실행에 이바지하는 모든 다른 소송에 있어서도, 주
장된 청구권이 최종구두변론시에 행정법원에 존재하는지 여부에 근거지워
진다는 것을 고려하면, 체계적인 관점 하에서도 실체법적 이행청구권을 주
장하는 취소소송에 있어서 다른 것이 적용되어야 하는 이유를 들여다 볼
수 없다.

[792] 그에 대하여 최종구두변론시의 기준성에 대항하여 무대로 등장한
행정절차의 종료 후에 등장하는 사실적 또는 법적 상황의 변경의 고려에
있어서 원고의 권리침해에 대해서 공격받는 행정행위를 통하여 결정되지
않고 오히려 전혀 계쟁대상이 아닌(nicht streitbefangene) 행정행위를 동일한
내용으로 다시금 발급할 수 있는 행정의 권한이 판단된다는 주장은 설득력
이 없다. 이에 대하여 적법하게 발급된 행정행위가 행정절차의 종료 후에
등장한 사실적 혹은 법적 상황의 변경 때문에 위법하게 되었는지 여부의
문제는, 결코 행정이 행정행위를 사실적 혹은 법적 상황의 변경 후에도 적
법하게 발급할 수 있었는가의 문제와 동등시되어질 수 없다는 것이 강하게
강조된다. 추후에 등장한 행정행위의 위법성은, 행정이 사실적 혹은 법적
상황의 추후의 변경 때문에, 그의 폐지가 의무 지워지는 경우에만 받아들
일 수 있다. 행정절차법 제49조 제2항 제3호와 제4호가 명백하게 하듯이,
행정행위의 기초에 놓인 사실적 혹은 법적 상황의 추후의 변경은, 결코 당
연히 그의 폐지로의 의무와 그와 함께 당연히 그의 위법성을 근거지우지
못한다.

[793] 예: 여기에 존재하는 차이는 울레에 의하여 다루어졌던 술주정뱅이
공무원이 적법하게 해고된 경우에서 두드러진다. 해고의 유지는, 공무원이
행정법원에서 최종 구두심리시점에서 치유되었고 그로 인하여 이제는 그

를 해고할 수 없을지라도, 적법하다.

[794] 많은 논거들이 제113조 제1항 제1문의 의미에서 행정행위의 위법성을 평가함에 있어서 일반적으로 행정법원에서 최종구두심리의 시점에 근거하는 것을 지지한다. 그 때문에 여하튼 행정행위의 위법성의 평가에 있어서 일반적으로 행정행위의 발급시점 내지 재결의 선고(Ergehen)시점에 근거하는 반대견해는 거부되어야 한다. 제113조 제1항 제1문에 의하여, 행정행위의 위법성의 평가에 있어서 어느 시점에 근거할 것인가의 문제를 다양하게 대답하는 모든 견해들도 설득력이 없다. 그들에게는 제113조 제1항 제1문이 기준시점의 다양한 규정을 위하여 연관점이 없다는 이의가 제기될 수 있다. 그러한 차이는 실체법으로부터도 도출될 수 없다. 기준시점의 소송법적 문제를 실체법적 입법자를 통하여 대답토록 하는 체계적 이유도 그에 반대한다. 실체법을 관할하는 주(州)입법자에게 관할법적인 이유로, 기준시점의 소송법적 문제를 규율하는 것이, 허용되지 않을 것이다. 어떠한 요건 하에 행정행위가 적법한가의 문제는, 다툼이 없이 그의 규율관할에 (그리고 소송입법자의 관할이 아니라) 놓인다. 소송법적인, 취소소송과 의무이행소송의 권리보호영역의 구분을 위하여 결정적인, 제113조 제1항 제1문에 따라서 행정행위의 적법성의 판단에 있어서 어느 시점이 중요한가의 문제는 주입법자의 입법관할이 아니다.

4. 실체법적 문제

[795] 제113조 제1항 제1문에 의하여, 행정행위의 적법성의 평가에 있어서 최종구두심리의 시점에서 사실적 그리고 법적 상황에 근거하는 것을 위하여 결정하더라도, 이것으로 행정절차의 종료 후에 등장한 사실적 혹은 법적 상황의 변경이, 소송법적으로 기준이 되는 시점에서 어느 정도로 다

른 실체법적 평가를 가져오는 지에 대한 문제가 대답된 것이 아니다. 이 문제의 대답은 전적으로 실체법에 의한다. 사실적 또는 법적 상황의 추후의 변경을 통하여 우선 적법하게 발급된 행정행위가 위법하게 되는지 또는 우선 위법한 행정행위가 적법하게 되는지 여부에 대해서는 저 것이(jenes) 결정한다. 그리고 그렇다고 한다면, 변경된 법적 평가가 등장하는 시점으로부터이다. 이러한 주제는 소송법 밖에 놓여 있을 지라도, 기준시점의 문제의 보다 나은 이해를 위하여 보다 상세하게 언급되어져야 한다.

가. 행정절차의 종료 후에 비로소 등장한 사실적 또는 법적 상황의 변경의 원칙적 실체법적 경미함

[796] 행정절차의 종료 후에 비로소 등장한 사물적 혹은 법적 상황의 사후적인 변경은 행정행위의 실체법적 적법성의 평가를 위하여 제113조 제1항 제1문에 따른 소송법적으로 기준시점에 있어서 중요하지 아니한다는 것이 기본원칙으로서 확립되어져야 한다.

예: 건축허가가 적법하게 발급된다면, 이에 대항하여 제기된 인인소송은 사후에 발급된 지구상세계획에 기초하여 건축허가가 더 이상 발급될 수 없을지라도, 성공할 수 없다. 새로운 법적 상황은, 건축주의 재산권 보호의 고려 하에 그의 부담으로 작용할 수 없다.

[797] 이러한 종류의 경우들에 있어서도, 법원의 판단을 위한 기준시점은 - 여러 번 인정되었듯이 - 행정행위가 발급되거나 행정절차가 종료되는 시점으로 이전되지 아니한다. 오히려 전적으로 행정법원에서 최종구두심리의 시점이 중요하다. 여기서 소송법적으로 기준시점에서 법적인 평가는, 단지 행정행위의 발급시점에서 실체법적인 평가를 덮는다.

이것은 그러나 제113조 제1항 제1문에 의하여 항상 최종구두변론 시(時) 내지 소송상 결정의 시점이 중요하다는 것에 있어서 변하지 않는다.

나. 행정절차의 종료 후에 등장한 사실적 또는 법적 상황의 변경에 근거하여 적법하게 발급된 행정행위의 사후적 위법화

[798] 예외적인 경우에 실체법은 행정절차의 종료 후에 등장하는 사실적 혹은 법적 상황의 변경들이, 변경시점으로부터 행정행위의 다른 실체법적 인 평가를 요청하는 것으로 인도한다. 이것은 특히 계속효를 가진 행정행 위에 있어서 의미가 있다. 이것은 계속적 법률관계를 생성하고 부단하게 현재화하는 행정행위들이다. 이러한 행정행위들은 행정경제적 이유로 하나 의 행정행위로 압축되고, 한 번의 특정한 시점에 한정된 명령 혹은 금지 또 는 법적 상황의 한 번의 변경(Umgestaltung)으로 충분하게 다루어지지 아니 하는 개별적 행정행위의 모음(Summierung)으로 상정할 수 있다.

[799] 예: 지속적 효력을 가지는 행정행위는 위험한 행위를 장기간 (경우 에 따라서는 완전히) 금지하는 예를 들면 사행(射倖)행위법상 금지처분과 같은 경찰상 명령이다. 지속적 행정행위는 또한 어떤 대상을 영구적 귀속 (Verstrickung)을 가져오는 경찰적 압류이다.

[800] 지속적 행정행위(Dauerverwaltungsakten)에 있어서 종종 행정행위의 기초가 되는 사실적 혹은 법적 상황의 추후의 변경이 - 사안적으로 근거 지워지는 다른 법적 규율의 유보 하에 - 원칙적으로 행정행위가 위법하게 되고 변경의 등장시점으로부터 폐지될 수 있다는 것을 가져온다. 적법하게 발급된 행정행위들에 있어서 그들의 구성요건이나 법적 기초의 사후적 탈 루(Wegfall)는 - 이미 앞에서 언급되었듯이 - 대부분 그들의 적법성에 변화 를 가져오지 않기는 한다. 그러나 지속적 행정행위들에 있어서 구조적인 이유로 그들이 실제적인 결과에 있어서 연이어서 작동되는 개별적 행정행 위들의 다수의 집합(Summierung)으로서 이르게 되므로 (사슬행정행위들: Kettenverwaltungsakte) 다른 것이 적용된다. 그러한 개별적 행정행위가 사실 적 그리고/또는 법적 상황의 변경에 근거하여 더 이상 새롭게 발급될 수 없

다면, 여기서 평등원칙이 - 특별한, 사안적으로 근거 지워지는 다른 법률적 규정의 유보하에 - 원칙적으로 그러한 행정행위의 사후적 위법화 및 이에 연결되는, 기본권적으로 근거지워지는 그의 폐지로의 의무를 암시한다. 사후적 위법은 종종 과잉금지로부터 도출된다. 그 때문에 예를 들면 어떤 행위로부터 도출되는 위험으로 인하여 처음에는 그러한 행위를 금지하였던 경찰상 행정행위는, 위험이 취소소송의 계속 후에 등장하는 사실적 그리고/또는 법적 상황의 변경으로 인하여 없어진 경우에는 폐지되어야 한다. 행정행위를 통하여 요구된 위험을 극복하기 위한 절차가, 사후적으로 등장한 사실적 그리고/또는 법적 상황의 변경에 기초하여 이제는 위험의 극복을 위하여 적절하지 아니한 경우에도 동일한 것이 타당한다.

[800a] 행정절차법 제49조 제2항 제3호와 제4호는 그러한 폐지의무를, 동 조항이 전적으로 부담적 행정행위와 관련된 것은 아니고, 오히려 단지 먼저 수익을 포함하는 그러한 행정행위와 관련된 것이 때문에, 일반적으로 의문을 제기할 수는 없다. 동 조항의 적용은 기껏해야 제3자효 행정행위에 있어서 고려될 것이다. 여기서도 그 적용은 사후적으로 위법하게 된 지속적 행정행위들에 대한 적용을 배제한다. 왜냐하면 행정절차법 제49소 제2항 제1문은 이미 그 문언상 (사후적으로) 위법하게 된 지속적 행정행위들에 대해서는 적용될 수 없기 때문이다. 이를 통하여 소송을 돕는 한, 제3자에 의하여 공격받는 행정행위가 폐지되는 경우에는, 행정절차법 제49조 제2항 제1문 제3호와 제4호의 적용을 명시적으로 배제하는 행정절차법 제50조도 이것을 보여준다. 행정절차법 제50조는 그것으로 적법하게 발급된 행정행위가 사실적 또는 법적 상황의 사후적인 변경 때문에 위법하게 될 수 있다는 것을 확정하고, 동시에 사후적으로 위법하게 된 행정행위의 폐지를 구하는 취소소송으로 추구하는 청구권을 고려한다. 과잉금지로부터 행정행위의 사후적인 위법화가 도출되는 한, 단순한 입법자는 행정행위의 위법성과 그를 통하여 도출되는 행정절차법 제49조 제2항 제1문 제3호와 제4호를

통한 취소의무를 배제할 수 없다.

[800b] 행정행위의 사후적인 위법화(違法化)에 있어서 행정절차법 제49조는, 이전에 언급된 것에 의하면 직권취소를 위해서 이미 그 때문에 (아무튼 배타적으로는 아니지만) 끌어들일 수 없다. 왜냐하면 그 범위 내에서는 행정절차법 제48조가 적용되기 때문이다. 이 규정은 사후적으로 위법하게 된 행정행위에도 그 적용을 한다. 이러한 방식으로만 기본권의 주관적 권리성으로부터 부담적이고 위법한 행정행위의 폐지청구권이 그의 시초(始初)의 위법에서 뿐만 아니라 또한 그의 사후적 위법에 있어서도 존재하는 상황을 고려할 수 있다. 차이는 단지 청구권의 시적 범위의 관점에서만 존재한다. 사후적 위법의 경우에 대하여 행정절차법 제49조 제1항의 배타적인 적용은, 행정행위를 그의 사후적인 위법의 등장 후에 즉각적으로 폐지하지 아니한 행정청에게 이러한 위반을 사후에 소급적으로 제거하는 것이 허용되지 않을 것이다. 행정절차법 제49조의 귀결로서, 그 외에도 지속될 수 없는 소송상 결과들이 도출될 것이다. 왜냐하면 이를 통하여 행정법원이 사후적으로 위법하게 된 행정행위를 그의 위법하게 된 시점으로부터 폐지하는 것을 방해받을 것이기 때문이다.

[801] 입법자는 지속적 행정행위를 사실적 그리고/또는 법적 상황의 변경에도 불구하고 폐지할 의무를 그렇지만 평등원칙과 과잉금지원칙에게 지탱하여야만 하는 사안적인 관점으로부터 수정할 수 있다(이에 대하여 우려는 Hufen 제24절 문번 9에 있음). 이 때 지속적 행정행위에 있어서 실제적인 규율에 이미 내용적으로 상응하는 규율이 시간적으로 미리 개입된 상황에 의미가 부여된다. 이것은 그것을 처음으로 발급된 규율로부터 구분한다. 이러한 구분은 차별취급을 정당화 할 수 있다. 이것은 예를 들면 영업법(GewO) 제35조 제1항에 따라서 영업금지에서 분명하게 나타난다. 영업자가 금지의 시점에서 신뢰성이 없다면, 그는 추후에 다시금 신뢰성을 가질 수도 있다. 그래서 그는 영업법 제35조 제6항에 규정된 요건(예 서면신청)

의 충족에 있어서만 영업행사의 재개가 허용된다. 이러한 구성요건요건이 충족된다면, 연방행정법원에 반하여(BVerwG, NVwZ 1982, S. 503), 취소소송의 범주에서 고려되어져야만 한다. 다른 견해는 영업법 제35조 제6항을 재개청구권이 행정절차의 실시 후에 비로소 존재한다고 이해하는 경우에만 주장될 수 있다.

[801a] 지속적 효력을 발하지 아니하고 오히려 일회적 행위를 지향하는 행정행위에 있어서도 입법자는 그러한 행정행위들이 재판절차의 와중에 비로소 등장한 사실적 또는 법적 상황의 변경에 기초하여 위법하게 된다는 것을 명령할 수 있다.

[802] 법이 행정절차의 종료 후에 등장한 변경들에게 소급효를 부여하고 그 때문에 적법하게 발급된 행정행위가 소급효로 위법하게 되는 경우들은, 사후적으로 등장한 변경의 실체법적인 비중요성의 원칙에 대한 본래적인 예외를 나타내지는 않는다. 여기에 소급의 법적인 의제(Fiktion)에 기초하여 처음부터 위법한 행정행위가 존재한다.

다. 위법하게 발급된 행정행위의 사후적 적법화

[803] 위법한 행정행위가 사실적 혹은 법적 상황의 변경 때문에 사후적으로 적법하게 그리고 치유되어질 수 있는 지가 의문이다. 부담적 행정행위의 발급을 위하여 결여된 (유효한) 법적 기초가 소급적으로 발급된다면 이것은 타당하다. 형식적으로 위법하고 무효인 부담금조례에 기초하여 발급된 개발부담금결정이 이제 소급적으로 형식적으로 하자 없는 조례에 의하여 대체된다는 것을 생각한다. 이전에 위법한 개발부담금결정이 소급적인 조례의 공포로서 적법하게 된다. 이것이 또한 조례가 소급적이 아니고 장래효로서(mit Wirkung ex nunc) 공포되어지는 경우에도 타당 하는지는 의문이다. 이 경우에 연방행정법원은 위법한 조례에 근거하여 불법적으로 발

급된 개발부담금결정은 동일한 내용의 결정이 발급되어야만 했을 새로운 조례가 발급되는 그 순간부터 치유된다는 것을 인정한다.

[804] 판례가 위법한 행정행위의 치유로부터 출발하는 다른 경우들처럼, 이러한 치유(Heilung)는 위법한 행정행위로부터 사후적으로 적법한 행정행위가 된다는 것으로 이해되어질 수는 없다. 실제로 원고의 주관적 권리침해에도 불구하고, 그의 폐지청구권(제거청구권)은 신의성실의 기본원칙(dolo agit, gui petit, quod statim redditurus est: böswillig handelt, wer fordert, was sofort zurückgewährt werden muss: 즉시 상환되어야만 하는 것을 청구하는 자는 악의적으로 행동하는 것이다)의 관점에서 (전체적으로 혹은 부분적으로) 배제된다. 이것은 인인이 그의 권리를 침해하는 건축허가를 공격하고 그러나 법적 상황의 추후의 변경에 기초하여 (예를 들면 지구상세계획의 신규공포) 허가가 이제는 발급되어져야만 하는 경우에도 타당하다. 그러한 형성적 행정행위에 있어서 (집행가능한 그리고 이미 집행된 행정행위와는 달리) 인인의 폐지청구권(Aufhebungsanspruch)은 법적 상황의 변경의 순간까지의 기간을 위하여(für den Zeitraum bis zum Moment der Veränderung der Rechtslage) 종료되었다. 왜냐하면 그러한 범위에서 건축허가의 행정재판적 폐지는 무의미하기 때문이다. 행정행위가 동일한 내용으로 발급되어져야만 하는 순간부터 행정행위의 폐지는 그에 반하여 이미 실체법적인 이유로 폐지청구권의 결여 때문에 배제된다. 판례가 결과에 있어서 타당하게 판시하듯이, 건축허가의 행정재판적 폐지는 배제된다.

[804a] 제45조 제1항 제1호에서 제5호에 언급된 절차의 하자에 한정되는 행정절차법 제45조에 따른 치유가, 위법하게 발급된 행정행위의 적법성을 가져올 수 있다. 본래 치유는 단지 전심절차의 종료 시까지만 또는 전심절차가 개시되지 아니하는 경우에는 행정재판적 소송의 제기까지 가능하였다. 제79조 제1항 제1호에 의거하여 취소소송의 대상은 원칙적으로 다만 재결을 통하여 판명된 형태로서의 행정행위이기 때문에, 치유는 행정소송

상 아무런 역할을 하지 못한다.

[804b] 이전에 언급된 사례를 제외한다면, 위법한 행정행위는 그에 반하여 사실적 또는 법적 상황의 사후적 변경에 의거하여 적법하게 될 수 없다. 이것은 지속적 효력을 지닌 행정행위에 있어서도 마찬가지이다.

Ⅳ. 본안에 있어서 행정법원의 판결

1. 행정행위의 (전부 또는 부분) 폐지

[805] 행정행위가 원고의 권리를 처음부터 혹은 추후에 침해한다면, 취소소송은 제113조 제1항 제2문에 따라서 행정행위와 재결의 폐지를 가져온다. 재결의 독립된 폐지에 있어서 제115조에 따라서 제113조 이하는 준용할 수 있다; 여기서 단지 재결만 폐지될 수 있다.

본안에 있어서 인용하는 판결의 주문의 예: "2003년 1월 1일자 피고의 처분과 2003년 4월 1일자 칼스루에 지방행정청(Regierungspräsidium)의 재결은 폐지된다."(허용되지 않는 또는 이유없는 소에 있어서 판결의 주문은 문번 57b를 참조하라)

폐지는 원칙적으로 행정행위가 원고의 권리를 침해하는 시점으로 소급하여 효력을 발한다. 폐지가 추후의 시점으로부터 청구되거나 또는 행정행위의 소급적 폐지에 대해서 정당한 이익이 없는 경우에만, 예를 들면, 기본법 제33조 제2항에 대한 위반 하에 이루어진 공동신청인의 임명의 폐지와 같은 경우에, 다른 것이 타당하다. 연방행정법원에 따르면(NVwZ 2013, 1483) 지속적 효력을 지닌 행정행위에 있어서도 이러한 행정행위가 과거를 위해서 완료되었다는 소급효를 종종 인정하지 않는다. 무효의 행정행위일지라도 법원에 의하여 폐지될 수 있다.

[806] 행정행위가 원고의 권리를 다만 부분적으로 침해하는 경우에, 제113조 제1항 제1문에 따라서 행정행위는 부분적으로만 폐지될 수 있다. 이를 위한 요건은 그의 분리가능성인데, 이는 행정절차법 제44조 제4항의 유추적용으로 측정되고, 잔여행정행위가 폐지되는 부분 없이 존속할 수 없다면, 분리가능성은 주어지지 아니한다.

취소소송의 단지 부분적으로 인용하는 판결의 주문의 예: "2003년 1월 1일의 피고의 결정과 2003년 4월 1일의 칼스루에 지방행정청의 재결은 100유로 이상의 수수료(Gebühr)가 부과된 부분은 폐지된다; 그 외에 소는 기각된다.

제113조 제2항의 이전의 법안(Fassung)에 의하여 존재하는, 행정법원의 예외적으로 위법한 행정행위를 적법한 행정행위를 통하여 대체하는 가능성은 행법법원법개정법률(VwGO-ÄndG)을 통하여 상당하게 제한되었다. 원고가 금액을 부과하거나 혹은 그에 관련된 확인과 관련된 행정행위의 (부분)폐지를 구하면, 법원은 - 원래의 행정행위를 폐지함이 없이 - 수수료액을 다른 정도로 부과할 수 있거나 혹은 확인을 다른 확인을 통하여 대체할 수 있다(제113조 제2항 제1문).

가. 위법한 부관에 있어서 부분폐지

[807] 제113조 제1항 제1문에 따라서, 행정행위의 부분폐지에 있어서 문제들은 특히 행정행위에 부가되는 위법한 부관과의 연결에서 제기된다. 원고가 위법한 부관을 통하여 주관적 권리를 침해 당하였을지라도, 기본법 제20조 제3항과 제2항과 연결하여 행정절차법 제44조 제4항의 법적 사고로부터 재판적 (부분) 폐지권능의 제한들이 발생한다. 부관은 따라서 원고가 부관의 폐지 후에 존재하는 내용으로 수익적 행정행위의 발급청구권을 가지는 경우에만, 분리하여 취소되어질 수 있다. 행정이 그의 위법성을 알았

었더라면, 행정이 명백하게(nachweislich) 수익적 행정행위를 부담적 부관 없이도 발급하였을 것이라면, 재량결정에도 동일한 것이 타당하다. 부관의 폐지 후에 남는 행정행위가 이에 반하여 위법하거나 혹은 재량결정에 있어 서 행정행위가 위법성을 인식한 경우에 부관 없이도 발급되어졌을 것이라 는 것이 확정되지 아니한다면, 부관의 폐지를 구하는 소는 이유 없다. 다만 부관의 위법성의 확인만이 고려된다.

[807a] 잔존하는 잔존행정행위(Restverwaltungsakt)의 위법성에 있어서, 위 법한 부관의 행정재판적 폐지에 대항하여 존재하는 이의(Einwände)들은, 잔 존행정행위를 행정절차법 제48조에 따라서 취소하는 행정청의 가능성에로 의 안내를 통하여 흩어질 수 없다. 수익적인 잔존행정행위의 취소가 행정 절차법 제48조의 구성요건요건의 충족(Vorliegen)에 있어서 행정청의 재량 에 놓여있다는 것을 도외시하더라도, 행정행위의 위법성에도 불구하고 행 정절차법 제48조의 취소요건이 결여될 수 있다.

[808] 잔존행정행위의 유지에 대항하여 행정절차법 제44조 제4항과 기본 법 제20조 제2항으로부터 우려가 존재할 뿐만 아니라, 무엇보다도 추가적 으로 기본법 제20조 제3항의 관점에서 우려가 존재하더라도, 재량결정에 있어서 연방행정법원은 그럼에도 불구하고 위법한 부관의 독립된(isoliert) 재판적 취소를 긍정한다. 연방행정법원은 행정의 권능을 행정절차법 제49 조 제2항 제2호로부터 잔존하는 잔존행정행위를 부관의 폐지(Kassation) 후 에 취소하는 것을 주장하면서 행정청의 재량여지를 보장하고자 시도한다. 이러한 시도는 타당하지 아니하다. 행정절차법 제49조 제2항 제2호는 이미 그의 체계적 위치상 단지 적법한 행정행위와 관련이 있고, 따라서 적법한 부담과 관련이 있다. 아무튼 부관의 소급하는 재판적 폐지에 따라서 행정 절차법 제49조 제2항 제2호는 이미 구성요건에 의하여 더 이상 적용될 수 없다. 또한 행정절차법 제49조 제2항 제2호의 유추적용도 좌절된다. 유추적 용은 행정절차법 제49조 제2항 제2호의 논리(ratio)에 정반대로 향한다. 이

규정은 당연히 수익자에 의하여 책임질, 수익의 철회와 함께 행정의 적법
한 부관의, 위법한 불이행을 제재하는 것이다. 위법성 때문에 폐지된 부관
에 있어서는, 거꾸로 부관을 준수하지 아니하는 수익자가 적법하게, 행정은
그에 반하여 위법하게 행동하게 되는 것이다. 행정을 그의 위법한 행동에
대해서 보상하는 것이 아니다. 더구나 행정절차법 제49조 제2항 제2호에
의하여 단지 장래를 향한 철회만이 문제된다. 그 밖에 행정절차법 제49조
제2항 제2호는 부담 외의 (특히 조건에 대해서) 다른 부관에는 전이되지 아
니한다.

나. 원처분(Ausgangsbescheid)과 재결

[808a] 적법한 재결은 원행정행위가 적법하였는지의 여부에 대한 심사를
중단하는 반면에, 원처분과 재결의 나란한 존재는 재결이 위법하다면 문제
를 가져온다. 원래의 행정행위가 위법한 한, 원래의 행정행위는 제113조 제
1항 제1문에 따라서 취소되어져야 한다. 이에 반하여 단지 재결이 위법하
고 원래의 행정행위가 적법하였다면, 매우 다투어지는 견해에 의하면, 단지
재결만 취소되어지고, 이로써 원처분은 그의 원래의 법적인 형태로 다시금
부활된다. 그의 폐지를 위하여 법원에 정당성이 결여되어 있다. 이러한 관
점으로부터 재결의 독립된 폐지의 허용으로, 제113조 제1항 제1문에 따라
서 원처분과 재결의 폐지를 구하는 자가 원처분이 적법하였다면 부분적으
로 승복하였어야만(unterliegen) 했을 것을 방지하고자 하는 제79조 제2항
제1문의 규정도 이해될 수 있다. 단지 재결이 위법함에도 불구하고 원처분
을 취소하는 것은 절차경제의 관점에서도 문제이고, 또한 적법한 원처분의
발급 후에 사실적 그리고 법적 상황이 이제는 원처분이 더 이상 발급되어
질 수 없게끔 변경된 경우에 불합리한 결과를 야기한다. 단지 재결의 위법
성에 있어서 재결만을 폐지하고, 취소소송은 그 밖에 이유없음으로 기각되

어진다. 이것은 그러나 원처분의 존속력(Bestandskraft)을 가져오지는 않는
다. 오히려 원처분은 재결청의 새로운 결정의 유보 하에 놓인다.

2. 주관적 권리침해에도 불구하고 행정행위의 불폐지

가. 제거청구권의 결여시에 재판적 취소의 배제

[809] 제113조 제1항 제1문은 원고의 주관적 권리침해에 있어서 (온전한
혹은 부분적으로) 행정행위의 행정재판적 폐지를 규정하면서, 원칙적으로
헌법에 따라서 존재하는 원고의 제거청구권을 고려한다. 예외적으로 원고
의 권리를 침해하는 행정행위의 행정적 제거청구권이 주어지지 아니한다
면, 행정법원에게도 행정행위의 폐지는 금지된다. 이는 제113조 제1항 제1
문의 목적론적 축소(teleologische Reduktion)의 방식으로 도출된다. 소송법
의 도구적 성격에 부합되어서, 행정법원의 결정은 실체법과 모순되는 결과
를 가져와서는 아니된다. 행정행위의 폐지는 행정절차법 제46조의 경우들
에 있어서, 내용적으로 하자있는 이유에 있어서 내지 원칙적으로 행정행위
의 폐지가 신의성실의 기본원칙(dolo agit, gui petit, quod statim redditurus
est: böswillig handelt, wer fordert, was sofort zurückgewährt werden muss: 즉
시 상환되어야만 하는 것을 청구하는 자는 악의적으로 행동하는 것이다)에
위배되는 경우에 배제된다. 동일한 것이 입법자가 (헌법적으로 허용되는
방식으로) 폐지청구권을 부인할지라도 타당하다. 이것은 공무원법상 경쟁
자소송과 관련하여 판례에 의하여 받아들여진다. 행정재판적 폐지는 부관
이 원고의 권리를 침해하고 예외적으로 그의 독립적 폐지청구권이 존재하
지 아니하는 경우에 좌절된다.

나. 원칙적으로 청구취지와 무관한 위법성의 독립적 확인의 부재(不在)

[810] 언급된 경우들에 있어서(문번 809) 행정행위의 제거를 향한 청구권은 결여되어 있으나, 원고가 그의 주관적 권리에 침해당한 것은 변하지 아니한다. 제거청구권이 결여된다면 이러한 주관적 권리침해에 대해서 원칙적으로 독립적으로 판단되지 아니하고, 취소소송은 그러한 경우에 전체로서 이유없음으로 기각되어진다. 피해자의 신청으로 법원은 정당한 이익이 존재하는 경우에 제113조 제1항 제4문의 유추로 행정행위의 위법성을 확인할 수 있다. 이것은 동시에 원고가 그의 주관적 권리를 침해받았다는 확인을 암시한다.

3. 제42조 제2항 제1단에 따른 취소소송에 있어서 행정행위의 폐지

[810a] 그러한 소송은 단지 객관적 법의 집행에 이바지하므로, 소송은 행정행위를 통하여 단지 객관적 법이 침해되었고 그리고 원고의 주관적 권리침해가 없는 경우에 승소함에 틀림없다. 입법자는 심사척도를 예를 들면 환경구제법 제2조 제4항 제1문에서 일어난 것처럼 객관적 법과 관련하여 제한할 수 있다. 동 조항에 의하면 단지 환경보호에 이바지하고 행정결정에 중요한 규정의 침해만이 심사되어진다.

V. 처분이유의 형식적 추완(Nachholen einer Begründung)과 처분사유의 내용적 보완(Nachschieben von Gründen)

1. 처분이유의 형식적 추완

[810b] 서면의 혹은 서면으로 확인된 행정행위가 행정절차법 제39조에 반하여 이유 없는 한, 혹은 거기에 규정된 형식에서 이유 없는 한(예를 들면 행정절차법 제39조 제1항 제2문에 반하여 재량고려들이 이유에 있어서 단지 불충분하게 재현된 경우에), 처분이유의 형식적 추완의 문제는 재판절차 동안에 제기될 수 있다. 행정절차법 제45조 제2항에 따라서 행정은 이제 행정절차법 제39조의 요청들을 충족시키지 못하는 이유를 재판적 절차의 종료까지 치유할 수 있다. 그러나 이러한 치유는 법치국가적인 이유로 인하여 장래효(mit Wirkung ex nunc)로서만 등장할 수 있다. 과거에 권리침해가 존재하였다는 것이, 치유를 통하여 배제되지 아니하고, 신청에 의하여 정당한 이익(berechtigtem Interesse)이 있는 경우에 제113조 제1항 제4문의 유추로 확인될 수 있다. 제114조 제2문으로의 회귀는, 행정절차법 제45조 제2문의 적용영역에 있어서는, 금지된다. 법관의 이유 추완은 배제된다.

2. 처분사유의 내용적 보완

가. 문제의 한정

[811] 행정이 어느 범위까지 내용적으로 하자있는 이유를 소의 제기 후에 치유적 효과로 내용적으로 타당한 이유를 통하여 대체할 수 있는가, 내지 그러한 이유가 아마도(möglicherweise) 행정법원을 통하여 추후에 추가

되어질 수는 없는 지 여부가 다투어진다. 처분사유의 내용적 보완(Nachsc-
hieben von Gründen)이라는 용어로 표현된 문제는 두가지 다른 문제영역과
는 구별되어져야 한다; 첫째, 행정행위의 평가를 위하여 어느 사실적 그리
고 법적 상황이 기준이 되는가의 문제로부터; 그러한 범위 내에서 행정행
위의 발급 후에 등장한 변경들에 대한 고려와 영향이 중요하다. 둘째, 결여
된 혹은 불완전한 이유들이 어떠한 요건 하에서 추완될 수 있는가의 문제
로부터 구별되어져야 한다. 처분사유의 내용적 보완(Nachschieben von
Gründen)은 행정청이 그의 결정을 원래 내용적으로 적중되지 아니한 방식
으로 근거 지워졌다는 것을 통하여 표현되어진다. 행정절차법 제39조, 제45
조 제1항 제2호, 제2항에서 규율된 처분이유의 형식적 추완의 문제로부터
처분사유의 내용적 보완은, 처분이유의 형식적 추완은 이유가 결여되어 있
거나 혹은 불완전하고, 반면에 처분사유의 내용적 보완은 행정절차법 제39
조를 충족시키는 이유가 존재하기는 하나 이것이 내용적으로 하자가 있는
것을 통하여 구별된다.

　[812] 예: 행정청이 서면의 경찰처분의 발급에 있어서 그의 재량을 재량
하자있게 행사하였고, 그러나 근거가 행정청이 재량의 행사에 있어서 견지
한 관점을 인식될 수 없도록 한다면, 행정청이 근거를 추완할 수 있는지,
있다면 언제까지 할 수 있는지의 문제가 제기된다. 이러한 문제는 행정절
차법 제45조 제1항 제2호, 제2항에서 대답된다. 이에 반하여, 서면의 경찰
처분이 결정을 위하여 기준이 되는 근거들을 제시하지만, 그러나 이들이
재량하자 있는 것으로 설명되고 이제는 행정청이 그 결정을 재판적 절차
동안에 재량하자 없는 고려(Erwägungen)로서 근거 지운다면 처분사유의 내
용적 보완의 문제가 중요하다.

나. 지배적 견해에 대한 비판

[813] 지배적 견해는 처분사유의 내용적 보완을, 소제기 이후에도 원칙적으로 허용된다고 한다. 행정행위가 처분사유의 내용적 보완을 통하여 그의 본질에 있어서 변경되었고 (혹은) 원고의 방어권이 침해되는 때에만 허용되지 아니한다고 한다. 이 경우에 이러한 제한들은 매우 엄격하게 이해되어지고 커다란 중요성이 없다. 이러한 견해는 설득력이 없다. 내용적으로 하자있는 근거가 처분사유의 내용적 보완을 통하여 재판적 절차 동안에 법률적으로 규정되지 아니한 방식으로 치유되어질 수 있다는 주장(These)에 반하여 중요한 법치국가적 우려가 제기된다. 이러한 우려는 행정절차법 제45조 제2항에서의 명시적인 법률적인 허용이 없다면 하자 있거나 불완전한 이유의 추완에 반대하여 존재할 우려보다 보다 더 큰 것이다. 내용적으로 하자있는 근거는, 처분사유의 내용적 보완이 허용된다고 하더라도, 소의 제기에 대한 상대방의 결정을 위하여, 신뢰할 수 있는 기초를 제공하지 못한다. 이는 반대로, 지배적 견해에 따라서 상대방을 근거 없는 소의 제기로 미혹한다(verleiten). 왜냐하면 주어진 근거가 행정행위에서 내려진 규율을 정당화시킬 수 없기 때문이다. 이로써 재판적 절차에 비하여 행정절차에게 부여되는 만족기능과 또한 경감기능이 결여된다. 동시에 이것은 행정절차의 권리보호기능의 침해를 가져온다. 왜냐하면 상대방이 처음에 내용적으로 하자있는 근거에 서서 주장하고, 재판절차에서 비로소 규율을 정당화하는 새로운 근거에 직면하기 때문이다. 언급된 근거들로부터 상대방은 행정절차법 제39에 따라서 서면의 행정행위에 부가된 근거가 형식적으로 적법할 뿐만 아니라, (추가적으로) 실질적으로 올바르고 그리고 행정행위를 지지하여야만 하도록 함에 대해서 청구권을 가진다.

[814] 법적으로 기속된 행정행위에 있어서, 내용적으로 하자있는 근거는, 그러나 신의성실의 기본원칙에 비추어볼 때 통상적으로 행정행위의 재판

적 취소를 가져오지는 아니한다. 왜냐하면 행정은 취소된다 해도 즉시 결과에 있어서 동일한 행정행위를 새로이 발급해야만 하기 때문이다. 내용적으로 하자있는 근거를 가진 행정행위는, 행정이 하자 없는 법적 근거로 변경하기까지는 위법하다는 것에 변함이 없다. 그때까지 존재하는 위법성은 제113조 제1항 제4문에 따라서 정당한 이익이 있다면(bei berechtigtem Interesse) 재판적으로 확인되어질 수 있다. 거기에다가 제113조 제3항은 법원에게, 만일 법원이 보다 더 사안해명(Sachaufklärung)이 필요하다고 간주하는 경우에, 행정행위와 재결을 취소할 권능을 부여한다.

[815] 재량적 행정행위에 있어서 재량결정을 지지하지 못하는 위법한 근거는, 상대방이 원칙적으로 헌법적으로 보장된 제거청구권을 가지는 결과를 가져온다. 이러한 청구권은 소급효를 가지며, 행정청의 처분사유의 내용적 보완을 통해서 원칙적으로 배제되어질 수 없다. 더우기(erst recht) 재량결정에 있어서 근거의 재판적 보완은 배제된다. 왜냐하면 이것은 법원이 그의 재량을 행정청의 재량의 위치에 놓는 것을 의미하기 때문이다. 그러나 행정행위의 새로운 발급은, 재판절차에게 행정행위의 적법성의 판단을 위하여 결정적인 의미를 지닌다면, 재판적 절차 동안에 처분사유의 내용적 보완에 속한다. 연방행정법원도 그의 최근의 판례에서 이러한 경향을 보인다. 연방행정법원은 재량행위에 있어서 단지 특별한 경우에 있어서만 처분사유의 내용적 보완을 배제하는 반면에, 나중에는 연방행정법원은 재판적 절차에서 재량고려들에 대한 처분사유를 행정청이 보완함에 있어서 단지 사유들의 단순한 폐지뿐만 아니라, 행정행위의 새로운 발급도 있을 수 있다는 것을 인정하였다.

[816] 이러한 판례에 제114조 제2문도 연결된다. 이 규정은 소송법적으로 제114조 제2문의 의미에서 행정행위의 보완이 존재하는 곳에서, 새로운 행정행위가 법적인 소변경의 방식으로 - 제91조로부터 독립하여 - 절차의 대상으로 된다는 것이 중요하다. 체계적 또한 권한법적인 이유로부터 제114

조 제2문은 이에 반하여, 실체법적으로 소급효를 가지는 처분사유의 고권적 보완을 허용하고(이견있음) 또는 - 동일한 것을 넘어서 - 일반적으로 이전의 행정행위의 정체성을 재량고려를 보완하는 행정행위로 의제되는 것으로 해석되어질 수 없다. 이러한 정체성은 Lindner/Jahr의 견해와는 달리 주(州)행정절차법 제39조 제1항 제3문으로부터 도출될 수 없다. 이 규정은 - 처분사유의 내용적 보완에 있어서 적용될 수 없는데 - 행정행위의 이유의 정체성을 조장하는 의미를 특별히 분명하게 한다. 행정행위가 (물론) 이유가 결여되어도 존재하기는 한다. 주(州)행정절차법 제39조 제1항 제3문을 충족하는 이유없이 발급되고 그 때문에 형식적으로 위법한 재량적 행정행위는, 그러나 일치된 주문에 있어서, 처음부터 또는 사후에 근거지워진 형식적으로 적법한 행정행위와는 다른 행정행위이다. 입법자는, 제114조 제2문의 경우들에 있어서 하자있는 재량결정에 있어서 고려되는 헌법적인 제거청구권을 무효로 할 수 없기 때문에, 다르게 규정하는 것을 방해받는다.

[817-819] 제114조 제2문이 소송법적으로만 중요하다손치더라도, 새로이 발급된 행정행위와 관련하여 전심절차가 실시되지 않도록 함으로써, 상대방의 절차법적인 위치를 약화시킨다. 그러므로 제114조 제2문은 제한적으로 해석되어져야 한다. 동규정은 실제적으로 고려되는 재량고려들이 불완전하고 재량에 중요한 관점들을 고려하지 아니하는 경우에만 적용될 수 있다. 이에 반하여, 동규정의 적용은 행정이 재량고려요소들을 전혀 채용하지 아니하였고, 근거를 완전히 교환하거나 혹은 재량하자있는 고려들을 재량하자없는 고려들로 대체한다면 배제된다. 지속적 행정행위에 있어서 사실적 그리고 법적 상황의 변경으로 인하여 재량고려가 교체되어지는 경우에 또한 행정행위가 먼저 법적으로 완전히 기속되었고, 재판적 절차 동안 등장한 법적 상황의 변경 때문에 재량적 결정에 근거하여서만 유지되어질 수 있는 경우에도, 이것은 적용된다.

VI. 행정행위의 전환(Umdeutung)

[820] 취소소송의 이유유무의 범위에서 위법한 행정행위가 적법한 행정행위로 전환이 가능한지 여부와 가능하다면 어떻게 가능한지가 심사되어져야 한다.

[821] 예: 지구상세계획의 위법한 허가가 연방건설법 제125조 제2항에 따라서 개발시설의 설치의 동의(Zustimmung)로 전환될 수 있다(BVerwGE 62, 300, 306). 허가의 거부는 허가의 취소(Rücknahme)로 전환될 수 있다.

[822] 위법한 행정행위가 행정절차법 제47조의 구성요건이 충족된다면 이미 법률에 의거하여 적법한 행정행위로 전환되어진다는 것으로부터 출발한다면, 위법한 행정행위에 대한 취소소송은 성공할 수 없다. 이에 반하여 전환에 있어서 그 집행이 행정청의 재량에 속하는 행정청의 창설적인 행정행위(konstitutiven VA)를 본다면, 다른 것이 타당하다.

[823] 특히 행정절차법 제47조 제1항의 문언(전환되어질 수 있다: kann ... umgedeutet werden) 내지 행정절차법 제47조 제4항이 후자를 지지한다. 왜냐하면 전환 전에 청문이, 전환이 법률에 의거하여 이루어진다면, 명백하게 불가능하기 때문이다. 반대견해는, 상대방으로부터 주관적 권리침해에 있어서 헌법에 따라서 존재하는 제거청구권을 제거하고 그와 함께 동시에 그의 권리보호를 무의미하게 하기 때문에, 설득력이 없다.

[824] 행정절차법 제47조의 대표되는 관점의 결과로서 재판적 전환(gerichtliche Umdeutung)이 배제되어진다. 한편으로는 행정법원이 아니라 오히려 행정이 행정절차법 제47조에 따라서 전환권능의 수취인(Adressat)이고, 다른 한편으로는 행정법원이 행정청에게 부여된 전환재량을 행사할 수 없다. 행정청이 그의 전환권능을 행사한다면, 원래의 행정행위는 완료된다. 그의 위치에 다시금 공격되어질 수 있는 새로운 행정행위가 등장한다. 행정청이 소의 제기 후에 비로소 전환한다면, 원고는 새로운 행정행위를 제

91조에 따른 소변경의 방식으로만 절차의 대상으로 삼을 수 있다. 원래의 행정행위의 위법성은 제113조 제1항 제4문의 요건 하에서 주장되어질 수 있다.

Ⅶ. 제113조 제1항 제2문 및 제4항의 규정

[825] 제113조 제1항 제2문에 의하면, 행정청이 그러한 상황에 있고 사안이 성숙되어 있다면(spruchreif), 법원은 신청에 의하여 행정행위의 폐지와 함께, 그의 집행을 취소하는 것과 그의 집행을 어떻게 취소하는 것을 판시할 수 있다. 제113조 제1항 제2문이 단지 그 밖의(anderweitig) 근거지워진 결과제거청구권의 소송상 집행만을 규율하기 때문에, 신청은 제113조 제1항 제2문에 따라서 집행결과제거청구권(Vollzugsfolgenbeseitigungsanspruch)의 실체법적인 요건들이 충족되는 경우에만 근거 지워진다. 그러한 청구권은 원칙적으로 제3자효 행정행위에 있어서 주어진다. 청구권은 그러나 피고 행정청에 대해서만 지향하고, 수익을 받는 제3자에 대해서는 지향하지 아니한다.

[826-827] 제113조 제4항은 그러한 점에 있어 - 그의 적용영역에 있어서 압박하는 경우에 -, 행정행위의 폐지 후에 이행이 요청되어질 수 있는 곳에서, 동일한 절차에서 이행으로의 판결(Verurteilung)이 허용될 때, 제113조 제1항 제2문과 밀접한 관련이 있다. 판결은 양자(兩者)의 경우에 폐지를 선언하는 행정법원 판결의 이전의 확정력(vorherige Rechtskraft)을 필요로 하지는 않는다.

Ⅷ. 행정법원의 부수결정들(Nebenentscheidungen)

[828] 본안에 대한 결정과 관련하여 행정법원은 주문(Tenor)에서 제161조 제1항에 의거하여 직권으로 제154조 이하의 기준에 의거하여 비용에 대해서, 제167조에 따라서 사전적 집행가능성에 대하여 및 경우에 따라서 상소의 허용에 대하여 언급하여야 한다.

예: 피고가 절차의 비용을 부담한다. 판결은 잠정적으로 집행가능하다. 항소는 허용된다. 제167조 제2항에 따라서 취소소송과 의무이행소송에 있어서 (본안에 있어서 결여된 집행가능성 때문에 확인의 소에 있어서도) 잠정적 집행가능성에 대한 판시(Ausspruch)는 비용과 관련하여서만 고려된다. 집행가능선언이 법원의 재량에 속하는 지는 논란이 있다.

시초사례의 해결(Lösung der Ausgangsfälle)

[829] 사례 1: 운전면허의 박탈은 도로교통법(StVG) 제3조 제1항에 따라서 정당화되었다, 왜냐하면 행정청이 결정하였던 시점에 F는 사실상 자동차의 운행에 적합하지 아니하였기 때문이다. 운전면허의 박탈은 추후에 다시금 등장한 적합성을 통하여 사후적으로 위법하게 되지 아니하였다. 왜냐하면 박탈은 지속효를 가진 행정행위가 아니기 때문이다(운전면허의 소멸은 도로교통법 제3조 제2항에 따라서 박탈과 함께 법률에 따라서 등장한다). 이것을 운전면허시행령(FahrerlaubnisVO)이 증명한다. F의 취소소송은 이로써 이유 없다.

[830] 사례 2: 주(州)행정절차법 제39조를 충족시키는 근거의 결여 때문에, 금지는 G의 권리를 침해한다. 사실관계는 주(州)행정절차법 제45조 제2항에 따라서 치유를 위한 근거(Anhaltspunkt)를 제시하지 아니한다. 영업금지의 행정재판적 폐지는 그러나, 제113조 제1항 제1문의 목적론적 감축(Reduktion)의 방식으로 나타나듯이, 주(州)행정절차법 제46조를 통하여 배

제된다. G는 영업금지의 위법성을 제113조 제1항 제4문의 유추로 확인하게 할 수 있다.

[831] a) 단 한 번의 경미한 조세포탈(Steuerhinterziehung)이 아직 신뢰성 없음을 근거지우지는 아니한다. 금지처분이 주행정절차법 제39조에 상응하는 방식으로 근거 지워지고 그 밖에 다른 절차 하자가 없기 때문에, 재판절차 동안에 처분사유의 내용적 보완의 문제가 중요하다. 지배적 견해에 반하여 그러한 처분사유의 내용적 보완이 이 단계에서 허용되지 아니한다고 보는 것이 더 설득력이 있다. 왜냐하면 보완되어진 근거에 기초하여 영업금지가 영업법(GewO) 제35조 제1항에 따라서 새로이 선언되어질 수 있기 때문에, 영업금지의 폐지는 배제되고, 상응하는 취소소송이 그러한 한 이유 없다. 내용적으로 하자있는 근거(Begründung) 때문에 제113조 제1항 제4문의 유추로 행정행위의 위법성의 확인이 고려된다.

[832] b) 금지처분은 여기서 영업법 제35조 제1항에 따라서 적법하게 발급되었다. 신뢰성의 추후의 발생은, 영업법 제35조 제6항에서 보듯이, 홀로는 금지처분의 위법성을 가져오지 아니한다. 그래서 G의 취소소송은 이유 없다.

[833] c) 이러한 사례유형에 있어서 영업금지는 그의 발급 시에는 적법하였다. 영업금지가 재결의 발급시점에 더 이상 새로이 발급되어질 수 없었다는 것을 통하여 이미 위법하게 되는 것은 아니다. 그 때문에 적법성통제에 제한된 재결청은 영업금지를 폐지할 수 없었다. 영업활동의 재개 시에 대하여 다만 새로운 행정절차의 범주에서 결정되어질 수 있기 때문에, 취소소송은 지금부터의 신뢰성 및 영업법 제35조 제6항에서 규정된 기간도과와 신청제기에도 불구하고 이유 없다. 여기서 그러한 점에서 의무이행소송이 제기되었어야만 했다.

제21절 의무이행소송의 이유유무

시초사례

[834] 사례 1: S는 법조인양성국가시험에 합격하지 못하였다. 시험의 평가에 있어서 출제자가 S에 의하여 주장되는 관점은 판례나 교재에서 주목할 만한 근거로서 주장되고 있음에도 불구하고 명백하게 틀렸다라고 전제하였다. S는 3점으로 평가된 시험이 최소한 10점(vollbefriedigend)으로 평가되어야만 했었고, 그의 국가시험은 전체성적에서 4.0점으로 합격이라고 선언되었어야만 했다고 생각한다. 전심절차에서 성공하지 못하자, 그는 국가시험이 4.0점으로서 합격이라고 선언된 새로운 시험성적표의 교부(Ausstellung)를 소구하였다. 소송이 성공할까?

[835] 사례 2: N은 연방이미씨온보호법(BImSchG) 제4조에 따라서 이미씨온보호법적으로 허가된 시설의 인근에서 주택을 임차하고 있는 세입자다. 악취장해의 보호를 위하여 이미씨온보호법 제17조에 따라서 사후적 명령을 발하도록 하는 그의 신청은 관할행정청 그리고 재결청에 의해서, N에게는 세입자로서 제42조 제2항의 유추로 이의신청권이 결여된다는 이유로 거부되었다. 3개월 동안 의무이행소송이 계속된 행정법원은, N의 원고적격을 긍정하지만, 그러나 부담의 부과 여부(Ob) 그리고 부과 정도(Wie)에 대한 결정을 위하여 아직 광범한 조사가 요청되기 때문에, 이것을 연방이미씨온보호법 제17조에 의하여 관할행정청을 통하여 처리하도록 하고자 한다. 이

것이 가능한가?

[836] 사례 3: 노숙자 O는 6개월 기간 동안 E의 빈 주택에 입주되었다. E는 권리구제고지가 기록된 입주처분을 확정되도록 내버려 두었다. E는 입주 후 1개월 반 후에 경찰행정청의 노숙자단지에 한 자리가 비어있다는 것을 알고서, 전심절차의 실패 이후에 이 시점 이후로부터의 입주처분의 폐지를 소구하고, 동시에 경찰행정청에게 O에 대하여 퇴거처분(Räumungsver-fügung)의 발급을 의무지우는 신청을 하였다. E가 이를 신청한 당시에는 아니었으나, 5주 후에 (의무이행소송의 제기 일주일 후) 실제적으로 O를 위한 여타의 입주가능성이 노숙자단지에 존재하는 경우에, E의 소송상 청구가 성공할까?

I. 제113조 제5항의 구성요건

[837] 제113조 제5항은 행정행위의 발급 내지 행정청의 급부를 지향하는 의무이행소송의 이유유무의 구성요건을 규정한다. 동조항은 사안이 "성숙 (成熟: spruchreif)" 되었는지 여부에 대하여 구분한다.

1. 성숙성(Spruchreife)

[838] 행정법원이 행정행위의 발급에 대하여 최종적인 결정을 내릴 수 있으면, 성숙성은 존재한다. 성숙성이 결여된 경우로서 첫째로, 행정청에게 재량 혹은 판단여지가 허용되거나 혹은 행정행위의 발급청구권이 여타의, 행정을 통하여 내려진 선결정에 의존되는 경우. 둘째로, 법적으로 기속행위에 있어서 수익적 행정행위의 발급청구권이 부관의 대상으로 되는 특정한

요건들에 의존하고, 행정청은 이와 관련하여 재량을 갖는 경우. 이러한 두 경우에는 단지 적법재량행사판결(Bescheidungsurteil)이 고려된다.

[839] 예: 한 학생이 입학정원제한학과에의 공부를 위한 입학을 소구하고, 그의 거부가 입학정원제한의 지정에 있어서 상응하는 용량을 충분하게 고려하지 아니하였기 때문에 위법하다면, 대학은 그럼에도 불구하고 다수의 (소구하는) 학습자리 응모자가 존재하고, 다만 선택결정이 요청된다면 학습자리(Studienplatz)의 지정으로 의무 지워지지 아니한다.

[840] 부족한 성숙성(Spruchreif)은 종결적인 본안결정에 아직 더 사실관계설명이 요청된다면 마침내 존재한다. 이러한 경우에 분명히 행정법원이 특정한 행정행위의 발급을 지향하는 소송에 있어서, 사실관계의 탐지를 통하여 성숙성을 이끌어내야 하는 의무를 부담하는지 그리고 어느 범위에서 부담하는지의 문제가 제기된다.

2. 행정청의 행정행위의 발급 의무

[841] 성숙성의 경우에 제113조 제5항 제1문에 따른 의무이행소송은 행정행위의 거부(Ablehnung) 혹은 부작위(Unterlassung)가 위법하고 원고의 권리를 침해한다면 이유 있다. 승소를 위한 요건은, 주장된 행정행위의 발급청구권이 결정을 위하여 기준이 되는 시점에 존재하는 것이다. 법률적으로 규정된 건축허가의무의 면제의 경우들에 있어서, 특정한 경찰적 행위의 법적 청구권이 어느 정도로 존재하는지에 대해서 논란이 된다.

3. 작위 의무(Die Verpflichtung zur Bescheidung)

[842] 성숙성이 결여되고 행정법원이 행정행위의 발급에 대한 결정을 성숙시키도록 의무지워지지 아니한다면, 행정청은 행정행위의 발급으로 판결되어질 수 없다. 여기서는 단지 적법재량행사판결만이 고려된다(제113조 제5항 제2문). 적법재량행사를 향한 소송은 결여되고 또한 야기되지 않는 성숙성에 있어서 행정행위의 거부 혹은 부작위가, 존재하는 행정행위의 발급 청구권으로부터 상관없이, 위법한 경우에 이유가 있다. 재량행위에 있어서 적법재량행사소송은, 신청된 행정행위의 거부가 재량하자있게 이루어졌거나 혹은 그의 발급에 대하여 전혀 결정되지 아니한 경우에 개시된다. 재량하자있는 거부처분이 적법재량행사소송의 제기 후에 재량하자 없는 처분으로 대체된 경우에는 문번 849를 참조하라.

[843] 예: 국민이 경찰에게 자신의 권리보호를 위하여 교란자(Störer)에 대하여 경찰의 재량에 놓여있는 행정행위의 발급을 구하고, 경찰이 착오로 경찰적 개입을 위한 구성요건이 충족되지 아니하다고 생각하여 이를 거부한다면, 재량의 불행사로 인하여 적법재량행사소송이 이유 있다. 특정한 행정행위의 발급을 구하는 처분발급소송(Vornahmeklage)은 이에 반하여 부분적으로 이유 없어서 기각된다.

[844] 거부결정이 적법한 지의 심사에 있어서, 취소소송에 대한 언급이 타당하다. 만약 행정행위의 발급신청에 대하여 충분한 이유 없이 적정한 기한 내에 결정되지 아니하였다면, 제113조 제5항 제2문의 의미에서의 위법한, 적법재량행사판결을 정당화하는 부작위로부터 출발하여야 한다.

Ⅱ. 사법적 심사의 범위

[845] 행정행위의 발급청구권이 존재하는 지 여부 내지 부족한 성숙성에 있어서 행정행위의 거부 혹은 부작위가 위법한 지 여부에 대해서, 행정법원은 근본적으로 완전한 범위에서 심사를 하여야 한다. 재판적 심사권능의 제한은 제114조의 직접적 내지 준용에서 행정에게 부여된 재량 내지 판단여지에 있어서만 발생한다.

[846] 사안을 설명하고 행정행위에 대하여 결정과 관련하여 성숙성을 야기할 법원의 의무는, 행정재판적 처분권주의(Dispositionsgrundsatz)의 관점에서, 신청된 행정행위의 위법한 거부 또는 부작위 때문에 단지 적법재량행사를 소구한다면 제한된다. 원고는 그의 소송에서 어느 범위에서 재판적 심사를 구하는 지를 명백하게 하여야만 한다. 그러한 적법재량행사소송은 신청된 행정행위의 발급이 내용적으로 하자있는 이유로 거부되었으나, 그러나 지금까지 아직 결여된 행정청의 조사 때문에 상응하는 청구권이 존재하는 지 여부에 대하여 아직 확정되지 아니한 경우에 개시된다. 행정청에 의하여 주어진 이유들이 수익의 거부를 정당화하지 못하는 한, 거부는 원칙적으로 폐지되어야 하고 법원의 법적 견해의 존중하에 신청된 행정행위에 대해서 결정되어야 한다.

[847] 상대방(der Betroffene)이 행정행위의 발급을 소구한다면, 법원은 처분권주의와 직권주의(Untersuchungsgrundsatz) 때문에 원칙적으로 완전한 사안설명의무를 부담하고, 사안을 성숙하도록 하여야 한다. 행정법원이 포괄적이고도, 행정을 통하여 지금까지 실시되지 아니한 사안설명을 하여야만 했고, 그와 함께 거의 행정을 대신하여 행정을 수행한다면 권력분립원칙이 성숙성의 재판적 야기를 금지한다는 견해는 이미 기본법 제19조 제4항 때문에 설득력이 없다. 다양하게 고려되고 제113조 제3항의 의무이행소송으로의 유추적용은 금지된다. 규정의 발생역사 뿐만 아니라, 취소소송으로부

터 본질적으로 구별되고 유추적용이 원고의 불이익으로 작용하는 의무이
행소송에서의 이익상황이, 유추적용을 반대한다. 그 밖에도 취소소송에서
와는 달리 의무이행소송에서 불충분한 사안설명에 있어서 상대방을 위하
여 적법재량행사소송을 제기할 가능성이 존재한다.

[848] 상응하는 이유로부터 제113조 제2항 제2문 및 제3문은 의무이행소
송에 적용될 수 없다.

Ⅲ. 의무이행소송의 사법적 판단을 위한 기준시점

[849] 의무이행소송에 있어서 취소소송에 있어서처럼 행정법원에서의 최
종 구두심리의 시점 내지 구두심리가 없으면 재판적 결정의 시점이 소송법
적으로 기준이 된다. 어떠한 법적 그리고 사실적 상황이 이 시점에 주장된
청구의 존재를 위하여 중요한 지의 문제는 이에 반하여 실체법에 따른다.
이것은 통상적으로 (취소소송에서와 달리) 소송법적으로 기준이 되는 시점
에서의 상황에 근거한다. 연방행정법원이, 예를 들면, 노선교통의 허가를
지향하는 의무이행소송에 있어서 결과적으로 타당하게 최종 구두심리시에
서의 사실적 그리고 법적 상황만을 기준으로 보았다. 이것은 소제기 시점
에 아직 이유 있는 소송이 사실적 혹은 법적 상황의 사후적 변경 때문에
추후에 이유 없이 되거나 내지 먼저 이유 없던 소송이 추후에 이유 있다고
되게 된다. 상응하는 것이, 사실적 혹은 법적 상황이 소의 계속 후에 원고
의 불이익 혹은 이익으로 변경된 경우에, 건축허가의 발급을 지향하는 소
송에 있어서도 타당하다. 의무이행소송으로 원하는 수익적 행정행위가 소
송의 계속 후에 그러나 최종적인 구두심리 내지 (구두심리의 결여 시) 재판
적 결정 이전에 발급되고 그와 함께 주장된 청구권이 고려되어진다면, 이
것은 항상 의무이행소송의 이유 없음을 결과한다. 재량하자 없는 내지 판

단하자 없는 결정 청구권이 소송의 계속 후에 충족된다면, 동일한 것이 적법재량행사소송에서도 인정된다. 행정청의 재량에 놓인 수익적 행정행위가 재량하자있는 방식으로 거부되고, 행정청은 이제 행정행위를 다른 재량하자 없는 근거로 발급한다면, 적법재량행사소송은 이유없다. 여기에는 제113조 제1항 제4문의 유추로 이전의 거부의 위법성을 확인하도록 하는 가능성만 남아있다.

[850] 예: 원고가 먼저 건축허가의 발급을 구하는 법적 청구권을 가졌다. 그의 건축신청은 건축계획의 지구상세계획의 지정과의 표면적 불일치를 이유로 위법하게 거부되었다. 소제기 후의 그러나 최종 구두심리의 종료 이전에 효력을 발하는 지구상세계획의 규범화를 근거로 건축계획은 이제 실체법에 의하여 허용되지 아니한다. 연방건설법전 제31조에 따라서 면제의 구성요건이 충족되지 아니한다면, 건축허가의 발급을 구하는 의무이행소송은 이전에 존재하던 법적 청구권에도 불구하고 이유없다고 기각되어질 것이다. 원고가 정당한 이익이 있는 한, 제113조 제1항 제4문의 유추로 과거에 존재하던 청구권의 확인만이 고려된다. 행정행위가 의무이행판결의 선고 후에 등장한 사실적 혹은 법적 상황의 변경에 기초하여 이제 더 이상 발급되어질 수 없다면, 행정청은 민사소송법 제767조와 관련하여 제167조 제1항에 따라서 집행이의의 소의 수단으로 판결의 집행에 대해서 방어할 수 있고, 집행은 허용되지 않는다고 선언되어질 수 있다.

Ⅳ. 본안에 있어서 행정법원의 결정

1. 주장된 행정행위의 발급청구에 대한 행정법원의 결정

[851] 최종구술심리의 시점에서 신청된 행정행위의 발급에 대한 법적 청

구권이 존재한다면, 법원은 행정청을 결정에서 보다 상세하게 언급된 행정행위의 발급으로 의무 지워야만 한다. 행정법원은 행정행위를 원칙적으로 스스로 발급할 수는 없고, 행정청의 행정행위를 발급할 의무를 선언한다. 신청된 행정행위가 인정된 청구와 일치하지 아니하는 한, 제113조 제5항에 의하여 발급되는 의무이행판결에 있어서 신청된 행정행위의 거부의 암묵적 폐지가 놓인다. 그러므로 거부처분의 구별된 명시적 폐지를 요하지는 아니한다. 그러나 폐지는 실무에서는 그럼에도 불구하고 일상적이다.

예: "2003. 1. 1.의 피고의 처분과 2003. 4. 1.의 칼스루에 재결청의 재결은 폐지한다. 피고는 원고에게 2002. 11. 1.에 신청된 토지 Nr. 0815/1 지상에 주택의 건축에 대한 건축허가를 발급할 의무를 부담한다."

청구된 행정행위를 스스로 집행할 법원의 권능은 제113조 제2항의 유추적용으로부터 근거지워질 수 없다.

[852] (영으로 수축되지 않는) 재량여지 혹은 판단여지가 존재한다면, 행정법원은 제113조 제5항 제2문에 따라서, 원고에게 법원의 법적 견해를 존중하여 처분을 할 행정청의 의무를 선언한다. 사안이 아직 성숙되지 아니하였고 행정법원을 통하여 또한 성숙하게 되지 아니하였음에 틀림이 없다면, 동일한 것이 타당하다.

주문은 여기서 성공하지 못한 전심절차에 있어서 다음과 같다: "피고의 2003. 1. 1. 처분과 2003. 4. 1. 칼스루에 재결청의 재결은 폐지한다. 피고는 원고의 참가인에 대한 거부처분의 발급신청에 대하여 법원의 법적 견해를 존중하여 새로이 결정할 의무를 부담한다."

2. 제113조 제1항 제4문의 유추에 따라 거부 내지 부작위의 위법성의 확인

[853] 원고가 최종구두심리의 시점에 행정행위 내지 처분의 발급 청구권을 가지지 못하고, 거부처분이 그럼에도 불구하고 절차하자로 인하여 위법하였다면, (보조적으로) 제기된 신청으로(auf einen gestellten Antrag hin) 거부처분의 위법성이, 정당한 이익에 있어서 소의 기각 하에 그 밖에 제113조 제1항 제4문의 유추로, 확인되어질 수 있다. 거부처분이 결과에 있어서 타당하지만 그러나 하자있는 근거를 포함한다면, 동일한 것이 타당하다. 그러한 행정행위는 동일하게 위법하고 그리고 행정절차의 종료 후에 더 이상 보완된 타당한 근거를 통하여 (소급적으로) 치유되어질 수 없다.

[854] 먼저 신청된 행정행위의 발급청구권이 존재하고, 그 때문에 이전의 신청된 행정행위의 거부가 위법하였고, 이제 사실적 혹은 법적 상황의 변화에 기초하여 청구권이 상실되었다 하더라도, 원고의 신청에 의하여 최소한 이전 시점에서의 거부 혹은 금지의 위법성이 제113조 제1항 제4문의 유추로 확인되어 질 수 있다.

V. 제113조 제1항 제2문과 제113조 제4항의 유추적용

[855] 행정행위의 위법한 거부 혹은 부작위에 있어서, 결과제거청구권의 문제는 원칙적으로 제기되지 아니한다.

[856] 부담적 행정행위의 폐지청구권이 예외적으로 취소소송의 방식으로가 아니라, 의무이행소송의 방식으로 청구되는 경우에 있어서만, 다른 것이 타당하다. 여기서 결과제거신청이 고려되는데, 이는 제113조 제1항 제2문

의 유추적용의 방식으로 의무이행신청과 결부되어질 수 있고, 이를 통하여 결과제거청구권의 간소화된 소송상 실행을 가능하게 한다. 피고는 이에 의하여 행정행위의 폐지 후에 그의 집행을 원상회복시킬(rückgängig zu machen) 의무를 부담한다. 제113조 제1항 제2문은 원고가 집행가능한 행정행위의 발급을 소구하고 이와 함께 행정을 잇따르는 집행을 선언하는 신청과 연결시키는 경우에 유추적용될 수 있다. 집행행위가 아닌 행정행위의 부담적 결과행위의 적법성은, 행정이 의무이행판결에 기초하여 행정행위의 폐지를 선언하는 것에 의존하는 한, 결과조치에 대한 권리보호는 의무이행소송과 결부된 제113조 제4항의 유추로 이루어질 수 있다.

[856a] 부수판결(Nebenentscheidungen)과 관련하여 취소소송에서 언급된 것이 상응하게 타당하다.

시초사례의 해결

[857] 사례 1: 심사행정청의 결정은, 판례에 의할 때, 행정청에게 귀속되는 판단여지가 전적으로 전문적인 문제에 관련되지 않기 때문에 위법하다. 그러나 행정법원은 심사행정청에게 심사전문적인 평가의 관점에게 부여디어진 판단여지 때문에, 행정청이 점수 '충분한(ausreichend)'으로 시험의 합격을 확인하는 심사결과를 발급하도록 선언할 권능이 없다. 그러한 시험결과를 지향하는 의무이행소송은, 다만 S가 제113조 제5항 제2문에 따라서 새로이 처분을 하여야 하는 한도에서만 근거 지워진다. 그 밖에는 소는 이유없이 기각된다.

[858] 사례 2: 여기서 관할행정청은 그로부터 부인된 N의 재결권능 내지 소권 때문에 아직 연방이미씨온보호법 제17조에 따라서 바라던 명령의 사안적 심사(sachliche Prüfung)에 들어가지 아니하였고, 상응하는 조치의 거부는 단지 표면상(angeblich) 결여된 재결권능 내지 소권의 관점에서만 위법하고, 그리고 이미씨온보호법 제17조에 따라서 명령의 발급에 대한 결정은

아직 상당한 고려들을 요청하기 때문에, 제113조 제3항의 유추적용의 문제가 제기된다. 법원이 사실관계를 스스로 석명하여야 하는 고로, 그러한 유추는 거부되어져야 한다. 원고는 여기서 처음부터 처분의 발급을 소구할 수 있었을 것이다.

[859] 사례 3: O의 수용처분(Einweisung)의 폐지청구권은 노숙자수용시설(Obdachlosenheim)에서 O의 여타의 숙박이 가능한 시점부터 존재하였다. 그러한 한도에서 소는 근거있다. 원고가 그러나 이미 이전의 시점으로부터 행정청의 폐지를 요청하였다면, 의무이행소송은 이유없다. 의무이행신청으로 E는 동시에 제113조 제1항 제2문의 유추로, 행정법원이 관할경찰행정청의 주체에게 수용처분의 폐지 후에 명도처분(Räumungsverfügung)을 발급하도록 선언하는 것을 달성할 수 있었다.

제22절 계속확인소송의 이유유무

시초사례

[860] A는 계획되지 아니한 내부지역(unbeplanter Innenbereich)에 주위의 환경에 맞는 주택의 건축을 위한 허가를 신청하였다. 그럼에도 불구하고 관할 건축감독청은, 건축계획이 G 게마인데의 계획적 의도에 부합하지 아니한다는 이유로 신청을 거부하였다. 전심절차에서 성공하지 못하고, A에 의한 의무이행소송의 제기 후에 G 게마인데는 행정법원에서의 최종적 구두심리에서 변경금지(Veränderungssperre)를 하였다(연방건설법 제14조). A는 변경금지 전에 허가의 발급을 청구하는 권리가 있었다는 확인을 신청한다.

a) 이러한 소송이 허용되는가?

b) A가 행정청에 의한 건축허가의 거부는 이미 위법하다는 확인을 신청하는 소송이 허용되는가?

c) A가 변경금지가 무효라고 생각하여 그가 그의 의무이행신청을 유지하고, 그러나 보조적으로 건축허가의 거부가 변경금지의 발효 전에 여하튼 위법하였다는 확인을 신청할 수 있는가?

[861] 계속확인소송이 제113조 제1항 제4문의 직접적 내지 유추적용에 있어서 이유가 있는 지 여부는, 한편으로는 부담적 행정행위의 위법성의 확인(절단된 취소소송: amputierte Anfechtungsklage)과 다른 한편으로는 행정행위의 거부 혹은 부작위의 위법성 확인(절단된 의무이행소송: amputierte

Verpflichtungsklage)을 구분하여야 한다.

I. 절단된(amputierten) 취소소송에 있어서 이유유무심사

[862] 행정행위가 완료(完了)되었고 그 때문에 그의 행정재판적 폐지가 더 이상 가능하지 아니할 때, 행정법원은 - 정당한 이익(ein berechtigtes Interesse)이 존재하는 한 - 제113조 제1항 제4문에 따라서 종료된 행정행위의 위법성을 확인할 수 있다.

예: 본안에 있어서 주문에서 : "2003년 1월 1일자 피고의 처분과 2003년 4월 1일자 칼스루에 지역행정청의 재결은 위법이었다는 것을 확인한다."

[862a] 이러한 확인청구는 종료된 행정행위가 원고의 주관적 권리를 침해하는 경우에만 성공할 수 있다. 이것은 취소소송과 제113조 제1항 제4문과의 관련성으로부터 도출된다. 여기에 요청되는 실체법적인 고려들에 있어서는 앞의 취소소송에서 언급된 것을 참조하라. 제113조 제1항 제4문에 상응하는 확인은 원고의 주관적 권리를 침해하는 행정행위가 아직 종료되지는 않았지만, 실체법적인 이유로 인하여 예외적으로 취소소송의 제기를 통해서 실행할 수 있는 상대방의 제거청구권이 배제되는 경우에 있어서 고려된다.

[863] 재판상 평가의 시점에 있어서 취소소송에서 언급된 것이 준용된다. 원고는 처분권주의의 결과로 계속확인소송에 있어서도 행정행위의 위법성을 확인하고자 하는 시점(時點)을 확정할 수 있다(다툼있음). 제113조 제1항 제4문에서 사용된 규정형식 "위법하였다"로부터 행정행위의 위법성이 그의 발급의 순간에 확정될 수 있다는 Schmitt Glaseser의 견해를 따를 수 없다. 이러한 견해에 의하면, 발급 후에 그러나 행정행위의 완료(Erledi-

gung) 전에 (사실적 혹은 법적 상황의 변화를 통해서) 등장한 위법성을 계속확인의 소로써 확인하는 것이 가능하지 아니할 것이다. 이로서 취소소송과의 체계적인 관련성이 오해되고, 무엇보다도 상대방이 기본법 제19조 제4항의 관점에서 행정행위의 위법성을 발급시점보다 늦은 시점과 관련하여 확인을 하도록 하는 정당한 이익을 지닐 수 있다는 것이 충분하게 고려되지 않는다.

II. 절단된 의무이행소송에 있어서 이유유무심사

[864] 원고가 제113조 제1항 제4문의 유추적용에서 신청된 행정행위의 거부나 부작위가 위법하였다는 것을 확인하도록 하고자 하고, 그리고 원고가 이를 위하여 정당한 이익을 가진다면, 그러한 절단된 의무이행소송에 있어서 제기되는 실체법적인 문제와 관련하여 근본적으로 의무이행소송에서와 동일한 것이 타당하다.

예: 주문에: "피고가 원고에게 0815/1 토지상에 주택건축을 위하여 신청된 건축허가를 발급할 의무가 있다는 것이 확인된다."

[865] 재판상 판단(Beurteilung)의 시점과 관련하여, 원고가 (행정행위의 발급에 더 이상 관심이 없다면) 제113조 제1항 제4문의 유추로 행정행위의 거부 혹은 부작위가 최종 구두심리의 시점에 위법하였다는 것을 확인하도록 하고자 한다면, 의무이행소송에 대하여 차이점이 없다. 사실적 혹은 법적 상황이 행정행위의 발급 신청 후(後)에 변경되었고, 그 때문에 신청된 행정행위의 발급 내지 작위청구는 이미 최종 구두심리 전에 효력을 잃고, 원고는 이제 아무튼 과거에 거부된 혹은 부작위의 행정행위의 발급청구권이 존재하였다는 것을 확인하고자 한다면 예외(Abweichung)가 있을 수 있다. 이러한 예전에 존재하던 청구권이 그 사이에 등장한 사실적 혹은 법적

상황의 변경에도 불구하고 의무이행소송의 범주에서 계쟁 중(streitbefangen) 이었기 때문에, 의무이행신청이 더 이상 실행될 수 없고 종료 때문에 더 이상 추구할 수 없다면, 아무튼 그러한 청구권이 항상 직접적으로 사실적 혹은 법적 상황의 변경이 등장하기 전에 존재하였다는 것이 확인될 수 있음에 틀림없다. 그렇지 않다면 원고는 그의 지금까지의 소송수행의 열매들을 잃고 말 것이다. 동일한 것이, 제91조에 따른 소변경(Klageänderung)의 필요 없이도, 의도된 확인이 이전의 시점과 관련된다 할지라도, 그 동안에 다시금 사실적 혹은 법적 상황의 변동이 발생하였다 할지라도(다툼이 있음) 타당함에 틀림없다. 과거를 위하여 주장된 청구는 우선 계쟁 중이었다. 왜냐하면 이미 소송상 비용이 발생하였기 (상황에 따라서는 이미 재판상 결정이 내려졌기) 때문이다. 이러한 청구는 또한 추후에 등장한 변경을 통하여 완전히 평가절하되어서는 아니된다. 이처럼 - 제91조로부터 벗어나서 - 원고가 일차적으로 행정행위의 발급청구를 추구하고, 보조적으로 제113조 제1항 제4문의 유추로 주장된 청구가 아무튼 이전의 시점에 존재하였다는 것을 확인하게 하고자 한다면 허용되어야만 한다. 제91조를 이 경우에 적용 가능하다고 보더라도, 법원의 과거에 주장된 청구와 관련하여 이전의 견해의 관점에서 최소한 그러한 소변경의 적절성(Sachdienlichkeit)으로부터 출발하여야 한다.

시초사례의 해결

[866] a) A가 변경금지 때문에 의무이행소송에 성공가능성을 더 이상 둘 수 없다면, 그는 최소한 건축허가의 거부가 직접적으로 변경금지의 등장 이전에 연방건설법 제34조에 대한 위반 때문에 위법하다는 것을 확인하도록 할 수 있다.

b) 사실적 그리고 법적 상황이 이전의 거부와 변경금지의 발급 직전 시점 사이에서 변경되지 아니하였기 때문에, 제113조 제1항 제4문의 유추

로 행정청의 건축허가거부가 이미 그의 발급(Vornahme)의 시점에서 위법하였다는 것을 확인하는 신청이 허용된다.

c) 원고가 그의 의무이행신청을 유지하더라도, 변경금지의 발급 직전에 건축허가의 거부의 위법성을 보조적으로 재판적으로 확인하도록 하는 것이 원고에게 가능함에 틀림없다.

제23절 다른 행정소송의 이유유무

I. 일반적 이행소송의 이유유무

[867] 일반적 이행소송은 신청된 급부(Leistung)에 대한 법적 청구권이 존재한다면 근거 있다. 이러한 청구권은 법률로부터, 행정행위로부터, 공법적인 법률관계로부터 혹은 그 밖의 공법적 규범에 의하여 중요한 행태(Verhalten)로부터 발생할 수 있다. 고권적 행정작용 특히 사실행위로부터 결과하는 지속적 권리침해의 제거를 위하여 기초를 형성하는 공법적 제거청구권(결과제거청구권)이 특히 중요하다. 기관권리의 침해에 있어서 권리보호는, 취소소송을 통해서가 아니라, 오히려 일반적 이행소송을 통해서 선호되는 한, 기관권리의 지속적인 침해의 제거청구권은 그의 주관적 권리성질로부터 도출되어질 수 있다. 그러한 보조권리(Hilfsrecht)의 승인(Annahme)이 없다면, 기관권리는 단지 불완전하게 보호되어 질 것이다. 소가 고권적 행위의 중지(Unterlassung)를 지향한다면, 소는 단지 이것과 관련된 중지청구권이 존재하는 경우에만 성공할 수 있다.

일반적 이행소송에서 전부승소판결의 주문에 대한 예: "피고는 원고에게 3,000 EUR를 지불할 것을 선고한다."

존재하는 급부청구권과 관련하여 아직 성숙(成熟)되지 못하였다면, 제113조 제5항 제2문의 유추적용으로 적법재량행사판결(Bescheidungsurteil)이 내려질 수 있다. 재량여지 혹은 판단여지가 존재한다면, 일반적 이행소송에 대한 제114조를 유추적용할 수 있다.

[868] 주장된 이행청구권의 재판적 판단을 위한 기준이 되는 시점과 관련하여, 의무이행소송에서 언급된 것이 준용된다. 과거에 존재하는 이행청구권이 사실적 혹은 법적 상황의 추후의 변경에 기초하여 최종구두심리의 시점에서 상실(喪失)된다면, 청구권의 이전(以前)의 존재(frühere Bestehen)는 제43조에 따라서 확인되어질 수 있다.

Ⅱ. 형성소송의 이유유무

[869] 형성소송이 허용되는 한, 형성소송의 성공을 위해서는 주장된 형성청구가 실체법에서 보호되는 지 여부가 결정적이다. 기준시점은 여기서도 최종구두심리시점이다.

Ⅲ. 행정소송상 일반적 확인소송의 이유유무

[870] 법률관계의 존재 혹은 부존재의 확인소송은 제43조 제1항 제1경우에 따라서, 원고의 청구가 실체법을 통하여 지지된다면, 즉 주장된 법률관계가 존재하거나 혹은 존재하지 않거나, 근거 지워진다. 행정행위의 무효확인소송은 제43조 제1항 제2경우에 따라서, 행정행위가 무효라면 근거 지워진다. 이것은 - 특별규정이 적용되지(einschlägig) 아니한 한 - 연방행정청의 행정행위에 있어서는 연방행정절차법 제44조에 따르고, 주(州)행정청의 행정행위에 있어서는 주(州)행정절차법 제44조에 따른다. 소송법적으로 기준이 되는 것은 여기서도 최종구두심리의 시점이다(이견있음). 원래의 유효한

행정행위가 최소한 행정절차법 제44조 제2항 제4호의 유추적용에 있어서 소송계속 후에 무효로 된다면 이것은 의미있다. 왜냐하면 행정행위를 아무도 사실적인 이유로 인하여 더 이상 실행할 수 없기 때문이다. 기준시점의 문제를, 원고가 처분권주의의 결과로 어느 시점에 그가 법률관계의 존재 내지 부존재 혹은 행정행위의 무효를 확인하게 하고자 하는 지를 결정할 수 있다는 것과 혼동하여서는 아니된다.

가능한 판결주문의 예: "원고가 피고와 2003. 1. 2.에 체결한 도시건축적인 계약에 근거하여 토지 지번 0815/1과 0815/2를 무상으로 피고에게 양도할 의무를 지지 않는다는 것이 확인된다." 내지 "피고가 원고를 통한 토지 지번 0815/1과 0815/2의 무상 양도에 대한 청구권을 가지지 않는다는 것이 확인된다." 부수적 결정에 대해서는 특별한 것이 없다. 확인판결은 당연히 본안결정과 관련하여 집행가능하지 않다.

제24절 제47조에 의거한 규범통제

시초사례

[871] 사례 1: A와 B는 연방건설법 제132조에 의하여 게마인데를 통하여 새로이 공포된 개발조례(Erschließungssatzung)의 적용영역에 놓여있는 토지의 소유자들이다. 개발시설의 설치가 이미 시작되었음에도 불구하고, A는 조례의 공포 후에 행정고등법원에 부담금의 한도를 규율하는 규범이 연방건설법 제127조와 부합되지 아니한다고 주장하면서, 규범통제신청을 제기하였다.

a) 규범통제신청이 허용되는가?

b) 몇 달 늦게 신청된 동일한 목표를 추구하는 B의 규범통제신청이 허용되는가?

c) 조례의 공포 후 이년반(貳年半)이 지나서 조례에 의하여 영향을 받는 토지를 취득한 C가, 소유권 취득 즉시 규범통제신청을 제기한다. 이것이 허용되는가?

[872] 사례 2: 신청자가 바이에른주법률(BayLStVG) 제16조에 기초한 명령을 통하여 그의 권리를 침해받는다고 보았다. 왜냐하면 그 명령이 그를 자신의 토지에 야생비둘기의 보금자리(Nistplätze)를 찾아서 제거할 것을 의무지우기 때문이다. 그는 수권근거 내지 다양한 주(州)기본법과 연방기본법에 대한 침해를 주장하면서 바이에른행정법원에 규범통제신청을 제기한다.

a) 그의 규범통제신청이 허용되는가?

b) 바이에른행정법원이 단순한 법률적 권리 내지 주(州)기본권에 대한 침해로부터 출발한다면, 어떠한 조치를 취할 것인가?

c) 바이에른행정법원이 단지 주(州)기본권에 대한 침해를 긍정한다면, 그의 결정은 어떠하였겠는가?

Ⅰ. 규범통제의 법적 성질

[873] 제47조에 따른 추상적 규범통제절차의 법적 성질은 매우 논란이 있다. 행정재판적 규범통제절차가 단지 객관적 법적 이의절차를 의미하는지 혹은 주관적 권리보호에 이바지하는지 여부와, 또한 그 범위에 대해서 무엇보다도 논란이 있다. 규범통제절차가 행정청을 통하여 제47조 제2항 제1문 제2경우(Var. 2)에 따라서 도입되는 한, 확실히 객관적 법적 이의제기절차만 존재한다. 왜냐하면 신청권한이 있는 행정청은 주관적 권리를 주장하지 않기 때문이다. 이와는 다르게 제47조 제2항 제1문 제1경우에 따라서 자연인 혹은 법인에 의하여 계속된 절차에 있어서는 이와 반대이다. 제47조 제2항 제1문 제1경우(Var. 1)을 통하여 신청권능의 구성에서 명백하게 되듯이, 그러한 규범통제는 아무튼 적어도 주관적 권리보호에 이바지 한다. 제47조의 절차의 대상이 원고의 주관적 권리침해가 아니라는 것과 그리고 규범의 일반 기속적 무효선언을 가져올 가능성이 원고에게, 그의 주관적 권리의 보호를 위하여 요청되는 것보다, 종종 더 많은 것을 주는 것은 그것에 반(反)하지 아니한다. 일반 기속적 추상적 규범통제절차가 피해자에게 종종 주관적 권리지위의 보장에서 요청되는 것보다 더 많은 것을 보장한다는 견해는 더 이상 유지될 수 없다. 왜냐하면 특정한 경우에 있어서 유효한 권리보호는 단지 규범의 일반 기속적 무효선언의 수단만으로 가능하기 때

문이다. 이러한 관점이 제47조를 유효한 권리보호의 보장을 위하여 광범하게 해석하는 것을 지지한다.

II. 규범통제의 허용요건

[874] 제47조의 규범통제신청에 있어서 원칙적으로 소송절차를 위한 본안결정요건이 타당하다. 그러므로 다음에서는 존재하는 특별한 점에 대해서만 고찰한다.

1. 신청(Antragstellung)

[875] 규범통제절차의 허용성을 위한 요건은 처분권주의에 따라서 규범의 무효확인을 지향하는 신청(申請)이다. 신청은 또한 규범의 부분무효 혹은 - 제47조 제5항 제4문에 따라서 - 그의 하자의 제거까지 효력정지의 확인에 한정될 수도 있다. 예외적으로 위법한 규범이 효력을 발할 수 있기 때문에, 여하튼 여기서 단지 위법성의 확인을 지향하는 신청도 가능함에 틀림없다. 이미 효력을 상실한 규범에 대한 규범통제를 하는 한, 확인의 신청은 규범이 무효였다는 것을 지향한다.

2. 규범통제의 개시가능성

[876] 규범통제절차의 대상은 행정고등법원의 관할의 범주에서 제47조 제1항 제1호에 따라서, 연방건설법의 규정에 의하여 공포된 조례 내지 연

방건설법 제246조 제2항에 기초한 법규명령이다. 이러한 연방법적으로 의무적으로 규정된 규범통제 외에, 제47조 제1항 제2호는 행정고등법원에게 그의 관할의 범위에서 주(州)법률보다 하위에 위치하는 법규명령의 규범통제를 부여하는 주(州)입법자에 대한 수권을 포함한다.

[877] 제47조에 해당되는 법률하위의 법규명령들은 신청제기의 시점에 아직 효력을 발하지는 아니하였으나, 원칙적으로 이미 공포되었어야 한다. 규범적 의사형성의 종료 전에 예방적 규범통제는 제47조가 허용하지 아니한다. 효력을 상실한 규범도, 권리보호의 필요성이 존재하는 한, 규범통제의 대상이 될 수 있다. 그의 무효선언에 더 이상 이익이 없다면 최소한 - 여하튼 이를 위하여 권리보호필요성 내지 통제이익이 존재하는 한 - 제113조 제1항 제4문에 상응하게 그의 위법성이 확인되어질 수 있다. 규범의 무효선언은 동시에 소극적으로 그의 위법성의 확인을 포함한다는 것으로부터도 도출된다. 과거에 놓여진 사안(事案)들이 그 동안에 폐지된 규범에 의하여 결정되어 진다면, 통상적으로 규범의 무효선언에 대한 이익이 긍정되어진다. 규범제정자의 부작위에 대하여 규범통제는 원칙적으로 개시될 수 없다. 그러나 법규명령이 특정한 규율을 포함하지 아니하므로 하자있다고 주장한다면 개시될 수 있다(소위 상대적 부작위).

가. 제47조 제1항 제1호에 따른 규범통제

[878] 제47조 제1항 제1호에 따라서 행정재판적 규범통제를 받는 연방건설법에 따른 조례(條例)의 가장 중요한 경우는, 연방건설법 제10조 제1항에 따른 지구상세계획(Bebauungspläne)이다. 다른 경우들은 연방건설법 제16조 제1항(변경금지), 제34조 제4항(경계확정, 개발 그리고 완성조례), 제132조(개발조례), 제142조 제1항, 제3항, 제162조 제2항(정비조례) 내지 제142조 제3항과 관련하여 제170조(지역통상적으로 건축된 지역을 위한 특별규정)

에서 발견된다. 조례 대신에 형식적 법률이 등장하는 한 - 도시들에 있어서 제246조 제2항에 따라서 허용되는 - 연방헌법재판소의 견해와 반대로 조례로 간주될 수 없다. 이것은 제47조 제1항 제1호의 명백한 문언으로부터 도출된다. 제47조 제1항 제1호가 단지 연방건설법 제246조 제2항에 기초하여 공포된 법규명령만을 언급한 정황은, 형식적 법률을 제47조 제1항 제1호로 포섭하는 것에 대해서 명백하게 반대한다. 이와는 다른 연방헌법재판소의 견해는, 단지 헌법재판소에게만 형식적으로 헌법하위의 법률과 관련하여 폐지권능(Verwerfungsbefugnis)을 부여한 기본법 제100조 제1항과 부합되지 않는다. 지배적 견해에 의하면, 직접적 외부효를 발하지 아니하는 토지이용계획은(Flächennutzungspläne), 제47조 제1항 제1호 (또한 제2호)의 의미에서 법규명령이 아니다. 연방건설법 제35조 제3항 제3문에서 언급된 종류의 지정들을 포함하는 토지이용계획에 있어서, 그의 지구상세계획 유사의 효력으로 인하여 제47조 제1항 제1호의 유추로 권리보호를 지지한다. 이것을 거부하더라도, 이러한 토지이용계획에 대하여 아무튼 제47조 제1항 제2호에 따른 권리보호가 고려된다.

나. 제47조 제1항 제2호에 따른 규범통제

(1) 제47조 제1항 제2호의 적용영역

[879] 제47조 제1항 제2호의 의미에서 법률하위의 법규명령은, 그의 적용으로부터 제40조에 따라서 행정법적 구제에 속하는 분쟁이 발생할 수 있는 한, 주(州)법상의 법규명령이나 조례들이다. 행정법적 구제라는 제한은 제47조 제1항에 포함된 "그의 재판관할의 범주에서"라는 수식어로부터 도출된다. 규범통제절차의 개시가능성은 규범이 형벌 혹은 과태료를 규정하는 것(straf- oder bußgeldbewehrt)에 반대하지 않는다; 형벌 내지 과태료규정 그

자체는 제외된다.65) 주(州)법적 법규명령이 존재하는지 여부는, 지배적인 견해에 따르면, 주(州)법률의 수권근거에 기초하는지에 따라서 판단되지 아니한다. 오히려 직접적 혹은 간접적 주(州)행정의 주체로부터 발급되었는지 여부가 기준이 된다. 제47조에 의하여 관습법 혹은 그 밖의 불문법은 포함되지 아니한다.

[880] 규범통제의 대상일 수 있는 법률하위의 법규명령은, 단지 불특정 다수의 경우에 적용되는 규율들이다. 행정절차법 제35조의 의미에서 (위법한 방식으로) 법규범의 형식으로 공포된 개별사안규율들은 여기에 속하지 아니한다. 행정행위와 법규범 사이의 구분을 위하여 기준이 되는 것은 원칙적으로 내용이고, 규율의 형태는 아니다. 상대방은(相對方: der Betrof-fene) 취소소송 대신에 제47조에 따라서 규범통제를 개시할 수 없다. 그러한 한, 규율의 내용이 기준이 되는 부수적 규범통제절차에서와 같이 동일한 것이 타당하다. 행정행위가 법규명령(Rechtsverordnung)의 형식으로 공포되는 한, 결과제거청구권의 관점으로부터 제113조 제1항 제2문의 유추로 규범제정자에 대하여 실현할 수 있는 규범제정자를 법률을 위하여 규정된 공포기관에서 폐지판결을 공포하도록 의무 지우는 청구권이 도출된다. 그 밖에 주목할 점은, 규범제정절차에서 (예를 들면 공간질서계획에 있어서) 규율의 유효하게 법적으로 규정된 공포는 통상적으로 이러한 규정을 법규범으로 취급한다는 것을 의미한다는 것이다.

(2) 규범통제의 대상으로서 행정규칙(Verwaltungsvorschriften)

[881] 행정규칙은 원칙적으로 제47조 제1항 제2호의 의미에서 법규명령(Rechtsvorschriften)이 아니다. 행정규칙은 내부법규로서 그의 수범자, 성립, 기속력 내지 하자결과(원칙적으로 무효가 아님)와 관련하여 법규명령으로

---

65) BVerwGE 99, 88, 96 f.

표시되는 외부법규범과 현저하게 구별된다. 이를 통하여 효력을 발하는 사실상 기본권 침해가 일반인에게 해당될지라도, 적합한 소송유형으로는 규범통제가 아니라, 오히려 행정규칙의 취소를 지향하는 일반적 이행소송이다.

[882] 행정규칙은, 부분적으로 소위 특별명령과 조직규칙에서 긍정되듯이, 외부적으로 직접적 효력을 지향하는 규율(Regelungen)로 보여지는 한, 이들에 대해서 규범통제가 개시되어야 한다. 행정규칙의 형태로 공포된 규율들이 국민-국가의 외부관계에서 직접적인 기속력을 가진다면 동일한 것이 타당하다. 여기서 고권적 조치의 적법성과 법적 성질은 엄격하게 구분하여야 한다. 외부효를 지향하는 무수한 사안의 규율들은 (위법한) 법규범이다. 행정규칙의 모습 속에 등장하는 규율이 제47조 제1항 제2호의 의미에서 법규명령으로 간주되어질 수 있기 위하여, 실질적으로 외부(外部)로 지향하는 규율들을 위한 공포 요청 때문에, 특정한 최소한 요건이 충족되어야만 한다는 것을 배제하지는 않는다. 입법자가 행정규칙과 법규범의 한계영역에서 움직이는 규율들을 위하여 - 예를 들면 광역개발계획 혹은 지역개발계획과 같이 - 이들이 법규명령의 형식으로 공포(公布)되어야 한다고 규정한다면, 입법자는 이로써 규율들이 외부효를 가져야 하고 결과적으로 진정한 외부법규범을 의미한다는 것을 표현한다. 동일한 것을 연방행정법원은, 주(州)입법자가 지역계획을 위하여 법규적 형식을 규정하지 않더라도, 지역계획에 포함된 공간질서의 목표에 대해서도 인정한다.66) 게다가 기관권리들(Organrechte)을 침해하는 지방자치단체의 대표기관의 업무규정들은, 기관법은 외부법과 동일하게 볼 수 있기 때문에, 규범통제에 놓인다. 또한 소송경제적인 이유로도 그러하다.

---

66) BVerwG, DVBl. 2004, S. 629 f.

다. 규범통제의 적용영역의 확장

[883] 주(州)입법자가 제47조 제1항 제2호에서의 위임으로부터 사용하지 아니하였다면, 제47조의 유추로 행정고등법원에서 추상적 규범통제를 허용하는 기본법 제19조 제4항에 근거한 시도는 개별적으로 이루어졌다. 동시에 법률하위의 연방법적 법규명령에 대하여 연방행정법원에서의 규범통제가 제47조의 유추로 긍정된다. 그러나 이러한 견해는 기본법 제19조 제4항이 통상적으로 반드시 추상적 규범통제를 요청하지는 않기 때문에 실시되지는 못하였다. 규범에 대한 효과적인 권리보호의 실현을 위하여 그러한 규범통제가 예외적으로 헌법적으로 요청된다면, 요청되는 권리보호는 이미 헌법소원을 통하여 보장되므로, 제47조의 유추를 통하여 메우려는 공백이 결여된다.

[884] 상응하는 이유로 부분적으로 요청된 제47조의 규범제정부작위의 경우에로의 유추적용이 설득력이 없다. 제47조는 추상적 규범통제를 법률하위의 법규명령과 관련하여 단지 매우 한정된 범위에서만 실시한다. 그 때문에 판례에서 최근에 긍정된 규범발급청구권의 확인소송 뿐만 아니라, Würtenberger에 의하여 주장되는 행정고등법원에 규범발급소송도, 물론 후자가 제43조에 기초한 확인소송보다도 체계에 부합하는 것처럼 보이지만, 매우 문제가 많다.

라. 제47조 제3항의 유보조항을 통한 규범통제의 개시가능성의 제한

[885] 제47조 제3항에 규정된 주(州)헌법재판관할을 위한 유보는 규범통제신청의 개시가능성을 제한하지 아니하고, 단지 심사기준을 제한한다. 제47조 제3항의 문언이 이를 시사한다. 그 외에도 규범통제의 대상이 규율의 무효확인이라는 사실이 이를 지지한다. 무엇으로부터 이것이 도출되는가는

신청자에게 중요치 않다. 신청자에게 (신청으로부터 알 수 있듯이) 전적으로 주(州)헌법에 유보된 심사기준에 기초하여 법규범의 심사가 문제된다면, 그러한 규범통제는 행정고등법원에서 사실상 개시될 수 없다.

3. 참가능력과 소송참가

[886] 참가능력과 관련하여 제47조의 규범통제절차에 있어서, 신청자가 제47조 제2항 제1문 제1경우에 따라서 자연인 혹은 법인일 수 있을 뿐만 아니라, 또한 제47조 제2항 제1문 제2경우에 따라서 개개의 행정청일 수 있는 특수성이 있다. 제61조 제3호로부터 벗어나서, 이들의 참가능력은 주(州)가 행정청에게 참가능력을 허용하는가에 달려있지 않다. 원칙적으로 행정청은 법원(法院)이 아니다. 행정절차법 제1조 제4항에 따라서 행정청이 행정임무를 수행하는 한에서만 다른 것이 타당하다.

[887] 제47조 제2항 제2문에 따라서 공법상의 사단법인(Körperschaften), 영조물법인(Anstalten) 혹은 재단(Stiftungen)은 신청상대방으로서 참가능력이 있다.

[888] 규범통제절차에 참가인(Beigeladener)의 참가(參加)는 지금까지 규정되지 않았다. 2001년 12월 20일의 법률개정(Gesetzesnovellierung)을 통해서 제47조 제2항에 제4문이 추가되었는데, 이를 통하여 이제 제65조 제1항과 제4항 내지 제66조가 준용되게 되었다. 법도그마틱적으로 매우 의문시되는 연방헌법재판소로부터 부수적 의견(obiter dictum)으로 표명된 견해가 이러한 개정의 동기를 형성하였다. 헌법적으로 규범통제절차에서 지구상세계획의 무효선언이 손해(Nachteil)로 된다는 토지소유주의 참가가 일반적으로 배제되는 것이 의문시된다. 왜냐하면 기본법 제14조의 관점에서 제65조 제1항에 따라서 참가에 대하여 재량결정이 내려져야 하기 때문이다. 이제 도입된 참가 외에, 여전히 제47조 제2항 제3문에서 행정고등법원에게 열려

진 주(州) 혹은 법규명령에 의하여 그의 관할이 건드려진 다른 공법상의 법인에게 특정한 기한 내에 의견을 표명할 기회를 부여하는 가능성이 존재한다.

4. 신청권(Antragbefugnis)

[889] 제47조 제2항 제1문에 의하여 법규명령 혹은 그의 적용을 통하여 자신의 권리가 침해되었거나 가까운 시기에(in absehbarer Zeit) 침해받을 자연인 혹은 법인, 내지 행정청이 신청권을 가진다. 신청권의 주(州)법상의 제한의 법적인 문제에 대해서는 문번 877을 참조하라.

가. 자연인 또는 법인의 신청권

[890-891] 1996년 이래로 여섯 번의 행정소송법 개정법률에 의하여 이루어진 제47조 제2항 제1문 제1경우의 개정은, 신청권을 더 이상 법규정 혹은 그의 적용을 통하여 등장하였거나 혹은 가까운 시기에 등장할 손해에 연결하지 않고, 오히려 권리침해의 가능성에 연결한다. 규범통제신청의 이유유무를 위하여 - 취소소송 혹은 의무이행소송의 이유유무를 위하여와는 달리 - 신청제기자의 주관적 권리침해를 요청하지 아니할지라도, 제47조 제2항 제1문 제1경우는 제42조 제2항의 원고적격으로 방향을 설정한다. 그러나 제42조 제2항에 반하여, 권리침해의 가능성이 가까운 시기에 비로소 예상될지라도, 신청의 허용성을 위하여 충분하다. 제47조 제2항 제1문 제1경우로부터 벗어나서 환경구제법(UmwRG) 제2조 제1항에 기초한 환경영향평가의 대상인 지구상세계획에 대하여 지향하는 승인된 환경보호단체의 규범통제는(환경구제법 제3조) 잠재적인 권리침해를 전제로 하지 않는다. 이러한 규범통제는 순수하게 객관법적 이의제기절차를 의미한다.

[892] 규범 또는 규범에 근거한 집행행위가 주관법적 중요성을 가지는지 여부에 대한 문제의 설명에 있어서, 원고적격에 대한 설명으로 돌아갈 수 있다. 주관적 권리들은 신청인의 이익에 이바지하는 기본권으로부터, 그 밖의 헌법적인 보장으로부터(특히 지방자치단체의 자치행정권으로부터) 그리고 헌법하위적인 법규범으로부터 도출될 수 있다. 헌법적으로 보호된 법적 지위의 구체화와 형성화에 이바지하는 법률적인 규범들이 특별규범으로서 우선권(Vorrang)을 가진다는 것을 주목하여야 한다.

규범 그리고/혹은 규범을 집행하는 행정행위가 신청인을 관여시키는 행위 혹은 금지로의 명령을 포함한다면, 주관법적 중요성으로부터 출발할 수 있다.

제47조 제2항 제1문에 의하여 신청권을 위해서는, 규범 혹은 규범을 적용하는 행정행위가 가까운 장래에(in absehbarer Zeit) 신청인을 위하여 중요하게 된다면, 충분하다. 법규헌법소원에 있어서 연방헌법재판소에 의하여 직접적 그리고 현재적 관련성(Betroffensein)의 관점에서 행해진 제한들은, 그 때문에 이미 이러한 이유로 인해서 제47조의 규범통제로 이전될 수는 없다. 제47조 제2항 제1문 제1경우에 따라서 신청권으로부터, 예를 들면 경찰법규명령이 신청인을 위하여 명령(예를 들면 살포의무(Streupflicht), 비둘기모이주기의 금지)을 규정하고 있거나 혹은 지구상세계획이 그의 토지의 건축가능성의 제한들을 규정한다면, 설령 이러한 제한들이 이미 지구상세계획의 발급 전에 존재하였고 이러한 지구상세계획이 나아가 그의 권리적 위치의 향상을 가져온다손 치더라도, 출발할 수 있다. 법적인 관련성(Betroffensein)은 기본법 제14조로부터 도출된다. 기본법 제2조 제1항으로부터 스스로 소유주(所有主)는 아니지만 소유주의 동의(同意)하에 토지상에 건축을 위하여 건축허가를 신청하는 건축을 원하는 자의 주관적 권리의 관련성이 도출된다. 이러한 토지에 대하여 규정된 건축적 이용이 지구상세계획에 의하여 제한된다.

[893] 기본권에로의 침해는 법규범을 통하여 혹은 그의 적용을 통하여, 기본권이 신청인을 지향하지 아니하는 명령들을 포함하더라도, 근거 지워질 수 있다. 법률 하위의 법규범이 간접적으로 기본권을 침해한다면, 주관적 권리의 관련성(Betroffensein)으로부터 출발되어야 한다. 의사들에게 인간에 대한 의료적 시도(Versuchen)에 있어서, 공법적 윤리위원회를 통한 윤리적 조언을 받을 것을 규정하는 주(州)의사협회로부터 발급된 조례를 통하여, 예를 들면 사적 윤리위원회(private Ethik-Kommission)의 직업의 자유가 제한된다. 그러나 규범으로부터 발생하는 모든 사실적 침해가, 기본권침해를 포함하지는 않는다는 것이 고려되어져야 한다. 대규모의 소매영업지역을 위한 특별지역의 지정을 통하여, 게마인데에 있어서 거주소매업자(ansässige Einzelhändler)의 경쟁상황을 악화시키는 지구상세계획은, 원칙적으로 아직 직업의 자유와 재산권으로의 간접적 침해를 근거지우지는 아니한다.

[894] 지구상세계획들과 관련하여 사인(私人)을 위하여 어느 정도로 주관적 권리가 존재하는지 그리고 그와 함께 신청권이 긍정될 수 있는 지의 문제의 답변에 특별한 실무적 중요성이 부여된다. 연방건설법 제1조 제7항은 거기에 언급된 형량관련 사적(私的) 이익을 추구하기 때문에, 동 조항은 이러한 이익의 주체를 위하여 주관적 권리를 근거지운다. 연방건설법 제1조 제7항 상의 사적(私的) 이익이 반드시 주관적 공권일 필요는 없다는 것이 그에 반하는 것은 아니다. 왜냐하면 사익(私益)들이 아무튼 연방건설법 제1조 제7항을 통하여 그의 범주에서 그러한 권리로 되기 때문이다.

[895] 연방건설법 제1조 제7항에 따라서 주관적 권리를 근거지우는 사익(私益)들은, 주민참가의 범주에서 주장되었거나 혹은 이익의 침해가 이의 없이(ohne Rüge) 명백한, 신청자의 모든 경미하지 아니하게 관련된 보호가치 있는 이익들이다. 인인(隣人)을 위하여 지구상세계획의 주관적 법적 중요성은, 주거지역에 직접적으로 경계를 맞닿는 건축지역을 위하여 상업지

역 혹은 공업지역이 지정되는 것으로부터 발생할 수 있다. 주거지역에 위치한 토지소유자에게 있어서 임박한 이미씨온의 부담 때문에 사익이 관련된다는 것은 명백하다. 이익의 침해가 종국적으로 후속의 독립적인 법적 행위를 통하여 비로소 발생하고, 이러한 법적 행위가 법규범에서 이미 결과조치로서 규정되어 있다면, 충족된다.

2006년 12월 21일자 법률에서 새로이 규정된 제47조 제2a항을 통하여, 만약 신청을 제기하는 자가, 여기서 신청은 연방건설법 제34조 제1항 제1문 제2호 및 제3호 또는 연방건설법 제35조 제6항에 의하여 지구상세계획 또는 조례를 대상으로 하는 신청으로서, 단지 공적 해석의 범주에서(연방건설법 제3조 제2항) 또는 관련된 공중의 참가의 범주에서 주장되지 아니하였거나 늦게 주장되었거나 또는 주장될 수 있었던 그리고 이러한 법적 결과에 대해서 참가의 범주에서 언급되어졌던 이의를 주장한다면, 신청권이 자연인 또는 법인의 신청이 허용되지 않도록 제한되었다. 이 경우에 게마인데의 이의(異議)가 상황에 따라서(nach Lage der Dinge) 강제되어야만 했는지 여부는 중요하지 않다.

[896] 신청자의 이익이 보호가치 있어야만(schutzwürdig) 하는 것이, 고려되어져야 한다. 예를 들면, 지역에 위치한 사업자가 대규모 소매영업을 위한 특별지역의 지정에 대항한다면 보호가치 있는 이익이 주어지지 아니한다. 왜냐하면 경쟁자보호는 원칙적으로 연방건설법의 목표설정 밖에 놓이기 때문이다. 보호가치성의 결여로, 요청되는 건축허가가 없이 건립된 주택의 소유자가, 그의 인근에 운동시설을 지정하는 지구상세계획에 대항할 수 없다(VGH Mannheim, NVwZ 1987, 1103). 나아가 이익들의 관점에서 볼 때, 신청인이 그러한 것이 일어나서 경우에 따라서는 조망의 차단이나 교통소음의 경미한 증가에 초점을 맞추어야만 하는 그러한 이익은 보호가치가 없다. 또한 토지 가치의 감소는 그것만으로는 보호필요성을 근거지우지 못한다; 또한 지금까지 건축이 불가능한 토지에 지구상세계획의 적용영역으로

포함되는 것도 마찬가지로 보호이익이 아니다.[67]

　[897] 연방건설법 제1조 제7항으로부터 원칙적으로 주관적 권리를 도출하고자 아니하는 한, 여하튼 토지소유자가 인근 토지를 관련하는 지구상세계획의 지정 내지 그의 집행을 통하여 최소한 목전에 질적으로(qualifiziert) 동시에 개별적인(individualisiert) 방식으로 관련된다면, 건축법적인 고려원칙의 관점에서 혹은 기본법 제14조에 대한 (간접적) 침해로 인하여 신청권이 발생한다. 법도그마적으로(dogmatisch) 건축법적인 고려명령 내지 기본법 제14조가 연방건설법 제1조 제7항의 주관화(Subjektivierung)를 통하여 고려된다는 것이 보다 설득력이 있다. 인근(隣近)게마인데는 지방자치 내부적 형량명령의 잠재적인 침해에 있어서 신청권이 있다. 연방건설법 제2조 제2항이 이에 대해서 인근게마인데의 건설지도계획들이 상호간에 부합되어져야 한다고 보충적으로 규정하면서 제2문에서 인근 게마인데가 그들에게 공간질서의 목표들을 통해서 부여된 기능들 및 그들의 중심적인 급부영역에 의지할 수 있다고 추가적으로 명백하게 규정한다.

나. 행정청의 신청권

　[898] 자연인과 법인에서와는 달리, 행정청의 신청권은, 제47조 제2항 제1문 제2경우의 명백한 문언상, 잠재적 권리침해라는 제한적 요건에 기속되지 아니한다. 권리침해는 행정청과 관련하여 통상적으로 고려되지 않는다. 신청하는 행정청이 규범을 발급한 행정청과 같이 동일한 법인에 소속되어 있더라도, 허용되지 아니하는 자기소송(Insichprozess)이 문제되지 아니한다. 행정청에 의하여 시작된 규범통제절차의 허용성은, 그러나 권리보호필요성과 병렬적인 모습으로서 객관적 통제이익이라는 불문의 허용요건에 의하여 제한된다.

---

67) BVerwG, NVwZ 2004, 1120.

5. 신청상대방

[899] 규범통제절차에 있어서 누가 정당한 신청상대방인가의 문제는 허용성 심사를 위하여 소극적 소송수행권의 중요한 문제이다. 규범통제절차의 다툼의 대상이 신청자의 주관적 권리의 침해가 아니기 때문에, 소극적 정당성의 문제가 아니라는 것은 특별히 분명하다. 신청은, 제47조 제2항 제2문에 따라서 행정청에 대하여서가 아니라, 법규범을 공포한 공법상의 사단법인(Körperschaft), 영조물법인(Anstalt) 혹은 재단법인(Stiftung)에 대하여 이루어진다.

6. 권리보호필요성 내지 규범통제이익

[900] 제47조 제2항 제1문 제1경우에 따른 규범통제를 위해서 그리고 제47조 제2항 제1문 제2경우의 객관적 규범통제절차를 위해서도, 신청인은 정당한 이익(ein berechtigtes Interesse)을 필요로 한다.

가. 자연인 또는 법인의 규범통제신청에 있어서 권리보호필요성

[901] 규범통제절차의 허용성을 위하여, 신청권에 추가적으로 규범통제절차에 의하여 구별되어지는 권리보호이익이 요청된다. 제47조 제2항 제1문 제1경우에 따라서 신청권이 결부되어지는 잠재적 권리침해는, 공격받는 규범의 무효확인을 통하여 방해받거나 제거되거나 혹은 최소한 감소되어질 수 있다면, 이것은 충족된다.

[902] 공격받는 규범이 아직 적용되는 한, 신청권의 충족에 있어서 통상적으로 규범통제신청을 위한 권리보호필요성은 긍정된다. 신청의 제기가 권리남용적인 경우에는, 특히 신청권이 실권되는 경우에는, 나아가 신청인

이 지구상세계획이 무효로 선언될지라도 예측불가한 오랜 기간 동안(auf unabsehbare Zeit) 그의 목표에게로 더 가까이 갈 수 없는 것이 의심의 여지가 없는 경우에는, 그렇지 아니하다(BVerwG, NVwZ 1998, 732, 733).

[903] 규범의 기초 위에서 이미 그 자체로 재판적으로 공격가능한 집행행위가 이루어진 상황도, 규범통제절차를 위한 권리보호필요성을 배제하지는 아니한다. 규범통제절차는 집행행위를 다투는 것(Anfechtung)과는 달리 규범의 위법성의 재판적 확인에 있어서 규범의 일반기속적인 무효선언을 가져온다. 규범통제절차는 이로써 중요한 소송경제적인 목적을 달성하며, 동시에 제47조의 객관법적(objektivrechtlich) 기능을 고려한다.

[904] 규범통제신청을 위한 권리보호이익은, 심사되어지는 규범의 기초 위에서 이미 집행행위가 이루어지고 그리고 이러한 집행행위가 존속력이 발생한 경우에도 존재할 수 있다. 이것은 특히 신청인을 위하여 규범으로부터 발생한 충격(der Impuls)들이 개별적인 집행행위에서 소진되지 않는다면 타당하다.

[905] 예: 조례의 기초 위에 이미 존속력 있는 수수료결정이 발급되었다는 것이, 지방자치의 이용수수료조례(Benutzungsgebührensatzung)에 대한 규범통제에 반대하지 않는다. 왜냐하면 추후의 결정의 발급이 고려되어져야만하기 때문이다.

[906] 건축이 아직 실현되지 아니한 한, 지구상세계획에 대한 규범통제에 있어서 존속력 있는 건축허가와 상관없이 규범통제절차를 위한 권리보호필요성은 긍정된다. 이것은 건축허가의 이용(Ausnutzung)을 위한 주(州)건축법령에 규정된 시간적 제한들로부터 도출된다. 그러나 건축이 존속력 있는 건축허가에 기초하여 이미 이루어졌다면 이와 다른 것이 적용된다. 권리보호필요성을 위한 건축주의 신뢰보호 때문에, 통상적으로 무효선언을 통하여 건축허가절차의 재개 혹은 건축허가의 취소가 간편화되어질 수 있다는 추상적 가능성은 여기서 충분하지 아니하다. 건축의 사후의 용도변경

혹은 용도확장이 시도된다면, 그러나 - 무효확인에 대한 이전의 결여된 정당한 이익에도 불구하고 - 규범통제를 위한 권리보호필요성이 새로이 긍정되어질 수 있다. 행정이 이미 존속력 있는 행정행위를 규범의 무효 확인 후에 폐지할 것을 선언한다면, 정당한 이익(berechtigtes Interesse)으로부터 출발할 수 있다.

[907] 규범에 기초한 집행행위가 존속력이 있으나 그러나 아직 집행되지 아니한 경우라면, 권리보호필요성은 긍정되어질 수 있다. 이것은 그러한 행정행위의 집행이 제183조 제2문과 결부하여 제47조 제5항 제3문에 따라서 규범의 무효선언 이후에 허용되지 않는 것으로부터 도출된다.

[908] 예: 이용수수료를 대상으로 하는 수수료조례에 기초한 이행처분(Leistungsbescheid)이 존속력이 발생하였으나, 아직 집행되지 아니하였다. 이러한 경우에 규범통제를 위한 권리보호이익을 긍정하여야만 한다.

[909] 어떠한 범위까지 규범의 효력 상실이 규범통제신청을 위한 권리보호이익을 배제하는지는 의문이 있다. 왜냐하면 제47조가 효력을 주장하는 규범의 통상적인 경우를 지향하기 때문이다. 규범의 효력상실은 항상 규범통제신청을 위한 권리보호이익을 배제한다는 이전에 판례에서 주장된 견해는, 연방행정법원을 통하여 타당하게도 거부되어졌다. 여기서 오히려 권리보호필요성이 아무튼 폐지된 법률규정이 아직 법적 효력을 나타낼 수 있다면 고려된다. 왜냐하면 과거에 속하는 사실관계들은 과거에 의거하여 결정 되어져야 하기 때문이다. 연방행정법원은 이를 넘어서, 규범통제신청을 위한 권리보호필요성을, 법률규정이 규범통제신청의 소송계속 후에 효력을 상실하고 과거에 속하는 사실관계들이 더 이상 과거에 의거하여 판단되어질 수 없고 그러나 신청인에게 그에 의하여 주장된 명백하게 승소가능성이 없지는 아니한 손해배상 내지 손실보상청구권의 관점에서 규범의 무효의 확인에 대한 이익이 존재한다면 긍정한다.

[910] 예: 이것은 특히 시간적으로 제한된 변경금지와 연관하여 중요하

다. 연방행정법원은 권리보호필요성의 근거로서, 제47조의 권리보호기능이 그러한 규범에 있어서 심각하게 손상된다는 것을 지적하였다.

[911] 제113조 제1항 제4문에의 결부는 전형적으로 다만 단기간 유효한 규범에 있어서처럼 반복의 위험에 있어서 규범통제신청은, 규범이 이미 규범통제신청의 소송계속 이전에 효력을 상실하였더라도 허용되는 것으로 보아야 한다는 것을 시사한다.

나. 행정청의 규범통제신청에 있어서 객관적 통제이익

[912] 행정청에 의하여 제47조 제2항 제1문 제2경우에 따라서 추구하는 규범통제와 관련하여 주관적 권리의 추구에 있어서 요청되는 권리보호필요성에 상응하는 객관적 통제이익이 요청된다. 아무튼 그것은 행정청이 규범의 집행을 부여받은 곳에 존재한다. 이것은 특히 행정청에게 법률 하위의 규범의 위법성과 관련하여 폐기권능이 아니라 단지 심사권능 만이 인정된 경우에 타당하다. 이러한 가정에 의하여, 행정청은 기본법 제20조 제3항의 관점에서 권리가 있을 뿐만 아니라, 오히려 규범통제신청을 하는 것이 의무 지워져 있다. 규범통제이익이, 국가의 행정청이 그에게 위임된 기능들의 관점에서, 규범의 무효에 대한 재판적 확인의 이익을 가진다면 긍정될 수 있다.

7. 소송계속의 결여와 확정력

[912a] 규범통제절차의 대상은 규범의 위법성이고, 원칙적으로 또한 그의 효력없음이다. 신청인이 이미 규범통제절차를 소송계속 되도록 하였다면, 처음의 신청의 소송계속이 이를 통하여 새로운 규범통제신청에 대립된다.

이미 규범통제신청이 다른 자를 통하여 제기되었다면, 다른 것이 타당하다. 규범통제신청의 이유없음으로 확정력 있는 기각은(rechtskräftige Abweisung) 관계된 신청자에게만 새로이 규범통제신청을 제기하는 것을 방해하고, 제121조에 따라서 존재하는 당사자 사이에서만 법적 효력을 가지기 때문에 제3자를 방해 하지는 아니한다. 규범이 제47조 제5항 제2문에 따라서 무효로 선언되어졌다면, 이것은 규범의 폐지(Wegfall)를 가져오고, 규범통제는 개시되지 아니한다.

8. 신청기간(Antragsfrist)

[912b] 규범통제신청은 2006년 12월 21일에 이루어진 입법에 근거하여 다만 법률규정의 공포 후 1년 이내(이전에는 2년의 기간이 적용되었다)에 제기될 수 있다(제47조 제2항 제1문). 1년 기한은 그의 의미와 목적에 의거하여 진정한 제척기간으로 보아야 하므로, 이러한 제척기간에 대해서는 제60조가 적용되지 아니하기 때문에, 제60조에 따른 이전 단계로의 재개(Wiedereinsetzung in den vorigen Stand)는 개시될 수 없다. 그렇지 아니하다면 1년 기한의 도과 후에 신청권을 가지게 되는 모든 자가 이전 단계로의 재개의 청구권을 가질 것이다. 그로써 추상적 규범통제를 제한하는 입법자의 의도는 크게 훼손될 것이다. 법규정의 공포가 증명될 수 없다면, 제47조 제2항 제1문은 적용되지 않는다.

규범통제의 기간 제한에 대해서 절차경제적인 목표설정의 관점에서 현저한 법정책적 이의가 제기된다. 제47조의 규범통제는 - 여전히 허용되는 - 규범의 효력없음에 기초하는 부수적 규범통제의 상당수를 필요 없도록 하고, 동시에 법적 통일성의 유지에 이바지한다. 규범통제는 이러한 기능을 신청기간의 도과까지만 이행할 수 있다. 신청기간의 제한은 권리보호의 효

율성 원칙의 관점에서, 법률 하위의 명령에 대한 효과적인 권리보호가 예
외적으로 단지 추상적 무효선언을 통하여서만 가능한 경우에서, 헌법적인
우려를 부추킨다.

Ⅲ. 규범통제신청의 이유유무

1. 일반론

[913] 제47조에 따라서 규범의 무효의 확인은 원칙적으로, 규범이 행정고
등법원에서 최종구두변론시점에서 혹은 (구두변론의 결여에 있어서) 행정
고등법원에게 허락된 심사기준에 따른 결정시점에서 형식적 그리고/혹은
실질적으로 위법하다는 것을 전제로 한다. 이러한 시점의 기준성은, 적법하
게 발급된 규범은 다만 예외적으로 사실적 혹은 법적 상황의 사후적 변경
에 기초하여 위법하게 되는 것은, 여기서도 변함이 없다.

[914] 주목(Beachte): 제113조 제1항 제1문에서와는 달리 신청자의 주관적
권리가 침해되었는지의 여부는 중요하지 않다. 규범통제절차의 병(甁)의 목
(Flaschenhals)으로 표현되는 제47조 제2항의 장애물이 제거되면, 항상 포괄
적인 심사가 이루어진다.

[914a] 규범의 적법성을 위하여 원칙적으로 단지 규범이 결과적으로 행
정고등법원에게 심사척도로 주어지는 상위의 법과 부합되는지 여부 만이
문제된다. 규범제정자의 의사형성에 대한 심사는 통상적으로 개시되지 않
는다. 그 때문에 일반적 행정재량이론에로의 결부는 배제된다. 일반적 견해
에 의하면, 행정재량에 대한 심사를 위한 기본원칙들이 상응하게 준용되는
지구상세계획에 대해서는 예외가 적용된다.

[915] 법규범이 형식적으로 그리고/혹은 실질적으로 위법하다면, 법규범

은 원칙적으로 무효이다. 법률적 규율들이 예외적으로 특정의 법위반의 중
요치 않음(Unbeachtlichkeit) 내지 치유(Heilung)를 규정한다면 다른 것이 타
당하다. 그러한 법규정들이 당연히 규범의 효력없음만 배제하고, 그것을 넘
어서 규범의 하자의 실체법적인 치유를 가져오는 것은 아닌 한, 법위반이
다른 방식으로 제재되는 곳에서는 다만 규범의 위법성 만이 확인되어지고,
위법성의 영향이 없는 경우에는 그러한 확인은 다만 신청이 있어야만 고려
되어진다.

2. 연방법과 공동체법의 기준에 따른 심사

[916] 규범통제신청의 이유유무심사(Prüfung der Begründetheit)에 있어서,
규범은 원칙적으로 제한 없이 상위 법과의 합치성, 특히 연방법과의 합치
성에 대해서 심사되어져야 한다. 예외는 주(州)법에 있어서 제47조 제3항의
유보조항에 의해서만 발생한다. 헌법재판소에 있어서 법률규정의 유효성
심사의 절차가 계속된다면, 행정고등법원은 절차를 헌법재판소에서의 절차
의 종료 시까지 중지할 것을 명할 수 있다(제47조 제4항).

[917] 규범통제절차의 심사기준은 연방법 외에도 유럽공동체법이다(논란
있음). 유럽법에 대한 위반은 지배적 견해에 따르면 단지 적용배제를 가져
오고, 공동체법위반의 내부국가적인 법규정의 무효를 가져오지는 아니한다
는 상황은, 심사기준을 그리고 그와 함께 규범통제절차의 효율성을 제한시
킬 단초(Anlass)를 제시할 수는 없다. 오히려 이것은 단지 행정고등법원이
공동체법위반의 법규범에 있어서 규범의 적용배제의 확인에 한정하는 것
을 가져올 뿐이다.

3. 심사기준의 제한

가. 유보조항의 적용범위

[918] 제47조 제3항의 문언(Wortlaut), 체계적 위치 그리고 제정경위(Ents-tehungsgeschichte)는 제47조 제3항이 제47조 제1항 제2호의 경우들 뿐만 아니라, 오히려 제47조 제1항 제1호까지 확장된다는 것을 지지한다.

나. 유보조항의 내용

[919] 행정고등법원을 통한 규범의 심사가, 이미 주(州)법이 규범에 대한 헌법재판소의 심사를 규정한다면 - 신청자가 그러한 절차를 스스로 개시할 수 있는 지의 여부와 무관하게(소위 추상적 관찰방법) -, 배제되는 지 여부에 대해서 혹은 제47조 제3항이 단지 신청인이 스스로 그러한 헌법재판적 규범통제를 개시할 수 있다면(소위 구체적 관찰방법) 개입하는지 여부에 대해서는 논란이 있다. 입법자는 1976년에 제47조의 제정에 있어서 명시적으로 구체적 관찰방법의 의미에서 결정하였다는 것으로부터 출발하였다. 이러한 견해는 그러나 제47조 제3항의 명백한 문언에서 지지될 수 없다. 규범의 배타적 심사가 주(州)헌법재판소를 통하여 규정되어 있는 지만이 기준이 된다. 신청인이 심사를 스스로 개시할 수 있는 지 여부는 중요하지 아니하다.

[920] 어떠한 요건 하에서 주(州)법으로부터 법규정이 전적으로 주(州)의 헌법재판소를 통하여 심사가능하다는 것이 도출할 수 있는 지가 결정적이다. 특정의 심사척도와 관련하여 헌법재판소의 폐기권한의 독점으로부터, 주(州)법에서 부분적으로 기본법 제100조를 넘어가도록 규정되어 있듯이, 아직 그런 점에서 행정고등법원의 심사권한이 배제된다는 것이 도출될 수는 없다(이견있음). 심사 및 폐기권한은 오히려 엄격하게 구분되어져야만

한다. 주헌법재판소의 배타적인 폐기권한에 있어서 구체적 주헌법재판소의 규범통제를 규율하는 규정의 준용에 있어서, 행정고등법원에 의하여 심사되어지는 규범이 주헌법규정과 합치되지 않는 것으로 여길 때에는, 행정고등법원이 그의 규범통제절차를 중지하고 주헌법재판소의 결정을 받아와야만 하는 것으로부터 출발하여야 한다.

[921] 헤센주의 주(州)정부 내지 주(州)장관의 법규명령에 대한 헤센주 헌법의 척도에 근거한 주위적 심사로의 주헌법재판소의 배타적 관할은 헤센주 헌법 제132조에 따라서(단지 국가법원만이 결정을 내린다) 존재한다. 바이에른주(州)헌법 제98조 제4문의 만인소송은 주(州)기본권의 척도에 의한 규범의 심사를 위하여 바이에른주(州)헌법재판소의 배탁적 관할이 구비된 것으로 해석되어야 한다.

4. 행정고등법원의 결정

[922] 행정고등법원의 결정은 제47조 제5항 제1문에 의거하여 판결로써 또는, 구두변론이 없는 경우에는, 결정으로써 이루어진다. 행정고등법원이 공격받는 법규정이 효력이 없다라는 확신이 들면, 법규정을 제47조 제5항 제2문에 의거하여 원칙적으로 효력이 없음을 선언한다. 이러한 선언으로 동시에 암묵적으로 그의 위법성도 확인된다. 규범이 부분적으로 위법하다면, 잔존규정이 무효인 부분이 없더라도 의미 있게 존속하고 (분리가능성 원칙) 잔존규정이 무효부분 없이도 발급되어졌을 것이 확실한 경우에는(규범제정자의 추정적 의사의 원칙), 민법 제139조의 법적 사고에 의하여 부분무효가 확인될 수 있다.

본안에 있어서 판결주문의 예: "신청상대방의 2005년 4월 1일자 Wiesen-grund 지구상세계획은 효력없음을 선언한다."

[922a] 규범이 사후적으로 위법하고 효력없음으로 되었다면, 지구상세계획에 있어서 기능이 없어졌더라도 해당되는 것인데, 확인은 이러한 시점으로부터 비로소 가능하고 규범통제신청은 그 밖에 있어서 기각된다. 규범이 법원의 결정의 시점에 이미 효력이 없어졌고, 그러나 그에 기초하여 법적 분쟁이 결정되어져야 한다면, 규범이 효력이 없었다는 것이 확인되어진다. 제47조 제5항 제2문으로부터 벗어나서 공격받는 규범이 공동체법에 대한 위반에 있어서 그의 적용불가능성이 확인될 수 있다.

[923] 규범의 효력없음을 확인하는 규범통제결정을 위해서 제183조가 준용된다(제47조 제5항 제3문). 주(州)를 통한 특별한 법률적 규율의 유보하에, 효력없다고 선언된 규범에 기초하는 더 이상 공격 가능하지 아니한 재판적 결정은, 상관없이 존재한다. 그러나 그러한 결정으로부터 집행은 제183조 제2문에 따라서 허용되지 않는다. 이 규정은 유추적으로 행정행위로부터의 집행의 경우에 대해서 적용가능하다. 행정에게 그러한 경우에 그 밖에 위법한 행정행위를 사후적으로 폐지하는 것이 허용된다. 이에 대한 의무는 그렇지만 존재하지 않는다.

Ⅳ. 규범통제신청에 있어서 심사공식
(Prüfungsschema)

[924]

규범통제의 심사에 있어서 다음의 구성이 권장된다.
Ⅰ. 규범통제신청의 허용성
 1. 적법한 신청제기
 2. 규범통제의 개시가능성
 3. 당사자능력
 4. 신청권

5. 신청상대방
6. 권리보호필요성 내지 규범통제이익
7. 다른 소송계속 내지 확정력의 부재
8. 신청기간
Ⅱ. 규범통제신청의 이유유무
1. 고려되는 위임근거
2. 형식적 적법성
3. 실질적 적법성
4. 위법성의 법적 결과(원칙적 효력없음, 예외적 경미성)

시초사례의 해결

[925] 사례 1: a) A의 규범통제는 제47조 제1항 제1호에 의거하여 개시가 능하다. A의 신청권은 제47조 제2항 제1문 제1경우에 따라서 주어진다. 당 분간 분담금청구가 아직 존재하지 아니할지라도, A가 규범을 통하여 또한 그의 적용을 통하여 이른 시일 내에 자신의 권리가 침해되는 것이 가능하 다. 신청상대방은 게마인데이다. 추후에 발급된 개발부담금처분에 대항할 수 있는 가능성은 규범통제신청을 위한 권리보호필요성을 배제하지 않는다.

b) B의 규범통제신청의 허용성은 A의 규범통제신청의 소송계속으로 좌 절되지 않는다.

c) C의 규범통제신청은 그에 반하여 제47조 제2항 제1문의 (당해 사안에 서 헌법적으로 문제가 없는) 신청기간의 도과로 인해서 허용되지 않는 다; 행정고등법원은 그 때문에 신청을 거부하여야만 한다. 추후에 발급 되는 개발부담금처분의 취소를 통하여 부수적인 권리보호의 가능성만이 존재한다.

[926] 사례 2: a) 바이에른에서 바이에른행정소송실시법 제5조와 연관된 제47조 제1항 제2호에 따라서 개시가능한 규범통제의 허용성에 대항하는

이의는 존재하지 않는다. 바이에른헌법 제98조 제4문에서 규정된 만인소송이 바이에른헌법재판소의 배타적 관할을 근거지우는지 여부와는 무관하게, 제47조 제3항은 규범통제신청의 허용성을 방해하지 않는다. 왜냐하면 신청인에게 명백하게 주(州)기본권의 척도 하에 법규명령의 심사만이 문제가 아니기 때문이다.

b) 법규명령의 위임근거와의 부합성과 관련하여 바이에른에서는 행정고등법원의 심사권한 뿐만 아니라 폐기권한도 존재한다. 바이에른헌법 제92조를 통하여 직접적인 헌법침해와 관련하여 폐기권한이 독점화되어 있다는 것은 단순한 법률의 척도에 의거한 심사를 방해하지 아니한다. 규범통제절차의 중지(Aussetzung)도 그 때문에 요청되지 아니한다. 왜냐하면 법규명령이 위임규범과의 불부합의 경우에, 잠재적으로 존재하는 주(州)헌법 규정(주(州)기본권)들의 침해와는 무관하게, 무효로 간주될 수 있기 때문이다.

c) 이에 반하여 주(州)기본권에 대한 위반이 존재한다면, 이러한 위반과 관련하여 바이에른 행정고등법원(BayVGH)은 심사권한이 없고, 그래서 바이에른 헌법 제92조에 따라서 중지를 위한 공간이 없다. 바이에른 행정고등법원은 주(州)기본권에 대한 위반의 문제를 전적으로 고려하지 말아야 한다.

제25절 잠정적 권리보호(Vorläufiger Rechtsschutz)

시초사례

[927] 사례 1: G에게 음식점법(Gaststättengesetz) 제2조에 따라서 음식점 영업허가가 발급되었다. 그의 경쟁자 K는 음식점 영업허가의 발급에 대해서, G는 요청되는 성실성(誠實性: Zuverlässigkeit)을 지니지 못한다는 이유로, 이의신청을 제기하였다. 그의 이의신청이 집행정지효를 가지는가?

[928] a) 인인(隣人) N이 음식점의 경영과 관련하여 발생하는 견딜 수 없는 소음(騷音)을 이유로, 음식점 영업허가에 대해서 이의신청을 제기한다면 법적 상황은 어떠한가?

b) G가 그의 음식점을 계속 경영할 수 있는가?

c) N에게 이의신청의 제기에도 불구하고 계속 영업을 하는 G를 잠정적 권리보호절차에 있어서 음식점 영업의 지속을 방해할 수 있는 가능성이 존재하는가?

[929] d) 사례 1의 a)의 경우에 있어서 허가의 발급을 관할하는 행정청을 통해서 근거가 없이 즉각적인 허가의 집행이 명령되었다고 가정한다면, N은 이에 대해서 성공적으로 방어할 수 있는가?

[930] e) 사례 1의 d)의 경우에 있어서 즉각적인 집행의 명령이 근거가 부기되어 있으나, 그러나 이의신청의 성공이 명백하다면, 법적 상황은 어떠한가?

f) N의 이의신청이 명백하게 이유(理由)가 없다면, 법적 상황은 어떠한가?

[931] 사례 2: C는 새로이 공포된 음식점법에 따라서 음식점 허가의 발급을 신청하였다. 그런데 법에 의하면, 음식점 허가의 발급이 음식점(飲食店)의 설치가 필요한(Bedürfnis) 지에 기속되어 있기 때문에 거부되었다. C는 법이 기본법 제12조에 위반되고, 따라서 위헌(verfassungswidrig)이라는 것으로부터 출발한다. 이것이 실제적으로 사안이라고 가정한다. C는 가명령(einstweilige Anordnung)의 방식으로 본안에 있어서 결정 때까지 먼저 음식점영업허가를 발급되게 할 수 있는가?

[932] 변환: C는 가명령의 방식으로 행정법원이 관할행정청에게 그의 경쟁자 D에게 - 의도한 대로 - 음식점 허가를 발급하는 것을 금지하도록 신청할 수 있는가?

[933] 사례 3: E는 가명령의 방식으로 건축계획(Bauvorhaben)을 위하여 연방건설법 제31조 제2항에 의거하여 건축법적인 면제(免除: Dispens)를 발급하는 것을 신청할 수 있는가? 그가 성공할 수 있는가? 연방건설법 제31조 제2항의 구성요건이 충족된다고 가정한다.

[934] 사례 4: F는 전용주거지역(reines Wohngebiet)에 거주하고 있는데, 직접적인 인근지역이 방금 발효된 지구상세계획을 통하여 공업지역(Industriegebiet)으로 지정되었다. F는 규범통제절차에 있어서 결정이 너무 늦게 나올 것이 염려되었다. 왜냐하면 그 공업지역의 영업적 이용을 위하여 수많은 건축신청들이 제출되었기 때문이었다. 제47조 제1항 제1호에 의거한 규범통제신청의 제기 이전에, 제47조 제6항에 따른 가명령의 방식으로 그로부터 소송계속되는 규범통제신청에 대하여 결정이 내려질 때까지 지구상세계획의 집행을 일반적으로 중지(Aussetzung)시킬 수 있는가?

I. 서설

[935] 기본법 제19조 제4항을 통하여 명령되는 권리보호의 효율성을 보장하기 위하여 잠정적 권리보호의 가능성이 필수적으로 요청된다. 공법적인 분쟁의 결정을 위하여 시점이 가지는 의미의 관점에서, 잠정적 권리구제는 실무에서 점증(漸增)하는 중요성을 지닌다. 종종 이미 여기에서 본래적인 결정이 내려지기도 한다. 잠정적 권리구제는 특히 행정행위에서 그 중요성이 대단하다. 잠정적 권리구제는 행정행위에 있어서 자력집행력을 창설하는 행정의 가능성에 평형(平衡)을 의미한다.

잠정적 권리구제는 행정소송법에 있어서 제80조, 제80a조, 제123조 그리고 제47조 제6항에 규정되어 있다. 제80조 이하에서 잠정적 권리구제가 취소소송 및 취소심판과 관련하여 규정되어 있으며, 제123조는 이행소송, 확인소송 그리고 그 밖의 형성소송과 같은 다른 유형의 소송 및 이러한 소송에 선재(先在)하는 이의신청절차 관련하여 잠정적 권리구제를 규정하고 있다. 행정법원의 규범통제절차에 있어서 제47조 제6항이 가(假)명령을 규정하고 있다. 나아가 제113조 제3항 제2문은 가(假)규율(einstweilige Regelungen)의 발급에 대한 수권을 규정하고 있다. 이러한 수권은 제113조 제3항 제1문에 규정된 법원의 폐지권한과 체계적이고 기능적인 관련성을 가지며, 수권이 고권주체를 위하여 폐지의 결과를 가명령의 특수한 형식의 허용을 통해서 완화하면서, 고권주체의 보호에 이바지한다.

II. 제80조-제80b조에 의거한 잠정적 권리보호

[936] 행정행위가 이의신청이나 혹은 취소소송으로 공격받지 아니하는 한, 행정행위는 그의 불가쟁성의 등장 전에도 (행정행위가 예외적으로 무

효가 아닌 한) 원칙적으로 유효(有效)하고 모두에 의해서 존중되어야 한다. 이러한 유효성은 그러나 집행가능성과 동일시되어서는 아니된다. 행정집행법은 오히려 행정행위의 집행을 위하여 행정행위가 불가쟁력을 가지거나 혹은 제80조 제2항 및 제80b조에 의거하여 즉시 집행(執行) 가능할 것이 요청된다.

[937] 취소이의신청과 취소소송과 결부하여 잠정적 권리보호는 제80조 제1항에 따라서 이의신청과 취소소송이 원칙적으로 법률에 의하여 집행정지효(aufschiebende Wirkung)를 가지는 것을 통해서 성취된다. 제80조 제2항 혹은 제80a조 제1항 제1호, 제2항, 제80b조 제1항의 경우에 집행정지효력이 상실된다면, 제80조 제4항과 제80a조 제1항 제2호에 의거하여 행정관청적 결정을 통해서 집행을 중지하는 가능성이 존재한다. 제80조 제5항 제1문과 제80a조 제3항 제2문에 의거하여, 법원은 신청에 의하여 집행정지효를 부여할 수 있고, 다시금 부활시킬 수 있고, 이미 완료된 집행의 폐지를 명령하거나 제80조 제5항 제3문의 유추에 의거하고 제80a조 제3항 제1문에 의거하여 그의 실제적 집행을 저지할 수 있다. 제3자효 행정행위에 있어서 수익자의 잠정적 권리보호의 보장을 위하여 행정관청적(verwaltungsbehördlich) 그리고 법원의 집행명령이 주목된다.

1. 제80조에 따른 집행정지효(aufschiebende Wirkung) 의 발생

[938] 이의신청과 취소소송은 제80조 제1항에 의거하여 원칙적으로 집행정지효(Suspensiveffekt)를 가진다. 제80조 제1항 제2문은 집행정지효가 명령적 (그래서 집행가능한) 행정행위에서 뿐만 아니라, 형성적 그리고 확인적 행정행위 또한 제3자효 행정행위에서도 나타난다는 것을 명백하게 한다.

[939] 제80조 제1항 제2문이 제80a조를 준용하고 있듯이, 복효적 행정행위(Verwaltungsakte mit Doppelwirkung)는 법률적인 용어의 의미에서 제3자효 행정행위(Verwaltungsakte mit Drittwirkung), 즉 특정인에게 수익을 부여하는 동시에 다른 사람에게 부담을 지우는 행정행위를 의미한다. 제3자효 행정행위의 예(例)로서 인인(隣人)의 법적 지위를 침해하는 건축허가의 발급을 들 수 있다.

[940] 주목(Beachte): 오늘날 통상적인 언어용법에서 복효적(復效的) 행정행위의 개념은 그 밖에 제3자효 행정행위의 개념보다 확장되어 사용된다. 복효적 효력은 수익(受益)과 부담(負擔)이 (제3자효 행정행위에 있어서 와는 다르게) 동일한 인물에게 나타나는 경우도 존재한다. 제3자효 행정행위에 있어서 (입법자의 언어사용에 있어서 즉 복효적 행정행위) 제80a조는 제1항에 의하여 포섭되는 행정행위가 수익자를 지향하는 사안들(예: 인인의 법적 지위를 침해하는 건축허가)과 제2항에서 언급된 행정행위가 부담을 받는 자를 지향하는 사안들(예: 제3자의 보호에 이바지하는 경찰처분)을 구별한다. 순수하게 형식적인 관점에 연결된 구별은 실무적으로 종종 어려움을 야기하며, 이에 법도그마적 의미는 부여되지 아니한다.

[941] - 행정행위로서 성격 지워지는 - 일반처분(Allgemeinverfügung)이 원래 확정되지 아니한 수(數)의 사람들을 관련시키고, 이러한 사람들에게 발급된 규율이 다투는 자에 대한 규율과 밀접한 관련성이 있는 한

[942] - 예: 학교의 폐쇄와 같은 기관행위 -

[943] 일반처분은 제3자와 관련하여서도 집행정지효에 의하여 포섭된다. 일반처분이 단지 각자가 자신을 위하여 존속할 수 있는 행정행위의 묶음을 의미하는 경우에만, 다른 것이 타당하다.

[944] 예: 경찰적인 이유로 특정한 물품의 판매가 단기의 기간 동안 금지되었다. 집행정지효는 이의신청을 제기한 판매자들의 이익을 위하여 효력을 발휘한다.

[945] 집행정지효는 행정행위가, 행정행위의 상대방이 참칭(僭稱)하는 (angemaßt), 법적 지위를 침해하는 경우들에 있어서도 발생한다. 집행정지효는 참칭하는 법적 지위를 금지하는 행정행위만을 관여하고, 그러나 - 금지 이전에 이미 결여된 - 참칭하는 법적 지위를 수여하지는 아니한다.

[946] 예: A는 영업법적으로 허가를 요하는 활동을 허가 없이 행하였다. 실질적인 허가요건이 충족되지 아니하였기 때문에, 행정청은 그에게 활동을 금지하였다. A는 금지에 대해서 이의신청을 제기하더라도 그리고 이로 인해서 집행정지효가 발생하더라도, A는 그 활동을 행사하여서는 아니된다.

[947] 취소가 단지 행정행위의 한 부분에만 관여한다면, 원칙적으로 이 부분에 대해서만 집행정지효가 발생한다. 행정절차법 제44조 제4항의 유추적용으로부터 공격받는 부분과 관련하여, 공격받는 부분(예를 들면 부관)이 매우 중요하여서 행정청이 이러한 부분이 없이는 행정행위를 발급하지 아니하였을 경우라면, 집행정지효가 행정행위의 나머지를 포함하는 것이 발생할 수 있다. 시초결정의 수익자에 의하여, 재결에 대한 고립된 취소에 있어서, 재결의 관점에서 집행정지효가 발생한다. 시초결정에 대한 이의신청의 집행정지효는 이를 통해서 제거되지는 않는다.

예: 인인이 음식점법상 허가(Erlaubnis)에 대해서 이의신청을 제기하였다. 재결청은 재결에서 허가를 취소하였다. 허가취득자는 이러한 재결에 대해서 취소소송을 제기하였다. 재결에 대한 (고립된) 취소는 음식점법상 허가에 대한 인인의 이의신청의 집행정지효를 변경시키지 않는다.

2. 집행가능성의 장애 혹은 효력의 장애

[948] 집행정지효가 어떠한 결과를 가져오는지에 대해서는 논란이 있다. 여기에 크게 3가지 이론이 주장되는데, 즉 엄격효력론(die strenge Wirksam-

keitstheorie), 제한적 효력론(die eingeschränkte Wirksamkeitstheorie) 그리고 소위 집행가능성론(die sog. Vollziehbarkeitstheorie)이다.

[949] 엄격효력론에 의하면 공격받는 행정행위의 효력은, 행정행위에 대한 원칙적으로 존속력 혹은 확정력 있는 결정 때까지, 연기된다. 존속력 혹은 확정력 있는 결정시점으로부터 비로소, 행정행위가 행정법원에 의하여 폐지되지 아니한 한, 효력을 발한다. 중재적인 입장을 취하는 제한적 효력론에 의하면, 이의신청과 취소소송은 행정행위의 효력을 방해하기는 하지만, 이것은 단지 잠정적으로만 효력을 발한다. 공격받는 행정행위가 존속력 내지 확정력이 있다고 인정된다면, 유동적인 무효는 소급해서(ex tunc) 상실한다. 이에 반하여 특히 법원에 의하여 받아들여진 집행가능성론에 의하면, 행정행위의 (부분적으로는 매우 넓은 의미로 이해되는) 집행만이 방해받는다.

[950] 행정행위가 처음부터 위법하여서 이의신청 내지 취소소송이 성공을 거둔다면, 이러한 이론들 사이의 논쟁은 의미가 없다. 왜냐하면 공격받는 행정행위가 원칙적으로 소급(遡及)하여 폐지되기 때문이다. 이의신청과 취소소송이 이에 반하여 행정행위의 폐지를 가져오지 못하고, 행정행위가 존속력 내지 확정력이 발생하였다면, 결과적으로 개개의 이론이 실무상 중요한 논쟁(Kontroverse)을 나타내는 차이점이 발생한다. 결과적으로, 판례에 반하여, 제한적 효력론이 타당하다.

[951] 예: 차이점은 공무원의 적법한 해임(解任: Entlassung)의 경우에, 이러한 해임에 대해서 공격이 성공하지 못한 경우에 분명하게 타나난다. 엄격효력론에 따르면, 해임은 해임이 존속력 내지 확정력이 발생하는 시점으로부터 비로소 효력을 발생한다. 해임에 대한 소구와 존속력 내지 확정력의 등장 사이의 기간 동안 공무원 지위와 결부된 권리·의무와 함께 공무원 관계는 존재한다. 해임된 자는 이러한 기간 동안 봉급청구권을 가진다. 제한적 효력론에 따르면 이에 반하여, 해임의 유동적 무효는 존속력 내지 확

정력의 등장 후에 소급하여 상실한다. 해임은 이제 처음부터 효력을 발생한다. 봉급청구권은 결과적으로 해임의 순간부터 상실한다. 집행가능성론에 의하면 폐지에 성공하지 못한 해임은 처음부터 효력이 있다. 매우 광범하게 이해되는 집행의 개념의 결과로서, 행정은 이렇게 형성된 행정행위의 존속력 내지 확정력 발생시기까지 행정행위로부터 고권적 집행조치들을 실행하도록 하는 것이 방해받는다. 이러한 집행조치들은 행정행위에 규율된 법적 변동(즉 해임)의 발생을 전제로 하고, 그로부터 - 후속결과로서 - 발생하는 조치들이다. 고용주(der Dienstherr)는 해임된 자의 봉급을 유보하여서는 아니되며, 해임된 자가 업무를 수행토록 하여야만 한다. 존속력 내지 확정력의 발생 이후에는 집행의 장애는 소급하여 제거되고, 봉급청구권도 소급하여(ex tunc) 상실된다.

[952] 이론적 대립에 대한 소감(所感)으로서, 먼저 엄격효력론은 취할 수 없다. 동 이론은 명백하게 근거 없는, 나아가 (어떤 범위에서는) 허용되지 아니하는 법적 구제의 제기도, 소송법적으로 실체법에 의하여 허용되지 아니하는 결과를 가져오므로, 결과적으로 동의하기 어렵다. 공격받는 행정행위의 유효성은 제80조 제2항 제1문 제4호에 따라서, 즉시집행이 명령되지 아니한 한, 행정절차법 제43조 제1항 제1문으로부터 벗어나서 이미 행정행위의 공포와 함께 나타나는 것이 아니라, 존속력 내지 확정력과 함께 비로소 나타난다고 한다. 이에 의거하여 명백하게 성공하지 못한 법적 구제의 제기 조치도 상(償)을 받게 된다. 이러한 결과에 대해서는 사물적 근거가 없다. 집행가능성론과 제한적 효력론 사이에서만 결정하여야 한다. 우선적으로 제80조 제2항 제1문 제4호와 제3항 및 제80a조 제1항 제1호의 문언은 집행가능성론에 부합한다. 왜냐하면 집행가능성은 집행정지효 개념의 반대개념을 표현하기 때문이다. 집행가능성론은 이러한 연관성에 있어서 명백하게 매우 광범한 의미로 이해된다. 개념은 행정행위의 집행을 상당하게 넘어선다. 이것은 집행정지효가 - 명령적 행정행위와는 달리 - 집행가능한

내용을 가지지 아니한, 그럼에도 불구하고 제80조 제2항 제1문에 따라서 집행이 가능하고 그로 인해서 어느 정도 집행적인 규율인 형성적 행정행위에 있어서도 등장하는데서 알 수 있다. 이러한 자력집행은 행정행위의 유효성 이외에 아무 것도 아니다. 연방행정법원도 부분적으로 이로부터 출발한다. 왜냐하면 그의 관점에 의하면 아무튼 국가적 행정청에게 결과조치와 관련하여 집행정지효로 공격받는 행정행위의 유효성으로부터 출발하는 것이 금지되어 있기 때문이다. 연방행정법원에 반하여, 이러한 것은 국가에 대해서 뿐만 아니라 사인(私人)에 대해서도 타당하다. 제80조 제1항 제2문, 제80a조에서 명백하게 확인된 집행정지효의 복효적 행정행위로의 확장은 이를 지지한다. 그 때문에 제한적 효력론이 가장 타당하다.

[953] 예: 연방이미씨온보호법 제4조에 의거하여 발급된 이미씨온보호법적인 허가는 인인(隣人)에 의하여 공격받았다. 제80조 제1항 제2문에 의거하여 허가취득자는 다툼(Anfechtung)의 집행정지효에 영향을 받게 되고, 따라서 집행정지효가 지속되는 한, 유효한 허가가 아니다. 그 때문에 그는 잠정적으로 행정행위가 존재하지 아니하는 것처럼 취급받는다. 이것은 공격받는 행정행위가 국가의 부담을 받는 자에 대한 관계에서 뿐만 아니리, 제3의 수익을 받는 자에 대해서도, 사물적으로 잠정적으로 유효하지 아니한 것처럼 간주되고 이러한 관계에서 권리보호의 유효성원칙이 고려된다.

[954] 제한적 효력론의 결과로서 무엇보다도 공격받는 행정행위를 통해서 비로소 근거 지워졌던 청구와의 상계(Aufrechnung)가 잠정적 유효성의 방해 때문에 배제된다는 것이 도출된다. 그에 반하여 행정행위에서 (선언적으로) 결정된 청구(Forderung)는 이미 행정행위의 발급 전에 존재하였고 변제기가 도래하였다면, 상계는 행정을 통하여 허용된다.

3. 허용되지 않는 전형적(förmlich)인 권리구제에 있어서 집행정지효

[955] 제80조에 의거한 집행정지효가 발생하도록 하기 위하여, 이의신청과 취소소송에 어떠한 조건을 요청할 것인가에 대해서는 논란이 있다. 제80조 제1항에 따라서 집행정지효의 등장이 아무튼 권리구제의 이유유무에 의존될 수 없다는 것에는 이견이 없다. 이의신청과 취소소송은 명백하게 이유 없지 아니하다면 집행정지효를 가진다. 대개가 행정청은 이러한 경우에 제80조 제2항 제1문 제4호에 따라서 즉시집행을 명령한다.

[956] 제80조 제1항에 따라서 집행정지효의 발생이, 이의신청 내지 취소소송이 허용되는 것을 전제로 하는가에 대해서는 다양한 의견이 존재한다. 여기서 개별적인 허용요건들 사이에 구별하여야 한다. 제80조는 단지 독일 재판권이 존재하고 제40조에 따라서 행정법적 구제의 개시에 있어서만 적용가능하기 때문에, 이 두가지의 본안판단요건의 결여는 집행정지효의 발생을 방해한다. 집행정지효의 등장에 있어서 제80조의 문언에 따라서 행정행위의 객관적 존재가 필수적이다.

[957] 예: 공무원이 상관의 복무 상 지시에 대해서 이의신청 내지 취소소송을 제기한다면, 이러한 법적 구제는 행정행위의 존재가 없으므로 집행정지효를 가져오지 아니한다.

[958] 또한 원고적격 내지 이의신청적격이 존재하여야만 한다. 이의신청과 취소소송의 제기를, 결여된 원고적격 내지 이의신청적격에도 불구하고 집행정지효를 부여하는 것은, 만인소송을 방지하는 제42조 제2항의 목적과 행정소송법의 법적 구제시스템의 기본원칙에 반한다. 동일한 것이 소극적 소송수행권에도 해당된다. 행정행위가 법적 구제기간의 도과로 인하여 형식적으로 존속력이 생기게 되었다면, 집행정지효의 발생이 배제된다. 이전 단계로의 절차재개가 공격받는 행정행위의 형식적 존속력을 제거한다, 그

래서 공격이 집행정지효를 발생할 수 있다.

[959] 집행정지효에 반대하는 특별한 이유를 설명하는 언급된 경우를 제외하고는, 집행정지효는 제80조 제1항의 문언에 부합하게 이의신청과 취소소송이 허용되지 아니하는 사안들에 있어서도 원칙적으로 긍정되어야 한다. 그 밖의 허용요건의 결여가 명백한 경우들에 있어서만 다른 것이 타당하다.

[960] 예: 취소소송을 위한 권리보호필요성의 결여는 - 명백하지 아니한 한 - 집행정지효의 발생을 방해하지 아니한다.

4. 집행정지효의 시간적 한계

[961] 이의신청과 (혹은) 취소소송의 제기에 있어서 집행정지효는 소급하여 행정행위의 발급시점과 함께 등장한다. 제80b조 제1항에 따라서 이의신청과 취소소송의 집행정지효는 불가쟁성과 함께 종료한다. 혹은 취소소송이 제1심에서 기각되었다면 기각된 결정에 대하여 주어지는 상소의 법적인 이유제시의무의 경과 3개월과 함께 종료한다. 제124a조 제1항에 따른 항소가 이미 행정법원을 통해서 허용되어졌다면, 항소는 제124a조 제3항 제1문에 따라서 판결의 송달 후 2개월 내에 근거 지워져야 한다. 그것으로 집행정지효는 제80b조 제1항 제1문에 따라서 5개월 후에 종료된다. 행정법원의 항소허가가 결여된다면, 항소의 허용에 대해서 신청의 근거에 적용되는 기간이 기준이 된다.

5. 법률에 의한 집행정지효의 상실

[962] 집행정지효가 법률에 의하여 상실되는 제80조 제2항 제1문 제1호에서 제3호에 언급된 경우에는 집행정지효가 발생하지 아니한다. 제80b조 제1항의 경우에 법률에 의하여 집행정지효가 사후적으로 상실되는 시점으로부터 동일한 것이 타당하다. 이러한 경우들은 이 시점으로부터 제80조 제2항 제1문 제1호에서 제3호의 경우들과 동일하게 취급된다.

가. 공적인 공과금(öffentliche Abgaben)과 비용의 요청

[963] 제80조 제2항 제1문 제1호의 의미에서 공과금에는 세금(Steuer), 이용료(Gebühren) 그리고 부담금(Beiträge)이 있다. 1977년 공과금규정(Abgabenordnung) 제3조 제1항의 법적 정의에 따르면, 세금(Steuer)은 특별한 급부에 대해서 반대급부가 아니고 공법적인 사회공동체로부터 수입(收入: Einnahmen)을 달성하기 위하여 법률이 급부의무를 연계시키는 구성요건에 해당되는 모두에게 부과되는 금전급부이다. 수입의 충족은 부수목표일 수도 있다. 이용료(Gebühren)는 개별적으로 귀속될 수 있는 공적 급부를 이유로 부과되어지고 그의 비용을 전체적으로나 부분적으로 전보하기 위하여 특정된 공법적인 금전급부이다(예, 게마인데의 쓰레기 수거이용료와 수도이용료).

[964] 부담금(Beiträge)은 공적 시설의 비용을 전체적으로나 부분적으로 전보하기 위하여 시설의 설치나 존속이 특별한 이익을 보장하는 자로부터 거두는 금전급부이다(예: 연방건설법 제127조 이하에 의거한 개발부담금(Erschließungsbeitrag)).

[965] 국가의 재정수요의 충당(Deckung)에 이바지하지 아니하고 오히려 일차적으로 다른 목표에 이바지하는 금전청구는, 제80조 제2항 제1문 제1

호의 의미에서 공과금(公課金)이 아니다(예를 들면 경제유도 혹은 환경보호 및 하수공과금). 공과금 외에 제80조 제2항 제1문 제1호에 언급된 비용에는, 당사자들에게 행정절차의 실시로 인해서 부과되는 이용료 혹은 비용(Auslagen)도 포함될 수 있다. 행정행위 또는 재결에 있어서 본안판단과 연관하여 비용결정에 의거하여 부과되는 부수적인 비용은 제80조 제2항 제1문 상의 비용이 아니다. 직접적 강제, 대집행 또는 직접시행의 적용을 위한 비용들도 제80조 제2항 제1문 상의 비용이 아니다.

나. 경찰집행공무원의 집행정지될 수 없는 명령과 조치들

[966] 제80조 제2항 제1문 제2호에 따라서 경찰집행공무원의 집행정지될 수 없는 명령과 조치들은 즉시(即時) 집행가능하다.

[967] 예: 경찰집행공무원에 의하여 위험방지의 목적으로 명령된 압류나 수색

[968] 질서행정청(안전행정청) 내지 행정경찰의 조치들은 제80조 제2항 제1문 제2호에 의하여 포섭되지 아니한다. 제80조 제2항 제1문 제2호는 교통표지가 명령이나 금지를 포함하는 한 교통표지에 유추적용될 수 있고, 소위 스모그경고의 고지에도 유추적용 될 수 있다. 왜냐하면 이러한 교통표지와 스모그 경고는 집행경찰관의 명령과 기능적으로 동일하기 때문이다.

다. 기타의 경우들

[969] 제80조 제2항 제1문 제3호에 의하여 집행정지효는, 연방법률을 통하여 혹은 주(州)법에 있어서는 주법률을 통하여 규정된 경우들에 있어서 특히 제3자의 투자 혹은 일자리의 창출과 관련된 행정행위에 대한 이의신청과 소송에 있어서, 상실된다. 가장 중요한 예가 사업계획에 대한 건축감

독적 허가에 대한 제3자의 법적 구제에 있어서 이의신청과 취소소송의 집행정지효를 배제시키는 연방건설법 제212a조 제1항이다. 연방건설법 제212a조 제1항은, 올바른 견해로서, 건축사전결정에도 타당하다.

[970] 법적 구제들이 주(州)들을 통한 행정집행에 있어서 연방법에 의하여 내려지는 조치들에 관한 경우인 한, 주(州)들은 나아가 제80조 제2항 제2문에 의거하여 법적 구제가 집행정지효를 가지지 아니한다고 결정할 수 있다.

6. 행정행위의 즉시집행의 행정적 명령(behördliche Anordnung)

가. 법적 성질과 의미

[971] 제80조 제2항 제1문 제4호는 즉시집행(即時執行)이, 공익 또는 당사자의 중요한 이익에 있어서, 행정행위를 발급하였거나 이의신청에 대해서 결정하는 행정청에 의하여 명령되어질 수 있다고 규정한다. 행정청은 즉시집행을 직권으로 명할 수 있다. 수익자의 신청은 제3자효 행정행위에 있어서도 요청되지는 않는다. 제80a조 제1항 제1호와 제2항은 제3자효 행정행위를 통하여 수익을 받는 자에게 행정청의 집행과 관련하여 신청권을 부여한다.

[972] 즉시집행의 명령에 대한 결정은 - 부분적으로 주장되는 것처럼 - 그 자체로 행정행위는 아니고, 다만 행정행위에 대한 부가물(Annex)이다(이견있음). 제42조 제1항 상 행정행위로서 취급하는 것은, 집행명령에 대해서 동일하게 이의신청과 취소소송으로 대처할 수 있을 것이라는, 설득력이 없는 결과를 가져올 것이다. 게다가 집행명령이 - 행정행위와는 달리 - 형식적 확정력을 부여받을 수 없다는 것을 설명할 수 없을 것이다.

[973] 즉시집행의 명령은, 행정행위를 추후에 다투는 경우에 집행정지효를 가져오지 않고 또한 (제80조 제1항 때문에 또는 중지 때문에) 이미 발생한 집행정지효를 탈락시키는 것을 가져온다. 집행명령은 그러나 - 집행정지효와는 달리 - 원칙적으로 단지 미래를 향한 효력만을 가진다. 제3자효 행정행위에 있어서 그렇지만 예외적으로 소송상 무기대등(Waffengleichheit)의 이익에 있어서 소급효를 지닌 명령으로서도 발급되어야만 한다(이견있음). 집행명령은 단지 효력발생정지의 제거보다는 더 나아가는 결과를 가져온다. 왜냐하면, 집행명령은 집행법률에 의하여 통상적으로 행정집행에 있어서 명령적 행정행위의 강제적인 실행을 위한 요건이기 때문이다.

나. 집행명령의 적법성

[974] 집행명령의 적법성을 위하여 형식적 그리고 실질적 요건이 주어져야만 한다.

(1) 제40조와 제42조에 따른 다툼가능한 행정행위의 존재

[975] 체계적인 이유로 즉시집행의 명령은 제80조 제2항 제1문 제4호에 의거하여 행정행위가 존재하고, 그러한 행정행위에 대해서 아직 제40조 제1항 및 제42조 제1항 제1경우(Var. 1)에 따라서 취소소송의 방식으로 대처될 수 있는 경우에만 허용된다. 이것은 행정행위가 아직 완료되지 않았고 또한 형식적으로 존속력이 발생하지 아니한 것이 전제된다.

(2) 즉시집행의 명령을 위한 관할

[976] 집행명령의 발급을 위한 관할은 제80조 제2항 제1문 제4호에 의거하여 처분행정청 또는 재결청이다. 제80조 제2항 제1문 제4호(이의신청에

대해서 결정하여야만 한다)의 문언으로부터 그리고 체계적-목적론적 이유로부터, 재결청의 관할이(이심효: Devolutiveffekt) 이의신청의 제기와 함께 비로소 등장하고 원칙적으로 - 재결의 독립된 취소에서만 다르고 - 재결서의 송달로 종료된다는 것이 도출된다(이견있음). 그에 반하여 처분행정청의 관할은 행정행위의 발급으로부터 시작하여 그의 불가쟁성의 등장까지 존재한다. 재결청이 이미 결정한 한, 처분행정청은 계층적 원칙에 근거하여 원칙적으로 재결청의 결정에 기속된다. 이의신청절차가 (그리고 그와 함께 재결청의 관할이) 종료되고 이제 결정을 위하여 준거가 되는 사실적 또는 법적 상황의 변경이 발생하는 경우만 이러한 기속이 탈락된다. 이러한 예외가 없다면, 여기서는 다만 법원을 통한 잠정적 권리보호만 가능하다. 재결청은 그에 반하여 그의 관할이 있는 동안에 언제나 처분행정청의 결정을 변경할 수 있다.

(3) 법적인 청문(rechtliches Gehör)의 원칙

[977] 원칙적으로 법적인 청문의 원칙의 위반도 집행명령의 형식적 위법성을 가져온다. 상대방의 사전적 청문에로의 의무가 행정절차법 제28조의 직접 또는 유추적용으로부터 도출되는지는 다툼이 있다. 올바른 견해에 의하면, 집행명령의 행정행위성의 결여는 직접적용에 반대를 지지한다. 또한 유추적용도, 올바르게도, 제80조와 제80a조가 배타적 규율을 포함하고, 행정절차법 제28조는 집행명령의 신속성 때문에 - 제28조가 대상으로 하는 통상적 경우로부터 벗어나는 - 이익상황에 비추어보아도 거부되어져야 한다. 법치국가원칙으로부터 집행명령의 발급 전에, 집행명령의 발급을 통하여 기성사실이 만들어지고 청문은 행정을 통하여 집행목적을 위태롭게 하지 아니하면서 가능하고 또한 수인가능한, 그러한 위험이 존재하는 경우에는, 법적 청문이 부여되어져야 한다는 것이 도출된다.

(4) 즉시집행의 적법한 명령

[978] 즉시집행의 명령은 지배적 견해에 의하면 - 그 근거와는 달리 - 특별한 형식에 기속되지 않는다. 즉시집행의 명령은, 상대방에 대하여 결부된 특별한 부담의 관점에서, 명확하게 이루어져야 한다; 단지 행정행위의 사실상 집행에 있어서는 아직 즉시집행의 (묵시적) 명령이 보여질 수 없다. 즉시집행의 명령은 - 해야만 하는 것은 아니고 - 행정행위와 결부되어질 수 있다.

(5) 근거의 필요성

[979] 행정행위의 즉시집행의 명령에 있어서 집행명령의 특별한 이익은 원칙적으로 문서로 근거 지워져야 한다. 제80조 제3항 제2문에 따라서 행정청이 지체 위험에 있어서, 특히 생명, 건강 또는 재산을 위한 급박한 불이익에 있어서, 공익에 있어서 미리 대비하여 그러한 것으로 드러난 긴급조치를 내리는 경우에만, 특별한 근거를 필요로 하지 아니한다.

필요한 근거가 결여되거나 또는 근거가 즉시집행의 명령을 위하여 기준이 되었던 중요한 고려들을 적시하지 않는 경우에는, 명령은 위법하다. 그러므로 근거가 형식적인 어법(語法)만 소진하거나 또는 법률문언(法律文言)만 반복하는 경우에는 충분하지 않다.

[980] 예: 즉시집행의 명령은, 공익상 명령된다는 근거로 이루어진다면, 위법하다.

[981] 제80조 제3항 제1문을 충족하는 근거의 결여가 아직 행정절차법 제44조의 유추에 따른 명령의 무효로 이끌지는 아니하지만, 그러나 그러한 경우에 공격받는 행정행위와 관련하여 집행명령에게 수반되는 결여 때문에, 제80조 제5항 제1문에 따른 집행정지효의 회복을 신청하는 것은 항상

근거 지워진다. 제80조 제3항 제1문의 요청을 고려하는 근거는 소급적으로
치유하는 효력으로 추완(追完) 될 수 없다(이견있음).

　[982] 내용적으로 하자있는 근거의 경우들은 제80조 제3항 제1문을 통하
여 포섭되지 아니한다(행정행위에 있어서 처분사유의 내용적 보완의 병행
적 문제에 대해서는 문번 811 이하를 참조하라). 그러한 하자있는 근거는,
당연히 여기에서 형식적 하자와 같이 다루어지는 실질적 하자이다. 집행명
령은 그로 인해서 이러한 경우에 하자 없는 근거의 보완을 통해서 사후적
으로 치유되어질 수 없다. 아마도 그러나 이러한 보완은 묵시적으로 하나
의 새로운 집행명령을 의미할 것이다. 제114조 제2문의 유추적용을 필요로
하지 않으며, 나아가 제114조 제2문은 다만 소송법적인 의미만 가지고, 새
로운 집행명령은 제114조 제2문에로의 유추 없이도 고려되어져야만 한다.

(6) 제80조 제5항 제1문에 따른 집행명령에 대항하는 법원의 결 정의 결어

　[983] 제80조 제5항 제1문에 따른 집행정지효의 명령 내지 회복에 대한
행정법원의 결정이 존재하는 한, 집행에 대한 결정을 관할하는 행정청은
즉시집행을 명령하는 것을, 그리고 상황이 변경되었거나 원래의 절차에서
귀책사유 없이 주장할 수 없었던 경우에도, 방해받는다. 결정이유로부터 법
원이 제80조 제5항 제1문에 따른 집행정지효의 회복을 배타적으로 집행명
령의 하자에 기초하였고 그와 함께 중지에 대한 독자적인 법원의 결정이
존재하지 않는다는 것이 도출되는 경우에는 다른 것이 적용된다. 여기서
하자는, 제80조 제7항 제2문에 따른 법원에 있어서 행정의 사전적 신청이
없이도, 새로운 하자없는 결정을 통해서 수정되어질 수 있다(이견있음). 그
에 반하여, 법원이 법률에 의거하여 집행할 수 있는 행정행위에 있어서 집
행정지효를 명령한 경우에는, 제80조 제7항 제2문은 항상 적용된다.

(7) 즉시집행에 대한 공익 그리고/또는 당사자의 중대한 이익

[984] 제80조 제2항 제1문 제4호에 따른 집행명령의 발급을 위하여 필수적인 실질적 적법성요건은 즉시집행에 대한 공익의 존재 또는 - 제3자효 행정행위에 있어서 - 수익자의 중대한 이익이다. 그러한 특별한 집행이익은 행정행위가 특별히 고차적인 법익의, 예를 들면 생명과 건강, 보호에 이바지 한다면 존재한다. 국고적 이익도 - 제80조 제2항 제1문 제1호를 통하여 암시되듯이 - 제80조 제2항 제1문 제4호상 공익을 의미한다. 원칙적으로 행정행위의 발급을 정당화하는 것을 넘어가는 특별한 이익이 요청된다.

(8) 집행명령에 대한 결정에 있어서 재량행사

[985] 즉시집행에 대한 중대한 공익이 긍정되어질지라도, 그의 명령은 행정청의 재량에 놓여있다. 그에 반하여 제80조 제2항 제1문 제4호 제2 경우에 있어서 당사자의 중대한 공익이 존재하는 한, 기본권을 고려하고 권리보호의 효율성의 근거로부터 통상적으로 즉시집행을 명령할 의무가 도출된다.

7. 집행의 행정적 중지(Aussetzung)

[986] 이의제기와 취소소송이 예외적으로 집행정지효를 가지지 못하면, 제80조 제4항, 제80a조 제1항 제2호는 집행을 행정적으로 중지하는 가능성을 규정한다(경우에 따라서는 부담의 부과 또는 담보이행을 조건으로). 행정적 중지는, 법률에 의거하여 등장하는 집행정지효와 마찬가지로, 잠정적으로 행정행위의 효력을 방해한다(이견있음). 중지는 소급적 효력으로 실시될 수 있다, 왜냐하면 행정청의 권한이 제80조 제5항에 의하여 법원의 권

한 뒤에 머무를 수 없기 때문이다. 행정청은 그 밖에도 제80조 제5항 제3문의 유추로 중지절차의 범주에서 경우에 따라서는 이미 이루어진 집행의 폐지를 명령할 수 있다. 중지는 제80b조 제1항 제2문에 따라 불가쟁성으로 또는, 취소소송이 제1심에서 기각되었다면, 기각하는 결정에 대항하여 주어진 상소의 도과 3개월 후에, 행정청이 집행을 불가쟁성의 도래까지 중지하지 아니한다면, 종료된다. 그 밖에 여기에도 제80b조 제2항과 제3항이 적용된다.

가. 행정적 중지의 형식적 적법성

[987] 행정청의 중지결정은 아직 존속력이 발생하지 아니한, 종료되지 아니한 행정행위를 전제로 한다. 중지는 신청 또는 직권으로 이루어지고 이의제기의 제기 전에 개시가능하다.

나. 행정적 중단의 실질적 적법성

[988] 행정행위가 행정청의 명령에 기초하여 즉시 집행가능하다면, 행정청은 그 당시(derzeit) 즉시집행의 명령을 위한 요건이 제80조 제2항 제1문 제4호에 따라 존재하는 지를 심사하여야만 한다. 이것이 결여된다면, 행정청은 집행을 중지하여야만 한다.

8. 집행정지효의 명령 혹은 복원 신청에 대한 법원의 결정

[989] 제80조 제2항 제1문 제1호로부터 제3호까지 및 제2항 제2문의 경우들에 있어서, 본안의 법원은 집행정지효를 전부 혹은 부분적으로 명할 수 있고, 제80조 제2항 제1문 제4호의 경우에 집행정지효를 전부 혹은 부

분적으로 회복할 수 있다(제80조 제5항 제1문).

제3자효 행정행위에 있어서 잠정적 권리보호가 제80조 제5항 제1문과 관련하여 제80a조 제3항 제2문에 따라서 집행정지효의 명령 내지 회복을 통하여 혹은 제80a조 제1항 제2호 제1경우와 관련하여 제3항 제1문에 따라서 중지를 통하여 처리될 수 있는지 여부에 대해서는 다툼이 있다. 이러한 다툼은 실무에서 커다란 역할을 하지 않는다. 왜냐하면 제80조 제5항 제1문과 제80a조 제2항 제2호에서 다양한 용어에도 불구하고, 조리상(der Sache nach) 항상 집행정지효의 야기가 문제되기 때문이다. 그러나 다툼이 전혀 의미가 없는 것은 아니다. 제80조 제5항 제1문과 제2문은, 제80a조 제1항 제2호(제3자가 권리구제를 신청한다면)와는 달리, 권리구제의 사전적 제기를 전제로 하지 않는다.

[989a] 재판적 결정에 있어서도 신청을 허용하는 결정은, 잠정적 효력정지를 가져온다. 그의 기간은 행정청의 중지에 있어서와 같이, 제80b조 제1항 제2문에 의하여 결정된다. 이 경우에 제80b조 제2항과 제3항도 적용된다. 제80조 제5항 제1문에 규율된 절차와 관련하여 - 소송에 있어서와 같이 - 신청의 허용성과 이유유무와는 구별되어야 한다.

가. 신청의 허용성

(1) 신청, 독일의 재판관할 그리고 행정법적 구제의 요청

[990] 제81조 이하의 유추로 적법한 신청이 요청된다. 이 경우에 명확성의 요청들은 약화된다. 왜냐하면 법원에게 중지의 "어떻게(Wie)"와 관련하여 재량이 부여되기 때문이다. 신청은 제80조 제2항 제1문 제1호로부터 제3호까지의 경우들에서는 집행정지효의 (전부 또는 부분적) 명령을 지향하고, 제80조 제2항 제1문 제4호의 경우에는 집행정지효의 (전부 또는 부분

적) 회복을 지향하고, 제80b조 제1항의 경우에는 집행정지효의 지속의 명령을 지향한다. 상기 신청과 이미 이루어진 행정행위의 집행의 (전부 또는 부분적) 폐지를 명령하는 신청이 결부될 수 있다.

그 밖에 독일 재판관할과 행정법적 권리구제의 개시가 요청된다. 잠정적 권리보호의 절차에서 이송(移送)은 올바른 그러나 다툼이 있는 견해에 의하면 배제된다.

(2) 신청의 개시가능성

[991] 신청은 제80조 제5항 제1문에(제3자효 행정행위에 있어서 제80조 제5항 제1문과 연관한 제80a조 제3항 제2문에 따라서) 따라서 신청인에 대하여 아직 존속력이 없고 또한 완료되지 아니한, 법률에 의거하여 또는 행정청의 명령에 따라서 즉시 집행가능한, 행정행위가 존재하는 경우에만 개시가능하다. 제80b조 제1항에 따라서 집행정지효가 탈락되는 한, 행정고등법원은 신청에 의하여 집행정지효가 지속되도록 명령할 수 있다.

[991a] 집행정지효의 회복신청은 신청인이 제80조 제3항을 충족시키지 못하는 근거지움 때문에 집행명령의 형식적 하자에 대항하여서만 공격하는 경우에는 개시가능한 권리구제이다(이견있음). 제80조 제5항 제1문과 제80a조 제3항 제2문에서 배타적 규율의 관점에서, 집행명령의 폐지를 위한 독자적인 절차를 위한 여지가 - 또한 필요성도 - 존재하지 아니한다. 집행명령의 하자있는 근거지움에 기초로하는 집행정지효의 회복이, 일반적인 확정력의 기본원칙에 의하여, 행정이 집행명령을 제80조 제3항을 충족시키는 근거지움으로 발급하는 것을 방해하지 아니하기 때문에, 그러한 범위 내에서 특별한 폐지절차의 허용을 위한 근거가 존재하지 아니한다. 그 밖에 하자있는 집행명령에 있어서 집행정지효의 회복을 위한 신청에 대한 권리보호는 실현될 수 있다.

[991b] 존속력 있는 행정행위를 통하여 부담을 받는 자는, 아직 처리되지 아니하였고(beschieden) 그리고 명백하게 가능성이 없는 것이 아닌, 이전 상태로의 재개 신청을 하였다면, 기본법 제19조 제4항의 관점에서 명령되는 잠정적 권리보호가 제80조 제5항 제1문의 준용에 있어서 실현될 수 있다.

[992] 신청은 이미 취소소송의 제기 전 그리고 - 재판적 권리보호의 효율성으로 인하여 - 이의신청의 제기 전에 허용된다(이견있음).

[993] 신청의 개시가능성을 위한 요건은 잠정적 권리보호의 부수성 때문에, 본안절차가 허용되는 것이다. 여기서 특히 원고적격 그리고 소극적 소송수행권을 심사하는 당사자능력과 소송능력이다.

(3) 그 밖의 허용요건

[994] 신청은 본안의 관할법원에 제기되어야 한다. 본안절차가 계속중인 법원이거나, 소송이 아직 제기되지 아니한 경우에는 소제기 후에 사물적, 지역적 그리고 심급상 관할권이 있는 법원이다. 제83조의 이송은 잠정적 권리보호절차에서는 적용이 없다. 제80조 제5항에 따른 절차를 위한 신청권은 별도로 심사될 필요는 없다. 왜냐하면 신청의 허용성의 범주에서 본안절차를 위한 원고적격이 검토되어지기 때문이다.

[995] 그에 반하여 제80조 제5항에 따른 절차를 위하여 소극적 소송수행권과 관련하여(본안절차를 위한 이전에 살펴본 소극적 소송권한 외에 문번 994를 참조하라) 경우에 따라서는 별도의 언급이 요청된다. 본안절차가 재결을 통하여 발견되어진 형태로서의 원래의 행정행위에 대항하여 지향하고 그리고 재결청이 비로소 즉시집행을 명령하였다면, 누가 정당한 신청상대방인 지가 여기서 다툼이 있다.

[996] 요청되는 권리보호필요성은 (본안절차에서와 유사하게) 원칙적으로 긍정되어진다. 행정이 행정행위의 집행을 중지하거나 또는 공식적인

(förmlich) 결정 없이 그러한 집행을 하지 아니한다는 의도를 분명하게 한다면, 통상적으로 제80조 제5항 제1문과 연관된 제80조 제5항 제1문과 제80a조 제3항 제2문에 따른 신청을 위한 권리보호필요성이 탈락된다. 제80조 제6항과 제80a조 제3항 제2문에 의하여, 제80조 제5항 제1문에 따른 신청이 행정에 있어서 중지절차의 실패한 실시 후에 비로소 허용된다고 규정되지 아니한 한, 그러한 요청은 권리보호필요성의 관점 하에서 근거지워질 수 없다.

[997] 제80조 제6항에 따라서 제80조 제2항 제1문 제1호의 경우들에 있어서 제80조 제5항에 따른 신청은, 원칙적으로 행정청이 집행의 중지신청을 - 신청은 구두로 제기될 수도 있는데 - 전부 또는 부분적으로 거부한 경우 비로소 허용된다.

[998] 제3자효 행정행위에 있어서 집행정지효의 재판적 결정이나 회복의 신청이 원칙적으로, 제80조 제6항에 따른 행정청의 중지신청이 이전에 성공 없이 제기되어진 경우에만 허용되는 것인지 여부는, 다툼이 있다. 그러한 허용요건은 제80조 제6항을 준용하는 제80a조 제3항 제2문으로부터 도출될 수 있다.

이 문제에 대한 결정은 제80a조 제3항 제2문에서 법적 근거준용 또는 단지 법적 결과준용으로 보는지 여부에 의존한다. 제80조 제6항에 있어서 재정적 이유로 인하여 재판적 권리보호의 효율성을 제한하는 예외규정이 문제되므로, 이것은 생성역사와 부합되도록 제3자효 행정행위에 있어서도 단지 공적인 공과금이나 비용의 요청의 (여기서 대단히 드문, 그러나 처음부터 배제되지는 않는) 경우들에 있어서만 적용될 수 있다고 간주하는 것을 지지한다. 즉 이 규정을 법적 근거준용으로 이해하는 것이다.

[998a] 집행정지효의 명령 내지 회복의 신청은 원칙적으로 기간에 얽매이지 않고, 행정행위의 발급부터 존속력의 등장까지 제기될 수 있다. 예외적으로 예를 들면 장거리도로법(FStrG) 제17e조 제2항 제2문과 제3항 제1

문, 항공법(LuftVG) 제10조 제4항 제2문, 난민법(AsylG) 제18a조 제4항 제1
문의 경우들에서는, 집행정지효의 명령 내지 회복의 신청들은 기한에 얽매
인다.

나. 중지신청의 이유유무

(1) 집행정지효의 명령과 회복 사이의 구별

[999] 중지신청이 근거지워지는지 여부의 심사에 있어서, 행정행위의 집
행가능성 내지 효력이 제80조 제2항 제1문 제1호에서 제3호 내지 제80b조
제1항에 따라서 법률로부터 도출되는 지 여부에 따라서 또는 집행가능성이
제80조 제2항 제1문 제4호 내지 제80a조 제1항 제1호 또는 제2항에 따라
선언되는 행정청의 즉시집행의 명령으로부터 도출되는지 여부에 따라서
구별하는 것이 권장된다.

[1000] 첫 번의 경우에서 법원은, 사전에 이미 행정행위의 중지에 대하여
행정청의 결정이 내려졌는지 여부는 중요치 아니한, 제한 없이 자신의, 고
유의 결정을 내린다. 두 번째 경우에는 법원은 그에 반하여 먼저 행정청의
집행명령의 형식적 그리고 실체적 적법성을 심사하여야만 하고 그리고 이
러한 심사가 하자가 없는 경우에 비로소 집행정지효의 회복에 대하여 고유
한 결정을 내려야만 한다.

행정청의 집행명령이 형식적 또는 실질적으로 하자가 있는 경우에, 법원
이 어떻게 결정하여야만 하는지에 대해서는 다툼이 있다.

(2) 재판적 이익형량

[1001] (제80조 제2항 제1문 제1호에서 제3호의 경우들에 있어서) 즉시
또는 (제80조 제2항 제1문 제4호의 경우에) 집행명령의 심사 후에, 법원은

행정행위의 집행의 중지(中止)에 대하여 이익형량에 근거하여 판단하여야만 한다. 이익형량에 있어서 집행의 중지에 대한 신청인의 이익들, 즉시집행에 대한 공익 내지 경우에 따라서는 제3자의 이익들이 함께 고려되어져야 한다.

이익형량을 위해서 준거가 되는 요소들은 제80조에서 직접적으로 도출되지는 않는다. 본안절차와의 관계에서 잠정적 권리보호에게 부여되는 보조적 기능으로부터, 제80조 제4항 제3문 제1경우로부터 내지 제123조의 병렬규정으로부터, 본안절차의 성공가능성이 재판적 이익형량을 위해서 중요한 의미를 지닌다는 것이 도출될 수 있다. 아무튼 사실상의 문제들과 관련하여, 잠정적 권리보호절차의 성격에게 적합한, 원칙적으로 단지 본안절차의 성공가능성의 개괄적인 심사만이 개시된다. 법적인 문제와 관련하여, 그러한 범위 내에서 단지 본안절차의 성공가능성의 개괄적 또는 완전한 심사가 실시되어져야만 하는 지 여부에 대한 다툼이 있다. 아무튼 어려운 법적인 문제에 있어서 첫 번째 것이 타당하리라 사료된다. 재판적 심사가 신청인이 본안에서 명백하게 성공을 하게 된다는 것이 도출되는 한, 집행정지효는 원칙적으로 회복될 수 있고 명령될 수 있다.

[1002] 개괄적 심사에 있어서 본안절차의 성공 또는 실패가 명백하지 아니한 경우에는, 성공가능성 외에 - 잠정적 권리보호의 체계를 지배하는 기본원칙과 (예를 들면 제80조 제2항 제1문 제1호로부터 제4호까지, 제4항 제3문과 제123조의 명령의 근거들) 부합하여 - 행정행위를 통하여 관련되는 법익의 무게, 제80조 제1항과 제2항 제1문 제1호로부터 제3호까지 및 제80b조 제1항의 기본원칙규정 그리고 행정행위의 집행 내지 중지를 통하여 관련되는 법익 침해의 정도 등이 함께 고려되어져야 한다. 침해의 정도의 판단을 위하여, 잠정적 권리보호절차에서 결정이 본안절차에서 결정으로부터 벗어난다면 회복할 수 없는 결과가 발생할 수 있는 지 여부는 중요한 역할을 수행한다. 행정행위의 즉시집행이 집행결과가 상대방을 위하여 본

안절차에서 추후의 성공에도 불구하고 더 이상 제거될 수 없는 기성사실의
창출을 이끈다면, 이것은 집행의 중지를 암시한다.

[1003] 법원이 이익형량에서 신청인의 중지에 대한 이익이 즉시집행에
대한 공익(내지 경우에 따라서는 제3자의 이익)을 넘는 결과에 이른다면,
권리보호의 효율성의 헌법적인 명령으로부터 집행정지효가 명령되고 내지
회복되어져야만 한다는 것이 도출된다. 잠정적 권리보호의 "어부"의 관점
에서는 재량이 존재하지 않는다. 그러한 재량은 단지 "어떻게"와 관련하여
(특히 담보 내지 다른 부담과 기한의 종류와 최고액, 제80조 제5항 제4문과
제5문을 참조하라) 고려된다. 그에 반하여 집행에 대한 공익 그리고/또는
제3자의 이익이 우월하다면, 신청은 이유없다. 법원이 적기에 제80조 제5항
을 통하여 명령된 이익형량을 실시할 상황이 아니라면, 기본법 제19조 제4
항에로의 직접적인 회귀(Rückgriff)하에, 잠정적 권리보호의 형해(形骸)화를
피하기 위하여, 먼저 중간결정(소위 목걸이결정: Hängebeschluss)을 내릴 수
있다.

(3) 특별문제: 기초가 되는 형식적 헌법하위의 법률의 위헌성

[1004] 제80조 제5항에 의한 절차와 관련하여, 법원이 공격받는 행정행위
의 근거가 되는 형식적 헌법하위의 법률을 위헌이라고 간주하는 경우에는,
어려운 법적 문제가 제기된다. 여기서는 지배적 견해는 한편으로는 기본법
제19조 제4항과 다른 한편으로는 기본법 제100조 사이의, 먼저 언급된 규
정을 위하여 해결되어져야 하는, 갈등으로부터 출발한다. 기본법 제100조
에 따른 중지(中止)는, 헌법소송적 규범통제절차의 실시와 결부된 시간비
용의 관점에서, 권리보호의 효율성을 결정적인 방식으로 훼손한다. 제80조
제5항에 의한 절차의 신청인은, 그가 지배적인 전적으로 문제 있는 견해에
의하면 기본법 제100조에 따른 헌법재판소에서의 추상적 규범통제절차의
당사자가 아니기 때문에, 연방헌법재판소에 유효한 잠정적 권리보호를 도

달할 수 없다.

(4) 특별문제: 이차적 공동체법의 일차적 공동체법(primäres Gemeinschaftsrecht)에의 위반

[1004a] 특별문제는, 독일 행정청을 통하여 발급된 행정행위가 행정법원의 견해에 의하여 일차적 공동체법과 모순에 있는 이차적 공동체법에 근거한다면, 제기된다. 여기서 이러한 위반에 근거하는 행정행위가 중지된다면, 그로써 (아무튼 사실적으로) 유럽법원에게 이차적 공동체법의 관점에서 부여된 폐기전권(유럽공동체 업무처리조약(AEUV) 제267조)을 건드리게 된다. 이러한 규정이 국내적, 공동체법에 근거하는 행정행위의 중지(中止)와 직접적으로 관련되지 않고 유럽공동체 업무처리조약 제278조 이하에서 단지 공동체행위에 대하여 잠정적 권리보호만 규정되어 있을지라도, 유럽최고재판소(EuGH)는 그의 폐기관할의 형해(形骸)화를 방지하기 위하여 국내적 행정행위의 중지를 위해서는 이러한 사안들에 있어서 다음의 요건들이 존재하여야만 한다는 것을 요청한다: 첫째로 이차적 공동체법의 유효성에 대한 심각한 의문, 둘째로 유럽법원이 이 문제를 아직 다루지 아니한 한, 유럽공동체 업무처리조약(AEUV) 제267조에 의하여 이러한 문제의 유럽법원에의 이송, 셋째로 국내적 법원의 결정의 긴급성, 넷째로 중지 없이는 신청인에 대하여 중대한 그리고 회복할 수 없는 손해의 급박 그리고 마지막 다섯째로 공동체이익의 적절한 고려이다.

다. 집행폐지의 재판적 명령

(1) 집행결과제거청구권의 잠정적 보장을 위한 수단으로서 제80 조 제5항 제3문

[1005] 행정행위가 이미 제80조 제5항 제1문에 따른 결정 전(前)에 집행이 되었다면, 제80조 제5항 제3문은 법원이 집행정지효의 명령 또는 회복 외에 또한 집행의 폐지를 명령할 수 있다고 규정한다. 제80조 제5항 제1문과 제2문의 체계적 관련성으로부터 이미 도출되듯이, 그러한 결정은 신청에 의해서만 이루어지고 그리고 직권으로는 이루어지지 아니한다.

[1006] 제80조 제5항 제3문은 본안절차에서 제113조 제1항 제2문을 통하여 실행가능한 집행결과제거청구권과 관련하여 잠정적 권리보호에 이바지한다. 이러한 관점에서 제80조 제5항 제3문상 집행의 개념은 해석되어져야한다. 이것은 특히 강제적 실행 뿐만 아니라, 오히려 명령하는 행정행위의 자발적인 준수도 포함한다.

[1007] 예: 경찰상 압류된 대상의 소유자가 압류의 잠정적 중지에 의하여 물건의 반환을 구하는 경우에, 집행의 폐지가 문제된다. 이행결정에 대한 이의신청의 집행정지효가 재판적으로 회복되고 상대방이 이제는 이미 지불한 금액의 반환을 요구하는 경우에도 상응하는 것이 타당하다.

[1008] 집행제거청구권의 성격에 부합하여 직접적인 집행결과의 제거만이 명령되어질 수 있다. 집행제거청구권은 손해배상청구권은 아니다.

[1009-1011] 예: 이행결정의 잠정적 재판적 중지에 있어서 단지 금액의 상환 만이, 상대방(Betroffenen)을 위하여 지불로부터 도출되는 여타의 손해의 배상이 아니라, 명령될 수 있다. 이미 부분적으로 집행된 건축경찰적 철거처분의 재판적 중지에 있어서, 제80조 제5항 제3문에 의하여 건물의 부분적인 복구가 명령될 수는 없다.

(2) 제3자효 행정행위에 있어서 특수성(Besonderheiten)

[1012] 제3자효 행정행위에 있어서 (잠정적) 그 집행의 원상복구가 문제 된다면, 이것이 제80조 제5항 제3문과 연관된 제80a조 제3항 제2문을 통하여 또는 제80a조 제1항 제2호(제3자의 권리의 보장을 위한 잠정적 조치)와 연관된 제3항 제1문을 통하여 해결될 수 있는 지는 의문이 든다. 위에서 행정행위의 재판적 중지와 연관하여 언급된, 제3자효 행정행위에 있어서 집행정지효의 명령 또는 회복에 대해서 제80조 제5항 제1문과 연관된 제80a조 제3항 제2문의 적용을 지지하는, 이유들은, 제80조 제5항 제3문과 연관된 제80a조 제3항 제2문을 집행결과제거청구권의 잠정적 보장에 대해서도 적용하는 것을 시사(示唆)한다. 제80조 제5항 제3문과 연관된 제80a조 제3항 제2문 상의 집행 하에 (예를 들면 제3자의 권리를 침해하는 보조금결정) 행정행위의 행정적 집행은 다툴 수 없는 것으로 이해된다. 사인이 형성적 행정행위를 이용하는 것이 (예를 들면 건축허가 또는 영업법적 허가의) 집행으로서 이해될 수 있는 지는 의문스러울 수 있다. 올바르게도 이것은 긍정될 수 있다. 이를 위해서 체계적인 관점 하에서, 이미 집행의 개념 하에 사인이 제3자효 행정행위를 이용하는 것을 의미하는 제80조 제2항 제4호와 제80a조 제1항 제1호의 규정들도 지지한다. 이러한 결과는 의문의 여지 없이 명백하게 헌법적으로 명령되어진 잠정적 권리보호는 행정행위에 있어서 단지 제80조와 제80a조를 통해서만 보장되어져야 한다고 규정하는, 이것은 입법자료를 통해서 확인되는데, 제123조 제5항을 통해서 확인된다.

[1013] 이미 집행된 행정행위의 원상회복이 문제되는 경우에, 제80조 제5항 제3문과 연관된 제80a조 제3항 제2문으로부터 법원이 행정청에 대하여 행정청이 집행을 폐지하도록 명령할 수 있다는 것이 도출된다. 제3자효 행정행위를 통하여 수익을 받는 자에 대하여 집행의 폐지를 명령하는 것은, 그에 반하여 이미 제거청구권이, 제80조 제5항 제3문과 연관된 제80a조 제

3항 제2문은 제거청구권의 보장에 이바지하는데, 공권력의 주체에 대항하여서만 지향하지 행정행위를 실행한 즉 행정행위를 (예를 들면 건축허가를) 이용한 사인(私人)에 대해서는 아니라는 것으로 인하여 배제된다.

[1014] 법원은 제80조 제5항 제3문과 연관된 제80a조 제3항 제2문에 따른 명령에 있어서 재량여지를 가진다. 이러한 재량여지는 그렇지만 그러한 명령이 원칙적으로 결과제거청구권과 관련하여 본안의 선취를 가져와서는 아니된다는 것을 통하여 제한된다 (효율적인 권리보호의 보장을 위하여 필수적인 경우에만 다른 것이 타당하다).

제80조 제5항 제3문과 연관된 제80a조 제3항 제2문에 따른 명령들은 제168조 제1항 제1호에 따라서 공권력의 주체에 대하여 집행가능하다.

라. 중지된 행정행위의 적법성에 있어서 손해배상청구

[1014a] 중지된 행정행위가 적법하였다는 것이 추후에 판명된다면, 이것은 그에 의하여 신청된 중지를 통하여 집행정지효가 도출되었고 그를 통하여 공공부문 또는 제3자에게 손해를 야기한 자(者)의 손해배상의무를 가져오지는 않는다. 제80조, 제80a조는 즉 (제123조 제3항과는 달리) 민사소송법 제945조를 준용하지는(verweisen) 않는다. 이익상황은 여기서 전적으로 다른 이익상황이고, 그 때문에 - 더구나 효율적인 권리보호의 헌법상 보장의 관점에서 - 제123조 제3항, 민사소송법 제945조로의 유추는 이로부터 발생하는 위험 때문에 금지된다. 민사소송법 제945조와 관련된 제123조 제3항에 의하여 그 밖에 신청상대방의 손해만이, 그에 반하여 제3자의 손해는 아니고, 전보(塡補)될 것이다.

9. 행정행위의 사실상 집행에 있어서 권리보호

[1015] 제80조 제5항과 제3자효 행정행위에 적용가능한 제80a조 제3항 제1문, 제80조 제5항은 직접적으로 행정 내지 행정행위를 통하여 수익을 받는 자가 집행정지효를 준수하지 않는 경우를 규율하지는 않는다(소위 사실상 집행). 여기서는 집행정지효는 이미 등장하였기 때문에, 집행의 재판적 중지는 배제된다. 그로부터 그러나 제123조를 통해서 메꾸어져야 할 권리구제의 공백이 존재한다는 것이 도출될 수는 없다. 취소소송에 있어서 잠정적 권리보호는 단지 제80조와 제80a조를 통하여 보장되어지므로, 이것은 명백하게 제123조 제5항과 그의 입법경위 그리고 입법체계와 부합되지 않는다. 행정법원은 오히려 신청에 의하여 제80조 제5항에 따른 유추로 (일방적으로 부담지우는 행정행위에 있어서) 내지 제80조 제5항 제1문과 연관된 제80a조 제3항 제2문에 따른 유추로 (제3자효 행정행위에 있어서), 이미 집행정지효가 등장하였다는 것을 확인하여야만 한다. 행정법원이 이미 집행정지효를 명령할 수 있다면, 행정법원은 더더구나 더(erst recht) 이미 등장한 집행정지효를 확인할 수 있음에 틀림없다(대(大)에서 소(小)의 추론: Argumentum a maiore ad minus).

주문(主文)을 위한 예: "신청상대방의 2004년 4월 1일 자 처분에 대한 신청인의 이의신청이 집행정지효를 가지는 것이 확인된다."

[1016] 그러한 결정은 전적으로 결정에서 내려진 확인의 관점에서 집행가능하지 않다. 기본법 제19조 제4항의 배경 하에서 상대방에게 그 밖에 긴급한 경우 강제적으로 집행정지효의 준수를 관철할 수 있는 가능성이 부여되어져야만 한다. 일방적으로 부담을 지우는 행정행위에 있어서 이러한 잠정적 권리보호는 제80조 제5항 제3문의 유추적용을 통하여 도출된다. 법원은 이에 따라서 신청으로 행정을 이미 이루어진 행정행위의 사실상 집행의 제거뿐만 아니라, 후속적 집행의 중지를 의무지울 수 있다. 제3자효 행

정행위에 있어서도 잠정적 권리보호의 보장과 관련하여 제80조 제5항 제3
문과 연관된 제80a조 제3항 제2문을 통하여 유추적으로 사고할 수 있을 것
이다.

[1017] 예: 건축주가 집행정지효를 준수하지 않는다면, 법원은 행정을 제
80a조 제1항 제2호 제2경우와 연관된 제80a조 제3항 제1문의 유추로, 건축
주에게 후속건축을 잠정적으로 금지시키도록 의무지울 수 있다. 주문은 다
음과 같을 것이다: "신청상대방은 참가인의 건축활동의 잠정적 정지를 명
할 의무를 진다."

[1018] 집행정지효가 재판적으로 확인되거나 사실상 집행이 중단되어져
야 한다면, - 위법한 집행명령의 경우에서처럼 - 법원을 통한 이익형량이
개시되지 않는다(이견있음). 오히려 상응하는 재판적 담보조치의 신청이 이
미 여기서 법률상 등장하는 집행정지효가 위법한 방식으로 준수되지 않았
기 때문에 근거 지워진다.

10. 제3자효 행정행위의 수익자의 잠정적 재판적 권리 보호

가. 일반론

[1019] 제3자효 행정행위에 있어서 잠정적 권리보호는, 행정행위를 통하
여 부담 받는 자를 위해서 뿐만 아니라, 권리구제의 집행정지효를 통하여
또는 집행의 중지를 통하여 고통을 받는 수익자를 위해서도 고려된다. 그
러한 범위 내에서 입법자는 기본법 제19조 제4항을 통하여 명령된 잠정적
재판적 권리보호를, 법원이 제80a조 제1항 제1호 또는 제2항과 연관된 제
80a조 제3항 제1문에 의거한 즉시집행을 명령할 수 있는 것을 통해서 고려
한다.

나. 신청의 허용성

[1020] 즉시집행의 재판적 명령의 신청은 제40조와 제42조에 따른 취소에 복속되고 그의 (전부 또는 부분적) 집행정지효와 관련하여 등장하는 행정행위가 존재하는 경우에만 허용된다. 그러한 범위 내에서 그리고 여타의 허용요건과 관련하여 제80조 제5항에 의하여 절차에 대한 설명이 준용될 수 있다.

[1021] 재판적 중지와 관련하여, 재판적 집행명령의 신청이 먼저 제80a조 제1항 제1호와 제2항에 따른 행정청의 집행명령의 상응하는 신청이 제기된 것을 전제(前提)로 하는 지 여부에 대한 다툼이 있다. 올바르게도 이것은 원칙적으로 부정되어지고, 그리고 허용성은 관할행정청에 있어서 원칙적으로 사전적 (실패한) 신청에 의존하지 않는다. 제80a조 제3항은 그러한 범위 내에서 행정행위의 재판적 중지와 즉시집행의 재판적 명령 사이의 구별을 위한 착점을 제공하지 않는다.

다. 신청의 이유유무

[1022] 행정행위의 즉시집행의 명령의 신청이 이유 있는지 여부는, 다시금 이익형량에 근거하여 결정된다. 수익자의 우월한 이익에 있어서 신청은 성공한다.

성공적 신청에 있어서 주문을 위한 예: "신청상대방의 2003년 12월 1일자 처분으로 신청인에게 발급된 건축허가의 즉시집행은 명령된다." 제3자효 행정행위의 사실상 중지에 있어서 즉시집행의 명령의 보장.

[1023] 행정청이 제80조 제2항 제1문 제1-3호에 따라 법률상 즉시집행 가능한 제3자효 행정행위에 있어서, 실수로 여기서 제80조 제1항에 따른 집행정지효가 등장한 것으로부터 출발한다면,

예: 행정이 연방건설법 제212a조를 통한 집행정지효의 배제를 간과한다.

또는 집행정지효의 등장이 (예를 들면 제기된 이의신청이 아마도 원고적
격의 결여로 허용되지 않기 때문에) 문제된다면, 법원은 수익자의 신청에
따라 제80a조 제1항 제1호 또는 제2항과 연관된 제80a조 제3항 제1문의 유
추로 - 대로부터 소의 추론의 방식으로 도출되듯이 - 제3자효 행정행위의
즉시집행가능성 내지 그의 효력있음을 확인할 수 있다.

11. 제80조, 제80a조에 따른 재판적 결정의 발급

[1024] 재판적 결정은 제80조 제7항 제1문에 따라서, 제146조 이하의 규
정의 기준에 의하여 공격되고 그리고 본안의 법원에 의하여 언제나 변경되
어질 수 있는 결정으로써 이루어진다. 제80조 제7항 제2문에 따라서 모든
당사자는 변경된 또는 원래의 절차에서 귀책 없이 주장하지 못한 상황 때
문에, 변경이나 폐지를 신청할 수 있다. 제80조와 제80a조에 의한 절차에서
제80조 제8항에 따라서 긴급한 경우에 있어서 재판장은, 그의 결정에 대항
하여 공포 후 이주(二週) 내에 본안의 법원에게 호소할 수 있다고 결정할
수 있다.

[1024a] 부록: 제80조 제5항, 제80a조 제3항 제1문에 대한 개관

이러한 개괄에서는 제80a조 제3항과 제1항 제1호, 제2항에 따른 즉시집
행의 재판적 명령의 경우들은 다루어지지 않는다. 이러한 경우들은 허용요
건과 관련하여 단지 신청의 개시가능성에 있어서만 집행정지효가 발생하
였음에 틀림없다는 것을 통하여 구별된다. 이유유무심사는 법률에 따라 공
식에서 즉시집행의 포함된 경우들과(제1경우) 행정청의 즉시집행의 명령을
유추하여(제2경우) 이루어진다.

Ⅲ. 제123조에 의거한 가명령을 통한 잠정적 권리보호

1. 제123조의 가명령의 적용범위와 형식

[1025] 가명령은 취소소송을 제외한 모든 소송유형에 있어서 잠정적 권리보호를 보장한다(제123조 제5항). 가명령은 의무이행소송, 일반적 이행소송 그리고 행정소송상 일반적 확인소송에 미친다. 그의 적용범위는, 예를 들면 건축법에 있어서 규제완화(Deregulierung)를 통하여 확대되었다. 특히 이것이 몇몇 주(州)건축법규에 규정되어 있으며, 그 범위에서 건축법적 인인보호가 제80조 이하를 통해서가 아니라 제123조를 통해서 실행되는 건축계획(Bauvorhaben)의 허가의무로부터의 면제(Freistellung)에서 분명하게 된다.

제123조는 두 종류의 가명령을 규정한다: 보장명령(Sicherungsanordnung)과 규율명령(Regelungsanordnung). 제123조 제1항 제1문에 의거한 보장명령은 존재하는 상태의 변경이 신청인의 권리의 실행을 좌절시키거나 혹은 본질적으로 어렵게 할 위험이 존재하는 경우에 관할법원을 통해서 이루어진다. 제123조 제1항 제2문에 따른 규율명령은 분쟁이 있는 법률관계와 관련하여, 무엇보다도 장기에 걸쳐 놓여있는 법률관계에 있어서 본질적인 불이익을 방지하기 위하여 혹은 급박한 강제력(Gewalt)을 방어하기 위하여 혹은 다른 이유로 이러한 규율이 필요하다면, 잠정적인 상태의 규율을 위하여 발급된다. 보장명령과 규율명령의 구별은 종종 매우 어렵다. 그 때문에 부분적으로는 이러한 구별을 포기하고, 가명령의 통일적인 구성요건으로부터 출발하는 것이 추천된다. 개별적으로 모든 구별 어려움에 있어서, 보장명령에 있어서는 존재하는 상태의 보장이 중요하다는 것을 간단한 원칙(Faustregel)으로서 삼을 수 있다. 보장명령에서는 방어적 권리(금지청구권과 제거청구권)와 관련하여 잠정적 권리보호가 전면에 서 있다.

[1026] 사례: 경찰이 시민을 자신에 의해서 생산되고 일견 건강에 위해한 공산품(Produkten)의 사용으로부터 경고하는 것에 대해서, 어떤 기업가가 보장명령의 수단으로 방어할 수 있다. 추후의 회의로부터 배제된 게마인데 의회 의원이, 그의 견해로는 이러한 권한의 위법한 행사(Beschneidung)에 대해서 가명령의 수단으로 방어한다면, 보장명령으로부터 출발할 수 있다.

[1027] 이에 반하여 규율명령은 법적 지위의 확대에 이바지하는 조치의 실행을 향한다.

예: 지금까지 허가되지 아니한, 허가의무적인 행위의 일시적 허용 혹은 인원제한학과에 공부를 위한 잠정적 입학.

[1028] 가명령의 절차에서 - 잠정적 권리구제에 본질적으로 부합되지 않는 - 제113조 제1항 제4문의 유추에 의한 계속확인신청을 위한 여지는 없다.

2. 가명령의 발급신청의 허용성

[1029] 제123조 제1항에 따라서 가능한 가명령의 발급신청이 허용되는지 여부의 평가에 있어서, 원칙적으로 일반적인 허용요건에 결부되어야 할 것이다.

[1030] 원칙적으로 제81조 이하의 유추에 의거하여 규정에 부합되는 신청이 요청된다. 신청의 특정성에 대한 요청은, 그러나 명령의 방식은 재판적 재량에 놓여있다는 것을 통해서, 약화된다. 그 외에도 독일의 재판관할이 있어야 하고, 행정소송법적 구제가 허용되어야 한다.

[1031] 가명령은 절차유형으로서 개시될 수 있어야만 한다. 제123조 제5항으로부터 도출되듯이, 법원의 본안절차를 위하여 취소소송과는 다른 소송유형이 개시될 수 있어야만 한다. 개시가능한 본안절차와 관련하여, 모든 허용요건 특히 원칙적으로 당사자능력과 소송능력 내지 원고적격과 소극

적 소송수행권능이 충족되어야 한다. 가명령이 신청되어질 관할법원은 제123조 제2항 제1문에 따라서 본안의 법원이다. 제123조 제2항 제2문에 따라서 제1심 법원이거나, 혹은 본안이 항소심절차에 계속된다면 항소심법원이다. 제50조에 따라서 연방행정법원이 제1심법원으로서 본안절차에 관할하는 경우에는, 연방행정법원이 가명령을 관할한다. 이에 반해서 상고심법원이라면, 제123조 제2항에 따라서 (제80조 제5항으로부터 벗어나서) 제1심 법원이 관할한다. 신청권능은 (가능한) 명령의 근거가 주장되기를 요청한다. 신청은 소송의 상대방에 대해서 본안절차에서 이루어진다. 권리보호필요성은 특히 신청인에게 행정절차에서 잠정적(vorläufig) 권리구제를 얻을 수 있는 가능성이 존재하는 경우에는 부정되어질 수 있다. 이것은 특히 소송상 청구된 법적 주체가 이전에 신청인에 의하여 사안에 대해서 취급되지 아니한 경우에 적용된다.

3. 가명령의 발급신청의 이유유무

가. 명령청구와 명령근거

[1032] 제123조 제1항 제2문에서 언급된 요건의 개괄적 심사(summarische Prüfung)에 의하여 원칙적으로 명령청구권(Anordnungsanspruch)과 명령기초(Anordnungsgrund)의 존재를 위한 상당한 개연성이 있다면, 가명령의 발급신청은 이유있다.

명령청구권은 잠정적 권리보호가 강구되는 실체법과 관련이 있다. 이에는 청구권뿐만 아니라 모든 유형의 주관적 공권이 포함된다. 권리는 또한 하자 없는 재량행사청구권일 수도 있다. 그 범위 내에서 신청인이 본안에서 예상컨대 승소(勝訴)할 수 있는 지 여부, 사실적 상황과 법적 상황의 개괄적 심사에 있어서 주장된 권리가 부여되어 있는 지 여부에 대해서 심사되어질 수 있다.

한편으로 신청인에게 그 자신의 이익과, 다른 한편으로 공익과 제3자의 이익의 형량 하에 본안의 결정을 기다리는 것이 수인되어질 수 없다면, 그리고 그에게 다른 수인가능 하거나 비교적 간단하게 당해 권리를 잠정적으로 보호하거나 보장할 가능성이 없다면, 명령의 기초는 존재한다. 한편으로는 제123조 제1항 제1문에서 다른 한편으로는 제123조 제1항 제2문에서 다양한 규정형식에도 불구하고, 보장명령과 규율명령 사이에 차이가 없다.

명령청구권과 명령기초는 신빙성(信憑性)이 있어야 한다(민사소송법 제920조와 관련하여 제123조 제3항).

[1033] 명령청구권이 명백하게 존재하고, 본안에 있어서 소가 명백하게 허용되고 이유 있다면, 가명령은 통상적으로 발급될 수 있다. 명령기초에 있어서, 다른 여타의 요청들은 없다. 왜냐하면 위법한 상태의 유지와 관련하여 공익이나 보호가치 있는 제3자의 이익이 존재할 수 없기 때문이다. 명령청구권이 명백하게 존재하지 아니하고, 소가 본안에 있어서 명백하게 허용되지 아니하거나 이유 없다면, 가명령은 통상적으로 거부되어진다. 여기에는 명령기초가 결여되는데, 왜냐하면 신청인이 존재하지 아니한 권리의 보장에 대해서 결코 보호 가치있는 이익을 가질 수 없기 때문이다.

이에 반해서 본안에 있어서 성공가능성이 법적 상황과 사물적 상황의 개괄적 심사에 있어서 불명확하다면, 명령기초의 범주에서 위에 언급된 이익형량이 개시되어야 한다. 명령청구권에 대한 요청들이 적을수록, 가명령의 불발급과 추후의 승소에 있어서 신청자를 위한 불이익이 그만큼 더 클 것이다.

명령청구권과 명령기초는 관련이 없이 병렬적으로 존재하지 않고, 오히려 그의 기능적 관련성에 기초하여 유동적인 시스템을 형성한다.

명령청구권뿐만 아니라 명령기초도 주어진다면, 법원은, 올바른 그러나

기본법 제19조 제4항을 통하여 보장된 권리보호의 효율성의 관점에서 논란
이 있는 견해에 의하여, 가명령을 발급할 의무가 있다. 가명령의 내용과 관
련하여서만 법원은 재량을 가진다.

나. 가명령의 내용

[1034] 법원은 보장조치 혹은 규율조치를 스스로 할 수는 없고, 단지 신
청의 상대방(즉 행정)을 특정한 행동으로 의무(義務) 지울 수 있을 뿐이다.
제3자의 직접적 재판적 의무는 배제된다. 특히 참가인은 직접적으로 의무
지워질 수 없다. 절차의 성격으로부터 행해진 규율이 원칙적으로 잠정적
성격일 수 있다는 것이 발생한다. 규율명령에 있어서 이것은 이미 제123조
제1항 제2문(잠정적 상태의 규율)의 문언으로부터 도출된다. 가명령이라는
용어로부터 표시되듯이, 규율명령에게도 타당하다. 가명령은 그 때문에 원
칙적으로 본안의 선취를 가져와서는 아니된다(OVG Münster, NWVBl. 1996,
26 f.)

[1035] 예: 신청인은 다가올 국민축제기간동안 도로법상의 특별이용허가
의 발급을 법적으로 청구한다. 신청에 대해서 공법상의 관할법인은 법원을
통한 가명령의 수단으로, (대단히 늦게 기대될 수 있는) 아직 소송계속 되
지 아니한 본안절차에서 확정결정이 내려질 때까지 허가를 발급할 의무를
부담한다. 여기에 본안의 사실상의 선취가 존재하여서, 잠정적 명령의 발급
을 구하는 신청은 예외적으로 선취를 허용하는 이유가 존재하지 아니한다
면 원칙적으로 이유없다. 원칙적으로 그 때문에 가명령을 통한 건축허가의
발급은 배제된다.

[1036] 예외적으로 헌법적으로 보장된 권리보호의 효율성의 관점에서 본
안의 선취는, 본안의 선취 없이는 신청인에게, 신청의 상대방의 이익을 고
려하여도, 그에게 수인할 수 없는 불이익이 발생한다면 그리고 신청인이

그 외에도 본안에서 명백하게 상당한 승소가능성을 가진다면 허용되어야 한다. 그러한 최소한 사실상 본안의 선취를 가져오는 잠정적 권리보호는, 특히 학교법과 고등교육법에서 의미가 있다. 여기서 보장하는 청구권의 본안절차에 비견되는 심도 있는 심사가 요청되고 개괄적 심사로는 충분하지 않다.

예: 재판적으로 명령된, 진급되지 아니한 학생을 잠정적으로 상위 학급의 수업에 참석시켜야 할 학교경영자(Schulträger)의 의무는, 본안절차의 길이의 관점에서 결과적으로 본안의 선취가 된다.

[1037] 공무원직을 구하는 지원자의 신청이 경쟁자의 임박(急迫)한 임명에 대항한다면, 경쟁자소송과 관련하여 공무원법에서 특별한 것들이 적용된다(BVerwG, NVwZ 2011, 358, 361). 여기에 항상 명령근거가 존재한다. 왜냐하면 판례의 의하면 경쟁자의 임명은 원칙적으로 원상복구 되어질 수 없고 그리고 잠정적 권리보호절차가 실제적으로 본안절차를 대신하여 등장하기 때문이다.

이러한 이유로 판례는 명령청구권과 관련하여 제한없는 - 그리고 개괄적 뿐만 아니라 - 신청인에 의하여 주장된 경쟁자의 임명의 중지를 구하는, 신청인이 경쟁자보다 공직을 담당하기 위하여 적합하고 그의 임명은 고로 기본법 제33조 제2항을 침해한다는 것에 근거하는, 청구들의 심사를 긍정한다. 그러나 신청인이 스스로 임명 되어져야만 한다는 것을 설명하는 것은 요청되지 아니한다. 오히려 그의 임명이 가능한 것으로 보이는 것으로 족하다.

[1038] 잠정적 권리보호를 위한 내용적 한계는, 가명령이 원칙적으로 본안절차보다 더 광범한 권리보호를 제시할 수 없다는 것으로부터 발생한다. 여기로부터 행정청의 재량이나 판단여지가 존재하는 결정을 위한 제한들이 도출된다.

상대방이 단지 무하자재량행사청구권만 가진다면, 특히 이를 통하여 기성사실(vollendete Tatsachen)이 발생할 것 같으면, 상대방에게 간구하던 수익을 허용하는 것이 원칙적으로 배제되는 것이 타당하다. 추후에 다시 원상복구 될 수 있는 잠정적 조치들은, 그러나 다투어질 수 없다. 왜냐하면 그렇지 아니하면 행정청의 재량 혹은 판단여지가 존재하는 결정들에 있어서, 기본법 제19조 제4항에 반하여, 유효한 잠정적 권리보호가 일반적으로 주어지지 아니하기 때문일 것이다. 그로 인하여 경우에 따라서는, 수익이 잠정적으로 부여될 수도 있다.

예: 경제정책적인 목표설정에 이바지하는 이자혜택이 있는 대부(Darlehen)의 보장과 관련하여, 재량여지가 존재한다. 여기서 국가는 명령기초와 명령청구권의 주장(Glaubhaftmachung)에 있어서 먼저 대부발급이 의무 지워질 수 있다. 왜냐하면 국가는 보장된 혜택을 본안절차의 승소불가능성에 있어서 다시금 회수를 요청할 수 있기 때문이다.

[1039] 주(州)건축법이 건축법적인 허가의무로부터 면제(Freistellung)를 규정하는 한, 건축에 대하여 잠정적 권리보호는 가명령(보장명령)의 수단으로 이루어진다. 가명령을 통하여 건축감독관청은, 건축개시를 잠정적으로 금지하거나 건축을 잠정적으로 중단시키는 것을 포기한다. 인인(隣人)이 인인보호규정의 침해에 있어서 원칙적으로 건축을 금지시키는 처분의 발급에 대한 법적 청구권을 가진다고 한다면, 실제적인 결과에 있어서는 건축허가의 발급에 있어서 잠정적 권리보호에 대하여 차이가 없다.

4. 가명령의 발급신청에 대한 결정

[1040] 가명령에 대한 결정은, 제146조 이하의 기준에 따라서 공격할 수 있는 결정(Beschluss)으로서 제123조 제4항에 따라서 이루어진다. 판단을 위하여 기준이 되는 것은, 결정시점의 법적 상황이다. 결정(Beschluss)은 법원

에 의하여 변경될 수 있다. 가명령은 제168조 제1항 제2호에 따라서 집행 가능하다.

개시된 결정에 있어서 주문을 위한 예: "2003년 1월 1일 이래로 부여된, 칼스루에 지역의장단에 있어서 지역부서장으로서의, 직위를 참가인에게 부여하는 것이, 신청상대방에게 잠정적으로 금지된다." 신청의 각하 혹은 기각에 있어서 주문: "신청은 기각된다(abgelehnt)."

5. 가명령의 부정당 발급에 있어서 손해배상청구

[1041] 만일 가명령이 본안에서 승소불가능성 때문에 처음부터 정당성이 없었거나 혹은 소가 기한에 맞게 소송계속 되지 못하였다면, 신청인은 신청상대방에게 가명령의 집행을 통하여 발생한 손해를 전보하여야 한다. 이것은 제123조 제3항에서 민사소송법 제945조를 준용하도록 담보한다. 손해배상청구는 민사소송상 구제에서 주장될 수 있다. 가명령에 의하여 관계되는 제3자는, 이에 반하여, 올바른 그러나 매우 논란이 있는 견해에 의하면, 손해배상청구권(Schadensersatzanspruch)이 없다. 민사소송법 제945조의 문언은 그의 직접적 적용을 반대한다; 유추적용은 제80a조와의 관계에서 평가모순을 가져올 것이고, 권리보호효율성을 침해할 것이다.

[1041a] 부록: 제123조에 따른 가명령

허용성	
1. 적법한 신청제기	
2. 독일의 재판권(법원조직법 제18조 이하와 연관된 제173조)	
3. 행정소송상 권리구제의 개시(제40조)	
4. 신청의 개시가능성	
보장명령(제123조 제1항 제1문)	규율명령(제123조 제1항 제2문)
대상: 존재하는 상태의 보장	대상: 잠정적 상태의 규율

5. 제123조 제2항에 따른 수소법원의 관할
6. 명령근거의 주장
7. 신청상대방
8. 권리보호필요성

이유유무
1. 명령청구권
기본적으로 본안절차에서 상당한 승소가능성이 요청된다; 예외적으로 잠정적 명령없이 신청인에게 특별하게 중대한 손해에 있어서 보다 낮은 수준의 요청들; 공무원법상의 경쟁자분쟁에 있어서 특별한 점들
2. 명령근거
잠정적 명령의 발급이 없이 내지 발급을 통하여 발생할 신청인 내지 신청상대방에 대한 이익과 불이익에 기초한 이익형량. 본안절차에서 주장된 권리가 명백하게 존재하는 한, 불발급과 결부된 신청상대방에 대한 불이익의 관점에서 낮은 수준의 요청이 제기될 수 있다.

재판적 결정
1. 잠정적 명령의 발급
명령의 여부(Ob)의 관점에서 재량없음(다툼있음)
2. 잠정적 명령의 내용
재량에 의한 내용(명령을 어떻게: Wie) 원칙적으로 본안의 선취 금지 원칙적으로 본안에서보다 많이 선고할 수 없음

Ⅳ. 제47조 제6항의 가명령에 대한 예방적 권리보호

1. 일반론

[1042] 행정고등법원의 규범통제절차와 연결하여 제47조 제6항[68]에 따라서, 중대한 손해 혹은 다른 중요한 이유로 긴급하게 요청된다면, 행정고등

---

68) (6) Das Gericht kann auf Antrag eine einstweilige Anordnung erlassen, wenn dies zur Abwehr schwerer Nachteile oder aus anderen wichtigen Gründen dringend geboten ist.

법원을 통하여 신청에 의하여 가명령(einstweilige Anordnung)이 발급될 수 있다. 이 규정은 연방헌법재판소법 제32조를 모방하였고, 거기에서 발전된 기본원칙들이 부분적으로 도입될 수 있다. 그 외에 잠정적 권리보호(vorläufiger Rechtsschutz)의 일반적 원칙들이 적용된다. 제47조 제6항의 범주에서 가명령은 통상적으로 본안결정을 선취할 수 없거나, 본안결정의 가능한 내용에 대해서 넘어설 수 없다.

[1043] 예: 행정행위의 폐지 - 예를 들면 공격받는 지구상세계획에 기초하여 이루어진 건축허가 - 혹은 건축계획(Bauvorhaben) 중지 의무는, 여기서 도달될 수 없다(OVG Münster, NVwZ 2001, 1060).

2. 제47조 제6항에 따른 가명령의 발급신청의 허용성

[1044] 가명령의 발급을 위하여, 본안의 법원에 신청을 제기하여야 한다. 제123조 제2항 제2문이 여기서 적용되지 아니하므로, 그것이 연방행정법원일 수도 있다. 제47조 제6항은 신청이 이미 신청의 제기 전에 본안에서 허용되는지의 문제를 규율하지 않는다. 그 범위에서 제123조 제1항에 담겨있는 논리로의 회귀(Rückgriff)는, 제47조 제6항에 따라서 가명령이 이미 규범통제신청 이전에 개시될 수 있다는 것을 나타낸다. 가명령이 지향하는 규범은 아직 효력이 발생하지 아니하였어야만 한다. 아무튼 규범제정자의 의사형성이 종료되었어야만 하고, 규범통제절차가 본안에서 개시될 수 있어야 한다. 당사자능력은 규범통제절차를 위한 기본원칙에 따른다. 신청인은 가명령이 중대한 손해의 방지 혹은 다른 중요한 이유로 긴급하게 요청된다는 것을 주장하여야만 한다. 신청상대방은 법규정을 발급한 공법상의 법인이다. 제47조 제6항의 종속성(Akzessorietät) 때문에, 신청상대방은 제47조 제2항 제2문에 따라서 본안절차에서와 마찬가지이다. 이것은 연방헌법재판

소법 제32조에 대한 헌법재판소의 결정과 부합한다.

3. 제47조 제6항에 따른 가명령의 발급신청의 이유유무

[1045] 신청의 이유유무는 제47조 제6항에 따라서 가명령의 발급이, 실제적으로 중대한 손해(schwere Nachteile)의 방지 혹은 다른 중요한 이유로, 긴급하게 요청되는지에 달려 있다. 중대한 손해와 관련하여, 지배적 견해에 의하면, 엄격한 기준을 제시한다. 명령이 긴급히 요청되는지의 문제에 대해서는, 이익형량(Interessenabwägung)이 기준이 된다. 이익형량에 있어서 본안절차에 있어서 승소가능성의 개괄적(槪括的) 형량이 중요하다.

4. 제47조 제6항에 따른 가명령의 내용

[1046] 가명령이 규범집행의 단지 일반적인 혹은 개별적인 중지(Aussetzung)를 가져오는지는 다툼이 있다.

[1047] 예: 지구상세계획의 효력이 전체적으로 중지된다면, 규범집행의 일반적 중지가 존재한다. 이에 반해서 중지가 특정한 대지와 관련하여서만 그리고 단지 특정한 건축신청인 내지 건축계획과 관련하여서만 이루어지는 경우에는 단지 개별적인 중지가 존재한다.

[1048] 제47조 제6항을 통하여 어떻든 규범집행의 일반적 중지가 가능하여야만 하는 것은, 제123조 제1항에 대하여 강화된 제47조 제6항의 요건으로부터 도출된다(folgern). 나아가 제47조 제6항이 연방헌법재판소법 제32조에 근접하는 것, 내지 규범에 대한 유효한 잠정적 권리보호는 단지 규범집행의 일반적 중지를 통해서만 가능한 경우들이 있다는 상황이, 이를 지지한다.

[1049] 지배적인 견해에 반하여, 단지 규범집행의 개별적 중지가 명령되는 가명령은 허용될 것이다. 그러한 중지에 있어서 이익형량은 규범집행의 일반적 중지만이 가능한 경우보다는 신청인에게 유리하도록 될 것이다. 규범상대방(Normbetroffenen)의 부수적 규범통제(inzidente Normenkontrolle)와 연관하여, 규범집행의 개별적 중지를 가져올 가능성은, 제47조 제6항을 통하여 달성하여야 할 규범집행의 개별적 중지의 필요성을 배제할 수 없다. 제47조 제6항 외에 그러한 잠정적 권리보호의 준용을 통하여, 상대방은 행정법원의 규범통제절차 외에 추가의 본안절차를 실시할 것이 강요될 수 있다. 이러한 추가의 본안절차는 규범통제절차가 보장하는 권리보호의 효율성을 침해할 수 있다. 확인소송을 통한 부수적 규범통제절차와 연관된 가명령을 통하여 규범집행의 잠정적 개별적 중지에 도달할 가능성은, 그 밖에 일반적-추상적 규범의 속성상 규범집행의 개별적 중지와 부합할 수 없다는 것과 이러한 이유로 부정하는 것이, 설득력이 없다는 것을 보여준다. 가명령의 내용에 대한 제47조 제6항의 문언이 보다 상세한 것을 언급하지 않기 때문에, 규범집행의 일반적이고도 또한 개별적인 잠정적 중지는 제47조 제6항을 통하여 도달가능하다.

5. 가명령의 발급

[1050] 가명령의 발급에 대한 결정은 제123조 제4항에 부합하여 결정으로써 이루어진다. 규범의 집행이 일반적으로 중지되는 한, 제47조 제5항 제2문의 유추로 중지결정의 공고가 명령된다. 결정은 상소로써 공격할 수 없고, 제80조 제7항의 유추로 법원을 통하여 변경될 수 있다.

시초사례의 해결

[1051] 사례 1: K가 그 침해를 주장하는 여관법(GastG) 제4조 제1항 제1

호의 규정은 경쟁자보호를 근거지우지 못하기 때문에, 제42조 제2항의 유
추로 요청될 수 있는 이의신청권능이 결여된다. 올바른 견해(richtige Auff-
assung)에 의하면, 이것은 그의 이의신청이 집행정지효를 펼칠 수 없다는
것을 결과한다.

[1052] a) 여기는 집행정지효가 등장한다. 왜냐하면 여관법 제4조 제1항
제3호의 인인(隣人)보호 규정의 침해가 주장되고 그 때문에 이의신청권능
이 존재하기 때문이다. 제80조 제1항 제2문은 제3자효 형성적 행정행위에
있어서 이의신청이 집행정지효를 가진다는 것을 명백하게 한다.

[1053] b) 제80조 제1항의 집행정지효가, 통설적 견해에 의하면, 집행가능
성의 중지 뿐만 아니라 효력의 중지도 가져오기 때문에, G는 음식점
(Gaststätte)을 먼저 계속 경영하여서는 아니된다.

c) G가 음식점을 이의신청에도 불구하고 계속 경영한다면, 허가의 사실
상의 집행이 존재한다. 이에 대해서 N은 제80a조 제1항 제2호와 관련하
여 제3항 제1문의 유추적용으로 방지할 수 있다. 그의 신청으로 행정법
원은, 관할행정청의 주체가 G에게 영업의 계속수행을 중단하도록, 의무
지울 수 있다. 관할 처분행정청에게 제80a조 제1항 제2호의 유추로 그러
한 중지를 야기하도록 하는 시도는 요청되지 않는다. 왜냐하면 제80a조
로부터도 또한 권리보호의 필요성의 관점으로부터도, 재판적 명령을 목
표로 하는 신청의 보충성이 발생하지 않기 때문이다. G를 통하여 사실상
집행이 위법하기 때문에, 신청은 이익형량의 필요 없이 이유있다.

[1054] d) 집행명령이 여기서, 제80조 제3항에 의하여 요청되듯이, 근거
지워지기 때문에, N의 집행정지효의 회복신청은 제80조 제5항 제1문과 관
련하여 제80a조 제3항 제2문에 따라서 이익형량이 요청되지 않고 성공을
거둔다. 제80조 제5항 제1문의 유추로 집행명령만을 폐지하는 필요성은, 제
80조 제5항 제1문과 관련하여 제80a조 제3항 제2문을 통하여 개시된 잠정
적 권리보호가능성 외에, 존재하지 않는다.

[1055] e) 취소소송의 명백한 이유유무에 있어서, 여기서 요청되는 이익형량은 원칙적으로 법원이 제80조 제5항 제1문과 관련하여 제80a조 제3항 제2문에 따라서 집행정지효의 회복신청을 허용하게 되도록 한다.

f) 명백한 승소불가능성에 있어서, 이에 반하여, 신청은 건축주의 중대한 이익 때문에 기각된다.

[1056] 사례 2: 제123조 제1항 제2문에 따라서 규율명령의 형태로 가명령이 개시될 수 있다. 음식점 영업의 잠정적 허용이 시간적인 한계 때문에 본안의 선취를 가져오지 아니하고 허가의 발급의 법적 청구권이 규율의 위헌성으로 인하여 명백하게 존재하므로, 신청된 가명령은 발급될 수 있다. 기본법 제100조는 그를 방해하지 아니한다.

변환: 그에 반하여 C가 원하는, 그의 경쟁자에게 음식점 영업허가가 발급되지 않도록 하는, 가명령의 발급신청은 여하튼 C의 본안절차를 위한 이의신청권능 내지 소권의 결여로 허용되지 아니한다.

[1057] 사례 3: 기성사실이 만들어지고 이러한 방식으로 내용적으로 본안의 선취를 가져오므로 가명령의 발급신청은 기각된다. 단지 면제(Dispens)의 발급을 구하는 형식적 주관적 공권의 관점에서, 예외적으로 본안의 선취가 허용될 수 있는 요건이 충족되지 아니한다. 그 때문에 가명령이 E에게 본안절차보다 많은 것을 주기 때문에, 가명령이 아마도 이미 배제되는지 여부는 미해결인 채로 있다.

[1058] 사례 4: 제47조 제6항에 따라서 가명령의 발급 신청이 제47조 제1항 제1호에 의하여 규범통제신청의 제기 전에 이미 허용된다. F는 제47조 제2항 제1문에 따라서, 본안에 있어서 신청권능이 있으므로 신청할 수 있다. 허용되는 신청은 연방건설법 제1조 제5항 제6항에 위반하여 수립된 지구상세계획은 명백하게 위법하고 인근토지의 건축을 통하여 돌이킬 수 없는 기성사실이 발생되는 위험을 발생시키기 때문에 이유가 있다.

제26절 여론(餘論): 제47조 외에 규범적 불법에 있어서 권리보호

시초사례

[1059] 사례 1: 새롭게 공포된 법에서, 이전(以前)에는 허용되었던 특정한 물품의 영업적 생산이 금지되었다. 지금까지 이 물품을 생산하여왔던 영업자 G는, 이 법률에서 기본법 제12조 제1항에 대한 위반을 보고 있다.

a) 그는 소송상 어떻게 저항할 수 있는가?

b) 법률에 근거하여 이 물품의 생산이 그에게 명시적으로 행정적으로 금지된다면, 법적 상황은 어떠한가?

[1060] 사례 2: M은 지금까지 게마인데 G에서 쓰레기수거(Müllabfuhr)를 실시하였다. 이를 위한 기초는, 게마인데가 스스로 쓰레기수거를 하지 아니하겠다는 게마인데의 이전(以前)에 발급된 설명이었다. 얼마 후 게마인데는, 그럼에도 불구하고, 조례에서 모든 주민들이 강제적으로 이용하도록 규정하는 자치적인 쓰레기수거를 하였다. M은 이에 대해서 법적으로 어떤 조치를 취할 수 있는가?

[1061] 사례 3: 노동조합 G는 노동협약법(Tarifvertragsgesetz) 제5조에 기초하여 노동조합과 관할 사용자단체와 합의된 노동협약(Tarifvertrag)을 일반 기속적으로(allgemeinverbindlich) 선언하는 것을 신청하였다. 이를 위하여 관할장관은, 이것은 자신의 자유로운 정치적 재량을 이유로 이를 거절

하였다. 노동조합 G에게 권리보호가능성이 존재하는가?

Ⅰ. 규범적 불법에 있어서 제47조를 통하여 보장된 권리보호의 한계

[1062] 제47조[69]는 규범적 불법(不法: normatives Unrecht)에 있어서 권리 보호의 비교적 좁은 영역을 규율한다. 제47조를 통한 권리보호는, 그 밖에 도 제47조 제2항 제1문의 신청기간을 통하여 보다 제한된다. 법률보다 하 위의 주(州)법적인 규정들에 대해서는, 주(州)입법자들이 제47조 제1항 제2 호의 위임에 대하여 사용하지 아니하였다면, 제47조에 따른 규범통제가 배 제된다. 여기서 연방건설법전의 규정에 의하여 공포된 조례의 경우 혹은 연방건설법전 제246조 제2항에 따른 명령의 경우는 제외된다(제47조 제1항 제1호). 제47조는 나아가 모든 연방법적인 법률하위의 규정들, 형식적 연방 법률과 주(州)법률 및 법규범의 위법한 부작위(不作爲)의 경우에 대해서는 적용될 수 없다.

---

69) VwGO § 47 (1) Das Oberverwaltungsgericht entscheidet im Rahmen seiner Gerichtsbarkeit auf Antrag über die Gültigkeit 1. von Satzungen, die nach den Vorschriften des Baugesetzbuchs erlassen worden sind, sowie von Rechtsverordnungen auf Grund des § 246 Abs. 2 des Baugesetzbuchs 2. von anderen im Rang unter dem Landesgesetz stehenden Rechtsvorschriften, sofern das Landesrecht dies bestimmt.

Ⅱ. 규범적 불법에 있어서 권리보호의 헌법적 보장

[1063] 지배적 견해에 따르면 기본법 제19조 제4항은 규범적 불법에 있어서도 재판적 권리보호를 보장한다. 기본법 제19조 제4항의 문언(文言)뿐만 아니라(공권력, 또한 기본법 제93조 제1항 제4a호 역시), 기본권을 규율하는 제1기본법 단원의 마지막에 있는 체계적 위치도 이를 지지한다. 이러한 위치로 권리구제의 길의 보장의 중요한 기능이 기본법 제19조 제4항 앞에 놓여있는 실질적 기본권의 재판적 보호에 존재한다는 것이 표현되었다. 기본법 제1조 제3항에 따라서 입법 앞에서도 보호하는 기본권의 주관적 권리성의 긍정은, 법률에 대한 재판적 권리보호의 필요성을 시사(示唆)한다. 주관적 권리의 존재를 위하여 요청되는 권리소유자의 법적 힘은, 법률에 대한 재판적 권리보호에서만 존재할 수 있다. 기본법 제19조 제4항의 법률적 불법에로의 확장은, 사회적 법치국가에서 법률과 행정행위는 광범위하게 교환할 수 있으며, 그 때문에 입법은 권리보호의 열려있는 측면(offene Flanke)을 방지하기 위하여 권리보호 안으로 포함시켜져야만 한다(이견있음).

Ⅲ. 규범적 불법에 있어서 권리보호의 실현

[1064] 입법도 기본법 제19조 제4항의 의미에서 공권력이기 때문에, 이러한 영역에서도 권리보호의 공백이 없어야 한다. 연방헌법재판소법을 포함하여 개별 법률적인 절차규정에서도 권리보호의 공백은, 긴급한 경우에는 기본법 제19조 제4항으로 직접적 근거 하에, 사법부를 통하여 제거되어야 한다. 권리보호가 규범에 대항하여 현실화 되어지는 종류와 방식을 위하여 결정적으로 중요한 것은, 기본법 제19조 제4항이 법률에 대항하여 권리보

호에 이바지하는 재판적 절차에 대해서 어떠한 요청을 하는 지의 문제에 대해서 사전적으로 분명하게 하는 것이다. 그의 도움으로 규범의 위법성 내지 무효가 일반적 기속적으로 확인되거나 또는 아무튼 규범의 비적용이 다른 방식으로 법적으로 기속적으로 담보되어질 수 있는 추상적 규범통제 절차(prinzipales Normenkontrollverfahren)가, 권리구제의 보장을 충족하는 지, 또는 선결문제의 방식으로 규범의 효력에 대해서 판단하는 부수적 규범통제로서 충분한지에 대해서는 다툼이 있다. 기본법 제19조 제4항이 규범에 대항하는 권리보호의 형식에 대하여 아무 것도 언급하지 아니하고, 오히려 단지 효과적인 권리보호만을 요청하기 때문에, 오늘날 지배적 견해는 올바르게도 상대방이 원칙적으로 부수적인 규범통제를 통하여 충분하게 위법한 규범으로부터 도출되는 권리침해에 대항할 수 있는 것으로부터 출발한다. 그와 함께 피해자가 원칙적으로 자신을 위하여 그러한 규범으로부터 도출되는 개별적인 침해에 대한 제거청구권만을 가진다는 것을 고려한다. 특수한 경우에 있어서만 개별적인 권리보호의 보장을 위하여 규범의 일반적 비(非)적용(Nichtanwendung)에 대한 청구권을 필요로 한다.

1. 규범집행행위의 공격을 통한 권리보호

[1065] 집행가능한 규범이 이미 국민의 주관적 법적 지위를 침해할지라도, 국민은 이러한 집행가능한 규범에 대하여 종종 부수적 규범통제의 방식으로 집행행위를 공격함으로써 유효하게 보호할 수 있다. 그래서 부수적 규범통제는 그것으로 동시에 법률에 대하여 충분한 권리보호를 형성한다 (집행가능한 헌법소원의 허용성을 위한 결과로서).

[1066] 예: 이용료 혹은 부담금조례가 공과금채무(Abgabenschuld)를 근거지운다면, 규범을 위법하다고 간주하는 채무자는 그에 대항하여 공과금처

분의 취소를 통하여 방어할 수 있다. 행정행위에 대한 권리보호는, 통상적으로 동시에 규범에 대하여 충분한 부수적 권리보호를 보장한다. 그러한 이용료와 부담금처분의 발급이 지체되는 한, 사전적 금지소송이 고려된다.

[1067] 개별적 집행행위에 대한 권리보호가 예외적으로 규범에 대한 유효한 권리보호를 보장하지 아니하는 경우에만(예를 들면 상대방이 무수한 집행행위를 다투어야만 하기 때문에), 부수적 규범통제로 이송하는 것(Verweisung)이, 기본법 제19조 제4항의 요청을 더 이상 충족시키지 못한다.

[1068] 예: 보조금법이 다른 기업에 대한 대강의 경쟁제한적인 수혜를 통하여, 보조금을 받지 못하는 기업을 기본법 제12조와 제14조에서 침해한다. 보조금을 받지 못하는 자(者)가, 경우에 따라서는, 무수한 보조금처분을 취소하도록 지시된다면, 유효한 권리보호가 존재하지 아니한다. 나아가 그는 아마도 누가 보조금을 받는 지도 알지 못한다. 효과적인 권리보호는 더구나 법률 하위의 법규정의 집행을 위하여 - 예를 들면 판매금지로의 위임 - 상대방에 대하여 다수의 다양한 공법인에게 관할이 있다면, 위험에 처하게 될 것이다. 여기에서 단지 규범의 무효로 인하여 성공적일 것 같은 개별적 집행행위에 대한 공격은 상대방을 다른 고권주체가 여전히 규범의 적법성으로부터 출발하고 규범을 계속하여 집행하는 것에 대해서 보호하지 못할 것이다.

[1069] 집행행위에 대한 공격을 수단으로 규범에 대한 부수적 권리보호가, 법률하위의 규범이 위법하기는 하나 그럼에도 불구하고 유효한, 드문 경우들에 있어서 (예를 들면 평등위반에 있어서 문번 1080을 보라) 배제된다. 집행행위에 대항하는 권리보호로 이송하는 것(Verweisung)은, 나아가 규범이 상대방의 주관적 권리를 침해하기는 하지만 규범에 의거한 집행행위는 그렇지 아니하고 그래서 상대방은 집행행위를 공격할 수 없는 경우에는, 배제된다. 이것은 지구상세계획에 있어서 중요하게 될 것이다. 지구상세계획이 인인(隣人)의 법적으로 보호된 이익을 연방건설법 제1조 제7항이

요청하는 방식으로 고려하지 아니하는 한, 지구상세계획은 인인(隣人)의 주관적 권리를 침해한다. 연방건설법 제1조 제7항은 인인에게 지구상세계획에 근거하는 건축허가에 대한 보호를 보장하지는 않고, 상응하는 주관적 권리가 종종 지구상세계획의 무효에 있어서 대부분 적용 가능한 연방건설법 제34조 제1항과 제35조에도 지지(支持)되도록 하지 않는다.

[1070] 형식적인 집행가능한 법률에 있어서 행정소송상 권리보호는 집행행위의 공격을 통해서만 보장될 수는 없다. 오히려 행정법원은 여기서 헌법재판소의 협력(協力)에 의존하고 있다. 이것은 행정법원이 여기서 법률을 기본법 제100조 제1항에 의거하여 그러한 법률이 상위의 법과 부합되지 않는다고 간주하는 경우에는 관할 헌법재판소에 제청하여야만(vorzulegen) 하는 것으로부터 설명된다. 비로소 헌법재판소는 그 때 제청된 법률의 무효를 확인할 수 있다. 제청의무는 오늘날 지배적 견해에 의하면, 의회법률이 상위의 법에 (예를 들면 평등원칙에 위반하는) 위반하더라도 효력이 있는 특별한 경우에도 존재한다. 연방헌법재판소는 법률의 무효가 아니라 오히려 단지 그의 상위법과의 불합치성을 확인하여야만 한다. 이러한 확인은 입법자에게 불합치성을 제거할 의무를 지운다.

[1071] 전문법원(Fachgericht)이 기본법 제100조 제1항에 따라서 개시하는 헌법재판소의 규범통제절차는 - 아무튼 독립적으로 고찰되는데 - 권리보호절차를 의미하는 것은 아니다. 국민은 여기에 형식적으로 당사자가 아니라 오히려 연방헌법재판소법 제82조 제3항에 의하여 의견표명만 할 수 있다. 규범통제절차는 다만 부수적인 규범통제를 통하여 보장되는 권리보호를 수정한다. 여기서 시초절차의 원고에게, 기본법 제19조 제4항을 통하여 명령된 권리보호를 효율화하기 위하여 연방헌법재판소법 제82조 제2항의 유추적용으로, 참가권(Beitrittsrecht)이 부여될 수 있는 지가 문제된다. 그로써 헌법재판절차와 연관된 규범상대방을 통하여 시작된 행정소송상 절차는 완전한 가치가 있는 권리보호절차로 표현될 수 있다. 다양한 절차의 결합

을 통하여 권리보호의 분지(分枝)는 기본법 제19조 제4항의 관점에서 문제가 없고, 이러한 절차의 권리보호의 유용성에 방해되지 않는다. 사안에 의할 때 연방헌법재판소는, 헌법재판소법 제90조 제2항 제1문으로부터 도출되는 헌법소송상 권리보호의 보충성의 원칙을, 결여된 전문법원의 폐기권능에도 불구하고, 형식적 법률의 부수적인 전문법원상 규범통제에 대해서 적용한다면, 이로부터 출발한다. 그와 더불어 연방헌법재판소는 저것은 법률에 대한 다른 권리구제의 길을 의미하거나 또는 아무튼 이것과 비교할만한 권리보호를 보장한다는 것을 인정한다.

[1072] 헌법재판소들은 규범통제절차의 범주에서 기본법 제100조 제1항에 의하여 제청된 법률의 불합치성 내지 무효를 본원적으로 그리고 일반적 기속적으로 확인하기 때문에, 특정의 법률하위의 집행가능한 규범에 있어서 여기서 규범의 무효의 재판적 확인이 단지 부수적으로 이루어지고 결정이 더구나 단지 당사자 상호간에 효력을 가지는 것으로부터 도출되는 문제들은 완화된다. 문제들은 여기서 부수적인 전문법원의 규범통제와 추상적 헌법소송적 규범통제의 결합으로부터 도출되는 권리보호는 통상적으로 시간적으로 상당히 늦게 등장하는 범위에서, 그리고 이것이 직접적인 헌법소송상 권리보호에 있어서 그러한 경우인 범위에서 존재한다.

2. 행정소송상 확인소송을 통한 권리보호

[1073] 위법한 규범에 대한 효율적인 권리보호는 집행행위의 공격을 통하여 보장되지 않는 한, 권리보호는 다른 방식으로 보장되어야만 한다. 이것은 특히 자체적으로 집행(執行)하고 그러므로 집행이 이루어질 수 없거나 집행을 필요로 하지 아니하는 집행규범에 있어서 불가피하다(소위 자체집행적 규범). 이것은 공법상의 사단법인에서 법률적인 강제가입에 있어서

또는 영업활동의 법률적 금지에 있어서 그러하다. 여기에서는 오히려 행정법원의 확인의 소를 통한 권리보호가 선호된다. 이 경우에 이와 관련하여 권리보호를 보장하는 다양한 확인의 소가 절차대상(Verfahrensgegenstand)의 관점에서 볼 때 상당히 구분된다는 것이, 그러나 대부분 충분히 고려되지 않는다.

가. 다양한 확인소송

[1074] 제43조에 따른, 동 조항에 따라서 권리의 (지속적) 존재가 주장되어지는데, 행정소송상 일반적 확인소송이 고려된다. 권리의 폐지 또는 제한에 대해서, 원고는 무효라고 여기는 규범이 지향한다. 무효에 대하여, 그러한 소송에서 단지 부수적으로 결정된다. 직접적으로 규범에 대항하고 그래서 그의 효력에 대해서 본원적으로 판단하는 확인의 소도 고려된다. 이러한 소송은 종종 비정형적 확인소송 또는 고유(固有)의(sui generis) 확인소송이라고 표현된다. 그의 정확한 대상에 대해서는 그렇지만 의견일치가 되지 않는다. 확인소송들에게 그들이 단지 법률하위의 법규정들에 있어서 선호되고 그들의 개시가능성이 다른 방식으로는 충분한 행정소송상 권리보호를 보장할 수 없는 것에 의존된다는 점들이 공통된다. 이 경우에 있어서 규범이 원고에 대하여 효력이 없다는 것을 확인하는 소송을 위해서, 또한 원고가 규범을 통해서 자신의 권리를 침해받는 것을 확인하거나 규범제정자의 규범제정권이 존재하지 않는다는 확인을 구하는 소송을 위해서 때때로 옹호된다.

[1075] 비정형적 확인소송은 헌법적으로 명령된 권리보호의 실현을 위하여 제47조와 제43조에서 규정된 행정소송상 일반적 확인소송이 규범에 대하여 충분한 권리보호를 할 수 없는 경우에만 고려되어진다. 제43조와 제47조를 통하여 이미 충분한 권리보호가 보장된다면, 권리보호의 공백(空白)

이 존재하지 아니하고, 입법자에 대한 존중이 비정형적인, 행정소송법에 규정되지 아니한 확인소송에로의 회귀(Rückgriff)를 금지한다. 그로부터 규범의 효력없음이나 규범을 통하여 근거 지워지는 원고의 권리침해가 확인되어지는 비정형적 확인소송을 통한 권리보호는 - 그 밖의 우려로부터 전혀 도외시하고서는 - 아무튼 단지 제47조가 적용되지 않고 제43조[70])에 기초하는 일반적 확인소송이 권리보호를 하지 못하는 곳에서 고려되어진다. 그러므로 먼저, 제47조가 적용되지 않는다면, 이미 제43조가 규범에 대한 권리보호를 보장하는지 여부와 경우에 따라서는 어떤 범위에서 보장하는 지에 대해서 석명(釋明)되어져야만 한다.

[1076] 그에 반하여 규범제정권의 부존재가 확인되어지는 확인소송의, 제43조에 근거한 이러한 권리를 제한하는 규범의 무효로 인한 권리의 지속적 존재를 대상으로 하는 확인소송과의 관계는 규명하기가 보다 어렵다.

[1077] 그런데 법률하위의 규범의 발급을 구하는 권리가 존재하거나 또는 존재하지 않는지 여부에 대한 분쟁에 있어서, 제43조에 따른 확인소송이 항상 개시 가능한지에 대해서는 아직 언급이 없다. 그러한 소송의 대상은 규범의 위법성이라는 것이, 이러한 소송의 개시가능성에 반대(反對)하여 말한다. 이러한 소송은 입법자의 의사에 따라서 원칙적으로 단지 제47조를 통하여 그리고 단지 제47조의 매우 제한된 요건 하에서만 개시 가능하여야 하는 추상적 규범통제를 포함한다. 일반적인 개시가능성은, 단순한 행정법원이 모든 법률하위의 법규범들의 적법성에 대하여 당사자 간의 상대적 효력(mit Wirkung inter partes)으로 판단하고, 그리고 그것도 여러 점들에서(대상, 관할, 기한, 확정력) 제47조로부터 벗어나는 절차에서, 입법자의 결정을 광범하게 형해(形骸)화 한다.

---

70) VwGO § 43 (1) Durch Klage kann die Feststellung des Bestehens oder Nichtbestehens eines Rechtsverhältnisses oder der Nichtigkeit eines Verwaltungsakts begehrt werden, wenn der Kläger ein berechtigtes Interesse an der baldigen Feststellung hat (Feststellungsklage).

나. 권리의 (지속적) 존재의 확인에 대한 소송

[1078] 그러한 확인소송에 반하여 제47조로부터 심각한 우려는 도출되지 않는다. 그러한 소송의 대상은 규범을 제정하는 규범제정자의 권리가 아니라, 오히려 규범의 위법성과 무효의 경우에 존속하고, 다툼이 있는 견해에 의하면, 항상 법률관계를 근거지우는 규범상대방의 권리이다. 규범은 - 제47조에 있어서와는 달리 - 절차의 대상이 아니라, 오히려 규범의 상위법과의 불합치성과 그로부터 도출되는 무효에 대하여 단지 부수적으로 결정된다. 원고의 권리의 지속적 존속을 주장하는 확인소송은 그 밖에 규범이 무효일 때 뿐만 아니라, 규범이 적법하고 유효하지만 그의 구성요건이 존재하지 아니하는 경우에도 근거 지워진다. 주관적 권리를 직접적으로 제한하는 규범의 구성요건의 존재에 대해서 다투어지는 한, 권리보호는 단지 권리의 지속적 존속을 지향하는 확인소송의 수단으로써 보장될 수 있다. 그로 말미암아 그러한 확인소송은 개시(開始) 가능함에 틀림없다. 개시가능성은 원고가 규범을 무효 또는 구성요건적으로 적용되지 않는다고 간주하는 지 여부에 의존하지 않을 수 있다. 제47조에 따른 행정소송상 규범통제는 이러한 권리보호를 최종적 사안에서 아무튼 보장할 수 없을 것이다.

[1079] 제47조에 따른 규범통제가 단지 법률하위의 주(州)법적인 법규정들에 대하여 고려되는 반면에, 권리의 지속적 존속이 주장되는 행정소송상 확인의 소는 이러한 권리를 제한하는 모든 법규범에 대하여 (부수적) 권리보호를 보장한다. 확인소송은 그로써 법률하위의 연방법적 법규정, 형식적 연방(聯邦)법률과 주(州)법률 내지 공동체법에 대해서도 보장한다. 형식적 법률에 있어서는 행정법원은 기본법 제100조 제1항에 따라서, 만약 형식적 법률이 상위의 국내법을 저촉한다는 견해인 경우에는, 법률을 관할 헌법재판소에 제청(提請)할 의무가 지워진다. 행정법원이 이차적 공동체법규범을 일차적 공동체법과 합치되지 않는다고 간주한다면, 유럽공동체 업무처리조

약(AEUV) 제267조의 기준에 따라서 유럽최고재판소(EuGH)에 제청할 의무를 부담한다.

3. 집행규범에 있어서 잔존하는 권리보호공백
(Rechtsschutzlücke)과 그의 보완

가. 집행규범에 있어서 권리보호공백

[1080] 집행규범에 대한 충분한 권리보호는 원칙적으로 이미 상대방의 권리의 지속적 존재의 확인을 지향하는 확인소송(確認訴訟)을 통해서 가능하다. 그러므로 이러한 범위에서는 규범제정권의 부존재의 확인의 소 또는 비정형적 확인의 소를 통한 권리보호가 요청되지 않는다. 집행규범에 있어서도 부수적 규범통제가 충분한 권리보호를 보장하지 못하고 오히려 그러한 권리보호가 다만 추상적 규범통제를 통해서만 보장되어질 수 있는 경우들이 있다. 이것은 먼저 위법한 규범이 예외적으로 효력을 발하는 그러한 희귀(稀貴)한 경우들에 해당된다. 나아가 그것은 일반적으로 효과적인 권리보호가 규범의 일반적 비(非)적용이 재판적으로 준수되는 것을 통하여 보장될 수 있는 경우에도 타당하다. 그것은 집행규범에 있어서 어떤 자(者)의 법적인 부담이 다수의 제3자에 대해서도 적용되는(야누스적 규범) 집행규범에 있는 규율로부터 도출되거나, 또는 상대방을 통한 그들의 준수의 보장을 위하여 다수의 공법상 법인에게 관할권이 있는 경우라면, 그러한 경우이다.

[1081] 예: 법규명령을 통하여 어떤 공항(空港)에로의 도착과 출국 경로(經路)가 확정되어진다면, 이를 통하여 수인불가한 소음으로 고통을 받는 자(者)의 권리보호는 운항경로의 이용이 모든 항공사에게 금지되는 것을 통하여만 보장될 수 있다. 제43조에 의하여 허용되는 소송은, 그로써 개별

적 항공사가 루트를 이용하지 말아야 한다는 것이 확인되어지는데, 충분한 권리보호를 보장하지 못한다. 모든 다른 항공사에 대하여(소음피해자에게 종종 전혀 알려지지 아니한) 그들이 루트를 이용할 권한이 없다는 것이 확인되어지는 무수한 확인소송의 제기는 상대방을 과도하게 부담지우는 것이고 아무튼 효과적인 권리보호를 제공하지 못한다.

나. 제43조 외에 정착하는 비정형적 확인소송을 통한 권리보호공백의 비보완

[1082] 법률하위의 법규범에 대한 권리보호가 제47조를 통하여 또는 권리의 (지속적) 존재의 확인을 통하여서도 보장될 수 없다면, - 추상적 규범통제를 제40조에 의거한 행정소송상 분쟁으로 규명하는 한 - 단지 제1심의 행정법원에 있어서 신청되고 규범의 적법성에 대하여 추상적으로 판단하는 확인소송을 통한 권리보호만이 고려된다. 종종 찬성되는 규범의 무효를 확인하는 비정형적 확인소송은 이를 위하여 그렇지만, 규범의 무효는 법률관계가 아니고 그리고 제43조는 명시적으로 단지 행정행위의 무효의 확인을 규정하기 때문에, 배제된다. 규범의 무효 내지 효력없음의 확인을 입법자가 제47조의 규범통제절차를 위하여 예약(豫約)하였다(제47조 제5항 제1문). 이러한 확인은 제47조에 의하여 - 규범통제의 제한 때문에 - 모든 법률하위의 규범에 있어서 가능한 것은 아니다.

다. 법률하위의 규범의 제정에 대한 규범제정자의 권한부존재확인을 구하는 소송

[1083] 규범제정자가 법률하위의 규범의 제정을 위한 권한이 없다는 확인을 구하는 소송은 법률관계의 부존재의 확인을 지향한다. 이러한 확인은 동시에 규범의 위법성을 암시한다. 단지 이러한 방식으로 규범에 대한 효

율적인 권리보호가 가능한 경우에 있어서는, 확인소송은 제47조를 통하여 배제되지 않는다. 연방행정법원과 법학적 문헌의 일부가 법률하위의 법규정의 제정을 구하는 청구권을 제43조에 따른 확인소송의 대상으로 될 수 있는 행정소송상 법률관계로 보는 것은, 그러한 확인소송을 지지한다. 그로부터 법률관계의 부존재를 구하는 소송을 제43조로 포섭하는 것은 논리귀결적이다. 그러한 소송이 거부되는 곳에서 조차도, 이것은 대부분 행정소송상 법률관계의 결여로 근거 지워지지 아니하고, 오히려 확인소송의 보충성이 그러한 소송의 허용성을 배제하는 것으로 근거 지워진다.

[1084] 그러한 확인소송에 의거하여 이루어지는 결정은 제121조에 언급된 자(者)들만 기속한다. 특히 야누스적 규범에 있어서, 성공적인 확인소송의 제한된 인적 효력범위로부터 문제들이 발생한다. 이러한 문제들은 법원에 의하여 긍정된 규범의 무효에 있어서 대부분 제56a조와 제67a조를 통한 법원의 규범상대방의 참가(參加)로의 의무를 통하여 제거된다.

라. 법규헌법소원을 통한 형식적 법률에 대한 권리보호

[1085] 행정소송상 권리보호로의 이송은 형식적 법률에 있어서 항상 도움이 되는 것은 아니다. 왜냐하면 그의 토대(土臺) 위에 여전히 권리보호공백이 존재하기 때문이다. 행정법원들이 경우에 따라서 스스로 집행규범에 있어서 충분한 권리보호를, 권리의 지속적 존재를 지향하는 확인소송의 범주에서 보장할 수 있다. 행정법원들은 상위의 법에 저촉되는 법률을 그러한 범위에서 기본법 제100조에 의하여 관할 헌법재판소에 제청할 수 있다. 이것은 그러나 상대방의 권리보호가 이미 법률이 그에 대하여 적용되지 않는다는 것을 통하여 보장되는 경우에만 타당하다. 여기서 잠정적 권리보호가 헌법재판소의 결정 시(時)까지 이미 제80조와 제123조를 통하여 도달될 수 있다. 그에 반하여 - 집행가능한 형식적 법률에서처럼 - 상대방의 효과

적인 권리보호가 단지 규범의 일반적 비(非)적용을 통해서만 보장될 수 있다면 다른 것이 타당하다. 행정법원의 제청에 따라 법률이 상위법에 대한 위반으로 무효 내지 최소한 위법하다는 확인은, 통상적으로 너무 늦게 이루어진다. 게다가 제80조와 제123조를 통하여 효과적인 잠정적 권리보호는 보장되지 않을 것이다. 왜냐하면 이러한 규정을 통하여 규범의 잠정적 일반적 비(非)적용이 명령되어질 수 없기 때문이다. 이러한 유형의 경우들에 있어서는, 행정소송상 권리구제가 주어지지 않기 때문에, 의회의 법률제정권의 부존재의 확인을 구하는 소도 배제된다. 그래서 여기서는 헌법소원의 직접적인 제기를 통한 권리보호만이 고려된다.

[1086] 헌법소원의 성공을 위하여 요청되는 기본권 침해는, 신청인을 부담지우는 법률이 직접적으로 단지 객관적 법에 위반하고 그로써 다만 간접적인 기본권 침해를 근거지우는 경우에도 존재한다. 자유권적 기본권은, 즉 그의 보호영역에로의 어떠한 위법한 침해에 대해서도 보호한다. 법률에 대한 헌법소원에 있어서, 연방헌법재판소의 심사권한의, 위법한 행정작용을 통한 기본권 침해에 있어서 타당하는, 기능법적 제한은 파고 들지 않는다. 위법한 행정작용에 있어서 그러한 제한들은 전문법원의 관할영역에로의 헌법재판소의 간섭(Übergriff)을 방지하고, 연방헌법재판소에게 초(超)상고심적 지위를 부여하지 않기 위하여 필요하다. 법률에 대한 헌법소원에 있어서, 그에 반하여, 헌법적인 분쟁이 문제된다. 전문법원들은 상위법에 저촉하는 법률을 폐기할 권한이 없다. 전문법원들은 오히려 헌법재판소의 폐기독점을 존중하여야만 한다. 이러한 폐기독점은 의회의 입법자를 통한 간접적 기본권 침해에 있어서도 타당하기 때문에, 예를 들면 청구인을 부담(負擔)지우는 형식적 주(州)법률에 대항하는 헌법소원은 기본권 침해가 단지 법률의 단순한 연방법률 또는 연방법적 법규명령에 대한 저촉(抵觸)으로부터 도출된다고 할지라도 근거 지워진다. 그러한 한 헌법소원이 기본법 제19조 제4항 상의 권리구제의 길을 포함한다는 것에 대한 의심의 여지

가 없다.

4. 규범의 위법한 부작위에 대한 권리보호

[1087] 규범제정자의 부작위에 있어서 - 적극적인 규범적 불법과는 달리 - 부수적 권리보호는 사물의 본성에 따라서 원칙적으로 배제된다. 법률하위의 규범의 제정의 권리를 행정법적 법률관계로 규명한다면, 기본법 제19조 제4항에 의하여 요청되는 권리보호의 보장을 위하여 규범의 집행을 지향하는 이행소송 또는 법률하위의 규범의 제정을 구하는 청구권의 존재를 대상으로 하는 확인의 소가 고려되어질 수 있다. 확인소송의 보충성 때문에(제43조 제2항 제1문), 그런데, 일반적 이행소송이 확인소송의 개시가능성을 배제한다. 그래서, 헌법소원을 통한 권리보호를 필요로 하지 아니한다. 그러한 권리보호는 제14판에서는 긍정되어졌는데, 법률하위의 법규범의 위법한 부작위에 있어서 항상 평등원칙에 대한 저촉을 보았더라면 고려되어졌을 것이다. 아무튼 연방헌법재판소법 제90조 제2항 제1문에 따른 헌법소원은, 실패한 일반적인 이행소송 후에 비로소 허용될 것이다. 통상적으로 고려되어지는 적법재량행사판결의 발급을 위하여 문번 867을 보라.

[1088] 형식적 법률의 제정청구권이 존재한다면, 헌법소원을 통한 권리보호가 고려된다. 기본법 제100조 제1항은, 이미 문언 상 입법자의 절대적인 부작위에 대해서 관련되지 않으므로, 여기서 적용될 수 없다. 그러한 청구권은 통상적으로 단지 기본법 제3조, 제6조 제5항 또는 제33조 제5항과 같은, 그의 침해에 대해서 헌법소원이 지지될 수 있는, 기본권 또는 기본권 유사(類似)의 권리들로부터 도출될 수 있기 때문에, 문제가 발생하지 않는다. 동일한 것이, 입법자의 절대적인 부작위에 대해서는 적용할 수 없는, 연방헌법재판소법 제93조 제3항과 관련하여서도 타당하다.

5. 규범에 대한 행정소송법적 권리보호와 법규헌법소원 (Rechtssatzverfassungsbeschwerde)과의 관계

가. 연방헌법재판소법 제90조 제2항 제1문상 권리구제로서 추상적 (prinzipal) 규범통제

[1089] 규범에 대한 행정소송상 권리구제가, 제47조에 따라서 추상적(抽象的) 규범통제(prinzipale Normenkontrolle)를 통하여 가능한 한, 이러한 규범통제는 연방헌법재판소법 제90조 제2항 제1문의 의미에서 다른 권리구제를 형성하고, 이로써 헌법소원의 즉각적인 제기를 그의 보충성 때문에 허용하지 아니한다. 연방헌법재판소로서 예외적으로 형식적 법률에 대하여 제47조에 따른 규범통제를 허용한다면, 동일한 것이 타당하다. 법률하위의 규범의 제정권의 부존재를 확인하는 추상적 행정소송을 긍정한다면, 이러한 소송은 연방헌법재판소법 제90조 제2항 제1문에 따라서 헌법소원보다 우선한다. 동일한 것이, 법률하위의 법규범의 제정을 구하는 법적 청구권을 주장하는 일반적 이행소송에 대해서도 타당하다. 추상적 규범통제절차의 범주에서 제47조 또는 제43조에 따라 발급되는 최종심적 행정소송상 결정에 대항하여, 연방헌법재판소법 제93조 제1항의 기한 내에 재판(裁判)헌법소원(Urteilsverfassungsbeschwerde)이 제기될 수 있다.

나. 연방헌법재판소법 제90조 제2항 제1문의 의미에서의 권리구제로 서 부수적 규범통제

[1090] 규범에 대하여 기본법 제19조 제4항에 의거하여 요청되는 권리보호를 보장할 수 있는 부수적(附隨的: inzident) 규범통제가, 연방헌법재판소법 제90조 제2항 제1문의 의미에서의 권리구제로서 간주될 수 있는 지, 그리고 헌법소원의 즉각적인 제기를 배제할 수 있는 지에 대해서 문제가 제

기된다. 이것은 긍정(肯定)되어야 한다. 상응하는 제한을 포함하지 아니하는 연방헌법재판소법 제90조 제2항 제1문의 문언 뿐만 아니라, 입법을 포함시키는 체계 그리고 연방헌법재판소의 부담 경감을 지향하는 그의 목표(目標: Telos) 등이 이를 지지한다. 이로써 헌법소원의 보충성의 일반적 기본원칙에 더 이상 회귀(Rückgriff)할 필요가 없다. 이러한 보충성 원칙은 연방헌법재판소법 제90조 제1항 제1문에서 특별한 규율의 관점에서 방법적으로 의문이 제기되지만, 그러나 연방헌법재판소에 의하여 그럼에도 규범에 대하여 이미 충분한 행정재판적 권리보호가 보장되는 경우들에 있어서 권리구제헌법소원의 즉각적인 제기를 허용되지 아니한다고 선언하기 위하여 주장된다.

[1091] 연방헌법재판소법 제90조 제2항 제1문은 법적으로 필요하거나 혹은 실제적인 행정실무에 의하여 행정의 집행행위를 필요로 하는 법률이, 직접적으로 헌법소원으로서 공격될 수 없다는 연방헌법재판소의 결정의 이해를 위하여 열쇠를 형성한다. 법규헌법소원의 불허용의 본질적 이유는, 청구인이 집행가능한 법규범을 통하여 아직까지 직접적으로 법적으로 관련이 있지 않다는데 있지 않다. 이러한 이유가 틀렸다는 것은, 이미 공과금법(AO) 제38조에서 명백하게 된다. 이에 따르면 공과금 규범이 집행가능한 규범의 기준(Prototyp)으로서 이미 공과금 채무자의 직접적인 의무를 근거지운다. 오히려 집행행위에 대한 권리보호로서, 통상적으로, 규범에 대한 부수적 권리보호가 선행하고, 그 때문에 연방헌법재판소법 제90조 제2항 제1문에 의하여 법률에 대하여 직접적으로 헌법소원의 제기가 원칙적으로 배제된다는 것이 결정적이다.

Ⅳ. 법규범에 대한 예방적 권리보호(vorbeugender Rechtsschutz)

1. 법률하위의 법규범에 대한 예방적 권리보호 (vorbeugender Rechtsschutz)

[1092] 법률하위의 법규정에 대하여 예방적 권리보호가 예방적 부작위소송을 통해서 오늘날 지배적인 견해로서 - 제14판에서 주장된 견해에서와는 다르게 - 이러한 소송이 행정법적 분쟁을 대상으로 하는 것으로부터 출발하는 경우에는 고려된다. 일반적 이행소송의 하나로서 그러한 소송의 허용요건은 여기서 유추적으로 적용되는 제42조 제2항으로 인하여 부작위청구권의 가정적 존재이다. 이것이 종종 결여된다. 규범제정에 대해서도 보호하는 절대적 권리로서의 자유권적 기본권들은, 위법한 규범의 부작위청구권과 동일시 될 수는 없다. 이러한 기본권들은 위법한 규범을 통하여 임박한 위험에 있어서 조차도, 결코 항상 부작위청구권들이 발생하도록 하지는 않는다. 특수한 경우에 있어서만 연방행정법원은 그의 연방건설법 제2조 제2항에 근거한 "게 싸움 결정(Krabbenkamp-Entscheidung)"에서, 그와 부합되지 아니한 인근(隣近)게마인데의 계획의도에 대항하는 게마인데의 소송과 관련하여 부작위청구권을 긍정하였다. 이 결정은 그러나 일반화(一般化)되기는 어렵다.

2. 형식적 법률에 대한 예방적 권리보호

[1093] 형식적 법률에 있어서는 법률의 부작위에 대한 행정소송이 (혹은 법률의 발급을 향한 국가의 권리의 부존재 확인) 원칙적으로 이미 제40조의 의미에서의 헌법적인 분쟁이 문제되기 때문에 배제된다. 법률의 (임박

한) 제정에 대한 사전적 권리보호는, 그래서 단지 헌법소원의 범주에서 고려된다. 사전적 권리보호는 그러나 여기서 의회의 입법자의 의사형성이 아직 완료되지 않았으므로 허용되지 않는다.

[1094] 의회(議會)의 의사형성이 이미 완료되었다고 하더라도, 법률의 효력 발생 전에(vor In-Kraft-Treten) 법규헌법소원은 통상적으로 배제될 것이다. 그것은 추후에 효력을 발(發)하게 된 법률에 대하여 효과적인 권리보호를 보장하기 위하여 추상적 규범통제가 필요하지 아니한 경우들에 있어서는 스스로 이해된다. 여기서 - 일반적이라면(wenn überhaupt) - 단지 사전적 권리보호는 사전적 부수적인 규범통제의 형식으로 고려된다. 추후에 효력을 발하는 법률에 대한 효과적인 권리보호가 단지 헌법소원의 수단으로써만 가능한 특별한 경우들에 있어서는, 협소한 요건 하에 헌법소원이 이미 법률의 작성 내지 공포와 의회의 의사형성의 완료 사이의 기간(Zeitraum)에 허용될 것이다. 그러나 이를 위해서는, 법률의 효력 발생 후에 비로소 투입되는 권리보호는 효과적이지 않으므로, 특별한 필요성이 존재하여야만 한다. 이것은 특히 국제법적 조약에 대한 동의법률에 있어서가 그런 경우일 수 있다.

V. 법규범에 대한 잠정적 권리보호(vorläufiger Rechtsschutz)

[1094a] 본안에서 규범에 대한 권리보호가 - 이것이 대부분 해당되듯이 - 부수적인 규범통제를 통하여 보장된다면, 제80조 및 제123조의 잠정적 권리보호절차들이 충분하다. 이것은 법률하위의 법규정에 있어서 뿐만 아니라, 형식적 법률에 있어서도 타당하다. 형식적 법률에 있어서도 기본법 제100조 제1항은 그러한 잠정적 권리보호에 장애(障碍)가 되지 아니한다. 형

식적 법률의 합헌성에 대한 심각한 의심이 잠정적 권리보호의 보장을 위하여 충분하기 때문에, 잠정적 권리보호절차에서 행정법원의 결정을 위하여 법률의 효력이 문제되지 않는다. 그 때문에 기본법 제100조 제1항은 이미 구성요건적으로 해당되지 아니한다. 법원이 이미 법률의 위헌성으로부터 출발한다고 하더라도 타당하다. 본안절차에서 그러나 위헌성이 긍정된다면, 행정법원은 기본법 제100조 제1항에 따라서 제청할 의무가 있다.

[1094b] 법률의 잠정적 비(非)적용을 통하여 개별적 경우에 본안이 선취(先取)된다면, 이로부터 - 연방헌법재판소의 견해와는 달리 - 본안심사절차에서 경우에 따라서는(ggf.) 기본법 제100조 제1항에 따라서 구체적 헌법재판적 규범통제를 개시하도록 법률의 합헌성심사를 가능한 한 빨리 수행할 법원의 의무가 발생한다. 게다가 중대한 입법적인 이익들이 본안의 선취를 통하여 관련된다면, 개별적인 경우에, 행정법원이 법률의 위헌성에 대해서 확신한다면, 본안의 선취를 넘어서는 잠정적 권리보호의 조치들이 행해질 수 있다는 것이 발생할 수 있다. 이러한 경우에 사실상 기본법 제19조 제4항과 기본법 제100조 제1항 사이에 충돌이 존재한다. 잠정적 권리보호의 탁월한 법치국가적 의미의 관점에서, 기본법 제19조 제4항에게 우선권이 부여될 수 있고, 더구나 여기서 기본법 제100조 제1항에 따라서 소송계속 중인 본안절차에서 제청되어야만 한다. 본안절차에 아직 소송계속이 아니라면, 행정법원은 기본법 제100조 제1항의 법적 사고의 관점에서 민사소송법 제926조와 연관하여 제123조 제3항에 기대어, 헌법소송상 규범통제로의 길을 열기 위하여, 잠정적 권리보호를 본안에서 소제기에 의존시킬 의무가 지워진다.

본안(本案)에서 규범에 대한 권리보호가 예외적으로 단지 추상적 규범통제를 통하여서만 가능하다면, 법률하위의 규범에 대한 잠정적 권리보호는, 만약 제47조 제6항이 적용되지 않는다면, 제47조 제6항을 유추하여 보장될 수 있거나 내지 아무튼 제123조의 범주에서 제47조 제6항의 기준들이 관련되어질 수 있다. 형식적 의회법률에 대하여 잠정적 권리보호는 그러한 권리보호가 본안에서 단지 헌법소원을 통하여서만 보장되어질 수 있는 경우들에 있어서는, 통상적으로 연방헌법재판소법 제32조를 통하여서 보장될 수 있다. 연방헌법재판소법 제32조에 따라서 가명령의 발급은, 합헌적이고, 이 규정의(연방헌법재판소법 제32조) 기본법 제19조 제4항에 지향된 해석에 있어서, 공공복리의 이유들이 가명령의 발급을 시급히 요청하는 지에 의존되지 아니할 수 있다.

시초사례의 해결

[1095] 사례 1: a) 여기서 G는 제43조에 따라서 자신이 여전히 물품의 생산을 위하여 권한이 있다는 확인을 구하는 확인소송을 제기할 수 있다. 행정법원이 법률을 기본법 제12조 제1항과 부합되지 아니한다고 간주한다면, 행정법원은 기본법 제100조 제1항에 따라서 절차를 중지하여야만 하고, 연방헌법재판소의 결정을 기다려야만 한다. 연방헌법재판소가 법률을 헌법에 위반된다고 보고 무효라고 선언하는 경우에 (연방헌법재판소법 제82조 제1항, 제78조 제1항 제1문) 비로소 행정법원은 확인소송을 개시할 수 있다.

b) 행정행위를 통하여 물품금지가 선언된다면, A에게 금지처분의 구성요건적 효력 때문에 확인소송이 더 이상 도움이 되지 않고, 제43조 제2항 제1문으로 인하여 오히려 허용되지 않을 것이다. A는 처분에 대항하여 취소소송으로 대처할 수 있고 그 때 부수적인 권리보호를 (그러나 기본법 제100조 제1항의 준수 하에) 달성할 수 있다.

[1096] 사례 2: 이 경우에 M이 G가 지방자치단체의 오물처리의 이용을 특정한 게마인데 주민을 통하여 요청할 권리가 없다는 것을 확인하도록 하는 소송이 고려된다. 조례는 그러나 이제 M의 고객으로서 배제되는 인원의 다수를 의무지우기 때문에, 여기서 다만 추상적 규범통제만이 M을 위하여 충분한 권리보호를 보장하는 특수한 경우(야누스적 규범)가 존재한다. 이것

은 행정재판적인 규범통제를 통해서나 혹은 - 주(州)입법자가 제47조 제1항 제2호의 위임에 대하여 사용하지 아니한 경우 - 헌법소원을 통하여 이루어 진다.

[1097] 사례 3: 법규범이 문제가 되는 일반적 기속적 선언의 발급신청에 대하여 새로운 법적하자 없는 결정을 구하는 노동조합의 청구는 일반적 이 행소송으로 주장될 수 있다. 연방행정법원(참조 BVerwGE 80, 355 ff.)은 일 반적 기속적 선언(Allgemeinverbindlicherkärung) 즉 법규범의 발급신청에 대 하여 새로운 하자(瑕疵)없는 결정을 구하는 노동조합의 청구권이 존재한다 는 확인소송을 긍정한다. 이러한 소송은 그러나 제43조 제2항 때문에 허용 되지 않아야 할 것이다.

제27절 본안판단 없이 절차의 종료 및 종료의 법적 분쟁

시초사례

[1098] 사례 1: A는 지구상세계획에 위치한 지역에서 소매업공장을 위한 건축허가의 발급을 소구하였다. 소송이 제1심에서 계속된 후에, A와 참가 게마인데의 양해(Einvernehmen) 하에 피고 행정청 사이에, A는 소를 취하하고 피고 행정청은 보다 작은 판매면적을 가진 소매업공장을 허가하기로 하여 소송상 화해(Prozessvergleich)가 성립되었다. 화해(和解)는 법원에 의하여 녹음기에 녹취되었다. 추론할 수 없는 이유로서 구술심리의 원안(原案)이 작성되지 아니하였다. A의 수정된 건축계획을 위한 건축허가의 발급 후에, A는 체결된 화해가 형식 하자로 인하여 무효라고 주장하였다. A는 그의 원래의 신청에 대해서 결정을 요청하였다.

a) 법적 상황은 어떠한가?

b) 참가게마인데가 소송상 화해를 동의하지 아니하였더라면, 어떻게 되었을까?(문번 1119)

[1099] 사례 2: 원칙적으로 사례 1과 같다. A가 소송을, 피고 행정청이 다른 보다 작은 소매업공장을 허가하는 것을 조건으로 하여서만 취하하였다. 이러한 허가는 후에 발급되었다. A는 그러나 원래의 보다 커다란 소매업공장의 허가를 지향하는 소송상 청구를 하고자 한다. 왜냐하면 그에 의한 소의 취하(取下)는 무효이기 때문이다. 현재의 법적 상황은 어떠한가?(문번

1120)

[1100] 사례 3: 원칙적으로 사례 1과 같다. A와 피고 행정청 사이에 법적 분쟁 동안에 건축이용규정(BauNVO) 제1조 제5항과 제9항에 의하여 지지되는 유효한 지구상세계획이 효력을 발하였다. 그 지구상세계획은 토지에 대하여 소매업공장의 건축을 일반적으로 배제하고 있다. A는 그의 의무이행소송이 종료되었다고 선언하였다. 피고 행정청은, 소송은 처음부터 이유가 없었기 때문이라며, 그의 종료선언을 반박하였다. 종료(Erledigung)는 피고 행정청이 A의 긴급한 손해배상청구의 관점에서 먼저 제기된 의무이행소송이 이유없다는 확인의 이익이 있기 때문에 아무튼 배제된다고 한다.

a) 법원은 법적 분쟁의 종료를 확인할 수 있는가?

b) 피고 행정청이 A의 종료선언을 받아들인 경우에는 법적 상황은 어떠한가?(문번 1121)

I. 일반론

[1101] 재판상 주장된 소송상 청구에 대해서, 본안판단 없이 법적 분쟁이 종료되는 경우로서, 주된 당사자의 화해(和解), 소의 취하(取下), 혹은 일치된 종료선언 등이 있다. 이에 반하여 재판상 본안결정은 (통상적으로 본래 주장된 소송상 청구에 대해서가 아니라 할지라도) 원고의 일방적 종료선언에 대한 분쟁에 있어서 이루어진다.

II. 재판상 화해

[1102] 제106조에 규정된 재판상 화해(Prozessvergleich)는 법원에 계속된

법적 분쟁을 당사자에 의하여 직접적으로 종료(終了)시키는 공법상 계약이다. 계약은 원칙적으로 주된 당사자(원고와 피고) 사이에서 체결된다. 화해계약의 당사자는 다른 절차의 당사자일 수도 있다. 나아가 지금까지의 절차에 참가하지 아니하였던 자일 수도 있다. 재판상 화해는, 지배적 견해에 의하면, 실체법적인 공법상 계약 일뿐만 아니라, 동시에 소송상 행위이다. 재판상 화해는 이중적 성격을 나타낸다.

[1103] 소송상 행위로서의 성질로 인하여, 제106조에 의하여 수립된 형식요청들이 설명될 수 있다. 이러한 요청들이 준수되지 않으면, 화해는 그럼에도 불구하고 재판 외의 화해로서 실체법적으로 유효할 수 있다. 이것은 당사자가 소송상 행위의 무효를 알았을 수 있었을지라도, 당사자가 실체법적인 화해계약을 원했다는 것을 인정할 수 있다면 그러하다.

[1104] 공법상 계약으로서의 성질로부터, 참가자들은 계약의 대상에 대하여 처분권이 있는 범위 내에서만 소송상 계약을 체결할 수 있다(제106조 제1항). 그러므로 국가와 국민 사이의 화해는 행정절차법 제55조에 따라서 사안 혹은 법적 상황의 합리적인 평가에 있어서 존재하는 불확실성이 상호간의 양보(讓步)에 의하여 제거되는 경우 혹은 행정청이 화해의 체결을 불확실성의 제거를 위하여 기속재량에 의하여 합리적이라고 판단하는 경우에 한해서만 허용된다. 나아가 행정절차법 제58조 제1항으로부터 제3자의 권리를 침해하는 공법상 계약은, 제3자가 서면으로 동의하는 경우에 비로소 유효하다는 것이 도출된다. 그러나 이 규정은 제3자의 권리를 침해하는 행동으로의 의무만이 들어있는 계약에는 타당하지 아니하다. 행정절차법 제58조 제2항에 따라서, 법규정에 의거하여 그의 발급에 다른 행정청의 허가, 동의 혹은 양해가 요청되는 행정행위 대신에 계약이 체결되는 경우에도 해당된다. 행정절차법 제59조의 경우에, 소송상 화해는 무효이다. 소송상 화해에 들어있는 실체법적인 계약은, 행정절차법 제62조에 따라서 공격될 수 있다. 이로 인하여 도출되는 실체법적인 계약의 무효(Nichtigkeit,

Unwirksamkeit)는 원칙적으로 당해 소송행위의 무효를 가져온다. 설령 당해 소송행위가 - 다른 소송행위와 같이 - 공격될 수 없을지라도 그러하다.71) 유효한 소송상 화해는 제168조 제1항 제3호에 따라서 집행권원(Vollstrec-kungstitel)이다.

소송상 화해가 무효라면, 그는 재판절차를 종료시키지 못하고 재판절차는 계속 진행되어야 한다. 소송상 화해의 효력에 대하여 다투어지는 경우에도 동일하다. 이에 반하여 화해가 사후(事後)적으로 해제(Rücktritt)나 화해기초의 소멸(Wegfall)로 인하여 없어진다면, 그렇지 아니하다. 여기서 구(舊)절차는 종료되었고, 불측의(etwaig) 분쟁은 새로운 절차에서 다루어진다.

[1105] 재판 외(外)의 화해의 허용성과 효력은 단지 행정절차법 제55조 이하에 의하는데, - 소송상 화해와는 달리 - 절차의 직접적인 종료를 가져오지 아니한다. 오히려 법원에 대하여 주된 당사자의 절차를 종료하는 선언을 필요로 한다. 원고가 재판 외 화해에서 소(訴) 취하 할 것을 선언하고, 그러한 취하를 추후에 이행하지 아니한 경우에, 소송은 허용되지 아니한다. 왜냐하면 소송의 지속은 허용되지 아니하는 권리행사를 의미하기 때문이다.

III. 제92에 따른 소취하(Klagerücknahme)

[1106] 원고는 소송을 취하함으로써 종료시킬 수 있다. 소취하(訴取下)는 조건에 친숙하지 아니한 소송행위이다. 소취하는 제173조에 의거하여 소송이 계속되지 않는 것으로 보게 된다. 그러므로 모든 이미 내려진, 아직 확정력이 발생하지 아니한, 결정들은 효력이 상실된다.

[1107] 소취하(訴取下)는 확정력의 발생 때까지 허용되며, 또한 상소심에서도 허용된다. 제92조 제1항 제2문에 의하면, 구술심리(口述審理)가 개시

---

71) BVerwG, NJW 1993, 1940 f.

된 후에는 상대방 내지 공익의 대변인의 동의가 필요하다. 제1심에서 법원 결정을 통하여 구술심리 없이 결정되었을 경우에는, 이러한 제한은 항소심에도 해당된다. 소송은 제92조 제2항의 자세한 기준에 따라서, 원고가 절차를 법원의 요청에도 불구하고 2개월 이상 진행하지 아니하면 취하된 것으로 간주된다.

[1108] 소취하(訴取下)는 소송 종료를 가져온다. 결정을 통하여 - 절차종료의 관점에서 단지 선언적임 - 제92조 제3항에 의거하여 절차는 종료되고, 원칙적으로 비용에 대해서만 결정된다. 제173조에 따라서, 피고의 신청에 의하여 이미 선고되었고 아직 확정력이 발생하지 아니한 결정들의 효력없음이 선언적으로 확인되어진다.

소취하 선언은 소송행위로서 원칙적으로 철회될 수 없고, 불가쟁이다. 소취하의 효력에 대한 다툼이 존재하는 경우에는, 법원은 절차를 진행하여야만 하고 절차 종료의 문제에 대하여 판결을 통하여 결정하여야만 한다. 절차가 소취하에 있어서 소송계속이 없는 것으로 되므로, 원칙적으로 새로이 전체의 본안판단요건들이 심사되어지는 새로운 소(訴)가 가능하다.

[1109] 예: A가 행정행위에 대하여 지향된 소를 취하한다면, 이것은 A가 취소소송의 새로운 제기를 방해하는 것은 아니다. 제74조 제1항 제1문의 제소기간이 그 동안에 도과되었다면 그로 인해서 새로운 취소소송은 행정행위가 그 동안에 불가쟁력을 가지므로 각하된다.

[1110] 소취하(訴取下)와 엄격하게 구별하여야 하는 것은 소의 포기(Klageverzicht)이다. 원고는 다툼의 여지가 없이 소권을 포기하는 것이다. 그에 의거하여 사안에 대해서 새로운 소는 아무튼 허용되지 아니한다.

Ⅳ. 양(兩)당사자의 본안종료선언

[1111] 절차의 소송계속 후에, 원고에게 소송상 청구를 계속 진행하는 것이 더 이상 의미가 없이 보이는 사건이 발생한다면, 이러한 청구는 종료된 것이다. 예를 들면 청구가 시간의 경과로 대상을 잃은 경우이거나, 혹은 소송이 더 이상 기타의 이유로 허용되지 않거나, 이유가 없어진 경우이다.

예: 영업허가가 기한부(期限附)로 그런데 그동안에 이미 도과된 기한을 위하여 신청되었다.

예: 원고가 건축허가의 발급을 위한 의무이행소송을 제기하였다. 추후에 지구상세계획(Bebauungsplan)이 원고에게 불리하게 변경되었거나 혹은 원고가 그의 건축신청을 철회하였다.

종료시키는 사실의 등장이 자동적으로 절차의 종료를 가져오지는 않는다. 오히려 법원은 원고에 의하여 제기된 신청이 존재하는 한은 이에 기속된다. 종료시키는 사실의 종류에 따라서, 원래의 소송상 신청이 이 경우에 제154조 제1항의 비용부담과 함께 각하되거나 기각되어진다.

[1112] 종료시키는 사실이 등장한 경우에, 원고는 본안의 종료(終了)를 선언할 수 있다. 피고가 종료선언에 참여하는 경우에는, 이것은 법적 분쟁을 직접적으로 종료시킨다. 그래서 제161조 제2항의 형평의 기준(Billigkeitsmaßstab)에 의거하여 절차비용에 대해서만 결정되면 된다. 소송이 이전에 허용되었는가 내지 이유가 있었는가 그리고 실제적으로 종료시키는 사실이 존재하는가의 여부는 양(兩)당사자의 종료선언의 소송종결적 효력을 위하여는 중요하지 않다. 이것은 직권탐지주의에 선행하고, 주된 당사자에게 소송물에 대하여 처분할 수 있는 권리를 부여하는 처분권주의(Dispositionsgrundsatz)의 결과이다.

[1113] 법원이 종료선언이 소송행위로서 유효하다는 것을 심사하였고 이를 긍정하였다면, 제92조 제2항에 근거하여 법원은 절차를 결정으로서 종

료시킨다. 이러한 결정은 소송종료의 관점에서 단지 선언적인 효력만 지닌다. 그리고 법원은 절차의 비용에 대해서 제161조 제2항에 따라서 의무에 합당한 재량(billigem Ermessen)으로 지금까지의 사실적 그리고 분쟁상태를 고려하여 결정한다. 결정은 분쟁소재의 법적인 평가를 요청한다. 그 밖의 사안설명은 하지 아니한다. 비용결정에 대해서는, 원래의 소송의 성공가능성 외에도 법적으로 인정 가능한 이익이 존재함이 없이 원고가 종료시키는 사안의 등장에 기여한 상황도 고려된다.

[1114] 주목(Beachte): 소송상 청구(Klagebegehren)가 양측에서 종료되었다고 선언하더라도, 원고는 정당한 이익이 있는 한, 제113조 제1항 제4문에 의거한 계속확인소송의 방식으로 종료된 행정행위가 위법하였다는 것을 확인하도록 하거나 혹은 제43조에 의거한 일반적 확인소송의 방식으로, 국가가 그 밖의 고권적 행정작용의 조치를 취할 권리가 없다는 것을 확인하도록 할 수 있다.

V. 여론(Exkurs): 일방적 종료선언에 있어서 행정법원의 결정

1. 일방적인 종료선언의 문제

[1115] 일치된 종료선언이 절차를 자동적으로 종료시키는 반면에, 단지 일방(一方)만이 법적 분쟁이 종료되었다고 선언하고, 타방(他方)은 반대하거나 종료되지 아니하였다고 선언하는 경우에는 그렇지 아니하다. 여기에는 법원을 통한 본안결정이 이루어진다. 피고에 의한 일방적 종료선언의 (실제로 거의 중요치 아니한) 경우에는 비교적 문제가 없다. 소송물이 원고의 의사에 반하여 변경될 수 없기 때문에, 여기에 원고에 의하여 지지되는

신청은 존재되어야 한다. 종료가 실제로 이루어진 경우에는, 종료시키는 사안의 종류에 따라서, 소송은 각하되거나 기각되어야만 한다.

[1116] 이에 반하여 원고가 일방적으로 본안이 종료되었다고 선언한 경우에, 법원이 어떻게 절차를 진행하여야만 하는가에 대해서 극심한 다툼이 있다. 특히 원래의 소송이 허용되었고 이유가 있었다면, 법원이 - 민사소송에서와 같이 - 사실상 등장한 종료(Erledigung)를 확인할 수 있는지의 여부에 대해서 다툼이 있다.

2. 원래의 소의 성공의 불고려성(Unbeachtlichkeit)

[1117] 이 문제를 답하기 위하여, 먼저 원고가 자신의 종료선언으로 원래의 소송상의 신청의 추구에 대하여 더 이상 관심이 없다는 것을 표현한다는 것이 확정되어야 한다. 비용결정 외에 단지 소송이 종료되었다는 것의 확정만이 문제이다. 사안에 따라서 그의 일방적 종료선언에 있어서는 제91조, 제142조 제1항이 더 이상 적용되지 아니하는 소변경(Klageänderung)이 문제된다.

[1117a] 추구된 확인의 청구에 대한 결정을 위하여, 원래의 청구취지(Klageantrag)의 허용성과 이유유무는 중요하지 않다(다툼있음). 이에 대한 결정은, 원고뿐만 아니라 피고도 원래의 청구취지의 허용성과 이유유무에 대한 결정에 대하여 보호가치 있는 이익이 없다면, 여하튼 소송경제적인 이유로부터 불만족스럽다. 무엇보다도 그러한 결정은 제113조 제1항 제4문의 규정에 위반된다. 그에 따라서 행정행위의 완료 후에는, 원고가 행정행위의 위법성을 확인하도록 할 정당한 이익이 있는 경우에만 원래의 청구취지의 허용성과 이유유무를 심사하도록 할 수 있다.

[1118] 행정소송상 규정은, 처음부터 본안의 종료는 법원을 통하여 단지

소송이 종료를 가져오는 사건의 발생 전에 허용되고 이유 있었어야만 확인 되어질 수 있다는 민사소송법에서 지배적인, 그리고 거기서도 문제가 없지 아니하는 견해에의 결부를 금지한다. 연방행정법원의 견해도 따를 수 없다. 법적 분쟁의 종료는 청구취지의 원래적 허용성과 이유유무에 의존하지 않 는다는 올바른 인식으로부터 출발하기는 한다. 그러나 피고가 종료의 발생 전에 소의 불허용성 혹은 이유없음을 확인하도록 할 이익을 표시하면, 연 방행정법원의 견해에 의하면, 행정법원은 제113조 제1항 제4문의 유추적용 으로서 무기대등(Waffengleichheit)의 관점에 따라서 종료의 발생 전에 소의 허용성과 이유유무에 대하여 결정할 의무가 지워진다. 그런 경우에만 이 사안에서 종료가 확인될 수 있다. 이러한 해결책에 있어서, 원고에게 행정 소송상 절차를 지배하는 처분권주의에 모순되게 원고가 더 이상 원하지 아 니하는 결정을 강요하게 된다. 이것은 설득력이 없다. 결국 원고가 법적 분 쟁을 종효시키는 사건의 등장 후에 종료되지 않았다고 선언하는 경우에도, 더 이상 소송이 종료시키는 사안의 등장 전에 허용되는 지 그리고 이유가 있는 지 여부에 대해서 결정될 수 없을 것이다.

3. 결정내용

[1118a] 법적 분쟁이 본안에서 종료되었다면, 행정법원은 다음과 같이 주 문을 내린다: "소송이 본안에 있어서 종료되었다는 것을 확인한다." 소송이 종료되지 않았다면, 기각된다. 부수적 결정에 대해서는 일반적 기본원칙들 이 적용된다. 확인판결은 당연하게 본안결정의 관점에서 집행될 수 없다.

시초사례의 해결
[1119] 사례 1: a) 소송상 화해는 여기서 무효이다. 왜냐하면 소송상 화해

가 민사소송법 제160조 제3항 제1호와 관련하여 제106조 제1문, 제105조의 형식적 요청들을 충족시키지 못하기 때문이다. 그에 의거하여 소송상 화해가 단지 의사록(Protokoll)을 받아쓰게 하고, 의사록을 그러나 작성하지 아니한다면 충분하지 아니하다. 소송행위로서 소송상 화해의 무효는, 소송상 화해에서 그의 이중적 성격에 따라서 내포되어 있는 실체법적인 화해의 무효를 가져오지는 아니한다. 행정절차법 제55조에 따라서 적법성 요건이 충족되기 때문에, 오히려 유효하다. 체결된 화해는 유효한 소송상 화해는 아니지만, 그러나 유효한 실체법적인 화해를 의미한다. A가 계약에서 합의한 소취하에도 불구하고 원래의 소송상 청구에 대한 결정을 주장한다면, A의 소가 허용되지 아니하도록 하는 남용행위가 존재한다.

　b) 게마인데가 소송상 화해에 참가하지 아니한 한, 이것은 행정절차법 제58조 제2항에도 불구하고, 실체법적 공법적 계약의 위법성을 가져오지는 아니한다. 왜냐하면 이 규정은 행정청이 단지 추후에 다단계 행정행위를 발급할 의무를 부담하는 공법적 계약을 위하여 적용되지 않기 때문이다. 여기서도 그 때문에 A의 소는 허용되지 아니한다.

[1120] 사례 2: A가 소송을 제92조에 따라서 유효하게 취하하였디면, A의 건축허가 발급에 대한 신청에 대하여 결정될 수 없다. 그러나 여기서 이것이 결여되어 있다. 왜냐하면 소송행위로서 소취하(訴取下)는 조건과 친숙하지 않은데, A는 소취하를 조건적으로 하였기 때문이다. A는 여전히 그의 원래의 소송상 청구에 대하여 결정을 요청할 수 있다. 소의 허용성에 대해서, 제109조에 따라서 중간판결을 통하여 결정될 수 있다. A가 건축허가의 발급 후에 비로소 그의 소규모 소매업계획을 위하여 그의 소송상 청구에 대한 결정과 절차의 계속을 주장한다면, 그는 권리남용적으로 행위하는 것이다. 그래서 그의 원래의 소송상 청구는 허용되지 아니한다. 소취하가 유효한지 여부에 대해서는 민사소송법 제303조와 관련하여 제173조에 따라서 독립적인 중간판결을 통하여 결정될 수 있다.

[1121] 사례 3: a) 소송경제의 이유, 제161조 제2항의 법적 사고로부터, 또한 제113조 제1항 제4문으로부터 어떻게 도출될 수 있는가는, 종료를 확인하는 판결의 선고를 위하여 원래의 소의 허용성과 이유유무는 필요로 하지 아니한다. 연방행정법원의 견해에 따르면, 피고는 여기서 법원이 A의 소의 허용성과 이유유무에 대하여 결정할 것을 요청할 수 있다. 왜냐하면 피고는 A의 임박한 손해배상청구 혹은 손실보상청구의 관점에서 소의 이유없음을 확인할 정당한 이익을 소지하기 때문이다. 그에 따라서 법원은 소가 원래 허용되고 이유 있었던 경우에만 종료를 확인할 수 있다. 이에 반하여, 여기서 주장되는 견해에 따르면, 그러한 확인은 이미 종료시키는 사안이 발생하였다면 내려질 수 있다.

b) 양당사자의 종료선언에 법원이 여하튼 기속되고, 그리하여 비용에 대해서만 결정되어야 할 것이다.

제28절 상소제도의 기본개념들

I. 상소의 개념

[1122] 전형적(förmlich)인 법원의 권리구제의 하부경우로서, 확정력이 없는 법원의 결정에 대한 법원의 심사를 지향하는 상소(上訴: Rechtsmittel)가 있다. 상소는 공격을 받는 법원 결정의 형식적 확정력의 개시를 방해하며 (Suspensiveffekt: 집행정지효), 근본적으로 상급심의 판단권한을 근거 지운다(Devolutiveffekt: 이심효). 그러한 상소는 행정소송법에 항소(抗訴: Berufung)와 상고(上告: Revision) 그리고 항고(抗告: Beschwerde)가 있다. 상소신청의 범주에서 항소와 항고가 사실적이고 법적인 관점에서 공격받는 결정의 포괄적인 통제를 함에 반하여, 상고(上告)는 원칙적으로 법적 문제에 대해만 심사를 한다.

[1123] 이러한 정의에 따르면 모든 소송, 법원에서 준수되어야할 기간의 해태로 인한 전단계의 절차재개청구(제60조), 재판상 결정의 선고(Ergehen) 후에 구술심리의 신청(제84조 제2항 제5호) 그리고 판결보정 내지 보충의 신청(제119조, 제120조)은 상소가 아니다. 또한 재심의 소(Wiederaufnahmeklage: 제153조)와 연방헌법재판소에 제기되는 헌법소원(연방헌법재판소법 제90조 이하)은 상소가 아니라, 특별구제절차이다.

[1124] 공법적인 시험과 제1차 국가시험에서 상소절차는 거의 중요치 아

니하고, 상소의 허용요건은 법률로부터 직접적으로 도출되므로, 여기서는
일반적인 개요에 대해서만 서술한다.

II. 상소절차의 일반적 기본원칙

1. 상소의 제기

[1125] 상소는 재판상 결정의 선고 후에, 비로소 제기될 수 있다. 그 전에
제기된 상소는 설령 공격받은 결정이 추후에 기대한대로 선고 되더라도 허
용되지 아니한다. 제기는 당사자행위로서 조건과는 친하지 아니하고, 의사
의 하자로 공격될 수 없다. 그러나 상소는 제126조와 제140조의 자세한 기
준에 따라서 철회될 수 있다. 상소기간이 도과되지 아니하였고 상소를 포
기하지 아니한 한, 철회(Rücknahme)는 상소를 추후에 새로이 제기하는 것
을 방해하지 아니한다. 상소는 공격받는 결정이 분할 가능한 경우에 부분
적으로 제기될 수도 있다(부분상소).

2. 상소권자

[1126] 상소의 개시가능성을 위해서는 법원의 결정에 대하여 상소가 규
정되어 있어야 하며, 상소제기자가 그 외에도 상소권을 가져야 한다. 상소
권자는 원칙적으로 공격받은 결정이 선고된 재판절차의 당사자에 한정된
다. 상소권자는 그에 따라서 원고와 피고 외에도 참가인과 공적 이익의 대
리인도 포함된다.

3. 상소의 이익(Die Beschwer)

[1127] 상소를 위하여 불문의 허용요건은 무엇보다도 상소의 이익의 존재이다. 실질적 상소의 이익(즉 권리침해)을 요구하는 제42조 제2항에 대항하여, 상소의 제기에는 형식적 상소의 이익으로 족하다. 상소제기자에게 전심에서 그가 신청한 것이 거절되었다면, 형식적 상소의 이익은 이미 존재한다.

[1128] 예: 의무이행소송이 원고적격의 결여로 각하되었다면, 실질적 상소의 이익이 결여된다. 그럼에도 불구하고, 그의 신청이 각하되었기 때문에 원고에게 상소를 제기할 수 있는 형식적 상소의 이익이 존재한다.

[1129] 공격받은 법원 결정이 주위적 신청을 기각하고 다만 예비적 신청만을 인용한 경우에도, 형식적 상소의 이익을 인정할 수 있다. 한편으로는 소송판결의, 다른 한편으로는 본안판결의 다양한 확정력 때문에, 피고는 소송이 피고로부터 신청된 대로 기각되지 아니하고 각하되었다면 피고는 상소의 이익이 있다. 결정의 선고 후에 본안(Hauptsache)이 해결되었고, 이러한 결정에 기속 받는 자가 오로지 상소법원을 통해서 본안이 해결되었다라고 선언토록 하는 것을 목적으로 상소를 제기한다면, 상소의 이익이 있다고 볼 수 있다. 이에 반해서 법원의 결정이 원고 내지 피고가 제기한 이유와는 다른 이유에 근거하고 있다면, 원칙적으로 상소의 이익이 존재한다고 볼 수 없다. 제113조 제5항 제2문에 따른 적법재량행사판결(Bescheidungsurteil)에 있어서는, 기속력의 범위로 인해서 그렇지 아니하다. 또한 설령 여기에 상소의 이익이 존재할 수는 있을지라도, 제158조 제1항 때문에 상소가 단지 불이익한 비용결정 만에 근거할 수는 없다.

4. 불이익변경의 금지(Das Verbot der reformation in peius)

[1130] 상소절차에 있어서 결정에 대하여는, 불이익변경의 금지가 적용된다. 직접적으로 단지 항소절차에만 적용되는 제129조에 근거하여, 그러나 상고절차(제141조)에 그리고 항고절차에 준용할 수 있는 바, 행정법원의 판결은 변경이 신청된 만큼만 변경될 수 있다. 당사자 일방만이 상소를 제기한 경우에는, 그에게 불이익한 변경은 배제된다.

[1131] 불이익변경은 예외적으로 청구취지에 부분적으로 허용되어진 공격받는 본안결정에게, 본안판단요건이 결여된 소송이 근거가 되어진 경우에는 허용되는 것으로 간주된다. 본안판단요건의 존부는 행정법원을 통하여 각 심급에서 심사되어야 한다. 전(前)심급에서 부분승소에도 불구하고, 소청구의 사안적 분할불가능성 때문에 전체의 법원결정에 대해서 다투어지고, 이제는 전체의 소가 허용될 수 없다는 것이 판명된 경우에는 이에 동의할 수 있다. 이에 반해서 상소가 허용되는 방식으로 결정의 한 부분에 한정되었고, 그래서 공격받지 아니하는 부분은 상소절차의 대상이 되지 아니하였다면, 소송이 전(前)심급에서 부분인용되었다면, 그 범위에서 원고의 상소에 대해서 전체로서 각하될 수 없다(다툼이 있음).

5. 부대상소

[1132] 일방당사자가 허용되는 상소를 제기한 후에, 다른 당사자는 제127조, 제141조의 요건에 의거하여 소위 부대상소(Anschlussrechtsmittel)를 제기할 수 있다. 이러한 부대상소는 주된 상소제기자의 부담으로 불이익변경이 가능하다. 부대상소가 주된 상소에 타당한 허용요건과 무관하게 제기될 수 있다고 하더라도, 제127조 제2항 제2문과 제3항에 의거하여 스스로의 기간

요건과 형식요건을 갖추어야 한다.

[1133] 독립상소와 비독립상소로 구분될 수 있는데, 제기된 부대상소가 상소를 위한 허용요건을 충족시키는가에 달려 있으며, 허용요건을 충족시키면 독립상소이고 충족시키지 못하면 비독립상소이다. 비독립부대상소는 주된 상소에 의존적이며, 주된 상소가 각하되거나 상소제기자에 의하여 취하되면 그의 효력을 잃는다. 2001. 12. 20. 법률 제127조의 새로운 규정에 의하여 독립 부대항소와 부대상고는 법적 제도로서 소멸되었다. 이제는 양자는 독립 항소와 독립 상고이며, 따라서 허용요건을 갖추어야만 한다.

6. 형식적으로 부정확한 결정

[1134] 결정이 하자있는 형식으로 선고된 경우에, 어떻게 판단할 것인지가 문제이다.

예: 법률적으로 규정된 판결(Urteil)의 형식 대신에 결정(Beschluss)으로서, 혹은 그 반대로 이루어진 경우이다.

[1135] 여기에는 세 가지의 의견(意見)이 주장된다. 주관설에 의하면, 선택되어진 상소의 허용성은 법원에 의하여 선택된 결정형식에 의거한다. 객관설에 의하면, 허용성은 이에 반하여 형식적으로 정확한 법원의 결정의 경우에 적용될 수 있는 규정에 따른다. 소위 최다이유이론(最多理由理論: Meistbegründungstheorie)에 의하면 당사자에게 선택권을 부여한다.

[1136] 분쟁의 결정에 대한 관점은 두 가지 기본원칙임에 틀림없다: 첫째, 형식적으로 부정확한 결정을 통해서 법적 분쟁의 당사자들로부터, 정확한 결정에 있어서 허용되는 상소를 박탈하는 것은 법원에 허용되지 아니한다. 둘째, 상소제기자는 법적 안정성의 관점에서 부정확한 결정으로부터 도출되는 법적 외관에 방향을 설정할 수 있다. 상소제기자로부터 형식적으로

부정확한 결정을 선고한 법원보다 더 똑똑할 것을 요구할 수는 없다. 더구나 행정법원의 결정들은 항상 상소 고지를 하고 있다. 이러한 고려들은 최다이유이론 즉 원칙적으로 상소제기자의 존재하는 선택권을 지지(支持)한다.

[1137] 그러나 상소제기자가 언급된 바와 같이 부정확한 결정형식에 따른다고 할지라도, 상소법원이 이러한 방식으로 사안에 있어서 형식적으로 정확한 결정에 있어서 가지지 못했던 결정권한을 가지는 것이 되어서는 아니된다. 형식적으로 정확한 결정에 대항하여 상소가 허용되지 아니한다면, 특히 최다이유이론에 기초하여 상소결정이 사안에 있어서 요청될 수 없다는 것을 의미한다.

[1138] 최다이유이론의 기초에 대해서는, 상소제기자가 상소의 선택에 있어서 결정의 부정확한 형식에 따른다면 후속절차가 어떠한 규정에 의거하는지에 대하여 다툼이 있다. 연방통상법원(BGH)은 여기서 형식적으로 정확한 결정에 적용되었을 규정들을 적용함에 반하여, 연방행정법원은 상소법원에 절차를 진행시킬 종류와 방식과 관련하여 선택권을 부여한다. 연방통상법원의 견해가 타당하다. 왜냐하면 하자의 영구성(Perpetuierung)을 위한 근거가 존재하지 아니하기 때문이다. 상소법원은 하자있는 결정에게, 결정으로부터 상소제기자에게 생산된 법적 외관을 넘어서는 의미를 부여할 필요가 없다. 결과적으로 입법자에 의하여 의도된 방식과 다르게 절차를 진행 하여서는 아니된다. 이것으로부터 상소결정의 공격가능성을 위한 계속되는 결과들이 발생할 수 있다면 더더구나 그러하다.

[1139] 예: 제1심 결정이 판결로서가 아니라 결정으로서 이루어지고, 이에 대하여 제기된 항고(Beschwerde)에 대하여 다시금 결정으로서 결정되었다면, 판결을 통한 결정에서와는 다르게 제146조에 의거하여 처음부터 상소가 배제된다.

[1140] 최다이유이론(最多理由理論)은 단지 어떻게 상소가 상소절차의 시초에 가능한 방식으로 제기될 수 있는지라는 문제에 해당되며, 그에 반

하여 어떻게 상소절차가 진행되는지라는 문제에는 해당되지 아니한다.

7. 상소의 이유유무(Begründetheit)

[1141] 상소청구의 대상인 본래의 소송상 청구가 허용되고 이유 있다면 상소는 이유있다. 본래의 소송상 청구가 허용되었는지의 문제는 상소의 이유유무(Begründetheit)의 범주에서 심사된다. 주의할 점은 상소법원이 법원조직법(GVG) 제17a조 제5항에 의거하여 권리구제의 허용성을 더 이상 심사하지 않는다는 것이다.

[1142] 상소의 이유에 대한 결정을 위하여 근본적으로 상소법원에 이루어지는 최종구술심리시점에 있어서 사실적 그리고 법적 상황이 기준이 된다. 그러나 상고법원에 의하여는 단지 법적 상황의 변경만이 고려되어진다. 왜냐하면 상고법원은 법적 문제에 대한 심사에 한정되기 때문이다.

8. 상소의 결과전망심사에 대한 도식

[1143] 상소의 결과 전망에 대한 심사에 있어서 상소의 허용성(Zulässigkeit)과 이유유무(Begründetheit)가 구별된다. 허용되지 않는 상소는 각하되고(verwerfen), 이유(理由)없는 상소는 기각된다(zurückweisen).

(I) 상소의 허용성
(1) 상소의 개시가능성(제124조 이하, 제132조 이하, 제146조)
 (a) 상소는 발급된 유형의 결정에 대하여 법률적으로 규정되어야 한다.
 (b) 상소제기자는 상소권을 가져야 한다.
(2) 상소는 기간 및 형식에 적합하게 제기되었어야 한다.

(3) 공격받는 결정은 상소제기자에게 불복의 이익을 포함하여야 한다.

(4) 상소제기자는 원칙적으로 참가적격과 소송적격이 있어야 한다. 그리고 변론능력 (Postulationsfähigkeit)이 있어야 한다.

(5) 상소포기가 없어야 한다.

(II) 상소이유의 요건은 법원의 결정이 공격받는 범위내에서 올바르지 않아야 한다. 통제의 범위와 관련하여 상소법원의 한계를 주목하여야 한다. 이러한 범위에서 심사되어진다:

(1) 공격받는 결정으로 추구되는 소송상 청구의 허용성

(2) 공격받는 결정으로 추구되는 소송상 청구의 이유

[1144] 공격받는 결정의 심사는 근본적으로 상소법원에서의 최종구술심리시점에서의 사실적 및 법적 상황의 기초에서 이루어진다. 상소가 이유 있다면, 상소법원은 법률규정의 자세한 기준에 의거하여 스스로 소송상 청구에 대하여 결정하거나 혹은 사안을 하급법원에 환송한다.

Ⅲ. 항소(Berufung)

[1145] 행정고등법원에서 이루어지는 항소절차는 상소제기자의 신청의 범주에서 제1심 결정에 대한 사실적 그리고 법적 관점에서 포괄적인 심사를 가져온다(제128조). 항소의 개시가능성(Statthaftigkeit)은 제124조 제2항 제1호에서 제5호에 의거하여 사전(事前)의 허용을 전제로 한다. 제124조 제1항에 의하면 허용은 행정법원을 통해서도 이루어질 수 있다. 항소의 이유유무(Begründetheit)는 주장된 소송상 청구가 허용되고 이유가 있는 지에 달려있다.

[1146] 항소절차에 있어서도 직권탐지주의(Untersuchungsgrundsatz)가 적용된다. 제128조 제2문에 의하면, 항소법원은 새로이 제출된 사실과 증거자

료를 고려하여야 한다. 제1심에서 규정된 기간 내에 제출되지 못하였던 새로운 설명과 증거자료들은 제128a조 제1항의 자세한 기준에 의거하여 단지 예외적으로만 허용된다. 제128a조 제2항에 따라서 행정법원이 적법하게 기각한 설명과 증거자료들은 항소절차에서도 배제된다.

Ⅳ. 상고(Revision)

[1147] 상고는 연방행정법원을 통하여 판결의 심사에 이바지한다. 상고는 규범통제결정에 대해서도 개시될 수 있으며, 뿐만 아니라 결정의 형식으로 발급된 것에 대해서도 개시될 수 있다(제132조 제1항). 행정고등법원의 판결에 대한 상고는 허용된 경우에만 제기될 수 있다(제132조 제1항). 다른 경우에는 허용거부만이 소위 허용거부항고로서 공격될 수 있다(제133조 제1항). 예외적으로 당사자에게 행정법원의 판결에 대해서 제134조에 따른 소위 비약상고(Sprungrevision)나 혹은 항소의 법률적인 배제의 경우에 제135조에 따른 상고가 허용된다.

[1148] 제1심법원과 항소심법원에 대하여 연방행정법원은 상고심으로서 단지 법률문제의 결정을 관할한다. 그러므로 공격받는 판결에서 결정된 사실적 확정(Feststellung)들에 원칙적으로 기속된다. 연방행정법원의 심사권의 한정은, 상고절차의 중요한 임무는 법적 통일성의 고수(固守: Wahrung)와 법의 발전(Fortbildung)에 존재한다는 것을 분명하게 한다.

[1149] 법적인 심사와 관련하여 제137조 제1항은 상고의 이유유무의 범주와 관련하여 중요한 연방행정법원의 심사권한의 제한(Beschränkung)을 규정한다. 상고는 공격받는 판결이 연방법(제137조 제1항 제1호)의 침해 혹은 주(州)의 행정절차법의 규정의 침해에 기초하고 있다는 것에만 근거 지워질 수 있다. 주의 행정절차법은 문언적으로 연방의 행정절차법과 일치한

다. 제137조 제1항 제1호의 의미에서의 연방법은, 연방기관에 의하여 발급된 법규정 외에 또한 연방의 입법권한의 영역에 속하는 특히 연방법을 보충하는 유럽연합의 법, 국제법상의 일반규정, 과거의 점령법령 그리고 관습법상의 일반원칙 들이다. 이에 반하여 법률적으로 다르게 규정되어 있지 아니한 한, 주(州)법은 상고될 수 없다. 기본법 제3조 제1항 때문에 상고될 수 없는 주(州)법률의 적용도 그의 해석이 명백하게 자의적(恣意的)인지는 심사되어져야 한다. 상고의 성공의 요건은 제137조에 의거하여 공격받는 판결이 연방행정법원에 심사기준으로서 활용되는 법규범의 침해(侵害)에 기초하고 있다는 것이다. 제138조에서 언급된 특정한 절차의 하자에 있어서 판결은, 항상 연방법의 침해에 근거한다고 보아야 한다(절대적 상고이유).

V. 항고(Beschwerde)

[1150] 판결이나 법원의 명령(Gerichtsbescheide)이 아닌 법원의 결정에 대하여는 당사자 및 그 밖의 관계자에게 원칙적으로(예외: 규범통제결정) 제146조의 기준에 따라서 항고가 허용된다. 잠정적 권리보호의 절차에서 행정법원의 결정에 대한 항고에 대하여 제146조 제4항에 따라서 다른 항고로부터 벗어나는 특별한 형식 및 기간 요청이 해당된다. 항고는 사실적이고 법률적인 관점에서 공격받는 결정의 심사를 가져오며, 항소와 상고와는 달리 원칙적으로 집행정지효(Suspensiveffekt)가 없다(예외: 제149조).

유민총서 05

행정소송법(Verwaltungsprozessrecht)

초판 1쇄 인쇄 2018년 12월 21일
초판 1쇄 발행 2018년 12월 31일

지 은 이 볼프 뤼디거 쉔케(Wolf-Rüdiger Schenke)
옮 긴 이 강현호
편   찬 홍진기법률연구재단
주   소 서울특별시 종로구 동숭3길 26-12 2층
전   화 02-747-8112 팩스 : 02-747-8110
홈 페 이 지 http://yuminlaw.or.kr

발 행 인 한정희
발 행 처 경인문화사
총 괄 이 사 김환기
편 집 부 한명진 김지선 박수진 유지혜
마 케 팅 전병관 하재일 유인순
출 판 번 호 제406-1973-000003호
주   소 파주시 회동길 445-1 경인빌딩 B동 4층
전   화 031-955-9300 팩 스 031-955-9310
홈 페 이 지 www.kyunginp.co.kr
이 메 일 kyungin@kyunginp.co.kr

ISBN 978-89-499-4765-5 93360
값 38,000원